高 等 学 校 教 师 教 育 系 列 教 材

U0661099

*Educational*
*Psychology*

# 教育心理学 第三版

主编 马 芳 赵彦美 王丽娟

南京大学出版社

图书在版编目(CIP)数据

教育心理学 / 马芳,赵彦美,王丽娟主编. —3 版.
—南京:南京大学出版社,2024.1(2025.1 重印)
ISBN 978 - 7 - 305 - 27644 - 6

Ⅰ. ①教… Ⅱ. ①马… ②赵… ③王… Ⅲ. ①教育心
理学 Ⅳ. ①G44

中国国家版本馆 CIP 数据核字(2024)第 010259 号

出版发行　南京大学出版社
社　　址　南京市汉口路 22 号　　　　邮　编 210093

JIAOYU XINLI XUE
书　　名　**教育心理学**
主　　编　马　芳　赵彦美　王丽娟
责任编辑　钱梦菊　　　　　　　　　编辑热线　025 - 83592146
照　　排　南京紫藤制版印务中心
印　　刷　南京人民印刷厂有限责任公司
开　　本　787 mm×1092 mm　1/16　印张 16.5　字数 390 千
版　　次　2024 年 1 月第 3 版　2025 年 1 月第 2 次印刷
ISBN　978 - 7 - 305 - 27644 - 6
定　　价　42.00 元

网址:http://www.njupco.com
官方微博:http://weibo.com/njupco
微信服务号:njuyuexue
销售咨询热线:(025)83594756

# 前　言

　　教育心理学从心理学的角度出发,分析和研究学校情境中各种心理活动的特点和规律,把经验中具有普遍意义的问题总结成有关心理科学的理论,使教育心理学的理论不断得到充实和完善,并对教育实践进行指导。在教育实践中,教育心理学起着非常重要的作用,它可以帮助教师准确了解教育中的种种问题,为实际教学提供科学的理论指导,能帮助教师结合实际开展教育研究。

　　从事教育工作的人员都必须学习"教育心理学"这一课程。师范类大学生需要学习教育心理学知识培养职业素养,他们就业时要参加教师编制考试,考试的内容与教育心理学密切相关;非师范类大学生如果要从事教师工作,需要参加教师资格考试,必考课程之一即"教育心理学";在职教师参加继续教育时,为了提高教师职业素养,通常要开设"教育心理学"课程;同时,教育教学实践研讨更是离不开教育心理学的理论指导。

　　在"教育心理学"课程学习中,寻找一本相对通俗易懂的教育心理学教材并非易事。众多经典的《教育心理学》著作心理学专业性很强,没有心理学学习基础的学生很难深入理解其魅力;一线中小学教师也有这样的体会,《教育心理学》教材通常理论性很强,学习中不易理解和掌握,并且很难将其与自己的实践工作联系起来。

　　有鉴于此,我们试图编写一本易学的、能接教学"地气"的《教育心理学》。本书力图体现以下特点:

　　1. 基础性。每一部分的内容都注重心理学的基础知识、基本原理和方法,为读者的可持续发展打好基础。

　　2. 前沿性。注意反映教育心理学发展的新成果和新动向,强调站在心理教育的角度,努力提高读者的教育教学水平。

3. 易学性。在体例上注意加强可读性,并易于学习者记忆掌握。每章正文前设置了"本章要点",以利于学习者初步了解知识的整体结构;正文注重知识的逻辑性以及理论联系实践;正文后设"本章总结",帮助学习者对全章的知识及结构进行总结和概括,使学习者形成自己的认知结构;每章后设"思考与练习",学习者可以通过练习来调整自己的学习。

本书适用于师范类本专科学生的师范教育和中小学教师继续教育,并且适用于参加教师资格考试和教师编制考试的学习者。

本书参考了国内外学者的资料以及教育一线老师的一些实践案例;教材的编写和出版,得到了淮阴师范学院的大力支持和热情帮助;南京大学出版社的编辑们在编辑过程中提出了许多宝贵的建议;各位参与编写的老师克服种种困难完成编写,在此一并表示感谢!

期望各位专家、同行不吝指正,也期望广大读者提出意见和建议。

编　者

# 目　录

微信扫一扫

√课件申请
√教学资源

教师服务入口

√本书配套"思考与练习"参考答案
√教师资格考试历年真题与答案
√考研大纲与真题

学生服务入口

# 第一章
# 教育心理学概述

## 本章要点

> 教育心理学的研究对象与性质
> 教育心理学的研究对象
> 教育心理学的性质
> 教育心理学的研究内容
> 教育心理学的内容体系
> 教育心理学的作用
> 理论作用
> 在教学实践中的作用

> 教育心理学的发展概况
> 古代教学与心理学思想的早期结合
> 教育心理的发展阶段
> 教育心理学的研究方法
> 观察法
> 调查法
> 实验法
> 教育经验总结法

## 第一节　教育心理学的研究对象与性质

### 一、教育心理学的研究对象

学习要求 ▶ 理解教育心理学的研究对象

每一门学科都有自己特定的研究对象。教育心理学是研究学校情境中学与教的基本心理规律的科学。教育心理学是心理学与教育学的交叉学科,主要研究如何学、如何教以及学与教之间各种因素的相互作用。但是,这并不意味着教育心理学是一般心理学原理在教育情境中的应用,而是围绕教育情境中的特有问题开展研究。具体来说,教育心理学旨在研究学生的学习心理,如学习的实质、过程、条件与学习动机等,以及根据这些研究创设有效的教学情境,如学习资源的利用、学习活动的安排、师生互动过程的设计与学习过程的管理等,从而促进学生的学习,提高教学效率。

### 二、教育心理学的性质

学习要求 ▶ 理解教育心理学的性质

关于教育心理学的性质,心理学界看法不一,分歧较大。这种分歧主要表现在两个方面:① 教育心理学是应用学科还是理论学科;② 教育心理学是社会学科、自然学科还是交叉学科。

### （一）教育心理学是一门偏重于应用的理论学科

美国的索里、推尔福特、林格伦，日本的大桥正夫，英国的斯通等主张教育心理学是应用学科，我国的潘菽、邹谦等人也持这种观点。苏联的维果斯基、彼得洛夫斯基，美国的奥苏伯尔，日本的正木正等则认为教育心理学是理论学科，我国的邵瑞珍、皮连生等人也持这种观点。我们认为，教育心理学是随着学校教育教学工作的实际需要产生的，是学校教育与心理学相结合的产物，是为有效地实施学校教育教学工作，提高其质量而加以运用的心理学体系。国内外的学校教育实践表明，许多有成就的教育工作者之所以成为行家里手，取得了丰硕成果，除了有渊博的专业知识，还精通教育心理学原理，并能自觉地把它们运用到自己的工作中，进行教育教学实验，精心设计课程结构和课堂教学，不断改进工作方式方法，善于总结经验教训。由于教育心理学在学校教育工作中充分显示了自身的应用价值，使得心理学界不少学者认为教育心理学是一门应用科学。其实不然，它虽然具有很强的应用价值，但它还应该是一门具有独立内容体系的理论学科，拥有自己的理论观点和方法。它虽然与其他的心理学科有着密切的联系，并受其影响，但它绝不是由各种心理学知识拼凑而成的大杂烩。这是因为教育心理学有着自己独特的研究对象，即学校情境中学与教的基本心理规律。对象决定性质，性质体现对象。因此，我们在重视教育心理学应用价值的同时，还要重视它的理论建设，必须做到理论研究与应用研究并重，使它成为一门真正独立的偏重于应用的理论学科。

### （二）教育心理学是一门偏重于社会科学的交叉科学

对于教育心理学是社会科学、自然科学还是交叉科学的问题，我们认为教育心理学的研究对象决定了它是一门兼有社会科学和自然科学双重性质的、并偏重于社会科学的交叉科学。我们之所以这样认为，是因为教育心理学是以学校教育过程中的心理现象为研究对象的。要正确理解教育心理学的性质，必须先弄清学校教育过程中的心理现象的性质。研究表明，人的心理是人脑对客观现实的反映。一方面，人的心理是以人脑的生理过程作为它的物质基础在起作用；另一方面，人的心理又受到客观的环境因素和个体实践活动的制约，即受到学校教育情境因素和教学活动（包括教师的教和学生的学）的制约，因而教育过程中的心理现象兼有社会性质和自然性质。而以教育过程中的心理现象为研究对象的教育心理学，必然也就兼具社会科学和自然科学的双重性质。

教育心理学之所以偏重于社会科学，是因为它的研究虽然也涉及心理现象的自然性质，即心理的生理机制问题，但主要是揭示学校师生心理活动同教育情境的依存关系，即主要是研究心理活动的社会性质。所以说，教育心理学是偏重于社会科学的交叉学科。

## 三、教育心理学的研究内容

学习要求 ▶ 理解教育心理学的内容及相互间的关系

教育心理学的具体研究范畴是围绕学与教相互作用的过程而开展的。学与教相互作用是一个系统过程（图1-1），该系统包含学生、教师、教学内容、教学媒体和教学环境等五种要素;与学习过程、教学过程和反思过程这三种活动过程交织在一起。

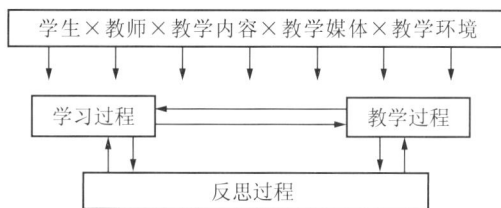

图 1 - 1　学与教互动过程模式

### （一）学习与教学的要素

#### 1. 学生

学生是学习的主体因素,任何教学手段必须通过学生能动性的发挥才能起作用,任何教学内容也都要通过学生能动性的发挥才能被掌握。这一要素主要从两个方面来影响学与教的过程。第一方面是群体差异,包括年龄、性别和文化差异等。以年龄差异为例,年龄差异主要体现在思维水平的差异。第二方面是个体差异,包括先前知识经验、学习方式、智力水平、人格、兴趣和需要等差异。它们是任何学习和教学的重要内在条件。在学生这一要素中,无论群体差异还是个体差异,都是教育心理学研究的主要范畴。

#### 2. 教师

在师生互动的教学过程中,人们认识到学生是学习的主体,但这并不否定教师对学生的指导地位。学校教育需要按照特定的教学目标来最有效地组织教学,教师在其中起着关键的作用。教师指导作用发挥的程度如何,主要取决于其自身敬业精神、专业知识、专业技能以及教学风格等要素。这些要素也是教师心理所要研究的主要问题。

#### 3. 教学内容

教学内容是学与教的过程中有意传递的主要信息部分,一般表现为教学大纲、教材和课程。教材的编制和课程的设置必须以学习和教学的理论和研究为基础。例如,教材的内容、结构以及难度既要适合学生的现有发展水平,又要能有效地促进学生向更高水平发展;既要适合于学生学习的过程和特点,又能考虑到教学的有效性。这些因素将会在心理发展与教育、学习心理和教学心理等章节中加以研究。

#### 4. 教学媒体

教学媒体是教学内容的载体,是教学内容的表现形式,是师生之间传递信息的工具。随着科学技术的发展,教学媒体在不断更新,从简单的实物、口头语言、书本、录音、录像到多媒体计算机网络,教学媒体已成为教学中一个具有独特意义的因素,不仅影响着教学内容的呈现方式和容量的大小,而且对教师在教学过程中的作用、教学组织形式以及学生的学习方法等都产生了深远的影响。教学媒体正日益成为教育心理学所关注的一个独特的领域。

#### 5. 教学环境

教学环境包括物质环境和社会环境两个方面,前者涉及课堂自然条件(如温度、气味和光线)、教学设施(如桌椅、黑板和投影机等)以及空间布置(如座位的排列等)等,后者涉及课堂纪律、课堂气氛、师生关系、同学关系、班风、校风以及社会文化背景等。教学环境影响学生的学习过程和方法、教师的教学方法以及教学组织。教育心理学家们越来越认识到,教学环境尤其是社会环境不仅关系到学生情感和社会性的发展,而且对学生的认知发展过程也有直接的作用。因此,在教育心理学看来,教学环境不仅是课堂管理研究的主要范畴,也是学习过程研究和教学设计研究所不能忽视的重要内容。

### (二)学习与教学的过程

#### 1. 学习过程

学习过程指学生在教学情境中通过与教师、同学以及教学信息的相互作用获得知识、技能和态度的过程。学习过程是教育心理学研究的核心内容,如学习的实质、条件、动机、迁移以及不同种类学习的特点等。

#### 2. 教学过程

在教授过程中,教师发挥着主导作用,既要设计教学情境(如教学目标的选择、题材的安排以及环境的设置等),组织教学活动(如讲演、讨论、练习以及实验等),又要与学生进行信息交流(如信息的呈现、课堂提问与答疑等),从而引导学生的理解、思考、探索和发现,使其获得知识、技能和态度。此外,教师还要进行教学管理,调节教学的进程,以确保教学的有效性。

#### 3. 评价/反思过程

评价和反思过程贯穿在整个教学过程之中,包括在教学之前对教学设计效果的预测和评判、在教学过程中对教学的监视和分析以及在教学之后的检验、反思等。

在教学结束后,教师要特别注意评价学习结果。如果没有达到预期的效果,就需要对学生和教师自己的行为做出反思:问题出在哪儿?这些目标适合这些学生吗?教学方法适合这些目标吗?是否有必要全部或部分重教一遍?这些班级是否可以迈向下一个目标?等等,从而提出改进方案,修改教学过程中不同的成分,以提高教学的效果和效率。

在学与教的活动中,五种因素同三种过程交织在一起,相互影响。学生的学习过程是以自身先前知识和学习发展水平为基础的,是在教学过程的背景下进行的,学习的进展因教学的质量而变化。反过来,教学过程要以学习过程为基础而进行,例如,学习目标的确定必须考虑学生的原有知识基础和学习能力,考虑所教内容的学习特点等,而且必须通过学习过程起作用,依据学生的学习进展情况而不断地做出调整。评价/反思过程作为对学习过程和教学过程的监控与评判,对学习与教学过程有着重要的促进作用,从而确保教学的效果和质量。学习过程、教学过程和评价/反思过程都要根据师生特点、教学内容的难易以及教学媒体和环境情况而加以调节。

## 四、教育心理学的内容体系

根据我们对教育心理学的定义及对上述学与教的相互作用过程模式的分析,教育心理学的具体研究范畴包括学习心理、教学心理、学生心理和教师心理四大部分。本书将教育心理学的内容体系概括为以下三方面:

#### 1. 总论(第一章)

主要包括教育心理学的研究对象、学科性质、研究内容、学习和研究教育心理学的作用、发展概况以及研究方法等。

2. 学生与学习心理(第二章～第十一章)

主要包括学生的认知、个性与社会化等心理发展与教育;学习的基本理论,如学习的联结理论、认知理论等;学习的动机;学习的迁移;知识的学习;技能的形成;学习策略的掌握;问题解决与创造性;态度与品德的形成和改变;心理健康教育等。

3. 教学与教师心理(第十二章～第十五章)

主要包括教学设计;课堂管理心理;教学测量与评价;教师心理等内容。

# 第二节　教育心理学的作用

**学习要求** ▶ 结合实际评价教育心理学的作用

## 一、理论作用

教育心理学的研究能为促进整个心理学理论的发展做出有益的贡献。教育心理学能从心理学的角度出发,分析和研究学校教育过程中的心理活动的特点和规律,并从中总结出有关心理科学的理论。同时,教育心理学还可以对我国当前的学校教育实践经验进行心理学的概括,把经验中具有普遍意义、反映本质的因素上升为理论,使教育心理学的理论不断得到充实和完善。此外,教育心理学还表现在与学校教育工作中的形形色色唯心主义心理学观点,如遗传决定论、环境决定论、教育万能论、教师中心论、儿童中心论等作坚决的斗争,批驳它们的某些反科学的论点。

## 二、在教学实践中的作用

教育心理学对教育实践具有描述、解释、预测和控制的作用。在实际应用中,这些作用往往相互交织在一起。

首先,教育心理学能帮助教师准确地了解问题。学生的情况是千差万别的,一旦出现学习困难,教育心理学可采用多种方法帮助教师了解困难的原因。例如,一名小学四年级学生的语文阅读方面存在困难,我们就可以应用智力测验、阅读测验或者与此有关的生理方面的健康检查等各种形式的测查手段,来找出困难的症结。当然,阅读困难也可能与个人的生活经验有关,如父母离异、对儿童漠不关心或期望过高致使学习动机受挫,或者与教师关系不和、教学方法不当等致使儿童失去学习兴趣等。教师可以应用教育心理学的理论和研究方法,对学生学习困难或心理发展过程中存在的有关问题追根溯源,准确了解学生,从而采取有针对性的方法,促进学生学业进步,心理健康发展。

其次,教育心理学可以为实际教学提供科学的理论指导。教育心理学为实际教学提供了一般性的原则或技术。教师可结合实际的教学内容、教学对象、教学材料、教学环境等,将这些原则或技术转变为具体的教学程序或活动。例如,根据学习动机的规律的研究,在课堂教学中可以采取创设问题情境、积极反馈、恰当控制动机水平等手段来培养和激发学生的学习动机;依据学习迁移的规律,可以在教学内容的选编、教学程序的安排等方面采取措施,促进迁移。

教育心理学有助于教师对教育现象形成新的科学认识。尤其是对传统的、常规的教学方法、教学行为进行分析和研究,提出更为科学的观点。例如,在小学语文课上,教师应该采取什么方式指定学生起来朗诵课文,是随机点名还是按顺序点名?对这个看上去不成为问题的问题,教育心理学研究表明,其答案并非像人们想象的那么简单,应综合考虑不同的年级、不同点名方式的利弊等,选取恰当的点名方式。

利用教育心理学原理,教师不仅可以正确分析、了解学生,而且可以预测学生将要发生的行为或发展的方向,并采取相应的干预或预防措施,达到预期的效果。比如,根据学生的智力发展水平,为智力超常或有特殊才能的儿童提供更为充实、更有利于其潜能充分发展的环境和教学内容;为智力落后或学习困难的学生提供额外的帮助或行之有效的具体的矫正措施,使其达到最大程度的发展。

再次,教育心理学能帮助教师结合实际开展教育研究。教育心理学不仅为实际教育活动提供一般性的理论指导,也为教师参与教学研究提供了可参照的丰富的例证。有效的教学需要教师因人、因事、因地灵活地进行,因为学生、班级、学校以及相应的社会环境各有不同,教学内容、教学时段、教学方法等也各有不同,普遍适用的教学模式是不存在的,需要教师结合教学实际,创造性地、灵活地将教育心理学的基本规律应用于教学中,否则,生搬硬套某些原理无助于教学效率的提高,甚至适得其反。教育心理学并非给教师提供解决一切特定的问题的具体模式,相反它给教师提供进行科学研究的思路和方法,使教师不仅能够理解和应用某些基本的原理和方法,还可以结合自己的教学实际进行创造性的研究,去验证这些原理并解决特定的问题。

# 第三节　教育心理学的发展概况

教育心理学作为一门独立的学科,它的发展经历了一个曲折的过程,遵循学科发展的一般性规律:从最初依附于普通心理学或融合于发展心理学到独立成为一门独立的学科并逐渐形成比较完整的体系。进入 21 世纪,则呈现出学科综合化和研究方法多元化等发展趋势。

## 一、古代教学与心理学思想的早期结合

学习要求 ▶ 识记结合古代教学与心理学思想的代表人物

我国古代的教育家和思想家,如孔子、孟子、荀子等在论述教育问题时,都具有一定的心理学观点。例如,孔子对学生的性格、才能和志趣有深刻的了解。他的学生颜回称他"循循然善诱人"。孔子针对不同学生的性格特点,采用不同的教育方法,他说:"求也退,故进之;由也兼人,故退之。"这是因材施教教育思想的源头。

《学记》是世界上最早的教育专著,成书大约在公元前 403 年～公元前 211 年,传为乐正克所作。该书提出的许多教学原则,如"教学相长""道而弗牵,强而弗抑,开而弗达""长善救失"等,都闪耀着教育心理学思想的光辉。

在西方，亚里士多德堪称把古代西方哲学心理学与教育相结合的先驱。他的《灵魂论》为德育、智育和体育的和谐发展提供了哲学心理学的依据。

欧洲文艺复兴后，人们日益重视教育和教学中的心理学问题。夸美纽斯强调教育要顺应人的自然本性。他所说的人的自然本性是指儿童的身心发展规律。如他强调"人具有接受教育的巨大潜力""人心具有极大的可塑性"，他提出要在人的发展的每一阶段有相应的教育机构和教育目标。此外，他还斥责传统经院式的教学方法，认为这些方法不顾儿童的学习愿望，强调儿童呆读死记。他用食欲来比喻儿童的学习动机。他说："一个人没有食欲，却又被迫去吃食物，结果只能是疾病与呕吐，消化不良。反之，假如一个人饿了，他急于要吃食物，立刻可以把食物加以消化，容易把它变成血肉。"

裴斯泰洛齐首先提出"教育心理学化"的主张。他指出："我……寻求人类心智的发展必须服从的规律。……并且确信初等教育的心理学方法，可以在这些规律中寻求可靠的思路。"据此，他提出了一系列教学原则，如遵循自然、要素教育等，这些原则在今天教学实践中仍然具有强大的生命力。

在教育史上，第一个明确提出将心理学作为教育学理论基础的人是德国教育家、哲学家兼心理学家赫尔巴特。他著有《普通教育学》(1806年)和《心理学教科书》(1816年)等著作。赫尔巴特及其学派强调学生在过去经验中形成的统觉团在吸收有关新观念中的作用，这与当代认知心理学家强调学生头脑中原有图式在同化新的学习任务中的作用的观点是一致的。赫尔巴特根据统觉论，教师不应只传授知识，而且应当唤起和刺激学生的统觉过程，这与当前认知心理学家强调在教知识之前激活学生认知结构中原有相关知识的观点如出一辙。

赫尔巴特在统觉论指导下提出教学过程的阶段论。他把教学过程分成四个阶段，即四段教学法：① 明了——给学生明确地讲授新知识；② 联想——新知识要与旧知识建立联系；③ 系统——做出概括和结论；④ 方法——把所学知识应用于实际(习题解答、书面作业等)。同这四个阶段相对应的学生的心理状态是注意、期待、探究和行动。以后他的门徒将这四个阶段加以改造，发展为五阶段教学法，即① 预备——唤起学生的原有有关观念和吸引学生的注意；② 呈现——教师清晰地讲授新教材；③ 联系——使新旧知识形成联系；④ 统合——帮助学生进行抽象和概括，形成新的统觉团；⑤ 应用——以适当方法应用新知识。五段教学法在19世纪末20世纪初流行于欧美，20世纪初传入中国，对全世界中小学的教学都产生了重要影响。

19世纪末，在实验心理学成为一门独立的学科之后，欧洲一些教育家和心理学家开始利用实验、统计以及测量的方法研究儿童身心发展以及教育上的一些问题，出现了实验教育学派。实验教育学派是实验心理学与教育相结合的产物，它是教育心理学的先驱。例如，德国教育理论家梅伊曼提出实验教育学的名称。他提出，必须借助生理学、解剖学、精神病学以及实验心理学的研究成果和方法对儿童生活和学习进行实验研究。法国实验教育学派的代表人物比纳和西蒙于1905年制定了《比纳—西蒙智力量表》，用以测量儿童的智力年龄，以便对不同智力水平的儿童分别进行教学。实验教育学派的产生代表教育心理学的发展上升到了一个新的水平。

## 二、教育心理学的发展阶段

**学习要求**
➤ 识记教育心理学的发展四阶段
➤ 识记教育心理学在发展的深化拓展期的发展成果

作为一门学科,教育心理学的发展大致经历了四个时期。在整个发展过程中有两条线索:一条是在实验室中研究人类及动物学习的规律;另一条则是在学校和社会现实情境中探索人类学习的规律,并提出改进教学和学习的主张。

1. 初创时期(20世纪20年代以前)

1903年,美国心理学家桑代克出版了《教育心理学》,这是西方第一本以"教育心理学"命名的专著。1913~1914年,又发展成三大卷的《教育心理大纲》。桑代克从"人是一个生物的存在"这个角度建立了自己的教育心理学体系。他的教育心理学分为三部分:第一部分讲人类的本性,第二部分讲学习心理,第三部分讲个体差异及其原因。这一著作奠定了教育心理学发展的基础,西方教育心理学的名称和体系由此确定,桑代克也由此被称为"教育心理学之父"。在此后的三十年里,美国的同类著作几乎都师承了这一体系。但是,这一时期著作的内容多是以普通心理学的原理解释实际的教育问题,主要是一些有关学习的资料。

1877年,俄国教育学和心理学家卡普杰列夫出版了第一本《教育心理学》。但是,直到20世纪30年代,俄国教育心理学也大多是根据普通心理学研究中获得的资料去解释学校生活中的实际问题,并不是自成体系的教育心理学。

2. 发展时期(20世纪20~50年代末)

在20世纪20年代以后,西方教育心理学汲取了儿童心理学和心理测验领域的研究成果,大大地扩展了自己的研究内容。30年代以后,学科心理学发展很快,也成为教育心理学的组成部分。到40年代,弗洛伊德的理论广为流传,有关儿童的个性、社会适应以及生理卫生问题也进入了教育心理学领域。50年代,程序教学和教学机器兴起,同时信息论的思想为许多心理学家所接受,这些成果也影响和改变了教育心理学的内容。

学习理论一直是这一时期的主要研究领域。20世纪20年代以后,行为主义占优势,强调心理学的客观性,重视实验研究,在动物与人的学习的研究上取得了重要的成果,并形成了许多派别。这些理论和派别之争也反映在教育心理学之中。行为主义重视客观实验,形成了良好的传统,但是,用动物和儿童的比较简单的心理过程推测人类高级的学习过程,使得对实际课堂教学情境中的学习研究较少,因而对教育实践作用不大。与此同时,杜威则以实用主义为基础的"从做中学"为信条,进行改革教学的实践活动,对教育产生了相当深远的影响,成为进步教育的带路人。

这一时期美国出版的教育心理学教科书及教育心理文选之类的书籍多达上百种,但由于没有统一的理论指导,版本种类繁多,体系五花八门。1956年,有人统计了6本流行的教科书,发现它们的内容相关程度很低($r=0.5$),只有学习这一内容是各书共有的。同时还有人发现美国流行的21本教育心理学教科书内容很不一致,涉及的范围很广,但大多取自普通心理学和儿童心理学等各科心理学。可以说,这时的教育心理学尚未成为一门具有独立理论体系的学科。

20世纪30年代,苏联教育心理学发展很快,在理论观点的探讨方面做了许多工作。维果斯基在《教育心理学》一书中,主张必须把教育心理学作为一门独立的分支学科来进行研究,反对把普通心理学的成果移入教育心理学中;他强调教育与教学在儿童发展中的主导作用,并提出了"文化发展论"和"内化说"。布隆斯基和C.鲁宾斯坦等人也都提出了各自的观点,这些思想为苏联教育心理学的发展奠定了基础。从40年代到50年代末,苏联教育心理学重视结合教学与教育实际进行综合性的研究,学科心理学获得了大量成果。这一时期苏联教育心理学家们以马列主义哲学作为指导教育研究的理论基础,反对机械地把动物学习的研究搬用到人类情境中,取得了一定的成就;然而,他们生搬硬套某些教条,对西方教育心理学和学习心理学进行全面否定,包括对心理测验作全盘否定,这是失之偏颇的。

20世纪初,我国出现的第一本教育心理学著作是翻译自1908年房东岳译、日本小原又一著的《教育实用心理学》。1924年廖世承编写了我国第一本《教育心理学》教科书,此后,又出现了几本翻译介绍西方理论的和我国学者自己编写的教育心理学书籍。一些学者结合我国的实际对科学心理、教育与心理测验等进行了一定的科学研究,但研究问题的方法和观点大多模仿西方,没有自己的理论体系。因此,建国以前我国教育心理学的基础是比较薄弱的。

3. 成熟时期(20世纪60～70年代末)

从20世纪60年代开始,西方教育心理学的内容和体系出现了某些变化。教育心理学的内容日趋集中,有几个方面的研究似乎为大多数研究者所公认,如教育与心理发展的关系、学习心理、教育心理、评定与测量、个体差异、课堂管理和教师心理等。综观60年代以来数十种教育心理学教科书的体系,以上内容几乎无一或缺,教育心理学作为一门具有独立理论体系的学科正在形成。

在此阶段,西方教育心理学比较注重结合教育实际,注重为学校教育服务。20世纪60年代初,布鲁纳发起了课程改革运动,自此,美国教育心理学逐渐重视探讨教育过程和学生心理,重视教材、教法和教学手段的改进。有的教育心理学家甚至希望把教育心理学发展成为一门像工程或医学一样的应用心理学。同时,美国教育心理学比较重视研究教学中的社会心理因素。60年代掀起了一股人本主义思潮,罗杰斯提出了"以学生为中心"的主张,认为教师只是一个"使学习变得更方便的人"。不少教育心理学家开始把学校和课堂看作社会情境,注意研究其中影响教学的社会心理因素,如有人用社会心理学理论研究学习动机,还有人重视教学组织形式中的社会心理问题,如班级的大小、学生的角色等。随着信息科学技术尤其是计算机的发展,美国教育心理学对计算机辅助教学(CAI)的研究也方兴未艾,对计算机辅助教学的教学效果和条件做了大量的研究。

20世纪60年代以来,苏联教育心理学的发展表现出以下方面的动向和特点:第一,日趋与发展心理学相结合,开展了许多针对儿童心理发展的实验研究。最为著名的是赞可夫的"教学与发展"的实验研究。这一研究持续了十五年之久,其成果直接推动了本国的学制和课程改革,并且还编写出版了《年龄与教育心理学》。第二,发展了不同于西方的学习理论,如巴甫洛夫的联想—反射理论和列昂杰夫与加里培林的学习活动理论。第三,重视人际关系在儿童心理发展中的作用。第四,重视教学心理中具体研究方法的探讨。苏联学者强调教育心理学应理论联系实际,提倡自然实验法。但是,他们常常把教育与教学作为儿童年龄发展的一个因素,把教育心理学与儿童心理学混在一起,仍然没有建立独立的、范围广泛的教育思想理论体系。

新中国成立以来,50年代主要学习和介绍苏联的教育心理学理论和研究,只做了一些有关教学改革和儿童入学年龄的实验研究。60年代前期,在学科心理方面做了大量的实验研究。60年代后期到70年代前期,由于十年动乱的冲击,教育心理学的研究一度中断。

4. 深化拓展时期(20世纪80年代以后)

这一时期,教育心理学越来越注重与教学实践相结合,得到了很大的发展。教育心理学理论派别的分歧越来越小,一方面,认知派理论和行为派理论都在吸取对方合理的方面,两派都希望填补理论和实践的鸿沟。关于学习理论的这种动向,将在后面有关章节中进行具体介绍。另一方面,东西方心理学相互吸收。自20世纪80年代以来,美国教育心理学界注意到苏联教育心理学代表人物维果斯基的思想,并在教育研究中以此为基础,做了大量的工作,取得一定的成绩。因此,过去存在于东西方教育心理学之间的鸿沟,实际上被打破了。

布鲁纳1994年在应美国教育研究会的特邀专题报告中,精辟地总结了教育心理学十几年来的成果,主要表现在以下四个方面:① 主动性,研究如何使学生主动参与学与教的过程,对自身的心理活动作更多的控制。② 反思性,指从内部理解所学内容的意义。对于元认知和自我调控的学习,过去的学习是通过知识的传递,而现在知识的学习更多是指对知识的主动理解、建构和获得。③ 合作,共享教与学中所涉及的人类资源,重视在一定背景下将学生组织起来一起学习,如同伴辅导、合作学习、交互式学习等,把个人的科学思维与同伴合作相结合。④ 社会文化对学习的影响,布鲁纳指出,任何学习的发生都不是在白板上进行,而是在一定的文化背景上建构产生的。

20世纪80年代后期多媒体技术的问世,使得计算机辅助教学的研究达到了一个新的水平,如在多媒体环境下学生学习过程的特点,以及如何培养学生的元认知能力、学生如何对学习进行自我监控等,这些研究对新技术条件下的教育和教学改革具有重要的意义。

1978年改革开放后,中国的教育心理学迎来了发展的新阶段,在师范院校中恢复了教育心理学课程。1980年,潘菽主编的《教育心理学》修订后正式出版。1981年,冯忠良出版了《学习心理学》和《智育心理学》。1982年,高觉敷等人翻译出版了J.M.索里和C.W.特尔福德的《教育心理学》。以上资料对教育心理学的课程恢复和研究起到了重要作用。在此时期,中国的教育心理学开始面向世界,在借鉴苏联和西方研究成果的基础上开展了深入的研究工作。具体来说,研究者对人本主义、认知派理论以及建构主义做了引进和研究;开展了许多教学改革实验;对计算机等新技术环境下的学习与教学进行了研究;对学习策略、学科教学心理、学习动机、品德形成和发展、心理健康教育、教师的专业发展等问题进行了广泛的研究。这些研究有力地推动了我国的教育改革尤其是课程和教学改革的发展。

# 第四节　教育心理学的研究方法

**学习要求** ▶ 评价教育心理学的研究

教育心理学与心理学的其他分支学科的研究方法大体一致,但由于领域的特殊性,也有自己的特点。比较常用的方法是观察法、调查法、实验法和教育经验总结法等。

## 一、观察法

观察法是指在自然条件下,对表现心理现象的外部活动进行系统、计划的观察,从中发现心理现象产生和发展的规律性。在研究中,研究者一般是在自然条件下对研究对象的行为进行观察、记录,不做任何控制和干预,这叫作自然观察。有时,研究者会在有意控制和干预的情境下对研究对象的表现进行观察,这叫作实验观察。在教育过程中,常常通过观察学生在课堂上的表现,来了解学生注意的稳定性、情绪状态和人格的某些特征。科学的心理学观察与日常生活的观察不同,它要求必须从描述所观察到行为活动的事实进而到解释它的心理实质和规律,这就是在观察过程中提出假设,并进一步加以验证。对心理观察的最重要的要求是要有明确的目的和计划,以及用专门的形式记录所获得的事实和结果。

观察法比较容易操作,能收集到第一手材料,适用于教师在教育、教学过程中了解和研究学生的心理活动。但是,观察到的结果常常不能做精确分析,容易受到主观兴趣的影响。因此,应用观察法时,研究者必须熟悉所研究的教育过程以及其中的心理现象,研究者要有一定的工作训练,善于在繁杂的现象中抓住所需要观察的事实和材料,并发现各种现象间的联系。

## 二、调查法

调查法是按照一定的目的和计划,间接地搜集研究对象有关的现状及历史材料,从而弄清事实,通过分析、概括等方法发现问题,探索教育规律。教育现象错综复杂,常常是许多因素交织在一起,因此,在研究过程中需要有针对性地收集先前资料,以便把握好研究方向。建立在事实基础上的调查研究可以为教育决策提供依据,在把握实际情况的基础上解决新问题,提出新见解,形成新理论,从而推动教育科学和教育事业的发展。常见的调查方式有问卷法、访谈法和个案调查法等。

调查法通常具有明确的目的,制定了明确的调查方案,因此收集的材料一般具有典型性、客观性和真实性。但是,运用调查法要求样本的选择要适当,最好是依据科学的抽样方法;同时,对结果的分析也要求有系统化的处理。

## 三、实验法

实验法是指在控制条件下对某种心理现象进行观察的方法。在实验中,研究者可以积极干预被试者的活动,创造某种条件使某种心理现象得以产生并重复出现。这是实验法和观察法的不同之处。

实验法按研究手段不同可以分为自然实验和实验室实验。自然实验是在人们正常的学习和工作的情境中进行的。它比较接近实际,比较真实地反映教育过程中的心理现象。同时,它又不是纯客观地观察教育的自然进程,而是在教育的实际情况下改变某些条件,给被试一定的影响,从而观察发生的变化。实验室实验常常借助科学技术手段,通过实验室模拟自然环境来研究个体的感知、记忆、注意和思维等心理活动变化。由于主试严格控制实验条件,因此实验情境带有极大的人为性质,并且可能影响到被试的实验反应。

按照研究的内容不同,实验法可以主要分为教育实验与教学实验。教育实验所研究的是学生个性、道德品质的形成与学生培养中的心理学问题;教学实验是研究各科教学中的心理学问题。它们都是在教育、教学的自然进程或准自然进程中进行的,所以都属于自然实验。

实验研究可以通过对变量的操纵、控制来深入揭示变量间的因果关系,这是实验法的突出优势。但是,实验研究往往需要对实验情境进行人为的处理,这会妨碍研究结果的推广。另外,在教育领域中,影响因素复杂多变,研究者往往很难对无关变量进行有效的控制。

## 四、教育经验总结法

教育经验总结法是依据教育实践所提供的事实,按照科学研究的程序,分析和概括教育现象,揭示其内在联系和规律,使之上升为教育理论的一种教育科研方法。教育经验总结是提高教育教学质量,提高办学水平的可靠保障,是丰富和发展教育科学理论的重要途径。教育工作者不断创造的新的教育手段和教育经验是教育心理学知识的一个重要的源泉。先进的教育经验蕴涵着对客观教育规律的正确认识,体现了追求真理、开拓创新的精神。教育经验本身具有普遍性、实践性和多样性的特点,其内容丰富多彩,因而教育经验总结法一般具有选择研究对象、收集材料、计划与实施、经验概括和总结成果等几个步骤。

教育经验总结促进了教育实践者的自我反省,为教育事业的发展提供了经验教训,有利于提高教师的思想素质、业务素质和教育科研水平。需要注意的是,选择的研究对象需要有典型意义,对于研究过程中提出的规律性的结论,要善于借鉴与创新。

除了上面介绍的研究方法以外,教育心理学研究还会运用测验法等研究方法。科学地研究心理学问题,要求研究者善于运用适当的、具体的研究方法。各种心理学研究方法之间不是孤立的,在一些具体的教育研究中,往往会同时运用到几种研究方法。

## 本章总结

1. 教育心理学的研究对象与性质。教育心理学是研究学校情境中学与教的基本心理规律的科学;教育心理学是一门偏重于应用的理论学科,偏重于社会科学的交叉科学;教育心理学的具体研究范畴是围绕学与教相互作用过程而开展的。学与教相互作用过程是一个系统过程,该系统包含学生、教师、教学内容、教学媒体和教学环境五种要素;与学习过程、教学过程和评价/反思过程这三种活动过程交织在一起。

2. 教育心理学的作用。教育心理学的研究能为促进整个心理学理论的发展做出有益的贡献;教育心理学对教育实践具有描述、解释、预测和控制的作用。

3. 教育心理学的发展概况。古代教学与心理学思想早就有结合,我国古代的孔子、孟子、荀子等在论述教育问题时,都具有一定的心理学观点,《学记》是世界上最早的教育专著;在西方,亚里士多德、夸美纽斯、裴斯泰洛齐、赫尔巴特以及实验教育学派都是结合古代教学与心理学思想的杰出代表;教育心理学的发展经历四阶段:初创时期、发展时期、成熟时期和深化拓展时期。

　　4. 教育心理学的研究方法。教育心理学可以采用以下比较常用的研究方法:观察法、调查法、实验法和教育经验总结法等。各种心理学研究方法之间不是孤立的,往往会结合使用。

## 思考与练习

### 一、单项选择题

1. 教—学过程的三种过程是( )。

A. 学习过程、教学过程和评价/反思过程　　B. 学习过程、教学过程和互动过程

C. 学习过程、教学过程和思考过程　　D. 学习过程、教学过程和管理过程

2. 教育心理学作为一门独立的学科,从 20 世纪 60 年代到 70 年代末为( )。

A. 初创时期　　　B. 发展时期　　　C. 成熟时期　　　D. 深化拓展时期

3. 教育心理学的创始人是( )。

A. 华生　　　B. 桑代克　　　C. 布鲁纳　　　D. 加涅

4. 教育心理学的诞生之年是( )。

A. 1903 年　　　B. 1913 年　　　C. 1924 年　　　D. 1934 年

5. 在学与教的过程中,要有效传递的主要信息是( )。

A. 教学过程　　　B. 教学手段　　　C. 教学内容　　　D. 教学媒体

6. 我国第一本《教育心理学》教科书的作者是( )。

A. 陶行知　　　B. 蔡元培　　　C. 潘菽　　　D. 廖世承

### 二、填空题

1. 教育心理学是研究学校情境中_____的基本心理规律的科学。

2. 在教学活动中,学生这一因素对学与教的影响主要是通过_____、_____来体现的。

3. 在宏观上,教—学过程是一个系统过程,该系统包含学生特点、教师特点、_____、_____和_____等五种主要因素。

4. 教育心理学对教育实践的作用可表述为具有描述、_____、预测和_____的作用。

5. 影响学与教的教师因素主要有_____、专业知识、专业技能以及_____等基本的心理特性。

6. 教学环境包括_____和_____。

7. 评价/反思过程包括在教学之前对教学设计效果的_____,在教学过程中对教学的_____以及在教学之后的检验和反思。

### 三、简答题

1. 20 世纪 80 年代以后,教育心理学研究成果集中体现在哪些方面?

2. 简述教—学过程的五种变量。

### 四、论述题

1. 分析教—学过程中存在的三种过程、五种变量之间的关系。

2. 联系实际说明学习教育心理学的作用。

3. 联系教学实际,述评教育经验总结法。

# 第二章
## 心理发展与教育

📖 **本章要点**

> ➤ 心理发展概述
>   心理发展的含义
>   心理发展的阶段特征
>   心理发展的教育含义
> ➤ 学生的认知发展与教育
>   皮亚杰的认知发展理论
>   维果斯基理论和心理发展
>   认知发展与教学的关系
> ➤ 学生人格的发展与教育
>   人格发展的含义
>   自我意识的发展
> ➤ 个别差异与因材施教
>   学生的认知差异及其教育含义
>   学生的性格差异及其教育含义
>   特殊儿童心理与教育

## 第一节　心理发展概述

### 一、心理发展的含义

**学习要求** ➤ 识记心理发展的含义
➤ 理解学生心理发展的四个基本特征

所谓心理发展,是指个体从出生、成熟、衰老直至死亡的整个生命进程中所发生的一系列心理变化。研究表明,学生心理发展有以下四个基本特征:

(1)连续性与阶段性。在心理发展过程中,当某些代表新特征的量累积到一定程度时,就会取代旧特征而处于优势的主导地位,表现为阶段性的间断现象。但后一阶段的发展总是在前一阶段的基础上发生的,而且又萌发着下一阶段的新特征,表现出心理发展的连续性。

(2)定向性与顺序性。在正常条件下,心理的发展总是具有一定的方向性和先后顺序。尽管发展的速度可以有个别差异,会加速或延缓,但发展是不可逆的,也不可逾越。

(3)不平衡性。心理的发展可以因进行的速度、到达的时间和最终达到的高度而表现出多样化的发展模式。一方面表现出个体的不同系统在发展的速度上、发展的起讫时间与到达成熟时期上的不同进程;另一方面也表现出同一机能特性在发展的不同时期有不同的发展速率。

（4）差异性。任何一个正常学生的心理发展总要经历一些共同的基本阶段,但发展的速度、最终达到的水平,以及发展的优势领域又往往是千差万别的。

我国心理学家通常按照个体在一段时期内所具有的共同的、典型的心理特点和主导活动,将个体的心理发展划分为 8 个阶段,即:乳儿期(0～1 岁);婴儿期(1～3 岁);幼儿期(3～6、7 岁);童年期(6、7 岁～11、12 岁);少年期(11、12 岁～14、15 岁);青年期(14、15岁～25 岁);成年期(25～65 岁);老年期(65 岁以后)。

## 二、心理发展的阶段特征

**学习要求** ▶ 结合实例理解童年期、少年期和青年初期的心理发展的主要特征

### （一）童年期心理发展的主要特征

童年期与我国的小学教育阶段基本吻合。在这个阶段,儿童开始接受正规的学校教育,为未来的进一步发展打基础,做准备。所以,有人把童年期称作人生发展的奠基时期。进入童年期的学生,开始从家庭走向学校,随着成长环境的变化、知识的逐步增长和交往范围的扩大,其心理发展速度加快。

1. 认知发展

从认知方面看,与生活在家庭中的幼儿相比,小学生的认知不仅有量的增加,而且有质的变化。在认知来源上,由以口头语言、形象实物为主向以书面语言、非实物伴随的概念为主转变。相伴随的,小学儿童的思维特点是以具体形象思维为主要形式逐步过渡到以抽象逻辑思维为主要形式,一般认为大约 10～11 岁(四年级左右)是过渡的关键年龄。但也不能否认,童年期学生的认知水平还是较低的。

童年学生在认知方面的另一个重要变化是道德认知也有了较大发展。他们开始逐渐理解社会道德规范,并据此对自己和他人的行为效果进行道德评价。当然,童年学生的道德认知和道德评价还是肤浅的,往往带有个人感情色彩,还不能达到高度抽象的水平,其道德认知和道德行为还不能完全做到一致,但这时形成的道德认知对学生今后道德观的形成会产生重要影响。

2. 情感发展

在情感方面,童年期学生的情感体验开始复杂起来。这既与学生生活环境的变化有关,也与学生知识的增加和理解能力的提高有关。学生通过参加各种形式的学生组织和学生活动以及同教师、成人和不同年级学生的多方面交往,能够进行多层次的情感交流,并从中得到不同的情感体验。他们这时的情感因素已不局限于个人的生理或心理需要的满足,别人的遭遇、感受、书中的情节和人物的命运,都有可能唤起学生丰富的情感活动。他们对自己在学习和各种活动中的表现以及他人的评价相当关心,不同的评价也会给他们以不同的情感体验。

此外,童年期学生的情感具有浅显性和易变性的特点。一方面,他们的情感易于被感知,因为他们还不会掩饰自己的情感;另一方面,他们的情感又是易变的,对童年学生来说,没有持久的悲伤,也没有不能忘怀的欢乐,情景的变化很容易引起他们情感的变化。只有在与成人交往中形成的,对某一特定对象产生的畏惧、亲近或崇拜的感情才能较稳定地保持。

**3. 意志发展**

童年期学生的意志力也有了较大的发展。童年期学生的意志力从总体上讲还是比较薄弱的,他们对自己的行为还缺乏较强的约束力。这就要求教育给予引导和帮助,为培养学生良好的意志品质做出努力。

**4. 个性与社会性的发展**

自我意识的成熟标志着个性的基本形成。在小学阶段,儿童的自我意识发展水平不断提高,表现在从具体的、片面的向抽象的、较为全面的认识过渡,逐步摆脱对外部控制的依赖,并且开始从对自己的表面行为的评价转向对自己的内部心理品质的评价。

小学生对父母、老师的依赖减少,对成人的权威有怀疑,同伴交往增多,交往对象渐趋稳定,交往技巧提升,开始形成同伴群体。

### (二)少年期心理发展的主要特征

少年期是个体从童年期向青年期过渡的时期,大致相当于初中阶段,具有半成熟、半幼稚的特点。

**1. 认知发展**

少年的抽象逻辑思维已占主导地位,并出现反省思维,但抽象思维在一定程度上仍要以具体形象作支柱。同时,思维的独立性和批判性也有所发展,但仍带有不少片面性和主观性。

**2. 情感发展**

整个少年期充满着独立性和依赖性、自觉性和幼稚性错综的矛盾。

**3. 意志发展**

少年心理活动的意志力显著增长,可长时间集中精力学习,能随意调节自己的行动。他们的道德行为更加自觉,能通过具体的事实概括出一般伦理性原则,并以此来指导自己的行动,但因自我控制力不强,常出现前后自相矛盾的行为。

**4. 个性与社会性的发展**

随着身体的急剧变化,他们产生成人感,独立性意识强烈。他们开始关心自己和别人的内心世界,同龄人间的交往和认同大大增强,社会高级情感迅速发展。

### (三)青年初期心理发展的主要特征

青年初期相当于我国学制中的高中时期。青年初期是个体在生理上和社会性上向成人接近的时期。

**1. 认知发展**

他们的智力接近成熟,抽象逻辑思维已从"经验型"向"理论型"转化,开始出现辩证思维。

**2. 情感发展**

占主要地位的情感是与人生观相联系的情感,道德感、理智感与美感都有了深刻的发展。

**3. 意志发展**

他们对未来充满理想,敢说敢干,意志的坚强性与行动的自觉性有了较大的发展,但有时也会出现与生活相脱节的幻想。

**4. 个性与社会性的发展**

他们不仅能比较客观地看待自我,而且能明确地表现自我,敏感地防卫自我,并珍重自我,形成了理智的自我意识。然而,理想的自我与现实的自我仍面临着分裂的危机,自我肯定与自我否定常发生冲突。友谊占十分重要和特殊的地位,小团体现象突出,师生关系有所削弱,易与父母产生隔阂。

## 三、心理发展的教育含义

**学习要求** ▶ 识记学习准备和关键期的含义

要促进学生的心理发展,我们要关注学生发展中的"学习准备"和"关键期"。

### (一)关于学习准备

学习准备是指学生原有的知识水平对新的学习的适应性,即学生在学习新知识时,那些促进或妨碍学习的个人生理、心理发展的水平和特点。学习准备是一个动态的发展过程,包括纵向和横向两个维度。纵向的方面是指从出生到成熟的各个年龄阶段的学习准备。在不同的年龄阶段,学生的生理成熟水平和心理发展水平有明显的差异。这些差异是有效学习所必须考虑的前提条件。横向的学习准备是指每个年龄阶段出现的各种内部因素相互影响、相互作用而形成的一个动力结构。总之,学习准备不仅影响新学习的成功,也影响学习的效率。同时,学习也会促进学生的心理发展,新的发展又为进一步的新学习做好准备。

### (二)关于关键期

关键期是个体早期生命中一个比较短暂的时期,在此期间,个体对某种刺激特别敏感,过了这一时期,同样的刺激对之影响很小或没有影响。奥地利生态学家劳伦兹在研究鸟类的自然习性时发现,刚孵出的幼禽,如小鸡、小鹅,会在出生后很短的一段时间内追随自己的同类,若错过了这段时间,便很难再学会此类行为。他认为这个时间是幼禽认识并追随母禽的关键期。后来,发展心理学家将动物的关键期概念引入儿童行为学习的研究领域,认为儿童心理的发展同样存在关键期。已有研究提出,2岁是口头语言发展的关键期,4岁是形状知觉形成的关键期,4~5岁是学习书面语言的关键期。当然,儿童的行为学习与动物的完全依赖本能的学习不同,即使错过了关键期,有的能力经过补偿性学习仍有可能获得,只是难度要大得多。所以,我们应抓住关键期的有利时机,及时进行适当的教育,这往往能收到事半功倍的效果。

# 第二节 学生的认知发展与教育

## 一、皮亚杰的认知发展理论

**学习要求** ▶ 理解皮亚杰的认知发展四阶段理论
　　　　　▶ 识记皮亚杰理论中影响思维发展的因素

瑞士心理学家皮亚杰认为,儿童从出生到成人的认知发展不是一个数量不断增加的简单积累过程,而是伴随同化性的认知结构的不断再构,使认知发展形成几个按不变顺序相继出现的时期或阶段。经过一系列的研究,他将从婴儿期到青春期的儿童的认知发展分为感知运动、前运算、具体运算和形式运算四个阶段。

### (一)认知发展的阶段

1. 感知运动阶段(0～2 岁)

这一阶段儿童只有动作活动,依靠感知动作适应外部世界,认知发展主要是感觉和动作的分化。初生的婴儿,只有一系列笼统的反射,儿童这时主要通过感觉、知觉与动作探索外部环境,手的抓取和嘴的吸吮是他们探索周围世界的主要手段。随后的发展便是在感觉与动作渐渐分化的基础上协调自己感觉、知觉和动作之间的活动,还没有出现表象和思维,也还没有出现语言。其"智慧"还没有"运算"的性质,因为儿童的动作尚未内化为表象的形式。

在感知运动活动中,儿童形成了一些低级的行为图式,其认知能力也逐渐得到发展。按照皮亚杰的理论,这个阶段儿童在认知上有两大成就:① 因果关系;② 客体永久性,即当某一客体从儿童视野中消失时,儿童知道该客体并非不存在了,客体永久性是后来认知活动的基础。

2. 前运算阶段(2～7 岁)

这个阶段的儿童的各种感知运动图式开始内化为表象或形象模式,特别是语言的出现和发展,使儿童日益频繁地用表象符号来代替外界事物,但他们的语词或其他符号还不能代表抽象的概念,思维仍受具体直觉表象的束缚,难以从知觉中解放出来。他们的思维有如下主要特征:

(1)单维思维

认知活动具有相对具体性,还不能进行抽象的运算思维。例如当着四五岁儿童的面将矮而宽的杯子里的水倒入高而窄的杯子,问:哪个杯子的水多? 有的回答矮而宽的杯子中的水多,有人回答高而窄的杯子,这是因为前者只看到了杯子的宽度,后者只看到了杯子的高度,他们只是从一个维度进行思考。

(2)思维的不可逆性

如以上倒水的例子,当着四五岁儿童的面将矮而宽的杯子里的水倒入高而窄的杯子,儿童不能在观念上再把高而窄的杯子里的水重新倒回矮而宽的杯子里,思维不可逆转,还不能进行抽象的运算思维。

(3)自我中心

自我中心是指儿童从自己的角度出发看待整个世界,不知道可以变换角度或者意识到他人有不同的观点。他们这时认为所有的人都有相同的感受,一切以自我为中心。

皮亚杰曾做了"三山实验"来说明儿童的自我中心(图 2-1)。实验者布置了一个风景秀丽的山的模型,从 A、B、C、D 四个角度拍摄照片。孩子站在上述四位置之一。给他看拍摄照片,要求其挑选出对面位置上的人所看到的是哪张照

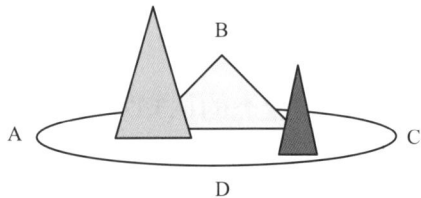

图 2-1　三山实验图

片。结果,受试儿童取出的照片并不是对面位置人所面对的山的照片,而是他自己面对的那座山的照片。

3. 具体运算阶段(7~11岁)

这个阶段的儿童认知结构中已经具有了抽象概念,思维可以逆转,具有一定的弹性,能凭借具体事物或从具体事物中获得的表象进行逻辑思维和群集运算,但这一阶段的儿童的思维仍需要具体事物的支持。这个阶段的标志是儿童已经获得了长度、体积、重量和面积等的守恒。所谓守恒,是指儿童认识到客体在外形上发生了变化,但其特有的属性不变。这一时期的儿童的思维有如下特征。

(1)多维思维

儿童开始知道从多个角度思考问题。如上例,当着四五岁儿童的面将矮而宽的杯子里的水倒入高而窄的杯子,问:哪个杯子的水多? 当他们回答"一样多"时,说明他们不仅看到了杯子的宽度,也看到了杯子的高度,他们能同时考虑几个维度。

(2)思维的可逆性

如以上倒水的例子,当着四五岁儿童的面将矮而宽的杯子里的水倒入高而窄的杯子,儿童能够在观念上再把高而窄的杯子里的水重新倒回矮而宽的杯子里,恢复原状,那就说明儿童思维能够逆转。

儿童思维的可逆性的出现是儿童守恒出现的标志,也是具体运算阶段出现的标志。守恒指物体的形式(主要是外部特征)起了变化,但个体认识到物体的量(或内部性质)并未改变。守恒有数目守恒、物质守恒、长度守恒、面积守恒、重量守恒和体积守恒等。

(3)去自我中心

儿童逐渐学会从别人的角度看问题,意识到别人持有的观点不一定与自己相同。他们能接受别人的意见,修正自己的观点,这是儿童与别人顺利交往、顺利进行社会化的条件。

(4)具体逻辑推理

这时的儿童能凭借具体形象的支持进行逻辑推理。如,儿童知道 A>B,A<C,儿童无法演绎出 C>B;但是告诉儿童小兰比小丽皮肤白,小兰比小苏皮肤黑,这三人谁最黑,谁最白? 三人站在儿童跟前,儿童很快就判断出来了。

4. 形式运算阶段(11~15岁)

所谓形式运算,就是使思维形式从内容中解脱出来。这时,儿童的思维超越了对具体的内容或可感知的事物的依赖,而朝着非直接感知或未来的事物的方向发展。

(1)思维以命题形式进行

本阶段的儿童的思维是以命题形式进行的。他们不仅能考虑命题与经验之间的真实性关系,而且能看到命题与现实之间的关系,并能推论两个或多个命题之间的逻辑关系。例如"小兰比小丽皮肤白,小兰比小苏皮肤黑,这三人谁最黑,谁最白?"这样的以命题的形式进行运算的问题,儿童能推论出结果。

(2)抽象逻辑思维

本阶段的儿童能理解符号的意义、隐喻和直喻,能做一定的概括,其思维发展水平已接近成人的水平。例如儿童知道 A＞B，A＜C，无须直观形象的支持，儿童能推导出 C＞B。

（3）假设—演绎推理

本阶段的儿童不仅能够运用经验—归纳的方式进行逻辑推理，而且能够运用假设—演绎推理的方式来解决问题。他们能在考察问题细节的基础上，假设这种或那种理论解释是正确的，再从假设中演绎出从逻辑上讲这样或那样的经验现象实际上应该或不应该出现，然后检验他的理论，看这些预见的现象是否确实出现。

（4）思维的灵活性

本阶段的儿童不再刻板地恪守规则或因与事实的不符而违反规则，他们的思维水平已经接近成人水平。对这一年龄阶段的儿童，教师和家长不宜采用过多的命令和强制性的教育，而应鼓励和指导他们自己做决定，同时对他们考虑不全面的地方提供建议和改进的办法。

## （二）影响发展的因素

关于影响心理发展的因素，皮亚杰提出四个基本因素。

1. 成熟

成熟是指机体的成长，特别是神经系统和内分泌系统的成熟。皮亚杰认为智力的成长过程中，成熟不是决定条件，神经系统的成熟只能决定某一给定阶段的可能性与不可能性，环境因素对于实现这些可能性始终是不可少的。

2. 练习和经验

练习和经验指个体对物体施加动作过程中的练习和习得的经验（不同于社会性经验）的作用，区分为物理经验和逻辑数理经验两种。前者指个体作用于物体，获得有关物体特性（如体积、重量等）的信息。例如儿童关于物体的重量、颜色、表面的光滑程度、声音的高低、水结成冰等经验是通过儿童的触觉、视觉、听觉等从物体中抽取出来的。这种经验最本质的特点是来源于物体本身。后者指理解动作与动作之间相互协调的结果。皮亚杰举过一个例子解释这种逻辑数理经验：他有一位数学家朋友，小时候在沙滩上玩卵石，他把10个卵石排成一行，发现不论从哪端开始数都是 10 个；然后他又把卵石排成另外的形状，如排成原形、四方形，数出来的数目仍然不变。于是他得出"数量和与顺序无关"的结论。这种经验是由主体作用于客体的动作以及动作间的相互协调结果所引起。因此，皮亚杰说，"知识来源于动作，而非来源于物体"。

3. 社会性经验

社会性经验指社会环境中人与人之间的相互作用和社会文化的传递。社会环境因素主要涉及教育、学习和语言等方面。社会环境因素对发展的影响是显而易见的，因为发展的进展可以随着儿童所受的文化教育和社会环境的差别而加速或推迟。但是，发展的次序具有连续性这一事实又充分说明，社会环境因素不是发展的充分因素。社会环境因素与物理的经验一样，它们要能对主体的发展发挥作用，必须建立在它们能被主体所同化的基础上，皮亚杰认为，只有当所教的东西可以引起儿童积极从事再造和再创的活动，才会有效地被儿童所同化。

4. 平衡化

平衡化指个体在与环境相互作用过程中的自我调节。具有自我调节作用的平衡过程对于心理发展的上述三种基本因素起到调节作用,并且这种调节表现出定向性的特点。平衡化的过程不能归结为单独由遗传或成熟而来,也非预先制定的先验的东西。皮亚杰认为新结构或新知识的形成实际上是一种建构的过程。个体的认知图式不能同化新的知识经验时,心理产生不平衡状态。每经过一次由失衡到新的平衡的过程,其认知结构就会产生一次新的改变。个体认知结构的改变使之能够吸收容纳更多新的知识经验,促使智力水平得到发展和提高。

皮亚杰曾用黏土球实验,解释了在具体运算阶段儿童质量守恒概念获得过程中的平衡化作用。实验的方法如下:把两个大小、形状、重量完全相同的黏土球展示给6～8岁的儿童看,然后将其中一个黏土球做成薄饼状或香肠形,或是数个小糖果状,然后问儿童,黏土的多少有无变化?他观察到,儿童在这一质量守恒概念形成过程中,经历了四个阶段。

第一阶段:当黏土球被做成薄饼状、香肠形或分做成数个小糖果状时,儿童认为黏土多了,因为薄饼大、香肠长、小球多,也有正好相反的答案。

第二阶段:当薄饼做得更薄、香肠更长、小球的个数更多时,那些刚刚回答黏土多的孩子开始认为黏土又少了,原因是"太薄、太细、小球太小"。

第三阶段:矛盾阶段。经过上面两个阶段,儿童感到为难,判断时表现出犹豫不决,来回摇摆。

第四阶段:儿童认识到两边是一样多的。

可见,第一阶段的儿童属于前运算阶段,他们只能将注意集中在泥球状态的一个方面,或是长的东西多,短的即少;或是粗的东西多,细的即少。第二阶段仍是前运算阶段,虽然他开始注意到了泥球状态变化的另一个方面,但仍单向思维。第三阶段儿童感到问题难以回答,说明通过上述两个阶段后,儿童已注意到泥球的粗与短、长与细、数目多与少是有关联的,而原有的图式已不能适应这一刺激。因此,在同化这一刺激的同时,被吸收的刺激将改变图式,使儿童由只注意泥球状态的一个方面过渡到注意泥球状态的两个方面。矛盾阶段表现出的拿不定主意即是不平衡。第四阶段,新刺激已整合到旧图式当中,新图式建成,儿童同化与顺应达到了平衡,正确地回答了两边一样多,获得了质量守恒概念。由此皮亚杰认为,具有自我调节作用的平衡过程是智力发展的内在动力。

## 二、维果斯基心理发展理论

学习要求 ▶ 识记最近发展区的含义

### (一)社会文化理论

维果斯基认为,心理发展是个体自出生到成年,在环境和教育的影响下,在低级心理机能的基础上,逐渐向高级机能转化的过程。低级心理机能是动物进化的结果,是个体早期以直接的方式与外界相互作用时表现出来的特征,如基本的知觉加工和自动化过程;而高级心理机能则是历史发展的结果,是以符号系统为中介的心理机能,如记忆的精细加工。正是高级心理机能,使得人类心理与动物相比,不仅是量的增加,而且是结构的变化,是形成了新质的意识系统。

## （二）内化论

从个体发展来看,高级心理机能是在与社会的交互作用中发展起来的。儿童在与成人交往过程中通过掌握高级心理机能的工具——语言符号系统,获得社会文化知识经验,从而在低级心理机能的基础上形成了各种新质的心理机能。儿童的认知发展更多的是依赖于周围人们的帮助,其知识、思想、态度、价值观都是在与他人的交往中发展起来的,儿童发展的情况取决于他们的学习方式和学习内容。

维果斯基强调,人的高级心理机能是在活动中发展起来的,是外部活动不断内化的结果。这种活动是在人们的合作与交往中进行的社会性活动,以后才"内化"转为内部活动,才能最终默默地在头脑中进行。这种内化过程是以语言符号系统的运用为中介的。儿童早期还不能使用语言这个工具来组织自己的心理活动,心理活动是"直接的和不随意的、低级的、自然的"。只有掌握语言这个工具,才能转化为"间接的和随意的、高级的社会历史的"心理技能。语言一方面为儿童表达思想和提出问题提供了可能性,也为儿童从周围人那里学习提供了可能性。同时,儿童的言语也直接促进了其高级心理机能的发展。例如,儿童在内化过程中存在自言自语的现象。在皮亚杰看来,儿童的自我言语是认知不成熟的表现,是一种自我中心的言语,儿童自言自语时并未考虑其他人的兴趣,只有当儿童慢慢发展到认知成熟时,才渐渐能够倾听对方的意思并与对方进行交流。但维果斯基则解释,儿童的自言自语并不是不成熟的表现,而是儿童与自己的一种交流,借以指导自己的行为,而且随着儿童的成熟,这种喃喃自语逐渐发展为耳语、口唇动作、内部言语和思维,从而完成内化过程。儿童认知发展的过程就是一个内在结构连续的组织和再组织过程,在新水平上整合新、旧信息以形成新结构。

## （三）最近发展区

对于教育和心理发展的关系,维果斯基十分强调教学的作用,认为教学是儿童与其他人以及语言等符号系统进行社会性相互作用的一种重要形式,对发展起着十分重要的作用,儿童只有通过教学才能掌握全人类的经验并内化到自身的认知结构中,因此给儿童的教学可被定义为人为的发展,教学必须要考虑儿童已达到的水平并要走在儿童发展的前面。为此,教学时必须考虑儿童的两种发展水平。一种是儿童现有的发展水平;另一种是指在有指导的情况下借助成人的帮助可以达到的解决问题的水平,或是借助于他人的启发帮助可以达到的较高水平。这两者之间的差距,即儿童的现有水平与经过他人帮助可以达到的较高水平之间的差距,就是最近发展区。也就是说,最近发展区是指儿童在有指导的情况下,借助成人帮助所能达到的解决问题的水平与独自解决问题所达到的水平之间的差异。

# 三、认知发展与教学的关系

学习要求 ▶ 理解认知发展与教学的关系

## （一）认知发展制约教学的内容和方法

在皮亚杰看来,学习从属于发展,从属于主体的一般认知水平。所以,各门具体学科的教学都应研究如何对不同发展阶段的学生提出既不超出当时的认知结构的同化能力，又能促使他们向更高阶段发展的富有启迪作用的适当内容。例如，只有形式运算阶段的儿童才能获得纯粹以命题形式呈现的概念和规则，而大多数中学生并未都达到这一发展水平，即使在某一领域达到这一发展水平的学生，在其他领域却不一定达到，因而中学生学习抽象概念和规则，仍需要具体经验的支持。

### （二）适当的教学能促进学生的认知发展

皮亚杰的研究企图揭示无特殊训练条件下的儿童认知发展阶段，并未考虑专门教学的影响。从一般发展的观点看，这种研究是必要的。但不能把皮亚杰的发展阶段看成是固定不变的或不受教育影响的。大量的研究表明，通过适当的教育训练来加快各个认知发展阶段转化的速度是可能的。只要教学内容和方法得当，系统的学校教学肯定可以起到加速认知的作用。

### （三）适应最近发展区的教学能促进学生的认知发展

最近发展区的提出说明了儿童发展的可能性，也说明社会和教育对儿童认知发展起主导作用。其意义在于教育者不应只看到儿童今天已达到的发展水平，还应该看到仍处于形成的状态，正在发展的过程中。所以，维果斯基强调教学不能只适应发展的现有水平，走在发展的后面，而应适应最近发展区，从而走在发展的前面，并最终跨越最近发展区而达到新的发展水平。

# 第三节　学生的人格发展与教育

## 一、人格发展

**学习要求**
➤ 识记人格的含义
➤ 评价埃里克森的人格发展理论
➤ 理解影响人格发展的因素

人格又称个性，是指决定个体的外显行为和内隐行为并使其与他人的行为有稳定区别的综合心理特征。

### （一）人格的发展阶段

不同的心理学家对人格的发展有不同的看法，这里仅介绍较有代表性的埃里克森人格发展理论。埃里克森认为，儿童人格的发展是一个逐渐形成的过程，必须经历八个顺序不变的阶段，其中前五个阶段属于儿童成长和接受教育的时期。每一阶段都有一个由生物学的成熟与社会文化环境、社会期望之间的冲突和矛盾所决定的发展危机。成功而合理地解决每个阶段的危机或冲突将导致个体形成积极的人格特征，有助于发展健全的人格；否则，个体就会形成消极的人格特征，导致人格向不健全的方向发展。

1. 基本的信任感对基本的不信任感（0～1.5岁）

该阶段的发展任务是发展对周围世界，尤其是对社会环境的基本态度，培养信任感。如果父母或照料者给予婴儿适当的、稳定的与不间断的关切、照顾、哺育与抚摩，婴儿就会对父母产生一种信任感,认为这个世界是安全而可信赖的地方。这种对人对环境的基本信任感是形成健康个性品质的基础,是以后各个时期发展的基础,其中最重要的是青年时期发展起来的同一性的基础。

2. 自主感对羞耻感与怀疑(2～3岁)

该阶段的发展任务是培养自主性。儿童初步尝试独立处理事情,如果父母允许幼儿去做他们力所能及的事,鼓励幼儿的独立探索愿望,幼儿就会逐渐认识自己的能力,养成自动自主的个性;反之,父母过分溺爱和保护或过分批评指责,就可能使儿童怀疑自己对自我和环境的控制能力,使之产生一种羞耻感。

3. 主动感对内疚感(4～5岁)

该阶段的发展任务是培养主动性。由于身体活动能力和语言的发展,儿童有可能把他的活动范围扩展到家庭之外。儿童喜欢尝试探索环境,承担并学习掌握新的任务。此时如果父母或教师对儿童遇到的问题耐心听取,细心回答,对儿童的建议给予适当的鼓励或妥善的处理,那么儿童不仅发展了主动性,还能培养明辨是非的道德感。反之,如果父母对儿童的问题感到不耐烦或嘲笑儿童的活动,儿童就会对自己的活动产生内疚感。有时,当儿童的主动性与别人的主动性产生冲突时,也有可能引发内疚感。

4. 勤奋感对自卑感(6～11岁)

该阶段发展任务是培养勤奋感。这个时期,绝大多数儿童已进入学校,第一次接受社会赋予他并期望他完成的任务。他们追求任务完成时所获得的成就感及由其成就所带来的师长的认可与赞许。如果儿童在学习、游戏等活动中不断取得成就并受到成人的奖励,儿童将以成功、嘉奖为荣,形成乐观、进取和勤奋的人格;反之,如果由于教学不当,或努力不够而多次遭受挫折,或其成就受到漠视,儿童容易形成自卑感。

5. 自我同一性对角色混乱(12～18岁)

该阶段的发展任务是培养自我同一性。自我同一性指个体组织自己的动机、能力、信仰及其活动经验而形成的有关自我的一致性形象。自我同一性的形成要求谨慎地选择和决策,尤其体现在职业定向、性别角色等方面。如果青少年不能整合这些方面和各种选择,或者他们根本无法在其中进行选择,就会导致角色混乱。

同一性并不是在青春期才出现的,儿童在学前期已形成了各种同一性,但是进入青春期后,早期形成的同一性已不能应付眼前必须做出的种种选择和决断了。

6. 友爱亲密对孤独(18～30岁)

这一时期相当于青年晚期,发展的主要任务是形成亲密感。此时个体如能在人际交往中建立正常的人与人之间的友好关系,可形成一种亲密感。这种意义上的亲密感是指个体愿意与他人进行深层次的交往,并保持一种长期的友好关系,学会与他人分享;反之,便会陷入孤独中。

7. 繁殖对停滞(30～60岁)

本时期包括中年期和壮年期,这阶段的主要任务是繁殖。这里指的是广义上的繁殖,不仅包括人的繁衍后代,而且包括人的生产能力和创造能力等基本能力或特征。本阶段个体面临抚养下一代的任务,并把下一代看作自己能力的延伸。发展顺利的个体表现为家庭美满,富有创造力;反之则陷入自我专注,只关心自己的需要与舒适,对他人及后代感情冷漠以至于颓废消极。

8. 完美无憾对悲观绝望(60岁以后)

本阶段相当于老年期,这个时期的发展任务是获得自我完满感。这一阶段个体的发展受前几阶段发展的影响极大。如果个体在前几个阶段发展顺利,则在这一时期巩固自己的自我感觉并完全接受自我,接受自己不可替代的作用,意味着个体获得了自我完满感;相反,没有获得完满感的个体将陷入绝望,并因而害怕死亡。

埃里克森的发展论对心理学研究及教育实践都有着较大的启发意义。第一,埃里克森注重文化和社会因素对人的发展的作用。他不仅考虑了自我概念的出现、同一性的获得,而且强调了个体一生中与他人的相互作用对个体发展的制约作用,并具体阐述了性格、兴趣、动机等带有社会性内容的人格特征在社会背景中的产生和发展。第二,埃里克森从整体上,从个体心理发展的各个层面及其相互关系中考查了人的社会性发展和道德等的形成发展,而不是孤立地看待它们的发展历程。第三,埃里克森的理论阐释了个体从出生到青年期、中年期、老年期一生的发展,体现了研究人的终生发展的观念,比较符合人的发展实际,也是最早研究人的一生发展的心理学家。

埃里克森的发展理论指明了每个发展阶段的任务,并给出了解决危机、完成任务的具体教育方法,有助于教师理解不同发展阶段的儿童所面临的冲突类型,从而采取相应的措施,因势利导、对症下药。如初中与高中阶段正是青少年儿童开始发展自我同一性的时期,教师要理解学生需要大量的机会来体验各种职业选择和社会角色。同时提供机会让学生了解社会、了解自我。通过讨论的形式使他们解决自身所面临的问题。在这当中,教师要始终给学生有关其自身状况的真实的反馈信息,以便学生能正确认识自己,确定合理的、适当的自我同一性。

但是,受弗洛伊德的影响,埃里克森理论过分强调本能,相对忽视人的意识、理智等高级心理过程在发展中的作用;他把许多社会问题,如人生目标的选择确立等归结为心理发展过程中某一特殊阶段的心理任务与危机,这是否恰当;心理任务与危机跟社会矛盾之间的关系等问题也需要进一步探讨;他并没有解释个体如何以及为什么从一个阶段发展到另一个阶段,而且该理论也缺乏实证性研究的支持。

### (二)影响人格发展的社会因素

人格的发展是个体社会化的结果。不管什么社会,影响儿童人格发展的社会化动因基本上都是家庭、学校、同伴以及电视、电影、文艺作品等社会宣传媒体。

1. 家庭教养模式

鲍姆宁曾根据控制、成熟的要求、父母与儿童的交往、父母的教养水平等几个指标,将父母的教养行为分成专制型、放纵型和民主型等三种教养模式,研究不同的教养模式对儿童人格发展的影响。结果发现,专制型教养模式下的儿童不太知足、不安全、忧虑、退缩、怀疑、不喜欢与同伴交往。放纵型教养模式下的儿童是最不成熟的,他们缺乏自我控制力和探索精神,有极强的依赖性,遇到新奇事物或紧张事情就会退缩。民主型教养模式下的儿童是最成熟的,他们有能力,独立性强,自信,知足,爱探索,善于控制自己,喜欢交往,自我肯定。

2. 学校教育

学校教育在学生社会化中的作用主要是通过教师与学生的相互影响来实现的。教师的品德修养、知识经验、教育和教学技巧、对学生的态度等,对学生社会化与人格的发展都具有举足轻重的意义。同时,学校教育按照一定社会的教育目标,有计划、有步骤地对青少年学生施加影响,因而直接制约着学生人格发展的方向和基本质量。

3. 同辈群体

从小学开始,儿童就开始脱离对长辈的依赖,增加了同伴交往;与同父母的关系相比,中学生与同龄伙伴的交往更加自由和平等。与同辈群体的交往使儿童能够进行人际关系和交流的探索,并发展人际敏感性,奠定儿童今后社会交往的基础,促进儿童的社会化和人格的发展。一方面,同辈群体是儿童学习社会行为的强化物;另一方面,同辈群体又为儿童的社会化和人格发展提供社会模式或榜样。随着年龄的增长,同伴的影响越来越强,在某种程度上甚至超过父母的影响。

## 二、自我意识的发展

学习要求
> 识记自我意识的含义
> 识记自我意识发展的过程

自我意识的成熟标志着个性的基本形成。自我意识是人格的重要组成部分,是使人格各部分整合和统一起来的核心力量。同时,一切社会环境因素对人产生影响都必须通过自我意识的中介才能发挥作用,因而其在人格的形成和发展中起着不可缺少的重要作用。

### (一)自我意识的含义

自我意识是个体对自己以及自己与周围事物的关系的意识。一般认为,自我意识包括三种成分:一是自我认识,个体对自己的认知特点、人格特征及自身社会价值的自我了解与自我评价。二是自我体验,个体对自己的情感体验,如自尊、自爱、自豪、自卑及自暴自弃等。三是自我控制,属于自我监控,属于对自己的意志控制,如自我检查、自我监督、自我调节、自我追求等。

### (二)自我意识的发展

个体自我意识的发展经历了从生理自我到社会自我,再到心理自我的过程。

1. 生理自我

生理自我是自我意识最原始的形态。儿童1周岁末,开始将自己的动作和动作的对象区分开来,把自己和自己的动作区分开来,并在与成人的交往中,按照自己的姓名、身体特征、行动和活动能力来看待自己,并做出一定的评价。生理自我在3岁左右基本成熟。

2. 社会自我

儿童在3岁以后,自我意识的发展进入社会自我阶段。他们从轻信成人的评价逐渐过渡到自我独立评价,自我评价的独立性、原则性、批判性正在迅速发展,对道德行为的判断能力,也逐渐达到了前所未有的水平,从对具体行为的评价发展到有一定概括程度的评价。但他们的自我评价通常不涉及个人的内心世界和人格特征,自我调节控制能力也较差,常出现言行不一的现象。社会自我至少年期基本成熟。

3. 心理自我

心理自我是在青年初期开始发展和形成的。这时,青年开始形成自觉地按照一定的行动目标和社会准则来评价自己的心理品质和能力。他们的自我评价越来越客观、公正和全面,并具有社会道德性,并在此基础上形成自我理想,追求最有意义和最有价值的目标。

青春期是自我意识发展的第二个飞跃期。初中生在日常生活中常常将很多心智用于内省;自我意识高涨,使其人格出现了暂时的不平衡性。而高中生的自我意识中的独立意向日趋强烈;在心理上将自我分成了"理想自我"与"现实自我"两部分;强烈关心自己的个性成长;自我评价成熟;有较强的自尊心,并且道德意识得到高度发展。

# 第四节 个别差异与因材施教

## 一、学生的认知差异及其教育含义

学习要求
➤ 识记个别差异的表现
➤ 比较场独立型和场依存型的认知特征
➤ 评价认知差异的教育含义

认知过程是指学生借以获得信息、做出计划和解决问题的心理过程。这个过程存在着个体之间的认知风格和认知能力等方面的个别差异。

### (一)认知风格差异

认知风格又称认知方式,是个体在知觉、思维、记忆和解决问题等认知活动中加工和组织信息时所显示出来的独特而稳定的风格。学生间认知风格的差异主要表现在场独立与场依存、沉思型与冲动型、辐合型与发散型等方面。

1. 场独立与场依存

场独立和场依存这两个概念最初来源于威特金对知觉的研究。在第二次世界大战期间,他研究飞行员怎样利用来自身体内部的线索和视觉见到的外部仪表的线索调整身体的位置。研究发现,有些被试主要利用来自仪表的视觉线索,另一些人则主要利用来自身体内部的线索。前一种人的知觉方式为场依存方式,后一种人的知觉方式为场独立方式。后来的研究发现,场独立与场依存是两种普遍存在的认知方式。具有场独立方式的人,对客观事物做判断时,常常利用自己内部的参照,不易受外来的因素影响和干扰;在认知方面独立于他们的周围背景,倾向于在抽象的和分析的水平上加工,独立对事物做出判断。具有场依存方式的人,对物体的知觉倾向于以外部参照作为信息加工的依据。他们的态度和自我知觉更易受周围的人们,特别是权威人士的影响和干扰,善于察言观色,注意并记忆言语信息中的社会内容。

2. 沉思型与冲动型

在有几种可能解答的问题情境中,有些儿童倾向于深思熟虑且错误较少,这种认知方式被称为深思型认知方式。另一些儿童倾向于很快地检验假设,且常常出错,这种认知方式被称为冲动型认知方式。冲动与沉思的标准是反应时间与精确性。

3. 辐合型与发散型

据美国的吉尔福特研究,辐合型认知方式是指个体在解决问题过程中常表现出辐合思维的特征,表现为搜集或综合信息与知识,运用逻辑规律,缩小解答范围,直至找到最适当的唯一正确的解答。而发散型认知方式则是指个体在解决问题过程中常表现出发散思维的特征,表现为个人的思维沿着许多不同的方向扩展,使观念发散到各个有关方面,最终产生多种可能的答案而不是唯一的正确的答案,因而容易产生有创见的新颖观念。

### (二)智力差异

#### 1.智力与智力测量

为了对人的聪明程度做定量分析,心理学家创造了许多测量工具,这些测量工具被称作智力量表。世界上最著名的智力量表是斯坦福—比纳量表(简称 S-B 量表),该量表最初由法国人比纳和西蒙于 1905 年编制,后来由斯坦福大学的推孟做了多次修订而闻名于世。

智力测验中的一个重要概念是智商,简称 IQ。

$$IQ = \frac{智力年龄(MA)}{实际年龄(CA)} \times 100$$

上述公式中的实际年龄指从出生到进行智力测验时的年龄,简称 CA。智力年龄是根据智力测验计算出来的相对年龄,因为智力测验的题目按年龄分组。由此计算得到的智商属于比率智商。

1936 年,美国的韦克斯勒编制了另一套智力量表,包括学龄前智力量表(WPPIS)、儿童智力量表(WISC)和成人智力量表(WAIS)。该量表仍采用智商的概念,但这里的智商是以同年龄组被试的总体平均数为标准确定的。它假定同年龄组测量成绩总平均数为100,用个人实际得分与总平均数比较,确定其在同龄组内所处的相对位置,以此判定其智力水平。由此计算得到的智商属于离差智商。

不管是斯坦福—比纳量表还是韦克斯勒量表,在选择测题时都严格控制各种因素的影响,使测题对所有儿童都有同样的检验。所以,儿童在回答测题时的数量与质量便成为度量其聪明程度的指标。

#### 2.智力的差异

由于智力是个体先天禀赋和后天环境相互作用的结果,个体智力的发展存在明显的差异,包括个体差异和群体差异。

#### (1)智力的个体差异

智力的个体差异反映在个体间和个体内。个体间的差异指个人与其同龄团体的常模比较表现出来的差异。大量的研究表明,人们的智力水平呈正态分布(又称钟形分布)。绝大多数人的聪明程度属中等,智商分数极高与极低的人很少,且数量相当。一般认为,IQ 超过 140 的人属于天才,他们在人口中占不到 1%。

智力的个体内差异,即个人智商分数的构成成分的差异。研究表明,两个 IQ 分数相同的儿童,他们智商分数的构成可能有很大差异。一般的智力测量都是由许多分测验构成的。如韦克斯勒儿童智力量表中有 12 个分测验,其中 6 个测验是通过言语问答进行的,被认为是测量言语智力。另外 6 个分测验是通过动手操作完成的,被认为是测量操作智力。两个孩子即使是在韦克斯勒儿童智力测量中得到的总分一样,他们在各个分测验上的得分很可能并不相同。

（2）智力的群体差异

智力的群体差异是指不同群体之间的智力差异，包括智力的性别差异、年龄差异、种族差异等。目前研究的有关智力的性别差异的基本结论是：男女智力的总体水平大致相等，但男性智力分布的离散程度比女性大；男女的智力结构存在差异，各自具有自己的优势领域。

### （三）认知差异的教育含义

认知方式没有优劣好坏之分，只是表现为学生对信息加工方式的某种偏爱，主要影响学生的学习方式。

智力是影响学习的一个重要因素。在传统教学条件下，智力是预测学习成绩的一个可靠的指标。然而，智力并不影响学习能否发生，它主要影响学习的速度、数量、巩固程度和学习的迁移。

所有这些认知差异表明，我们必须根据学生认知差异的特点与作用，不断改革教学，努力因材施教。

首先，应该创设适应学生认知差异的教学组织式。是按年龄分班教学还是按将能力或知识水平接近的学生组成教学班（组）进行教学？斯托达德曾提出一个双重进度方案，一部分课程（必修课）采用年级制分班，而其余课程则采用能力分级制，力图使两种教学形式有机地统一起来。

其次，采用适应认知差异的教学方式，努力使教学方式个别化。布卢姆通过长期的教学实验，提出著名的掌握学习理论。所谓掌握学习，是指向不同能力水平的学生提供最佳的教学和给予足够的学习时间而使绝大多数学生达到掌握的程度（通常要求成功地完成 $80\%\sim90\%$ 的教学评价项目）（详见第十二章第三节）。

最后，运用适应认知差异的教学手段。美国的斯金纳等人提倡程序教学，依靠教学机器或程序化教科书呈现学习程序，使学生学会个别学习。在现代，程序教学又发展为计算机辅助教学（CAI）。它是根据程序教学的原理将电子计算机技术运用于教学的一种手段（详见第十二章第三节）。

## 二、学生的性格差异及其教育含义

**学习要求** ➤ 识记性格的含义
➤ 理解性格的个别差异

### （一）性格的概念

性格是指个体在生活过程中形成的对现实的稳定的态度以及与之相适应的习惯化的行为方式。性格具有直接的社会意义，不同性格特征的社会价值是不一样的。因而，性格便成为人与人相互区别的主要方面，是人格的核心。

### （二）性格的差异

性格的个别差异表现在性格特征差异和性格类型差异两个方面。

1. 性格的特征差异

关于性格的特征差异，心理学家一般从以下四个方面进行分析：

一是对现实态度的性格特征，包括对社会、集体、他人的态度；对劳动、工作和学习的态度;对自己的态度。如爱祖国,关心社会,热爱集体,具有社会责任感与义务感;认真细心,勤劳节俭;严于律己,谦虚谨慎,自强自尊等。在这几个方面个体间存在着很大的差异。

二是性格的理智特征,是指人在感知、记忆、思维、想象等认识过程中所表现出来的习惯化了的行为方式。如有人观察敏锐,有人观察迟钝;有人善于分析、抽象,有人善于综合、概括;有人记忆敏捷,有人记忆较慢;有人想象丰富、奇特,有人想象贫乏、狭窄等。

三是性格的情绪特征,这是指个体在情绪活动时的强度、稳定性、持续性以及主导心境等方面表现出来的个别差异。如有人情绪反应强烈、明显,有人反应微弱、隐晦;有人情绪很难平息,有人情绪转瞬即逝;有人终日精神饱满、乐观开朗;有人整日愁眉苦脸、烦闷悲观等。

四是性格的意志特征,主要表现在个体对自己行为的控制和调节方面的性格特征,如自觉性、果断性、自制力以及坚韧性等方面的特征。如目的性或盲目性;纪律性或散漫性;果断或优柔寡断;镇定或紧张;自制或任性;坚忍不拔或见异思迁等。

2.性格的类型差异

性格类型是指在一类人身上所共有的性格特征的独特结合,许多心理学家都试图划分性格的类型。斯普兰格从社会文化价值的观点出发,根据人认为哪种生活方式最有价值,把人的性格分为六种类型,即经济型、理论型、审美型、宗教型、权力型、社会型。霍兰德的性格——职业匹配理论把人的性格分成理智型、现实型、社会型、文艺型、贸易型和传统型六种类型。培因和里波特提出根据理智、情绪、意志三种心理机能在人的性格中所占优势不同,将人的性格分为理智型、情绪型、意志型。奥地利心理学家阿德勒根据个体竞争性将性格划分为优越型和自卑型。

### (三)性格差异的教育含义

性格虽然不会决定学习是否发生,但它却会影响学生的学习方式。性格作为动力因素而影响学习的速度和质量。性格的性别差异又会影响学生对学习内容的选择,而且还会影响学生的社会性学习和个体社会化。

因此,为了促进学生的全面发展,学习教育应更重视情感因素的作用,使教育内容的选择和组织更好地适应学生的性格差异。

## 三、特殊儿童心理与教育

学习要求
➤ 识记特殊儿童的含义
➤ 识记广义的特殊儿童的分类
➤ 识记目前发达国家常见的特殊儿童的安置形式

### (一)特殊儿童的概念

从教育的观点看,并不是所有在机体上或心理上呈现"特殊"特质的儿童皆可称作特殊儿童。例如,一个儿童,天生白发,在学校里自然与其他儿童不同,且这种机体上的特质十分显眼,但其在学习上的需要与一般儿童并没有两样,不能把他算作特殊儿童。特殊儿童之所以特殊,是就其学习需要的特殊性而言。例如,一个儿童智能特别低下,无论如何也赶不上教师在班级教学中的进度。他在学习上有特殊的需要,需要教师在教学上给予个别的考虑,那么,他就是教育上所谓的特殊儿童。所以有的学者就把特殊儿童视为"有特殊需要的学习者"。

在教育上为了明确地确定谁是"有特殊需要的学习者",有必要完整地、精确地把握特殊儿童的概念。我国台湾心理学家郭为藩为特殊儿童做如下定义:特殊儿童指由于某些生理的、心理的或社会的障碍,使其无法从一般的教育环境获得良好的适应与学习效果,而需借着教育上的特殊扶助来充分发展其潜能的儿童。美国著名的特殊教育学者柯克对特殊儿童的定义:在心智特质、感觉能力、神经动作或生理特质、社会行为和沟通能力方面,偏离一般或常态,或具有多重障碍的儿童。从上面所引的中外学者对特殊儿童下的定义来看,显然所谓特殊儿童必须具备两个条件:一是其身心特质的过分突显,二是必须借助特殊的协助,否则将无法满足其教育需要。因此,本文认为,特殊儿童是指因在身心发展或学习过程中与普通儿童有明显差异而需要给予区别于一般帮助的儿童,包括高于正常的超常儿童、学习困难儿童、有视听觉等各种残疾的儿童和在某一方面某个时期在发展或学习中需短期或长期的各种特殊服务的非残疾儿童。

### (二) 特殊儿童的分类

对特殊儿童的分类,通常以特殊儿童身心特性为标准。特殊儿童的分类反映了教育专业人员对特殊儿童的看法与态度,显示一个国家的特殊教育目标,所以特殊儿童如何分类、各类儿童如何称呼,颇受学者重视。

对特殊儿童广义的理解是把正常儿童以外的各类儿童都算作特殊儿童。对广义的特殊儿童所做的分类,我国台湾的"特殊教育法"的分法,是我们所认同的。按这种分法,首先将特殊儿童分为资赋优异与身心障碍两大类,其后,在此两大类下再加细分类别。资赋优异儿童可再分为一般能力优异、学术性向优异和特殊才能优异等。身心障碍则包括智能不足、视觉障碍、听觉障碍、语言障碍、肢体障碍、身体病弱、性格异常、行为异常、学习障碍、多重障碍以及其他显著障碍。

根据全国残疾人抽样调查领导小组制定的标准,我国把特殊儿童分为五类:视力残疾、听力语言残疾、智力残疾、肢体残疾、精神病残疾。但这个分类并不是穷尽我国所有残疾人的类别。美国于1975年公布的《全体残疾儿童教育法》,把特殊儿童分为十一类,即智力落后、听、聋、语言障碍、视觉障碍、重度情感紊乱、畸形损害、其他健康损害、聋盲、多重障碍和特殊学习缺陷。这种分类较细,可供我们参考。

目前我国的特殊教育对象只是狭义上的特殊儿童,即残疾儿童。我国虽有极少数的超常儿童就读于大学的少年班,但从我国的教育体系而论,他们并未列为特殊教育的对象。

### (三) 特殊儿童的教育

为了满足特殊儿童的特殊学习需要而设计的教育即为特殊教育。

相对普通教育而言,特殊教育更加注重儿童个别间与个别内在差异的存在。学者们指出,个别间的差异是作为能力分班或特殊分班的依据,而个别内在差异则专为特殊儿童提供个别化教学方案的依据。特殊教育的各种设施,要以合适个别化教学为原则。事实上,也只有通过个别化教学,才能满足特殊儿童的独特需要。因此,个别化教学是特殊教育实施的指导原则。

特殊教育不同于普通教育,主要是对特殊儿童做出不同的安置。目前,发达国家常见的安置形式大约有以下几种:

(1)普通班。即把问题较轻的特殊儿童安置在普通班中随班就读。

(2)普通班加巡回辅导。即把特殊儿童安置于普通班中,而由巡回辅导人员定期或不定期对特殊儿童提供部分时间的教学,或对普通班级教师进行咨询,商讨特殊儿童的辅导策略。

(3)普通班加资源教室。所谓资源教室,是学生于特定的部分时间前去接受特殊协助的一种教学环境。资源教室的目标在于为学生与普通班教师提供教学的支援,所以也称作"支援班"。资源教室的招收对象,主要是轻度残疾儿童,也有超常儿童。

(4)特殊班加少量普通班。在这种安置形式下,儿童大部分时间在特殊班学习,小部分时间和正常儿童在一起学习。

(5)特殊班。这是将教育需要相近的特殊儿童集中在一个班受教育的安置形式。特殊班附设在普通中小学里。这种安置形式的对象为轻度和中度的残疾儿童。它可能成为21世纪内我国发展特殊教育的主要形式。

(6)特殊学校。在西方,此种安置形式又可分为住宿学校和日校两种。在我国,同一特殊学校中住宿和走读两类学生并存。我国目前绝大多数的特殊儿童都被安置在特殊学校中。这种安置形式,有其局限性,因为它把特殊儿童与正常儿童隔离开来,被认为是最受限制的教育安置。但安置重度的或多重残疾的儿童仍是适宜的。

## 本章总结

1. 心理发展概述。心理发展是指个体从出生、成熟、衰老直至死亡的整个生命进程中所发生的一系列心理变化。心理发展有四个基本特征:连续性与阶段性、定向性与顺序性、不平衡性以及差异性;童年期、少年期和青年期的心理发展的主要特征各不相同。

2. 学生的认知发展与教育。皮亚杰把儿童的认知发展分为感知运动、前运算、具体运算和形式运算四个阶段,提出影响心理发展的四个基本因素是成熟、练习和经验、社会性经验和平衡化;维果斯基以社会文化理论和内化论为基础,提出了最近发展区。认知发展与教学的关系为:认知发展制约教学的内容和方法,适当的教学能促进学生的认知发展,尤其是适应最近发展区的教学能促进学生的认知发展。

3. 学生人格的发展与教育。人格是指决定个体的外显行为和内隐行为并使其与他人的行为有稳定区别的综合心理特征;埃里克森认为,儿童人格的发展经历八个顺序不变的阶段,他指明了每个发展阶段的任务;影响人格发展的社会因素有:家庭教养模式、学校教育和同辈群体;自我意识是个体对自己以及自己与周围事物的关系的意识,一般认为,自我意识包括三种成分,经历了从生理自我到社会自我,再到心理自我的过程。

4. 个别差异与因材施教。认知过程存在认知风格和认知能力方面的个别差异,学生间认知风格的差异主要表现在场独立与场依存、沉思型与冲动型、辐合型与发散型等方面,智力差异包括个体差异和群体差异。著名的智力量表是斯坦福—比纳量表与韦克斯勒智力量表;认知方式没有优劣好坏之分,智力不影响学习能否发生,主要影响学习的速度、数量、巩固程度和学习的迁移；性格是指个体在生活过程中形成的对现实的稳定的态度以及与之相适应的习惯化的行为方式。性格的个别差异表现在性格特征差异和性格类型差异两个方面，性格虽然不会决定学习是否发生，但它却会影响学生的学习方式；特殊儿童是指因在身心发展或学习中与普通儿童有明显差异而需要给予区别于一般帮助的特殊服务的儿童，包括高于正常的超常儿童、学习困难儿童、有视听觉等各种残疾的儿童和在某一方面某个时期在发展或学习中需短期或长期的各种特殊服务的非残疾儿童。发达国家常见的安置形式大约有以下几种：普通班、普通班加巡回辅导、普通班加资源教室、特殊班加少量普通班、特殊班和特殊学校。

## 思考与练习

### 一、单项选择题

1. 决定个体的外显行为和内隐行为并使其与他人的行为有稳定区别的综合心理特征称之为（　　）。

　　A. 人格　　　　　　　B. 性格　　　　　　　C. 气质　　　　　　　D. 倾向性

2. 社会自我基本成熟的时期在（　　）。

　　A. 婴儿期　　　　　　B. 幼儿期　　　　　　C. 童年期　　　　　　D. 少年期

3. 心理自我开始形成和发展的时期为（　　）。

　　A. 幼儿期　　　　　　B. 童年期　　　　　　C. 少年期　　　　　　D. 青年初期

4. 使人格各部分整合和统一起来的核心力量是（　　）。

　　A. 自我意识　　　　　B. 自我认知　　　　　C. 性格特征　　　　　D. 能力

5. 自我意识是指个体对自身及自身与周围事物关系的意识，其心理成分包括认识成分和（　　）。

　　A. 情感成分和认知成分　　　　　　　　B. 情感成分和意识成分

　　C. 情感成分和意志成分　　　　　　　　D. 意志成分和认知成分

6. 对客观事物做判断时，常常利用内部的参照，自己对事物做出判断的认知方式属于（　　）。

　　A. 冲动型　　　　　　B. 沉思型　　　　　　C. 场独立型　　　　　D. 场依存型

7. 造成个体认知过程方面的差异主要原因是其不同的（　　）。

　　A. 认知方式和认知途径　　　　　　　　B. 认知方式和认知能力

　　C. 思维方式和智力水平　　　　　　　　D. 智力水平和认知水平

8. 个体在解决问题过程中表现为搜集或综合信息与知识，运用逻辑规律，缩小解答范围，直至找到唯一正确的解答的认知风格称为（　　）。

　　A. 场独立型　　　　　B. 场依存型　　　　　C. 辐合型　　　　　　D. 发散型

9. 个体在解决问题过程中，思维沿着许多不同的方向扩展，使观念发散到各个有关方面，最终产生多种可能的答案的认知方式称为（　　）。

　　A. 场独立型　　　　　B. 场依存型　　　　　C. 辐合型　　　　　　D. 发散型

10. 世界上最早的著名智力量表是（　　）。

　　A.《比纳—西蒙量表》　　　　　　　　B.《斯坦福—比纳量表》

　　C.《比纳—推孟量表》　　　　　　　　D.《韦克斯勒量表》

11. 智商（IQ）等于（　　）。

A. 智力年龄与实际年龄之比乘以 100　　　　B. 实际年龄与智力年龄之比乘以 100

C. 心理年龄与生理年龄之比乘以 100　　　　D. 生理年龄与实际年龄之比乘以 100

12. 人格是决定个体的外显行为和内隐行为并使其与他人的行为有稳定区别的综合心理特征,其核心为(　　)。

A. 能力　　　　　　B. 气质　　　　　　C. 性格　　　　　　D. 需要

13. 一个人对行为控制与调节方面的特征是属于性格的(　　)。

A. 态度特征　　　　　B. 意志特征　　　　　C. 情绪特征　　　　　D. 理智特征

## 二、填空题

1. 学生心理发展有四个基本特征是连续性与阶段性、定向性与顺序性、不平衡性和_____。

2. 根据皮亚杰的理论,感知运动阶段儿童认知发展主要体现在_____和_____的分化方面。

3. 自我意识是指个体对自己的认识和态度。一般认为,自我意识是由自我认知、_____、_____等成分有机地组成的。

4. 个体的自我意识从发展的角度经历了从生理自我到_____再到_____的过程。

5. 智力发展上的差异包括个体差异和_____。

6. 性格的个别差异主要表现在_____和_____两个方面。

7. 智力的群体差异主要包括智力的_____、年龄差异、_____等。

8. 区别冲动与沉思认知方式的标准是_____与_____。

9. 性格是指个体在生活过程中形成的对现实的_____以及与之相适应的习惯化了的_____。

10. 智商(IQ)等于_____与_____之比乘以 100。

11. 广义的特殊儿童是指一切偏离常态的儿童,既包括_____,也包括各种身心障碍的儿童。

## 三、名词解释

心理发展　　学习准备　　关键期　　自我中心　　三山实验　　守恒　　平衡化
最近发展区　　自我同一性　　自我意识　　认知风格　　人格　　特殊儿童

## 四、简答题

1. 简述童年期、少年期和青年期的心理发展的主要特征。

2. 简述皮亚杰理论中影响思维发展的因素。

3. 简述认知发展与教学的关系。

4. 简述埃里克森的人格发展理论。

5. 简述影响人格发展的因素。

6. 简述认知差异的教育含义。

7. 简述性格的特征差异。

8. 简述广义的特殊儿童的分类。

## 五、论述题

1. 结合实例分析皮亚杰的思维发展四阶段的特点。

2. 结合实际,谈谈如何对特殊儿童实施教育。

# 第三章
## 学习理论

### 本章要点

> 学习概述
> 学习的实质与特性
> 学习的一般分类
> 主要的学习理论倾向
> 行为主义学习理论
> 桑代克的联结主义学习说
> 经典性条件作用理论
> 操作性条件反射

班杜拉的社会学习理论
> 认知主义学习理论
> 格式塔的完形学习理论
> 布鲁纳的认知结构学习理论
> 奥苏贝尔的认知—同化论
> 学习的信息加工论
> 建构主义学习理论

## 第一节　学习概述

### 一、学习的实质与特性

学习要求　> 识记学习的含义
> 识记人类学习和动物学习的关系,学生学习的特点

#### (一)学习的心理实质

广义的学习指个体在生活过程中,凭借经验而产生的行为或行为潜能的相对持久的变化。这个定义可以从以下几个方面理解:

第一,学习的主体可以是人,也可以是动物。学习是动物和人类生活中的普遍现象。从低等动物(如变形虫)到高等动物(如灵长类的猿猴),从婴儿到成人,都经常以个体经验的改变去适应其不断变化的生活环境。学习的这种广义概念,既包括动物的习得行为,也包括人的行走、言语、知识、技能、习惯和道德品质等学习。

第二,学习结果表现为行为或行为潜能的相对持久的变化。学习发生之后将要引起变化,但不能简单地认为只要产生变化就意味着学习的发生,因为有机体的变化不仅由学习引起,也可能由本能、疲劳、适应和成熟等引起。由学习产生的变化有时立即见于行为,有时这种变化未必见于行为,而是需要很长时间才能显现出来。学习所产生的变化是相对持久的,由疲劳、创伤、药物或适应等引起的变化都是短暂的,不能称之为学习;最佳的

学习往往是能获得长时间地影响有机体，并成为有机体第二天性的结果；当个体表现出一种新的技能，如游泳、驾车等，就认为学习已经发生了。

第三，学习是由反复经验而引起的。由经验而产生的学习主要有两种类型：一种是由有计划的练习或训练而产生的正规学习，如中小学生在学校中的学习；另一种则是由偶然的生活经历而产生的随机学习，如路遇交通事故而体会到遵守交通法规的重要性等。换言之，主体的变化是后天习得的，即由他或她与环境的相互作用而产生的。

从狭义上说，学习是专指学生在学校里的学习，是学习的一种特殊形式。即学习是学生在教师指导下，有目的、有计划、有组织、有步骤地获得知识、形成技能、培养才智的过程。学生的学习在学习内容上以掌握前人经验和行为规范为主；在学习情景上以师生交往为主；学习形式主要是通过课堂教学，以语言为载体，通过他人传递，间接获取知识经验；在发展目标上，要德智体美劳全面和谐地发展；学习过程一般要经历感知、理解、记忆、应用等阶段。

### （二）学生学习的特点

学生学习的根本特点，在于它是接受前人经验，是一种接受学习。接受学习是一种有意义的学习，不同于机械学习，它是通过言语进行的。学生的学习不是创造、发明知识，而主要是再现、继承知识。人类知识的过程是对未知的阶段、领域进行探索的过程，而学生的学习过程是通过教学过程把人类总结的经验，人类经过几年、几十年乃至几百年创造、发明的经验接收下来，而不是向未知领域的进军。

学生学习还具有间接性的特点。学生的学习不是从实践开始的，而是从认识开始的，是从掌握间接知识开始的。它不同于人类的实践—认识—再实践—再认识的认识过程。学生学习活动的实现要以社会经验传授者的活动为条件，学生学习的是社会经验，是从书本、语言等物质形式中间接学到的。

学生学习是按预定的教学计划系统地连续地进行的。学生的学习是在老师的指导下，用较短的时间、以有效的方法来掌握知识的过程，它不是自学的过程。学生学习材料的结构、层次、学习过程的序列与程序都是经过精心设计和安排的，因而是一个高速度、高效能的过程。

学生是学习的主体。学生的学习，是一个不断形成和激发学习需要和动机的过程。学生学习的成效受学生学习策略、动机、兴趣、智力与非智力因素的制约；也受学生的年龄特征、个别差异和群体差异的影响。

学生的学习是受教育的过程。学生的学习过程，也是他们的世界观、道德品质的形成过程。学生的世界观和道德品质的形成，主要是在他们学习和掌握间接经验的基础上，通过接受有计划、有组织的各种教育活动实现的。学生的道德品质的形成过程也是一个学习的过程，它和成人在社会实践中认识和改造客观世界的同时受到的教育也有所不同。

因此，学生的学习是以掌握人类的历史经验为主要任务的一种学习活动，是一种特殊的人类学习。

### （三）人类学习和动物学习的关系

人类学习与动物的学习有较大的区别。第一，人类学习除了要获得个体的行为经验外，还要掌握人类世世代代积累起来的社会历史经验和科学文化知识；第二，人的学习是在改造客观世界的生活实践中，在与其他人的交往过程中，通过语言的中介作用而进行的;第三,人的学习是一种有目的的、自觉的、积极主动的过程。

## 二、学习的一般分类

**学习要求** ▶ 识记不同分类依据下的学习类型

### (一)加涅的学习分类

著名教育心理学家和教育学设计专家加涅在《学习的条件》一书中先后提出了学习层次分类和学习结果分类。

加涅 1970 年根据学习情境由简单到复杂、学习水平由低级到高级的顺序,把学习分成八类,构成了一个完整的学习层级结构。这八类学习依次是① 信号学习,指学习对某种信号刺激做出一般性和弥散性的反应。这类学习属于巴甫洛夫的经典条件反射,其过程是刺激—强化—反应。② 刺激—反应学习,指学习使一定的情境或刺激与一定的反应相联结,并得到强化,学会以某种反应去获得某种结果。这类学习属于桑代克和斯金纳的操作性条件反射,其过程是:刺激—反应—强化。③ 连锁学习,指学习联合两个或两个以上的刺激—反应动作,以形成一系列刺激—反应动作联结。④ 言语联结学习,指形成一系列的言语单位的联结,即言语连锁化。⑤ 辨别学习,指学习一系列类似的刺激,并对每种刺激做出适当的反应。⑥ 概念学习,指学会认识一类事物的共同属性,并对同类事物的抽象特征做出反应。⑦ 规则或原理学习,指学习两个或两个以上概念之间的关系。⑧ 解决问题学习,指学会在不同条件下,运用规则或原理解决问题,以达到最终的目的。

1971 年加涅对这种分类做了修正,分成六类:① 连锁学习;② 辨别学习;③ 具体概念学习;④ 定义概念学习;⑤ 规则学习;⑥ 解决问题的学习。这种分类是把信号学习、刺激—反应学习、连锁学习、言语联结学习这四类归为连锁学习一类,把概念学习分解为具体概念学习和定义概念学习。

在之后的研究中,加涅又提出五种学习结果,并把它们看作五种学习类型。

1. 言语信息的学习

即掌握以言语信息传递(通过言语交往或印刷物的形式)的内容,学习结果是以言语信息表现出来的。这一类学习通常是有组织的,学习者得到的不仅是个别的事实,而且根据一定的教学目标获得许多有意义的知识,使信息的学习和意义的学习结合在一起,构成系统的知识。

2. 智慧技能的学习

言语信息的学习帮助学生解决"是什么"的问题,而智慧技能的学习要解决"怎么做"的问题,用以对外界的符号、信息进行处理加工。在每种水平的学习中都包含着不同的智慧技能,比如怎样把分数转换成小数,怎样使动词和句子的主语一致等。加涅认为,按不同的学习水平及其所包含的心理运算的不同复杂性程度,智慧技能依次为:辨别—概念—规则—高级规则(解决问题)。他认为,每一级智慧技能的学习要以低一级智慧技能的获得为前提,最复杂的智慧技能则是把许多简单的技能组合起来而形成。

3. 认知策略的学习

认知策略是学习者用以支配他自己的注意、学习、记忆和思维的有内在组织的才能,这种才能使得学习过程的执行控制成为可能。认知策略具有调控执行过程的功能,它能激活和改变其他的学习过程。认知策略与智慧技能的不同在于智慧技能主要是对外调节,而认知策略则主要指向于对内监控。这种使学习者自身能管理自己思维过程的内在的有组织的策略是非常重要的,是目前教育心理学研究中的热门课题,也应该成为学校教育的重要任务之一。

4. 态度的学习

态度是通过学习获得的内部状态,这种状态影响着个人对某种事物、人物及事件所采取的行动。学校的教育目标应该包括态度的培养,态度可以从各种学科的学习中得到,但更多的是从校内外活动中和家庭中得到的。加涅提出三类态度:① 儿童对家庭和其他社会关系的认识;② 对某种活动所伴随的积极的喜爱的情感,如音乐、阅读、体育锻炼等;③ 有关个人品德的某些方面,如爱国家,关切社会需要和社会目标,尽公民义务的愿望等。

5. 运动技能的学习

运动技能也是学习的结果之一,是一种能力。运动技能有日常生活学习中的写字技能、操作技能、各种体育运动技能等。

### (二)奥苏贝尔的学习分类

奥苏贝尔根据两个维度对认知领域的学习进行了分类。一个维度是学习进行的方式,据此可分为接受学习和发现学习;另一个维度是学习者运用本身的知识是否能理解新学习材料,由此将学习分为机械学习和有意义学习。这两个维度互不依赖,彼此独立,并且每一个维度都存在许多过渡形式,如图 3-1 所示。

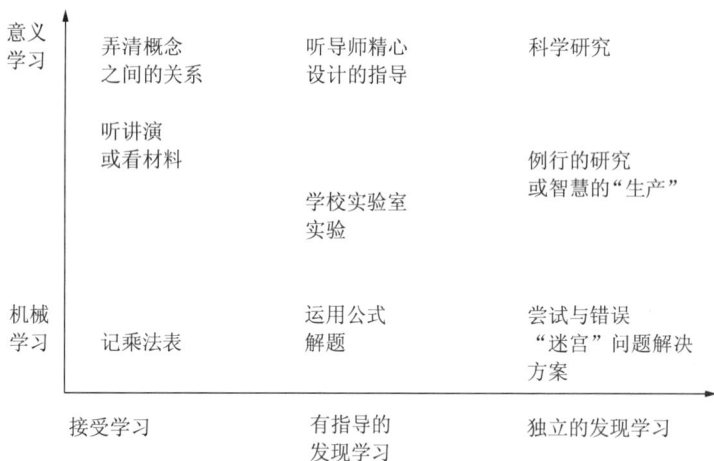

图 3-1　奥苏贝尔的学习分类举例

奥苏贝尔还根据新旧观念概括水平的不同及其联系的方式,把学习分成下位学习、上位学习和并列结合学习。(详见第 56 页)

### (三)我国心理学家的学习分类

我国学者依据教育系统中所传递的经验的内容不同,将学生的学习分为知识的学习、技能的学习和行为规范的学习。知识的学习,即知识的掌握,是通过一系列的心智活动来接受和占有知识,在头脑中构建起相应的认知结构。技能的学习是指通过学习或练习,建立合乎法则的活动方式的过程,有心智技能的学习与操作技能的学习两种。行为规范的学习,又称行为规范的接受,是把外在于主体的行为要求转化为主体内在的行为需要的内化过程。这种分类比较笼统,不易揭示具体的学习规律。

### 三、主要的学习理论倾向

学习要求 ▶ 理解学习理论主要讨论的三个问题
▶ 简述行为主义、认知主义和人本主义学习理论的主要观点及代表人物

学习理论是心理学中最核心最发达的领域之一。学习理论主要回答三个问题:① 学习的实质是什么? 即学习到底使学习者发生了哪些变化? 是外部的行为操作还是内部的心理结构? 是整体的经验结构还是一条一条的经验的积累? ② 学习的过程是什么? 即学习是怎样实现的,是怎样一步步达到预期的学习结果的? ③ 学习的规律和条件是什么? 即学习的过程受哪些条件和因素的影响,如何才能有效地学习?

行为主义学习理论对学习的解释强调可观察的行为,认为行为的多次愉快和痛苦的后果改变了个体的行为和个体模仿他人的行为,在实际工作中,行为主义理论在教学设计中的应用或对个人或社会性问题的行为治疗,至今仍有影响。行为主义学习理论主要有:经典性条件作用理论、联结主义学习理论、操作性条件作用理论和社会学习理论。

认知主义学习理论重视人在学习或记忆新信息、新技能时不能观察到的心理过程,注重理论在教学过程设计和教学生学会学习方面的实际运用。认知学习理论的早期代表有格式塔学习理论和符号学习理论,其后朝两个方向发展,一个是新结构主义,如皮亚杰、布鲁纳、奥苏贝尔以及个人建构主义;另一个是认知主义,如西蒙、安德森和加涅等。

建构主义在 20 世纪 80 年代兴起,对当前的教育改革产生了非常深远的影响,在当今的教育心理学界,建构主义日益引起研究者的关注,甚至有人称之为"教育心理学中的一场革命"。建构主义不是一个学习理论,是众多理论观点的统称。皮亚杰是建构主义的奠基人,他对建构主义进行了系统而经典的阐述。布鲁纳的早期思想中已经有了建构的思想。20 世纪 70 年代末,以布鲁纳为首的美国教育心理学家把维果斯基的思想介绍到美国后,对建构主义的思想的发展起了极大的推动作用。维果斯基在心理发展上强调社会文化历史的作用,特别是强调活动或社会交往在人的高级心理机能发展中的突出作用。一般来说,建构主义可以区分为个人建构主义和社会建构主义。

人本主义心理学是 20 世纪六七十年代继行为主义和精神分析学派的第三思潮。这种思潮强调心理学应该研究人的本性和潜能、尊严和价值,强调人的社会文化应该促进人的潜能的发挥以及普遍的自我实现。在教育上,人本主义旗帜鲜明地倡导全人教育和情感教育等,其代表性的观点有马斯洛和罗杰斯的学习理论。

## 第二节 行为主义学习理论

行为主义者主张用自然科学的方法来研究有机体的可观察的行为。他们一致认为,学习结果是使有机体形成"刺激—反应"的联结;学习过程是通过不同方式建立刺激与反应的联系;学习条件是注重学习的外部强化,忽略内部条件。当然,不同行为派学习理论

家的观点并不完全一致,有的很激进,有的则有一定的折中倾向,而且他们解释学习的角度也存在一定的差别。

## 一、桑代克的联结主义学习说

学习要求 ▶ 理解桑代克的联结主义学习理论的经典实验、基本观点及评价

### (一)人物与实验

桑代克的学习心理学思想从整体的角度讲是属于机能主义范畴,并以"联结"一词贯穿始终的,所以他自称为"联结主义者"。其联结主义的主要特点就是强调情境与反应之间的联结,而不讲观念之间的联想或联结。他采用实证主义的取向,使教育心理学研究走向了科学化的道路,是科学教育心理学的开创者,是第一个系统论述教育心理学的心理学家,被称为"现代教育心理学之父"。

桑代克是最早用动物实验来研究学习规律的心理学家。他从1896年开始从事动物心理的实验研究,最著名的动物学习实验是猫开笼取食的实验(图3-2)。他把一只饥饿的猫关在迷笼中,笼外放着食物,笼中有一个可以打开门闩的装置(一个连着门闩的踏板)。开始,猫在笼中用爪子够食,失败后,便乱咬、乱抓、乱跑。后来偶然碰到了踏板,打开了笼门,吃到了食物。桑代克记录下猫逃出迷笼所花的时间,而后再把它放进笼中,进行下一轮尝试。如此重复进行多次,可以看到猫逃出笼外所需的时间逐渐减少,无效动作逐渐被排除。直到最后,猫一进迷笼,就去按动可以开门的踏板。

图3-2 桑代克迷笼

### (二)主要观点

1. 关于学习的实质

桑代克认为,学习的实质是通过试误在刺激与反应之间形成联结(S-R)。即在一定的刺激情境与某种正确反应之间形成联结,其中不需要观念或思维的参与。

2. 关于学习的过程

学习的过程就是不断尝试错误的过程。学习是通过尝试错误、不断修正行为而形成的,是随着错误反应的逐渐减少和正确反应的逐渐增加而形成的。学习就是通过渐进的尝试错误形成刺激—反应联结的过程,因此桑代克的联结说又称为试误说。

### 3. 关于学习规律与条件

桑代克根据其实验提出了三条主要的学习定律。

#### （1）准备律

学习者在进入某种情境时所具有的预备性反应倾向会影响到某种反应的学习。比如，如果猫吃得很饱，那它就可能不会显示出任何学习逃出迷笼的行为，而是蜷缩着睡觉。学习者如果有某种反应行为的预备性倾向，当他做出了这种活动时，他就会有满意感；假如不让他做出这种行为，他就会产生烦恼。学习者没有准备而强制做出某种活动时也会有烦恼感。准备律实际上体现了学习的动机原则，后来的极端行为主义者批评这一概念的主观色彩太浓。

#### （2）练习律

对于已经形成的某情境与某反应的联结，正确地重复这一反应会增强这一联结。这就是说，重复应用一种受到奖励的正确反应可以增强这个联结的力量；经常不用，则导致这一联结的减弱或遗忘。

#### （3）效果律

效果律是指一个联结的后果会对这个联结有加强或削弱作用，这是桑代克最重要的学习规律。在对某个情境做出一个反应之后，如果伴随着一种满意的事件（比如猫吃到了食物），那么这个反应与情境之间的联结就会增强，学习者以后就更可能在类似的情境中重复这一反应。相反，如果在这一反应之后跟随的是一个不满意的事件，这个联结的力量就会减弱。桑代克本来认为，奖励和惩罚都可以用来控制行为，奖励可以增强 S - R 联结，惩罚可以减弱 S - R 联结，但后来的实验表明，惩罚并不一定会减弱联结。

### （三）总体评价

桑代克的学习联结说以实验研究为基础，提出了西方最早、最系统的学习理论。他用刺激—反应之间的联结取代了传统联想主义的观念之间的联结，提出学习无须意识参与的观点，奠定了联结派学习理论的基础，受到后来的行为主义者的关注。

但他又很强调先天本性以及满意、烦恼、定势（心向）等因素的影响，这与后来的华生等的行为主义又是不相容的，在这种意义上桑代克又不完全是行为主义者。桑代克理论的主要缺陷在于机械论和简单化，抹杀了人类学习的主观能动作用，把复杂的学习过程简单化。他热衷于发现普遍适用的学习规律，但这些规律实际上只能解释简单的、机械的学习。

## 二、经典性条件作用理论

**学习要求** ▶ 理解经典性条件作用理论的经典实验、基本观点及评价

### （一）人物与实验

#### 1. 巴甫洛夫及其狗的实验

巴甫洛夫是俄国著名生理学家，诺贝尔奖获得者，他最早用精确的实验对条件反射做了研究（图 3 - 3）。

在研究狗的消化腺的分泌变化时，巴甫洛夫发现，消化腺分泌的多少与外在刺激的性

质和出现的时间有密切关系。比如狗的唾液分泌,当把食物送给一个饥饿的狗时,它就分泌很多的唾液,这是一种先天的无条件发射,食物作为一种无条件刺激引起了分泌唾液这种无条件反应。更重要的是,如果在出示食物时伴随或稍前出现一种与分泌唾液毫无关系的中性刺激,比如脚步声或铃声,经过多次重复结合后,当这种中性刺激单独出现时也会引起狗的唾液分泌。这样,原来的中性刺激(如脚步声)通过与无条件刺激(如食物)反复结合,变成了一种条件刺激,分泌唾液成了由这种条件刺激引起的条件反应,这就建立了一种条件反射(图3-4)。

图3-3 巴甫洛夫的狗

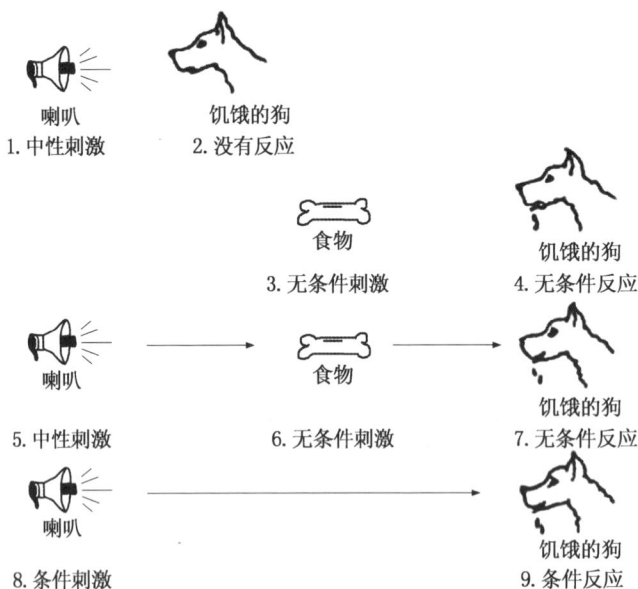

图3-4 巴甫洛夫经典性条件反射实验

2. 华生及其恐惧形成实验

华生在1913年第一个打出行为主义心理学的旗帜,是美国第一个把巴甫洛夫理论运用于学习的研究者。他认为学习就是以一种刺激替代另一种刺激建立条件反射,通过条件反射建立牢固的刺激—反应(S-R)联结,从而形成新的行为习惯。在华生看来,人类出生时只有几个反射(如打喷嚏、膝跳反射)和情绪反应(如恐惧、爱、愤怒),所有其他行为都是在此基础上通过条件反射而建立的新的刺激—反应联结。

华生曾做了一个让婴儿形成对兔子恐惧的实验(图3-5)。他的被试是11个月大的艾尔伯特 。婴幼儿一开始对兔子本来毫无害怕的表现,后来,在兔子出现的时候,紧接着出现一个使小孩害怕的声响,经过几次重复,小孩对兔子便害怕起来了,甚至到最严重的时候,这种害怕泛化到了任何有毛的东西上:老鼠、制成标本的动物,甚至有胡子的人。

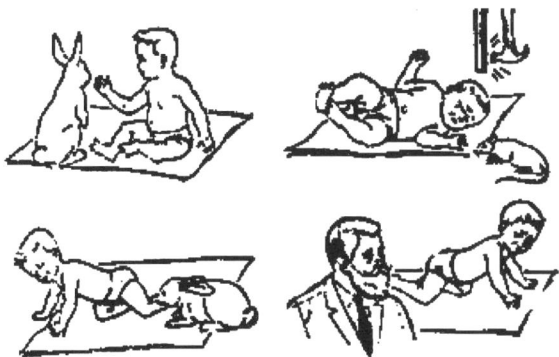

图3-5　婴儿恐惧实验

### (二)基本观点

1. 关于学习的实质

巴甫洛夫和华生都认为,学习的结果是使有机体形成"刺激—反应"的联结。

2. 关于学习的过程

学习的过程都是通过新刺激与无条件刺激的结合产生替代作用,建立起新的刺激与反应的联系,从而形成习惯。

3. 关于学习的规律

(1)巴甫洛夫

消退律:如果条件刺激多次出现而没有无条件刺激的强化,则已建立的条件反射将逐渐减弱甚至消失。

泛化与分化律:条件反射一旦建立,其他类似最初条件刺激的刺激也可以引起条件反射,称为泛化。动物只对经常受到强化的刺激产生条件反射,而对其他近似刺激则产生抑制效应,这种现象称为条件反射的分化。

(2)华生

频因律:在其他条件相等的情况下,某种行为练习得越多,习惯形成得就越迅速,即练习的次数在习惯形成中起重要作用。

近因律:当反应频繁发生时,最新近的反应比较早的反应更容易得到加强。

### (三)总体评价

巴甫洛夫的经典性条件反射理论揭示了学习活动最基本的生理机制,华生将巴甫洛夫的理论引进学习领域,促成了行为主义学习理论的形成。

在实际教育中,许多学习就是通过经典性条件作用学习到的。如一个不喜欢当众发声的学生不喜欢语文,因为在语文课堂上被要求大声朗读课文,在课堂上被难住是不愉快的体验,引起了焦虑,形成了对语文恐惧的条件反射,这种恐惧可能泛化,对其他课程或学校机构也产生恐惧。

通过经典性条件反射建立刺激—反应联结,这一观点可以解释一些基本的学习现象,比如某些儿童的教师恐惧症的形成,儿童在与教师交往中的失败经验或者不当的惩罚引起了他们的恐惧感,久而久之,他们对教师本身也形成了恐惧感,一进入教室,一想到要面对教师,心中就感到担忧和焦虑。

经典性条件作用理论在课堂教学中也可以得到广泛应用,如教师可以将快乐事件作为学习任务的无条件刺激。教师为学生提供一个舒适温馨的课堂环境,使学生产生温馨的感觉,并将这种感觉泛化到学习活动中。

华生的刺激—反应学习理论完全排斥对学习的内在过程及内在条件的探讨,把桑代克联结说机械性的一面推向了极端,成为典型的机械主义学习理论。有机体许多行为无法用某种无条件刺激引发出来,因此该理论无法解释知识等复杂学习活动的规律,只能解释较简单的低级学习,这限制了其在教育实践中的价值。

## 三、操作性条件反射理论

**学习要求** ➤ 比较经典条件反射与操作性条件反射的区别与联系
➤ 理解操作性条件反射理论的经典实验、基本观点及评价

### (一)人物与实验

斯金纳是后期行为主义对学习心理学最具影响力的心理学家,他坚持了科学、客观、控制的行为主义传统,继承了刺激—反应的学习观,以动物实验来研究学习规律,在桑代克、华生等前人的基础上,他提出了对教育心理学影响巨大的操作性条件反射学习理论。

斯金纳发明了一种叫作"斯金纳箱"的学习实验装置(图3-6)。箱内装有一操纵杆,操纵杆与另一提供食丸的装置连接,按压操纵杆,供丸装置就会自动落下一粒食丸。操纵杆连接着一个记录系统,可以记录下白鼠按压杠杆的次数和时间。

在实验时,把饥饿的白鼠置于箱内,白鼠因饥饿不安而乱动,偶然它碰到了操纵杆,得到了一粒食丸,以后又继续活动,偶尔再次压杆得食,经过几次尝试,白鼠会不断按压杠杆,直到吃饱为止。这时可以得出结论,白鼠学会了按压杠杆以取得食物的反应,按压杠杆变成了取得食物的手段或者工具。斯金纳箱与桑代克的迷笼有些相似,但它更为精确,而且动物在其中更便于主动地做出自由反应。

### (二)经典性条件反射与操作性条件反射

斯金纳认为,个体的行为可以分为两类:应答性行为和操作性行为。应答性行为是由先行的刺激所引发的反应,如用针刺一下手,手就会马上缩回;当遇到强光时眼睛瞳孔就会马上收缩;等等。操作性行为则是有机体对环境发出的反应,并没有明确的先行刺激,比如白鼠的压杆动作、人的读书写字等。操作性行为不取决于事先的刺激,而是受控于行为的结果。经典条件反射所针对的只是应答性行为,而人类所从事的大多数有意义的行为都是操作性行为,操作性条件反射就是要对操作性行为的习得做出解释。

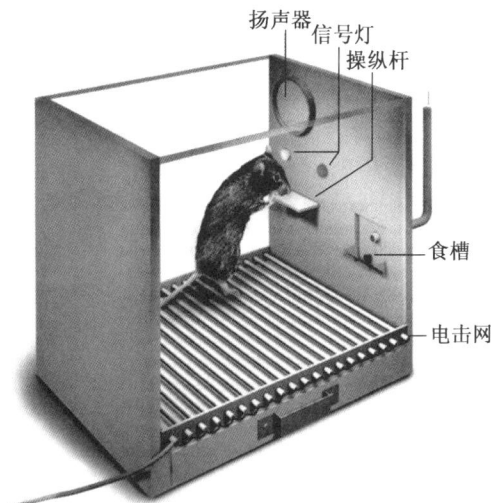

图 3-6 斯金纳箱

操作性条件反射的基本原理是：个体在某种环境中做出某种反应，不管有没有引起这种反应的刺激，如果之后伴随着一种强化物，那这个反应在类似环境中发生的概率就会增加。所以，在这种条件反射中，重要的不是反应之前的刺激，而是跟随反应之后的刺激（强化物），操作行为成了获得某种强化物的工具，所以操作性条件反射又称为工具性条件反射。个体在某种情境中可能有多个自发的反应，研究者如果选择其一给予强化，那这个反应在以后出现的可能性就会增加。

由此可见，经典性条件反射是先行的刺激引发了所希望的反应，即 S-R 过程，行为的后果对行为不起作用。操作性条件反射则是随后出现的刺激影响了反应的习得，重要的是跟随反应之后的强化刺激，而不是先前的刺激。

（三）基本观点

1. 关于学习的实质

斯金纳认为，学习的结果是使有机体形成"刺激—反应"的联结，这一点与经典性条件反射理论一致。

2. 关于学习的过程

学习的过程即操作性条件反射的形成过程，也就是反应—强化的过程。有机体的某种自发行为由于得到强化而提高了该行为在这种情境中发生的概率。

3. 关于学习的规律

强化原理是斯金纳理论的最重要的部分和基础，他认为，行为发生变化就是因为强化作用，因此通过对强化的控制可以控制人的行为。

（1）强化物

斯金纳的强化原理受到了桑代克的效果律的影响，但他用"强化"取代了"奖励"，不再用令学习者满意与否作为强化的标准，因为这一解释过于主观化。斯金纳认为，学习就是反应发生概率的变化，凡是能增强反应概率的刺激和事件都叫强化物。

强化分为积极强化和消极强化。积极强化通过呈现某种刺激增强反应概率;消极强化通过中止某种(讨厌的)刺激来增强反应概率。强化还可划分为一级强化和二级强化。一级强化满足人和动物的基本生理需要,如食物、水、安全、温暖、性等。二级强化是任何一个中性刺激如果与一级强化反复联合,它就能获得自身的强化性质。如金钱对婴儿不是强化物,但当小孩知道钱能换得自己需要的东西时,它就能对儿童的行为产生强化效果。再如考试分数,也是受到教师的注意后才具有强化性质的。二级强化包括社会强化(社会接纳、微笑)、信物(钱、级别、奖品等物体)和活动(自由地玩、听音乐、旅游等)。

强化与惩罚不同。强化是增加反应在将来发生的概率;惩罚是通过呈现厌恶刺激或消除奖励刺激来降低反应在将来发生的概率。具体关系见表3-1:

表3-1　强化与惩罚比较表

| | 呈现 | 取消 |
| --- | --- | --- |
| 奖励刺激 | 正强化(考试优秀,当众表扬) | 惩罚(上课捣乱,没收昨天发的小红花) |
| 厌恶刺激 | 惩罚(考试不及格,罚抄书) | 负强化(表现好,减轻处罚) |

在强化时,可以使用这样一个原则:普雷马克原理,即用高频的活动作为低频活动的强化物,或者说用学生喜爱的活动去强化学生对不喜爱的活动的参与。比如,如果一个儿童喜爱看电视而不喜欢阅读,可以在他完成阅读之后去看一会儿电视。

在实际教育中,不同学生对各种强化物的反应是不同的。有的学生能因在班上受口头表扬而受到激励,但有的学生则不然。一个强化事件本身并不必然有效,因此,在教学中要注意:

① 要对不同学生提供不同的强化物。教师要注意观察和了解学生对什么强化物感兴趣。在一个班级中,可以事先让学生填写一个问卷。如"在班级里你喜欢干什么或玩什么东西? 在班级上你最喜爱干的三件事是什么? 如果你去游乐园,你将玩哪三种游戏?"这些问题还可针对不同的年级加以修改。

② 教师选择强化物时应考虑年龄因素。比如,有些活动,如帮助老师或做谜题,对小学生而言可能是有力的强化物,但对中学生,和朋友聊天、玩电子游戏、看杂志或听音乐则可能是更合适的强化物。因此,必须对不同年龄的学生提供相应的有力的强化刺激和事件。

(2) 强化的模式

强化的模式是指强化的时间和频率安排,在什么时候、以何种频度对一种反应施加强化。

不同的强化模式会产生不同的反应模式。连续强化在教学习者新的反应时最为有效,但这种强化下的行为容易消退。间隔式强化又称为部分强化,它比连续强化具有更高的反应率和更低的消退率。定时距式强化由于有一段时间间隔,随之会出现较低的反应率,但在这段时间间隔的末了,反应率会迅速上升,学生在期终考试时临时抱佛脚就说明了这一点。定比率式强化对稳定的反应率比较合适,而变比率式强化则对维持反应的稳定性和频率最为有效。根据这些特点,教学中应注意:

① 教新任务时,要进行即时强化,不要进行延缓强化。后果紧跟着行为出现比延缓

出现要有效得多。

② 在任务的早期阶段应对每一个正确的反应都进行强化,随着学习的进行,应逐渐地转到间隔式强化,不必事事都表扬。

③ 不要一开始就要求做到十全十美,要朝正确方向逐步去引导和增强学生的行为。

(3) 强化在新行为塑造中的作用

一个幼儿教师是否要一直等到幼儿背出全部字母之后才给予强化呢? 肯定不是! 最好的方法是先对学生说出一个字母、然后是几个、最后是全部字母逐步予以强化。当我们期望学习者习得的行为不是单一的反应,而是多个反应组合而成的复杂行为时,我们不能等到学习者完全表现出了这一行为之后再给予强化,而需要把目标行为分解,分成一个个的逐渐趋向目标的小步子,在学习者每表现出一种趋近目标行为的小反应之后就给予强化,逐步提高要求,直到把多个反应连贯成一种复杂的行为,这种通过小步子反馈来帮助学习者形成新行为的方法就是"塑造"。在课堂教学中,塑造是一个重要的工具。比如一个刚入学的孩子,教师要训练他认真听讲,教师可以在讲课时观察他的表现,刚开始,一旦他能够连续 1 分钟将目光集中在教师这里,教师就给予微笑或表扬;而后当他能够连续 3 分钟集中听讲时再给予表扬,逐步提高要求,直到他能在一堂课中都能集中听讲。行为塑造有两种具体技术:其一是链式塑造,即将任务分成许多小步子,当学生完成每一步时都给予强化;其二是逆向链式塑造,就是"倒序"地习得复杂的行为。

(4) 强化在教育领域中最有代表性的应用之一——程序教学和机器教学

斯金纳 1953 年有一次去他女儿的学校参观时,他突然想到,与他教鸽子弹钢琴类似的一些操作性技巧可能是比传统的方法更为有效的教学法。复杂的课题可以按逻辑顺序细分为简单的步骤;学生会被问到一些问题,并立即告知答案是否正确。这里可能会有两个原理起作用:学生答对了的知识是一种很有力量的行为强化(奖励),而立即强化会比延迟强化效果好些。这就是有名的"程序教学法"。

程序教学必须编写新的教科书,因为一名教师不可能同时给整个班级的学生提供强化,教科书里面一对一地列一些问题和答案,每个问题都向对课题的总体把握迈出一小步,而且学生一旦答案正确就立即奖励自己。这是一种个别化的学习方式,每个学生都可以按照自己的步调进行学习。

综合关于程序教学研究,这种教学在中小学生的一般学业成绩上并不一定比传统教学更好,但它适合那些能力强且个性独立的学生,它也特别适合那些差等生的自学需要。它基本上是一种自学程序,缺少学生与教师之间的互动。

斯金纳还开发出了一种教学机器,用于通过可比的手段进行操作性自我教学。这种机械模型当时红火了一阵子,然后没有人使用了,可是今天以计算机为基础,带有立即强化的自我教学法又快速发展了起来。

**(四)总体评价**

斯金纳是当代心理学界最有影响的人物之一,他的学说不仅被用到了动物身上,而且也被广泛用到了人类社会情境中,比如心理治疗、问题儿童的处理、智力落后儿童的教育等,加深了人们对行为习得机制的理解,使人们能成功地预测、控制和塑造、矫正行为。程序教学理论产生深远的影响,尤其对今天的 CAI 教学影响深远。

但斯金纳把人的学习与实验室中动物的简单学习等同起来,简单归结为操作性条件反射,缺乏对人的高级学习活动的探讨,过于褊狭;而且他只研究外显行为,不注重人学习的内部机制和过程,将人等同于学习机器,在这两点上他与华生等行为主义者有着同样的缺陷。

## 四、班杜拉的社会学习理论

**学习要求** ▶ 理解社会学习理论的实验、基本观点及评价

### (一)人物与实验

班杜拉受过严格的行为主义的训练,但不满于极端行为主义的观点,他吸取了认知学习理论的观点,形成了一种认知—行为主义的模式,而且他重视对社会学习的研究,形成了他很有特色的社会学习理论。

班杜拉的观察学习理论是建立在他及其合作者所进行的大量实验研究的基础上的。他们曾做过这样一个实验:把学前儿童分为3组,甲组观看的录像片是一个大孩子在打玩具娃娃,一个成人给他一些糖果作为奖励;乙组观看的录像片是一个大孩子打了玩具娃娃后,成人过来打了他一顿,以示惩罚;第三组儿童看到录像片上大孩子的攻击性行为,既不受奖也不受罚。后来,这些儿童一个个被领进游戏室,里面有大孩子攻击过的玩具娃娃。结果发现:榜样受奖组儿童的攻击性行为最多,榜样受罚组儿童的攻击性行为最少,控制组居中。

班杜拉等人对品德教育的效果也进行了大量实验研究。在一项实验中,他们把青少年学生分为四组,每组配一个实验员。等实验员与青少年学生建立了融洽关系并得到青少年学生的信任后,主试分别让四组为孤儿院募取捐款。第一组实验员向青少年学生宣传捐款,救济孤儿的意义,同时自己慷慨解囊,捐出钱款;第二组的实验员向本组青少年学生宣传不去救济孤儿,把钱留给自己的好处,本人也表现得极端吝啬,不向募取捐款的主试捐钱;第三组实验员宣传慷慨仁慈,自己却不掏钱捐款;第四组实验员宣传贪婪,自己的钱越多越好,劝说青少年学生不要捐款,但他自己却毫不吝啬地向主试大批捐款。实验结果:第一组青少年学生全部捐了款;第二组青少年学生没有一个为孤儿捐款;第三组尽管实验员把救济孤儿的意义讲得头头是道,并赢得了本组青少年学生的好感,但是绝大多数青少年学生并没有按实验员说的去做,而是仿效实验员的行为,不捐钱款;第四组的青少年学生正好相反,大多数青少年学生对宣传贪婪的实验员表示反感,却又学着他的样子捐出钱款。实验结果表明,榜样能对青少年学生的行为产生巨大的影响,模仿是青少年学生向社会学习的重要途径。当榜样的行为和说理教育一致时,教育会取得最佳的教育效果;当教育者光进行口头教育、自己却不能言行一致时,教育是难以奏效的,而且"身教重于言教"。

### (二)主要观点

1. 交互决定论

班杜拉认为,学习结果是使有机体形成"刺激—反应"的联结,但个体的行为反应是由个体(主要是认知等个人因素)、环境和行为三者相互作用而决定的。在斯金纳等极端行为主义者看来,个体的行为完全是由环境刺激决定的,而人本主义心理学家则基本上只是

以有机体的内部动因来解释有机体的行为。班杜拉反对这种环境决定论和个人决定论的观点,他认为个体、环境和行为三者彼此之间的影响都是相互的。三者影响力的大小取决于当时的环境和行为的性质。

2. 有关学习的过程

社会学习理论认为,学习是儿童观察模仿学习的过程。

(1) 观察学习的含义

所谓观察学习,又称为替代学习,是指通过对他人及其强化性结果的观察,一个人获得某些新的反应,或者矫正原有的行为反应。观察学习是人类学习的另一重要来源。人不可能通过自己亲身试误来习得一切行为,人有思维和观察能力,人可以在社会交往中获得间接的替代经验。班杜拉强调,由直接经验导致的所有学习现象,都可以在替代的基础上发生,即都可以通过观察他人行为及其结果实现。

与直接的刺激—反应学习不同,在观察学习中,学习者只是观察他人的反应,并没有自己尝试。相应地,学习者并没有获得强化刺激,他只是从观察对象的行为结果中获得了替代性的强化,甚至没有任何强化;而且观察过程需要有认知活动的参与,而不可能只用外显行为来解释。

在观察学习中,观察学习的对象称为榜样或示范者,它可以是活生生的人,也可以是通过言语或影视图片呈现的榜样。观察学习可以归纳为以下三类:

一是直接的观察学习:对示范行为的简单模仿。

二是抽象性观察学习:从他人的行为中获得一定的行为规则或原理,以后并不表现出所看到的具体反应方式,而是在一定条件下做出体现所获得的原理或原则的行为。比如儿童看暴力电影习得了一般的攻击性态度,而不只是具体的攻击行为。

三是创造性观察:从不同的示范行为中抽取出不同的行为特点,组合成新的行为方式。可见,观察并不是简单机械的模仿,它是一个积极主动的、复杂的过程。

(2) 观察学习的过程

班杜拉把观察学习分为以下四个过程:

一是注意过程。即对榜样情景各个方面的注意和知觉。学习者必须对示范行为给予足够的注意,并精确地知觉到行为的特点和突出线索,抽取出相关的信息,而不能只是泛泛地看。观察者比较容易观察那些与他们自身相似的或者被认为是优秀的、热门的和有力的榜样。有依赖性的、自身概念低的或焦虑的观察者更容易模仿他人的行为。强化的可能性或外在的期望也会影响个体决定观察谁、观察什么。

二是保持过程。即对示范信息的记忆,这是一个从外到内的过程。所观察的行为在记忆中以符号的形式表征,个体会使用两种表征系统:表象和言语。个体贮存他们所看到的感觉表象,并且使用言语编码记住这些信息。

三是复制过程。即自己仿照做出从榜样情景中所观察到的行为,这是一个从内到外的过程,为了将符号表征转换成适当的行为,个体必须自我观察和矫正反馈。

四是动机过程。经过前三个环节,学习者基本上已经获得了所观察的行为,但他却可能极少甚至从不真正实施这种行为。个体是否愿意表现出这一行为,取决于对行为的强化,这可能是因为行为可以导致有价值的结果,即直接强化,也可能因为替代性强化或者自我强化。

*3. 有关学习的条件——强化的重新解释*

除了直接强化外,班杜拉还提出了另外两种强化:替代性强化和自我强化。

(1)替代性强化

替代性强化指学习者通过观察他人行为所带来的奖励性后果而受到强化。例如教师对一个学生的助人行为进行表扬,这对其他同学就是一种替代性强化。此外替代性强化还有一个功能,就是情绪反应的唤起。例如当电视广告上某明星因穿某种衣服或使用某种化妆品而风度迷人时,如果你知觉到或体验到明星受到注意而感觉到的愉快,对于你这就是一种替代性强化。

(2)自我强化

人能观察自己的行为,并根据自己的标准进行判断,由此强化或惩罚自己。个体可以参照一定的社会情境对自己的行为形成某种预期的标准,当他的行为表现符合甚至超过这一标准时,他就会对自己的行为感到满意,进行自我奖励,这同样对行为具有强化作用,这种强化就是自我强化。自我强化参照的是自己的期望和目标,例如在一次测验中一个学生可能得了90分而沾沾自喜,而另一个学生则可能感到大失所望。

在斯金纳的学习理论中,强化是学习的必要条件;而班杜拉认为,强化物本身并不能对个体的反应产生任何强化作用,它只是关于行为结果的信息,基于这些信息,学习者就可以形成对行为结果的预期,引发行为的动机。

## (三)总体评价

班杜拉的社会学习观点在行为派和认知派之间架起一座桥梁,并且对认知—行为治疗做出了巨大的贡献。他突破了旧的理论框架,把行为主义、认知心理学和人本主义加以融合,以信息加工和强化相结合的观点阐述了学习的过程和机制,并把社会因素引入到研究中。他所建立的社会学习理论开创了心理学研究的新领域。

班杜拉对观察学习的研究是以人为被试的,是在自然的社会情境中进行的,而不是在实验室环境下研究动物的行为。这就避免了行为主义以动物为实验对象,把由动物实验得出的结论推广到人当中的错误倾向,结论更加具有说服力。在这些方面,班杜拉都与以往的行为主义者有明显不同。

班杜拉在社会学习理论研究中,注重社会因素的影响,把学习心理学同社会心理学的研究有机地结合在一起,提出了观察学习、间接经验等概念,对学习心理学的发展产生了重要影响。

当然,班杜拉的社会学习理论也有其明显的不足和局限性,这主要表现在以下几点:第一,班杜拉的社会学习理论缺乏内在统一的理论框架。该理论的各个部分较分散,如何将彼此关联起来,构成一个有内在逻辑的体系,是一个亟待解决的问题。第二,班杜拉的社会学习理论是以儿童为研究对象建立起来的,但他忽视了儿童自身的发展阶段会对观察学习产生影响。第三,班杜拉虽然强调了人的认知能力对行为的影响,但对人的内在动机、内心冲突、建构方式等因素没做研究,这表明其理论本身仍然有较大的局限性。

## 第三节　认知主义学习理论

认知派学习理论非常关心人类的学习,重视人在学习或记忆新知识时不能观察到的心理过程。他们一致认为,学习是形成反映整体联系与关系的认知结构;学习过程是积极主动进行复杂的信息加工活动的过程,而不是受习惯支配;注重学习的内部条件,如主动性、内部动机、过去经验、智力等。本节主要探讨早期的认知学习研究的格式塔的完形(顿悟)学习理论和现代认知学习观中的布鲁纳的认知—发现说、奥苏贝尔的认知—同化说、信息加工理论和认知建构论。

### 一、格式塔的完形学习理论

学习要求 ▶ 比较顿悟与试误说
▶ 理解格式塔的学习理论的经典实验、基本观点及评价

#### (一)人物与实验

格式塔心理学也称完形心理学,是二十世纪初兴起的一种学院派心理学,到三十年代形成较成熟的体系,主要代表人物有韦特海默、苛勒、考夫卡等。其核心理论基础是整体论思想。

苛勒是完形心理学派的主要代表。1913年,苛勒接受普鲁士科学院的任命,到大西洋特纳利夫岛上进行类人猿的心理研究。在那里,苛勒专门研究了黑猩猩的学习问题。他的研究对学习理论产生过重大的影响,在1917年出版的《人猿的智慧》和1921年出版的《猩猩心智》一书中,他以自己的长期观察,描述了关于动物解决问题的实验。

苛勒做了一系列的猩猩智力研究,几乎与巴甫洛夫做的狗实验一样著名。

苛勒设立了很多不同的问题让猩猩来解决。最简单的问题是绕道问题,猩猩必须通过转弯抹角的一些路径来获取香蕉,这对猩猩不成问题;更复杂一些的问题是使用"工具",即猩猩得使用箱子或棍子才能获取远处的香蕉。

萨尔顿是生活在猩猩研究中心的一只雄性猩猩,它整个早上什么也没吃,已经很饿了。饲养员让它来到一个房间,房顶上挂着一串香蕉,它拿不到。萨尔顿朝香蕉跳了几跳,可始终够不着。接着它就在屋子里打转,发出不满的吼声。离香蕉悬挂的地下不远的地方,它发现了一根短棍和一口大木箱。它拿起棍子,试图打下香蕉来,可还是太高了。有一阵子,它来回跳个不停,极为愤怒,接着,它突然奔向箱子,把它拖到香蕉底下,爬上去,轻轻一跳就拿到了奖品。

几天之后香蕉挂得高得多的地方只有两只箱子,一只比另一只稍大些。萨尔顿知道该怎么办,或者认为知道怎么办。它把大些的箱子搬到香蕉底下,爬上去,蹲下来,好像要跳起来。可是,它看了看上面却没有跳,香蕉还是离它很远。它跳下来,抓住小箱子,拖住它满屋子乱转,一边愤怒地吼着,一边踢墙。很明显,它抓住第二只箱子不是想着要去堆在第一口箱子上,而只是拿它来消气。可是突然间,它不再乱唤了,它把较小的那只箱子拖到另一只箱子边稍微有点吃力地摞起来,然后爬了上去,他解决了这个问题(图3-7)。

图 3-7 黑猩猩顿悟，拿到香蕉

在另一个棍子问题中，仅凭猩猩萨尔顿手中的一根短棍子，拿不到栅栏外面的食物。栅栏外面有一根用手抓不到的稍长些的棍子，但它可以用手中的短棍拨过来这根长棍子。萨尔顿想用稍短些的棍子去拨食物没有成功，它撕咬从它的笼子上投射过来的一根铁丝，可这也是徒劳的。然后，它打量着四周（在这些测试当中总是有些很长的停止间隔，这时，动物们会盯住整个可见的地区看）。突然间，它又一次拿起棍子，直接走到有长棍子的那道铁丝网跟前，用这根"辅助"短根拿到那根长棍，再走到对准目标的网跟前，用长棍子很容易地取到了食物。

在一个更为复杂的问题中，用可以拿到手的两根棍子都取不到香蕉，但其中一根棍子可以插到另一根里面去增加长度，聪明的萨尔顿没有很快地看出这个办法，它花了约一个小时的时间未拿到想拿到食物。苛勒给了它一个暗示，他用一根手指插到一根棍子里面去，可萨尔顿还是没有明白过来。接着，萨尔顿以不同的姿势蹲在箱子上，箱子离铁栅稍有些距离。接着，它爬了起来，捡起那两根棍子，拿在手上随便玩着。玩着玩着他突然发现自己的两只手上都拿着一根棍子，棍子的位置成一条直线。它把较细的那根棍子插入较粗的那根里面，跳了起来，并直奔铁栅，用这加长的棍子拨到了香蕉。

1928 年，有研究者对 1 岁半至 4 岁不等的幼儿进行了类似研究，孩子的反应过程与猩猩大脑里发生的事情惊人地相似，但是这些未成熟的孩子比成熟的猩猩还更为容易得到解决办法。

## （二）基本观点

### 1. 关于学习的实质

学习并非形成刺激—反应的联结，而是通过主动积极的组织作用形成与情境一致的新的完形。完形是一种心理结构，是在机能上相互联系和相互作用的整体结构，是对事物的"关系"的认知。苛勒的上述箱子和棍子实验，包括小鸡啄米实验（见第五章）都表明，学习过程中问题的解决，都是由于对情境中事物关系的理解而构成一种"完形"来实现的。

### 2. 关于学习的过程

学习的过程不是简单的神经通路的联系，而是对情境进行组织的过程；不是盲目地尝试错误，而是由于对情境顿悟而获得成功。顿悟是以对整个问题情境的突然领悟为前提的，动物也只有在清楚地认识到整个问题情境中的各个成分之间的关系时，顿悟才会出现。

苛勒的研究成果曾导致后来的大量研究和争论：学习究竟是通过顿悟还是通过试误而获得的？实际上苛勒的顿悟学习与桑代克的试误学习不是相互排斥与绝对对立的。试误往往是顿悟的前奏,顿悟则是练习到某种程度的结果。试误和顿悟在人类学习中都很常见,它们是两种不同方式、不同阶段或不同水平的学习类型。一般说来,简单的问题解决,往往不需要进行反复试误;复杂的、创造性问题的解决,大多需要经过试误,才能产生顿悟。

### (三)总体评价

顿悟说作为最早的认知学习理论,肯定了主体的能动作用,把学习视为构造完形的过程,对行为主义学习理论进行了批判,这对反对当时行为主义学习论的机械性和片面性具有重要意义,促进了学习理论的发展。例如,韦特海默强烈反对由试误说和条件反射说所引发出来的在教育领域中所采用的死记硬背和机械训练的方法。他认为学习贵在打破旧有知识和模式的束缚,争取在对问题领域的基础上产生顿悟,掌握解决问题的原则,做到触类旁通、举一反三,促进智力水平的提高。

格式塔学派的顿悟说产生之初与桑代克的尝试错误说是针锋相对、势不两立的。在格式塔心理学家看来,学习是一种智慧行为,是一种顿悟过程,需要有理解、领会与思维等认识活动的参与。在苛勒看来,猩猩对问题的解决并非一种盲目尝试错误的过程,而是对问题产生了顿悟。他认为要使人们顺利地解决问题,必须把问题的整个情境呈现出来,使之能对问题有个完全概观,决不能像桑代克那样,有意地把解决问题的方法和途径藏起来,迫使被试不得不去盲目试误。这种把试误学习与顿悟学习完全对立起来,把学习完全归于有机体自身的组织活动,否认客观现实的反应过程,不符合人类学习的特点。

## 二、布鲁纳的认知结构学习理论

**学习要求** ▶ 理解认知结构学习理论的基本观点和评价

### (一)人物

布鲁纳是一位在西方教育界和心理学界都享有盛誉的学者,主要研究知觉与思维方面的认知学习,并在此基础上形成了自己的教学理论。布鲁纳主张,学习的目的在于以发现学习的方式,使学科的基本结构转变为学生头脑中的认知结构。因此,布鲁纳的认知结构说常被称之为认知发现理论。

20世纪50年代,行为主义心理学在美国的心理学界处于绝对主导地位,以斯金纳等人的理论为基础的行为主义的教学理论普遍被用到教育实践当中。1957年,苏联率先发射了第一颗人造地球卫星,这一事件震惊了美国教育界,人们当即反省,认定美国太空科技的落后根源于美国中小学科学教育的落后。斯金纳的理论只能让学生在控制的环境中机械、被动地学习一些固定的、零碎的知识,无法培养出能够创造性地解决问题的学生。在这一背景下,认知学习理论又重新受到了人们的重视,并得以迅速发展。布鲁纳的认知结构学习理论和在实验室里研究鸽子和白鼠的行为主义学习理论迥然不同,他非常关心学校教育和学生学习的问题,强调学习理论和教学理论在教学上的应用。

### (二)主要观点

1. 关于学习的实质

布鲁纳认为,学习的结果是学习者主动地形成认知结构。

布鲁纳认为,学习的本质不是被动地形成刺激—反应的联结,而是主动地形成认知结构。认知结构指个体过去对外界事物进行感知、概括的一般方式或经验所组成的观念结构,是人关于现实世界的内在的编码系统。

布鲁纳非常重视认知结构在学习中的作用,他强调教学必须使学生形成良好的认知结构。世界是由如此之多的不同物体、事件和人物组成的,而人的认知系统之所以没有被周围环境的复杂性所压垮,是由于人具有归类的能力,在与环境的相互作用中,人构成了人内在的编码系统。在感知外界时,人不仅要把感觉信息输入归入某一类别中,还要根据有关的类别进行推理。例如,当我们看到前面一位留着披肩发穿着花格衣服的人时,我们所理解的远比我们看到的要多,我们判断这人是个女人,进而推论她有两只手、两条腿……然而,我们并没有直接知觉到这些。这种编码系统的一个重要特征,是对相关的类别做出层次性的结构安排,概括性水平较高的类别处于高层,而比较具体的类别处于低层。

### 2. 关于学习的过程

学习过程是类目化(概括化)的过程。学习者通过这种类目化的活动将新知识与原有的类目编码系统联系起来,不断形成或发展新的类目编码系统。在布鲁纳看来,学习就是类别及其编码系统的形成,学习者要把同类的事物联系起来,赋予它们意义,并把它们连接成一定的结构。

### 3. 关于促进学习的条件

布鲁纳强调学习的主动性和认知结构在促进学习中的作用。

与认知结构的思想相联系,布鲁纳强调,教学一定要促进学生对学科结构的一般理解。他说"不论我们选教什么学科,务必使学生理解该学科的基本结构"。学科的基本结构是指学科的基本概念、基本原理以及学习该学科的基本态度和方法,比如物理力学中的惯性定律、实验方法,代数学中的交换律、分配律和结合律等。教学不能只是着眼于一门学科的事实和技巧的掌握,而是要在学科内形成一个有联系的整体。理解学科的基本结构可以使得学科更容易理解,有助于学科知识的记忆,从结构中获得的基本概念原理将有助于以后在类似的情境中广泛地迁移应用,有助于提高学习兴趣,促进儿童智慧的发展。因此,教学必须适应各个年龄阶段的儿童的特点,按照他们观察和理解事物的方式去表现学科的结构,让他们能理解学科的基本结构,使学科的基本结构转变为学生头脑中的认知结构。

### 4. 发现学习是学习的最佳方式

发现学习是指学生在学习情境中通过自己的探索来获得问题答案的学习方式。布鲁纳认为,学习者应该有一种探索新情境的态度,喜欢去做出假设,推测关系,发挥自己的能力去解决新问题,发现新事物。所谓发现,当然不只限于发现人类尚未知晓的事物,而且还包括用自己头脑亲自获得知识的一切形式。

发现学习具有以下优点:① 强调学习的过程,而不只是最后的结果。教学应该给学生一个探索情境,而不是现成的知识。② 强调直觉思维。传统学校一般更重视学生的分析思维,让学生根据仔细规定好了的步骤来一步一步地分析和解决问题;而直觉思维则不按严格的、细致的逻辑推理,而是根据自己的知识经验做捷径性、感悟性的判断。③ 强调内部动机,强调从学习探索活动本身得到快乐和满足,而不是外部的奖惩。④ 强调信息的组织、提取，而不只是存储。

### （三）总体评价

在推动美国的认知运动，特别是以认知结构学习理论为指导的教学改革运动中，布鲁纳是一位极重要的人物，他在心理学为教育教学服务方面做出了显著的贡献。可以说，布鲁纳推动了教育心理学的重大转变：从行为主义向认知心理学的转变；从实验室研究向课堂研究的转变；从学习研究向教学研究的转变。

他吸取了皮亚杰的认知结构理论，但又有所发展。他对发现学习的倡导虽非首创，但他却是研究最深、推进最有力的学者。

当然，布鲁纳也有自己的缺陷，他在论述儿童的生长时夸大了学生的学习能力，忽视了社会方面的因素。他过于强调学生的发现学习，以至于混淆了学生的发现学习与科学家的科学发现之间的差异。发现法运用范围有限，耗时过多，不经济，比较适用于小学和中学低年级学生。他强调学科的基本结构，但其实有些学科的基本结构是不清楚的，比如人文学科等。由于种种原因，在布鲁纳思想指导下的教学改革运动并未取得成功。

## 三、奥苏贝尔的认知—同化论

（学习要求）▶ 理解认知—同化学习理论的基本观点和评价

### （一）人物

奥苏贝尔是与布鲁纳同时代的一位美国教育心理学家，他也重视认知结构，但他强调有意义的接受学习，强调对学校情境中的学生学习进行研究。他曾于 1976 年获美国心理学会颁发的桑代克教育心理学奖。

### （二）主要观点

奥苏贝尔认为，传统教育心理学所研究的动物或人的学习基本上是机械学习，它对学习教育没有什么价值。学校中学生的学习主要是学习言语符号所代表的系统知识，是有意义学习，有意义学习的结果是形成认知结构。

1. 有关学习的实质

有意义学习的实质是符号所代表的新知识与学习者认知结构中已有的适当观念建立实质性的、非人为的联系。这既是有意义学习的定义，也是划分机械学习与有意义学习的标准。

所谓实质性联系，即非字面的联系，指新符号或符号代表的新观念与学习者原有认知结构中已有的表象、已有意义的符号、概念或命题的联系。比如小学生学习"等边三角形是有三条等边的三角形"，他的认知结构中必须先有"三角形"和"等边"的概念，这样才能对原有的"一般三角形"的概念或表象加以改造。形成"等边三角形"的概念或表象，也就是建立了实质性联系。一旦新旧知识建立了这样的实质性联系，学习者就可以用形式不同但意思相同的语言来表达这一概念的含义，比如"凡是有三条等边的三角形都是等边三角形"。

所谓非人为的联系，即非任意性的联系，即新知识与原有认知结构中的有关观念具有某种人们可以理解的合乎逻辑的联系。比如等边三角形的概念与儿童认知结构中的一般三角形的概念的关系不是人为的,它符合一般与特殊的关系。

要判断学生的学习是有意义的还是机械的,必须了解符号所代表的新知识与学习者认知结构中原有观念的联系的性质,看它是不是具有实质性的联系和非人为的联系。对无意义音节和配对联想词表只能做机械学习,因为这样的材料不可能与人的认知结构中的任何已有观念建立实质性联系,必须在逐个字母或项目之间建立联系。在获得"数"的概念前的幼儿,凭借他们发展较快的机械记忆能力,可以将乘法九九表背得烂熟,但倘若从中抽出一句问他们,他们将不知所云,这也是一种机械学习。一切机械学习都不具备上述有意义学习的两条标准。

2. 有关学习的过程

有意义学习的过程即学习者认知结构中原有的适当观念对新观念加以同化的过程。具体过程:① 学生从已有的认知结构中找到对新知识起固定作用的观念,即寻找一个固定点;② 将新知识置入到认知结构的合适位置,并与原有观念建立相应的联系;③ 对新知识与原有知识进行精细的分化;④ 在新知识与其他相应知识之间建立联系,使之构成一个完整的观念体系,继而学习者原有的认知结构得到丰富和发展。

奥苏贝尔按照新旧观念概括水平的不同及其联系的方式,提出了三种同化模式(图3-8)。

(1) 下位学习

又称为类属学习,是指将概括程度或包容范围较低的新概念或命题,归属到认知结构中原有的概括程度或包容范围较高的适当概念或命题之下,从而获得新概念或新命题的意义。

新观念的同化有时并不会使原有概括水平更高的观念发生多大变化,但有时则可以使原有观念发生较大的调整。按照新观念对原有观念影响的大小,下位学习可以分为两种形式,一种是派生类属,即新学习内容仅仅是学生已有的、包容面较广的命题的一个例证,或是能从已有命题中直接派生出来的。例如,知道了"长方形的四个顶角都是直角",而正方形是长方形的一种特例,那就很容易理解"正方形的四个顶角都是直角"。另一种是相关类属,即新内容纳入可以扩展、修饰或限定学生已有的概念、命题,并使其精确化。例如,学生学习了"杠杆"的概念,知道了杠杆的力臂原理,而后他们学习滑轮,知道定滑轮实质上是一种等臂杠杆,这就把"定滑轮"同化到了"杠杆"之下,但学生对杠杆的理解也会有一定变化:杠杆并不一定是一根细长的,它也可以是一个圆轮子。

(2) 上位学习

又称为总括关系,是指新概念、新命题具有较广的包容面或较高的概括水平,这时新知识通过把一系列已有观念包含于其下而获得意义,新学习的内容便与学生认知结构中已有观念产生了一种上位关系。例如,儿童在熟悉了"胡萝卜""豌豆""菠菜"这类下位概念之后,再学习"蔬菜"这一上位概念。

(3) 并列结合学习

当学生新概念或新命题与认知结构中已有的观念既不产生下位关系,又不产生上位关系时,它们之间可能存在并列结合关系,这种只能凭借关系来理解意义的学习就是并列结合学习。学生在数、理、化以及社会科学中学习概括的许多例子,都是并列结合学习。如学习质量与能量、热与体积、遗传结构与变异、需求与价格等概念之间的关系,就属于并列结合学习。假定质量与能量、热与体积、遗传结构与变异为已知的关系,现在要学习需求与价格的关系,这个新学习的关系虽不能类属于原有的关系之中,也不能概括原有的关系,但它们之间仍然具有某些共同的关键特征,如后一变量随前一变量的变化而变化等。

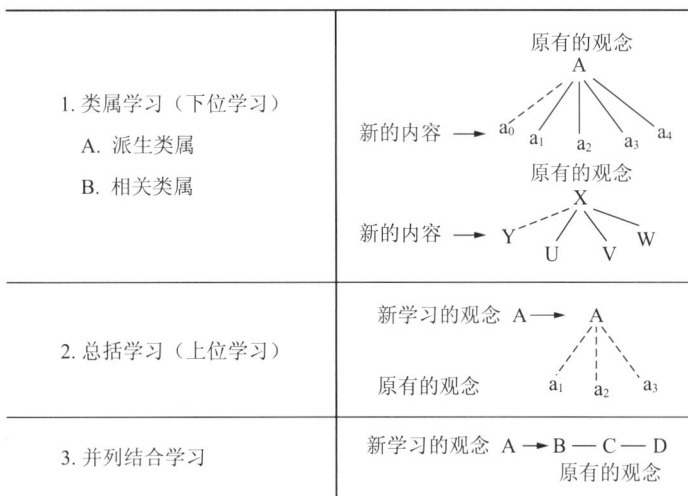

| | |
|---|---|
| 1. 类属学习（下位学习）<br>　A. 派生类属<br>　B. 相关类属 | 原有的观念<br>A<br>新的内容 → $a_0$ $a_1$ $a_2$ $a_3$ $a_4$<br><br>原有的观念<br>X<br>新的内容 → Y　U　V　W |
| 2. 总括学习（上位学习） | 新学习的观念 A → A<br><br>原有的观念　$a_1$ $a_2$ $a_3$ |
| 3. 并列结合学习 | 新学习的观念 A → B — C — D<br>　　　　　　　　　　原有的观念 |

图 3 - 8　新旧知识的三种同化模式

3. 有意义学习的条件

有意义学习的产生受学习材料性质的影响,也受学习者自身主观因素的影响,具体如下:

(1) 学习材料的逻辑意义。材料本身与人类学习能力范围内的有关观念可以建立非人为的和实质性的联系。新学习材料的内容可以是词汇、概念或命题等。

(2) 有意义学习的心向。指学习者积极主动地把符号所代表的新知识与学习者认知结构中原有的适当知识加以联系的倾向性。

(3) 学习者认知结构中必须具有适当的知识,以便与新知识进行联系。在新知识的学习中,认知结构中原有的适当观念起决定性作用。这种原有的适当观念可以对新知识起到固定作用。

先行组织者策略是奥苏贝尔提出的一种重要的教学策略。所谓"先行组织者",是先于学习任务本身呈现的一种引导性材料,它要比学习任务本身有较高的抽象、概括和综合水平,并且能清晰地与认知结构中原有的观念和新的学习任务关联起来。设计"组织者"的目的,是为新的学习任务提供观念上的固定点,增加新旧知识之间的可辨别性,以促进下位学习。

总之,学习者必须积极主动地将具有潜在意义的新知识与已有认知结构中有关的旧知识发生相互作用,从而使旧知识得到改造,使新知识获得实际意义,即心理意义。

4. 学生的学习主要是接受学习

与布鲁纳的发现学习观点相反,奥苏贝尔认为,学生的学习主要是接受学习。教师给学生提供的材料应该是经过仔细考虑的、有组织的、有序列的、完整的形式,因此,学生接受的是最有用的材料,他把这种强调接受学习的教学方法叫作"讲解教学"。

奥苏贝尔强调,研究者必须消除对接受学习的误解。他认为,接受学习未必就是机械的,它可以而且也应该是有意义的学习;发现学习也未必就是有意义的,它同样可能是机械的。如果教师讲授教学得法,并不一定会导致学生机械接受学习;同样,发现学习也并不一定是保证学生有意义学习的灵丹妙药。如果学生只是机械地记住解决问题的"典型的步骤",而对自己正在做什么、为什么这样做却毫无意识,他们也可能得到正确的答案,但这并不比机械学习或机械记忆更有意义。

课堂教学所采用的有意义学习活动多偏重于接受学习,这是有原因的。首先,由于发现学习费时太多,一般不宜作为获取大量信息的主要手段;其次,在一些学习情境里,学生必须用言语来处理各种复杂的、抽象的命题。但是,只要在讲授教学中提供各种具体的经验,就可以弥补这方面的不足。因此,奥苏贝尔认为,学校主要应采用通过言语讲解进行的有意义的接受学习。

### (三)总体评价

奥苏贝尔对发现学习与接受学习、有意义学习与机械学习之间的区分提出了独到的见解,提出有意义学习理论,对有意义学习的过程和条件做了具体解释。倡导逐步分化的演绎教学,提出先行组织者的教学策略,这对实际教学有重要价值。

但奥苏贝尔的认知—学习理论的同化偏重知识掌握,忽视能力培养,教学思想不符合程序性知识的掌握。另外,他强调了接受学习,没有给发现学习应有的重视。

## 四、学习的信息加工论

**学习要求** ▶ 理解学习的信息加工理论的基本观点和评价

### (一)人物

20 世纪 50 年代,一方面由于心理学自身的反省与批判,一方面由于计算机等信息技术的发展,心理学界兴起了一种新的理论倾向:信息加工论,即用计算机的信息处理过程来类比人脑的认知过程,用信息的接收、存储和提取来解释学习的具体过程。信息加工论代表人物有西蒙和 E.D.加涅等。

西蒙是美国科学家,20 世纪 50 年代,西蒙和纽厄尔等人共同创建了信息加工心理学,提出了物理符号系统假设。他们把人脑和电脑都看成加工符号的物理系统,而人脑的心理活动和电脑的信息加工都是符号的操作过程。这一理论开辟了从信息加工观点研究人类思维的取向,推动了认知科学和人工智能的发展。

E.D.加涅是 20 世纪最有影响的著名教育心理学家之一。他认为学习是一个有始有终的过程,这一过程可分成若干阶段,每一阶段需进行不同的信息加工。在各个信息加工阶段发生的事件,称为学习事件。学习事件是学生内部加工的过程,它形成了学习的信息加工理论的基本结构。与此相应,教学过程既要依据学生的内部加工过程,又要影响这一过程。因而,教学阶段与学习阶段是完全对应的。在每一教学阶段发生的事情,即教学事件,是学习的外部条件。教学就是由教师安排和控制这些外部条件构成的,而教学的艺术就在于学习阶段与教学阶段的完全吻合。

### (二)主要观点

1. 关于学习的过程

1974 年,加涅基于信息加工理论的有关研究,提出了学习过程的基本模式,具体说明了学习过程中的信息流程(图3-9)。

这一模式表示,来自环境中的刺激作用于学习者的各种感受器,如眼、耳等,并通过感觉登记器进入神经系统。信息首先在感觉登记器中进行编码,最初的刺激以映像的形式保持在感觉登记器中,保留0.25～2秒。经过注意和初步加工,信息进入短时记忆,之后再次对它进行编码,这时,信息以语义的形式储存下来。在短时记忆中,信息保持的时间也很短,一般只保持2.5～20秒。但是如果学习者不断复述信息,信息在短时记忆里就可以保持得长一些,但也不超过1分钟。经过对信息的复述和组织,又经过对它的精细加工从而与原有的知识联系起来,信息可以被转移到长时记忆中进行储存,

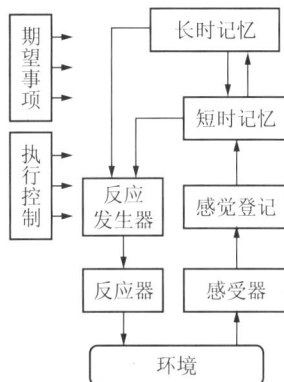

图3-9 学习的信息加工模式

以便在以后需要的时候再回忆起来。大部分学习理论家都认为,长时记忆中信息的储存是长久的,而后来回忆不起来的原因只是"提取"的困难,提供一些回忆的线索就可以起到帮助回忆的作用。

从短时记忆进入长时记忆的信息可以被检索、提取,又回到短时记忆,或称为"工作记忆"。从短时记忆或长时记忆中检索出来的信息作用于反应发生器,反应发生器可以转换信息,发出某种动作命令,而后由这一结构发出的神经传导信息使效应器(肌肉)活动起来,产生一个指向环境的操作行为。通过这种操作,观察者可以了解原先的那个刺激所起的作用,即信息得到了加工,也就是说学习者确实学了点东西。

在这个信息加工过程中,一组很重要的结构就是模式图中左边的"执行控制"和"期望事项"这两个部分。"执行控制"即已有的经验对现在学习过程的影响,"期望事项"即动机系统对学习过程的影响,整个学习过程都是在它们的影响下进行的。

以学习的信息加工模式为基础,具体到学习活动中,加涅又把学习按照从不知到知的过程分成八个阶段:动机阶段、了解阶段、获得阶段、保持阶段、回忆阶段、概括阶段、操作阶段、反馈阶段。

另外,加涅还提出了学习的层次,并对学习结果做了分类,主张学习应该严格按照从低级到高级的层级顺序来进行,学习任何一个内容之前都要先学习作为其基础的更前提性的内容。

2.关于学习的条件

(1)内部条件

加涅在《教学设计的原理》一书中,对五种类型的学习产生的必要条件和辅助条件做了阐述(表3-2)。

表3-2 五种学习结果的内部条件

| 学习类型 | 必要条件 | 辅助条件 |
|---|---|---|
| 智力技能 | 较简单的智力技能(规则、概念、辨别) | 态度、认知策略、言语信息 |
| 认知策略 | 特殊的智力技能 | 智力技能、言语信息、态度 |

续　表

| 学习类型 | 必　要　条　件 | 辅　助　条　件 |
|---|---|---|
| 言语信息 | 按意义组织的一组语言信息 | 言语技能、认知策略、态度 |
| 态度 | 智力技能(有时),言语信息(有时) | 其他态度,言语信息 |
| 动作技能 | 部分技能(有时),操作程序规则(有时) | 态度 |

(2) 外部条件

不同的学习结果还需要不同的外部条件。对单词的学习,需要对单词进行多次重复,对乘法的学习,重复不会取得相似效果。学习者要习得的是两种不同的能力,需要有不同的先天能力倾向,而且需要不同的外部学习条件。五种不同学习的外在条件见表3-3。

表3-3　五种学习结果的外部条件

| 学习结果类型 | 外在学习条件 |
|---|---|
| 言语信息 | ① 变化语调或字体,注意突出的特征;② 分块呈现信息;③ 提供有意义背景,促进信息有效编码;④ 提供线索促进有效检索和迁移。 |
| 智力技能 | ① 突出特征吸引注意;② 将内容控制在短时记忆限度之内;③ 促进回忆已学的从属技能;④ 为从属技能的组合排序提供言语指导;⑤ 经常练习,定期复习;⑥ 创设多种情境促进迁移。 |
| 认知策略 | ① 示范说明策略;② 提供运用策略的多种机会;③ 对策略的效果进行反馈。 |
| 态度 | ① 建立期望成功的态度;② 使学生认同榜样人物;③ 安排个人行为选择;④ 提供成功的反馈,或显示榜样的反馈。 |
| 动作技能 | ① 提供动作程序的指导;② 重复训练;③ 及时反馈动作的准确性;④ 鼓励运用脑力训练。 |

### （三）主要评价

加涅的学习信息加工模式是在行为学派和认知学派的研究基础上提出的,它注意到了人类学习的特点,是认知主义中较有代表性的学习模式,对于我们理解学习和教学具有重要意义。但加涅是个典型的折中主义者,从他的理论中我们仍可以看到行为主义的影子。

## 五、建构主义学习理论

学习要求 ▶ 理解建构主义学习理论的基本观点和评价

### （一）建构主义简介

建构主义学习理论是认知主义学习理论的新发展,是当今教育心理学领域正在兴起的一种理论倾向,但它的理论体系尚不完善,而且有很多的分歧。建构主义学习理论的发展受到了当代哲学思想的影响,比如科学哲学、新进化论以及后现代哲学等。在学习与教学领域中,建构主义受到了几个重要人物的影响,如杜威、维果斯基、皮亚杰、布鲁纳、奥苏贝尔等。

在心理上的建构主义中,美国斯坦福大学的菲利普教授区分了个人建构主义和社会建构主义。个人建构主义强调个人自身在个人知识建构中的创造作用,社会建构主义则强调社会相互作用、文化在个人知识建构中的作用。

### (二) 当代建构主义的基本观点

很多研究者都把自己的理论称为建构主义理论,但具体观点各不相同,各种具体观点中存在一些理论共识。

1. 知识观

作为其学习理论的基础性假设,建构主义对知识的实质提出了新的认识。

建构主义在一定程度上,对知识的客观性和确定性提出了质疑,强调知识的动态性。建构主义者(特别是其中的激进者)一般强调,知识并不是对现实的准确表征,它只是一种解释、一种假设,它并不是问题的最终答案;相反,它会随着人类的进步而不断地被"革命"掉,并随之出现新的假设。而且,知识并不能精确地概括世界的法则,在具体问题中,并不是拿来便用,一用就灵,而是需要我们针对具体情境进行再创造。因此,老师并不是什么知识"权威",课本也不是解释现实的"模板"。另外,建构主义认为,知识不可能以实体的形式存在于具体个体之外,尽管我们通过语言符号赋予了知识一定的外在形式,甚至这些命题还得到了较普遍的认可,但这并不意味着学习者会对这些命题有同样的理解,因为这些理解只能由个体学习者基于自己的经验背景而建构起来,这取决于特定情境下的学习历程。

总之,尽管建构主义有不同倾向,但它们都以不同的方式、在某种程度上对知识的客观性、可靠性和确定性提出了怀疑。这种知识观尽管不免过于激进,但它向传统的教学和课程理论提出了巨大挑战,值得我们深思。

2. 学生观

建构主义者对学习者的经验世界也有自己的见解。

首先,建构主义强调学生经验世界的丰富性,强调儿童的巨大潜能。

建构主义者强调,学习者并不是空着脑袋走进教室的,在以往的学习中,他们已经形成了丰富的经验,小到身边的衣食住行,大到宇宙、星体的运行,从自然现象到社会生活,他们几乎都有一些自己的看法。而且有些问题即便他们还没有接触过、没有现成的经验,但当问题一旦呈现在面前时,他们往往也可以基于相关的经验,依靠他们的认知能力(理智),形成对问题的某种解释,这并不都是胡乱猜测,而是从他们的经验背景出发而推出的合乎逻辑的假设。

教学不能无视学生的这些经验,另起炉灶,从外部装进新知识,而是要把儿童现有的知识经验作为新知识的生长点,引导儿童从原有的知识经验中"生长"出新的知识经验。教学不是知识的传递,而是知识的处理和转换。教师不只是知识的呈现者,他应该重视学生自己对各种现象的理解,倾听他们现在的想法,洞察他们这些想法的由来,以此为根据,引导学生丰富或调整自己的理解。

其次,建构主义者强调学生经验世界的差异性。每个人在自己的活动和交往中形成了自己的个性化的、独特性的经验,每个人有自己的兴趣和认知风格,所以在具体问题面前,每个人都会基于自己的经验背景形成自己的理解,每个人的理解往往着眼于问题的不同侧面。

3. 学习过程观（即学习的过程）

建构主义者认为，学习不是知识由外到内的转移和传递，而是学习者主动地建构自己知识经验的过程。学习者的知识建构有三个特征：

（1）主动建构性。学习者作为学习的主人，需要对学习活动进行积极自主的自我管理和自我调节。

（2）社会互动性。建构主义者强调社会性相互作用在学习中的重要意义，可以说，这是学习理论的一种重要倾向。学习者在一个学习社群之中相互沟通，相互合作，可以形成对问题的丰富的、多角度的理解。合作学习是当前很受研究者重视的学习形式。这种小组要足够小，以便让所有的人都能参与到明确的集体任务中，教师放权给学生小组，合作学习的小组成员之间相互依赖、相互沟通、相互合作、共同负责，从而达到共同的目标。

（3）情境性。当今的建构主义者强调学习的情境性，强调把所学的知识与一定的真实性任务情境挂起钩来，提倡在教学中使用真实性任务，让学生通过一定的合作来解决情境性问题，以此建构起能灵活迁移应用的知识经验。1989年，布朗等提出并界定了"情境性学习"的概念。

4. 教学观（学习的条件）

综上所述，当代建构主义者强调知识的动态性，强调学生经验世界的丰富性和差异性，强调学习的主动建构性、社会互动性和情境性。因此，教学不再是传递客观而准确的现成知识，而是激发出学生原有的相关知识经验，促进知识的"生长"，促进学生知识的建构，以促成知识经验的重新组织、转换和改造。要达到以上效果，① 教学要为学生创设理想的、多样化学习情境，激发学生概括、分析、推理等高级思维活动，帮助学生利用各种有力的建构工具来促进自己的知识建构活动；② 给学生提供丰富的信息资源、处理信息的工具以及适当的帮助和支持；③ 教师要创设平等、自由、相互接纳的学习气氛，在教师—学生以及学生—学生之间展开充分的交流、讨论、争辩和合作，教师自己要耐心地聆听他们的想法，以便提供有针对性的引导。所以，在建构主义教学中，提倡情境教学、支架式教学和合作学习等。

**（三）总体评价**

从现实缘起来看，建构主义是针对传统教学的诸多弊端而提出的。有人对传统教学中学生的知识做了这样的概括：① 过于空泛，过于脆弱；② 无法在需要的时候运用；③ 无法在新的或类似的情境中迁移应用。如何缩小学校学习与现实生活之间的差距，实现学习的广泛而灵活的迁移，这是建构主义者所关注的核心问题之一。建构主义强调知识的动态性，强调学习是一个主动建构的过程，强调学习的社会性和情境性，试图实现学习的广泛而灵活的迁移应用，这些观点对改革传统教学具有重大意义。

当然，建构主义尚在发展和完善之中，不同倾向的建构主义者还存在着重大的分歧。

## 本章总结

1. 学习概述。广义的学习指个体在生活过程中，凭借经验而产生的行为或行为潜能的相对持久的变化，狭义的学习是专指学生在学校里的学习，人类学习与动物的学习有较大的区别;加涅在《学习的条件》一书中先后提出的学习层次分类和学习结果分类,我国心理学家也对学习进行了分类;目前主要学习理论倾向有行为主义、认知主义和人本主义学习理论。

2. 行为主义学习理论。行为主义学习理论主要有:桑代克的联结主义学习说、经典性条件作用理论、操作性条件反射理论和班杜拉的社会学习理论;他们一致认为:学习结果是使有机体形成"刺激—反应"的联结,学习过程是通过不同方式建立刺激与反应的联系,学习的条件是注重学习外部强化,忽略内部条件。

3. 认知主义学习理论。认知主义学习理论主要有:格式塔的完形学习理论、布鲁纳的认知结构学习理论、奥苏贝尔的认知—同化论、学习的信息加工论和建构主义学习理论;他们一致认为:学习是形成反映整体联系与关系的认知结构;学习过程是积极主动进行复杂的信息加工活动的过程,而不是受习惯支配;注重学习的内部条件。

## 思考与练习

### 一、单项选择题

1. 个体在特定情境下由于练习或反复经验而产生的行为或行为潜能的较持久的变化是( )。
   A. 实践              B. 反应              C. 反射              D. 学习

2. 在西方,对学习类型的分类有较大影响的心理学家是( )。
   A. 加涅              B. 斯金纳            C. 托尔曼            D. 桑代克

3. 按照加涅的学习结果分类的观点,调节和控制自己的注意、学习、记忆、思维和问题解决过程的内部组织起来的能力称之为( )。
   A. 智慧技能          B. 认知策略          C. 言语信息          D. 动作技能

4. 奥苏贝尔根据学习进行的方式把学习分为( )。
   A. 知识学习和技能学习                    B. 概念学习和意义学习
   C. 机械学习和意义学习                    D. 接受学习和发现学习

5. 奥苏贝尔根据学习材料与学习者原有知识结构的关系把学习分为( )。
   A. 知识学习和技能学习                    B. 概念学习和意义学习
   C. 接受学习和发现学习                    D. 机械学习和意义学习

6. 桑代克的学习理论被称为( )。
   A. 尝试—错误说                          B. 认知—发现理论
   C. 联结—认知理论                        D. 有意义接受学习论

7. 斯金纳认为行为分为两类,分别是( )。
   A. 学习性行为和操作性行为                B. 刺激行为和反应行为
   C. 应答性行为和操作性行为                D. 操作性行为和反应性行为

8. 主张学习的目的在于以发现学习的方式、使学科的基本结构转变为学生头脑中的认知结构的心理学家为( )。
   A. 布鲁纳            B. 桑代克            C. 斯金纳            D. 奥苏贝尔

9. 布鲁纳在教学上提倡( )。
   A. 指导法            B. 讨论法            C. 发现法            D. 接受法

10. 认知—结构学习论在教学中主张(　　)。

A. 探究法　　　　　　B. 班级授课制　　　　　　C. 发现法　　　　　　D. 讨论法

11. 美国心理学家布鲁纳认为学习的实质在于(　　)。

A. 构造一种完形　　　　　　　　　　　B. 主动地构建认知结构

C. 形成刺激与反应间的联结　　　　　　D. 对环境条件的认知

12. 学生认知结构的不断分化所依靠的学习形式是(　　)。

A. 上位学习　　　　　B. 下位学习　　　　　　C. 并列结合学习　　　　　D. 发现学习

13. 通过综合归纳获得意义的学习称为(　　)。

A. 同位学习　　　　　B. 上位学习　　　　　　C. 下位学习　　　　　　D. 并列结合学习

## 二、填空题

1. 联结主义学习理论的代表人物是_____。

2. 尝试—错误学习理论的基本学习规律有效果律、_____和_____。

3. 美国心理学家加涅依据不同的学习结果,将学习分为_____、认知策略、言语信息、_____和态度五种类型。

4. 奥苏贝尔根据两个维度,对认知领域的学习进行了分类。一个维度是学习进行的方式,学习因此可分为_____和_____;另一个维度是学习材料与学习者原有知识的关系,学习因此可分为_____和_____。

5. 我国学者过去一般把学习分为三类:_____、_____和行为规范的学习。

6. 在教育心理学领域最有影响的是奥苏贝尔的_____和布鲁纳的_____,这二者都重视所学内容的结构的重要性。

7. 联结主义学习理论的主要代表流派有桑代克的_____和斯金纳的_____。

8. 认知学习理论的主要代表流派有苛勒的_____、布鲁纳的认知—结构说及奥苏贝尔的_____。

9. 依据新知识与原有认知结构的关系,知识学习可分为_____、_____和并列结合学习。

## 三、名词解释

学习　　经典性条件反射　　操作性条件反射　　程序教学　　有意义学习

观察学习　　自我强化　　替代性强化　　起固定作用的观念　　心向

先行组织者　　上位学习　　并列结合学习

## 四、简答题

1. 阐述学生学习的特点。

2. 简述加涅按学习水平的分类。

3. 学习的理论主要解决哪些问题?

4. 格式塔学派的学习理论与行为主义学习理论区别是什么?

5. 简述桑代克的尝试—错误说与苛勒的完形—顿悟说的关系。

6. 简述班杜拉的社会学习理论。

7. 简述奥苏贝尔提出的意义同化的三种模式。

8. 简述信息加工理论主要观点。

## 五、论述题

1. 怎样理解认知结构是一套内在的认知编码系统?它在认知活动中有何意义?

2. 建构主义对于学习的解释有哪些主要的新倾向?怎样评价?

# 第四章
## 学习动机

**本章要点**

> 学习动机概述　　　　　　　成就动机论
> 学习动机的含义　　　　　　归因理论
> 学习动机的分类　　　　> 学习动机的培养
> 学习动机对学习的影响　　　激发认知兴趣
> 学习动机理论　　　　　　　建立合理目标
> 强化论　　　　　　　　　　提升自我效能
> 认知失调论　　　　　　　　适当运用奖赏和反馈
> 自我效能理论　　　　　　　培养积极归因
> 需要层次理论

# 第一节　学习动机概述

## 一、学习动机的含义

**学习要求** ➤ 识记学习动机的含义及构成

### （一）动机

在心理学中,动机是指驱动人或动物产生各种行为的原因。动物的行为简单,其行为原因比较容易理解。人的行为复杂,其行为背后的原因不易解释。在心理学家研究心理现象时,直接观察到的是外界施加的刺激和机体(人与动物)做出的反应(行为)。至于包括人在内的机体为什么会出现这样或那样的行为,在心理学回答涉及行为起因的问题时便假设一个中间变量,即动机,以解释行为的起因和动力。在涉及动物行为动机时,常用需要和内驱力来解释。如食物剥夺引起饥饿,这种饥饿刺激作为一种内驱力驱使动物寻找食物;动物吃到食物,饥饿消失,停止寻找食物的行为。在涉及人的行为时,除了使用需要和内驱力等概念之外,还用目标、兴趣、愿望、理想、信念等概念来解释。因此,需要、目标(或目的)、内驱力、兴趣、理想、信念等都成了描述人的行为原因的术语,它们表达的概念难以严格区分。

动机有两种功能:第一,唤醒与维持功能。动机水平高的个体同动机水平低的个体相比,其情绪和意识处于较高的唤醒状态,在动机指向的目标达到之前,这种唤醒状态将维持下去。如学生在迎接高考或中考时,其唤醒状态保持较高水平,一直要到考试结束后,思想和情绪才会放松。第二,指向功能。有较强动机的个体,同无动机的个体相比,其思想和行为更集中指向满足动机的客体或事物。如一名球探与一名普通球迷同看一场足球赛,由于球探有特殊动机,其行为指向与普通球迷不同,他将注意力集中在他需要的球员的表现上。

动机是以内驱力和诱因为必要条件而存在的,内驱力是推动有机体的能量,包括生理的内驱力和社会的内驱力;诱因是指吸引有机体的行为目标,即能满足有机体需要的目的物。当有机体的行为被内驱力激起并指向一定的诱因时,就会产生行为的动机,直接推动一个人进行某种活动。

### (二)学习动机及其构成

学习动机是激发个体进行学习活动,维持已引起的学习活动,并使学习行为朝向一定目标的一种内在过程或内部心理状态。学习动机的两个基本成分是学习内驱力和学习诱因,两者相互作用形成学习动机的系统。

1. 学习动机的内部构成

对于教育心理学家和教育实践工作者来说,他们更为关注的是学生在课堂中表现出的学习动机。在课堂里学生主要有哪些需要和动机可以促使他们把自己的行为指向学习?它们是由哪些心理因素构成的?根据美国著名教育心理学家奥苏贝尔的观点,学生课堂学习动机由以下三个方面的内驱力(需要)构成:

(1)认知的内驱力

认知内驱力是一种要求了解和理解的需要,要求掌握知识的需要,以及系统地阐述问题并解决问题的需要。不少心理学家根据经验和实验证明,一般说来,这种内驱力多半是从好奇的倾向,如探究、操作、领会以及应付环境等有关的心理素质中派生出来的。认知内驱力可能是一种最重要和最稳定的动机。这种动机指向学习任务本身(为了获得知识),满足这种动机的奖励(知识的实际获得)是由学习本身提供的,因而也被称为内部动机。目前,教育心理学家越来越重视内部动机的作用,越来越强调以"了解和理解"激发进一步学习的动机的价值。他们指出,教育的主要职责之一,是要让学生对获得有用的知识本身发生兴趣,而不是让他们被各种外来的奖励所左右。

(2)自我提高的内驱力

自我提高的内驱力是个体对因自己的胜任能力或工作能力而赢得相应地位的需要。这种内驱力把成就看作赢得地位与自尊心的根源,它显然是一种外部动机。所以,对于学生来说,成就动机这个自我提高的内驱力,既可促使学生把自己的行为指向当时学业上可能达到的造诣,又可促使学生在这一成就的基础上把自己的行为指向今后在学术和职业方面的目标。换句话说,自我提高的动机,既是学生在学习期间力图用学业成绩来取得名次或等第的一种手段,也是他们在未来的学术生涯或职业生涯中谋求做出贡献和取得地位的一种手段。

(3)附属的内驱力

附属的内驱力指的是一个人为了赢得长者(如家长、教师等)的赞许或认可而表现出来的把工作做好的一种需要。这是一种典型的外部动机。学生求得学业成就,并不是把它看作赢得地位的手段,而是为了要从长者那里获得赞许或认可。这里必须指出的是:第一,学生与长者在感情上具有依附性,长者是学生所追随和效仿的人物;第二,学生从长者那儿博得的赞许或认可(如被长者视为可爱的、聪明的、有发展前途的人,而且得到种种优惠的待遇)中获得一种派生的地位,所谓派生地位,不是由他本身的成就水平决定的,而是从他所追随和效仿的某个人或某些人不断给予的赞许或认可中引申出来的;第三,享受到这种派生地位乐趣的人,会有意识地使自己的行为符合长者的标准和期望(包括对学业成就方面的一些标准和期望),借以获得并保持长者的赞许,这种赞许往往使一个人的派生地位更确定、更巩固。

应该注意的是,在成就动机中表现出来的认知内驱力、自我提高的内驱力与附属的内驱力这三个组成部分的不同比重,通常因年龄、性别、社会地位、种族起源以及人格结构等因素的不同而有差异。因此,学生课堂学习动机中既有内部动机的成分,也有外部动机的成分,课堂教学的一个主要目标应是促使学生对学习活动本身发生兴趣,使之产生内部动机。同时,也不应否认外部动机的作用,应该使两者互相配合,共同发挥激励作用。

2. 学习动机的外在诱因

学习诱因是指吸引有机体的行为目标,即能满足有机体需要的目的物或刺激物。诱因可以是简单的物体如食物、水等,也可以是复杂的事物如名誉、地位等。诱因按其性质可分为两类:个体因趋向或取得它而得到满足时,这种诱因(如食物)称为正诱因;个体因逃离或躲避它而得到满足时,这种诱因(如电击)称为负诱因。

## 二、学习动机的分类

**学习要求** ▶ 识记学习动机不同角度的分类

### (一) 根据学习动机内容的社会意义划分

学习动机可以分为正确的、高尚的学习动机和错误的、低下的学习动机。判断学习动机正确与错误或高尚与低下的标准是看它是否有利于社会和集体。如把学习看成是对社会多做贡献和应尽的义务,则是正确的、高尚的动机,而把学习看成是猎取个人名利的手段,则是错误的、低下的动机。但这种划分有时难以正确地掌握标准,因此,需持谨慎态度。对许多低年级的学生来说,他们可能并不理解什么是高尚的动机,他们可能就是为了一个好的分数或为获得父母的奖赏而学习的。因此,这种划分有简单化之嫌。

### (二) 根据起作用时间的长短划分

学习动机可以分为直接的近景性动机和间接的远景性动机。直接的近景性动机是指由活动的直接结果所引起的对活动的动机,如学习是为了应付老师的测验或为了博得老师的好评等。这种动机很具体,效果比较明显,但不够稳定,易随环境的变化而变化。间接的远景性动机是指由于了解活动的社会意义、活动结果的社会价值而引起的对某种活动的动机,如学习是为了实现个人对社会做贡献的远大理想而努力学习。这种学习动机既具有一定的社会性和理智色彩,又与个人的志向、理想、世界观相联系,因此,具有较强的稳定性和持久性,能在相当长的时间内起作用。

### （三）根据动机起作用的大小划分

学习动机可以分为主导性的学习动机和辅助性的学习动机。人的动机虽多种多样，但在一定的时期内或某个特定的活动上总是有一种或一些动机处于支配地位，发挥着主导作用，这就是主导性动机，它对人的活动起着主要作用，制约着活动驱力的大小、久暂以及活动的方向。其他动机则处于从属地位，只起辅助作用，称为辅助动机。

### （四）根据动机的强弱标准划分

把学习动机分为普通型学习动机和偏重型学习动机。前者是指对所有学习活动都有学习动机，不但对所有知识性的学科都认真学习，而且对技能型学科甚至课外活动也从不怠慢；后者是指只对某种或者某几种学科有学习动机，对其他学科则不予注意。

### （五）根据诱因来源划分

学习动机可以分为内部动机和外部动机。内部动机是指诱因来自学习者本身的内在因素，即学生对活动本身发生兴趣而产生的动机，活动本身就能使其得到满足，无须外力的作用，也不必施以外部报酬和奖赏而使之产生某种荣誉感。如孩子们从生活经验中知道木头和纸片可以浮在水面上，而小石子和钉子等会沉在水底，而轮船那么大却可以浮在水面上，这些疑问推动他们想去了解物体沉浮的奥秘，这就是内部动机。与此相反，外部动机是指诱因来自学习者外部的某种因素，即在学习活动以外的、由外部的诱因而激发出来的动机，如学习是为了得到教师的表扬、父母的嘉奖，或学习是为了避免因学习失败而受到惩罚等等。

## 三、学习动机对学习的影响

学习要求 ▶ 理解学习动机对学习的影响

### （一）对学习过程的影响

1. 对学习行为的启动作用

学习动机对学习行为的启动作用首先是在桑代克的动物实验中得到证实的。在桑代克的实验中，要想让猫解决如何从问题箱中逃脱的问题，就必须使它处于饥饿状态，这样它就会表现出焦躁不安的内心紧张状态，为克服这种紧张状态，就会唤起觅食行为。而且饥饿程度越高，寻找食物的内驱力就越强，启动作用就越大。同样，对于学生的学习来说，当学生有了学习需要，获得了学习动机后，就会在学习前做好准备，集中精力在某些学习上，从而较易启动其学习行为。

2. 对学习行为的维持作用

由某种学习动机激起的学习行为出现后，学习动机就像指南针一样指引着学生的学习行为，使已被激起的行为始终朝着既定的学习目标进行。苏联心理学家马卡连柯的研究发现，如果毫无内容要求地让一个 5～6 岁的学龄前儿童保持某种姿势站立一段时间，是比较困难的。然而，如果让他在游戏中扮演某个感兴趣的角色，使他对这一活动有较强的动机，那么他就会较长时间地保持某种站立姿势，且保持同一站立姿势的时间差不多是前一种情况的 3～4 倍。我国的心理学家沈德立等于 1990 年的研究中也发现，学习动机水平高的小学一年级新生的课堂注意情况要好于学习动机水平低的学生。

### 3. 对学习过程的监控作用

在实际教学情境中,学生的学习动机和由之而激起的学习行为可能经常要受到来自学生自身和外部各种因素的影响,如学习目标的改变、学习兴趣的转移、外界要求的变化、诱因价值的变化等,都会影响已出现的学习行为,影响学生学习的专注程度,影响其注意分配,影响其付出努力的程度等。如果学生具有正确的、水平适合的学习动机,那么由之引起的学习行为的各个环节就会受到它有意或无意的调节和监控,排除来自内外因素的干扰,朝着既定的学习目标做出不懈的努力,直到目标的实现。

### (二) 对学习效果的影响

由于学习动机对学习过程有着广泛影响,这种影响最终会在学习结果上表现出来。学习动机与学习结果之间的关系一直是心理学家和广大教育实际工作者十分关注的问题,正确把握两者的关系对教育者来说是十分重要的。学习动机对学习效果的影响可分为两个方面:一方面是总体上整个动机水平对整个学习活动的影响;另一方面是具体的学习活动中学习动机对学习效果的影响。

首先,总体而言,学习动机越强,有机体学习活动的积极性越高,从而学习效果越佳。学习动机作为一种非认知因素,它对学习效果的影响并不是直接发生的,而是必须通过学习者的学习行为这一中间环节才能作用于学习效果。学习行为除了受学习动机影响之外,还受到一系列主客观因素的影响,因此学习动机只是影响学习结果的因素之一,而不是充分条件;影响学习的因素,除了动机之外,还有学生的智力、知识基础、学习方法、人格特征、身体及情绪状况等。总的来看,学习动机作为一种非智力因素,会直接对学习起促进作用。但是,不能认为学习动机与学习结果是一种单向的影响关系,动机并非绝对是学习的先决条件,它与学习之间存在着显而易见的互为因果的关系。美国教育心理学家奥苏贝尔就明确指出:"动机与学习之间的关系是典型的相辅相成的关系,绝非一种单向性的关系。"成功学习的结果一方面是知识、技能的获得与掌握,另一方面是求知欲、自尊、获得他人赞扬等,并促使人们把通过进一步的学习以获得更高程度的满足当作一种新的、迫切的需要,从而产生强烈的学习动机。因此,当学生尚未表现出对学习有适当的兴趣或动机之前,教师没有必要推迟学习活动。对于那些尚无学习动机的,尤其是年龄较小的学生,教学最好的方法是把重点放在学习的认知方面而不是动机方面,致力于有效地教他们掌握有关知识,让他们获得成功的体验。学生尝到了学习乐趣,就可能产生要学习的动机。

其次,对一项具体的学习活动而言,学习动机对学习效果的影响并不是那么简单。有时随着学习动机的加强,学习效果反而下降。例如,有些学生想上大学的动机过强,结果一进考场便因情绪紧张而产生"怯场"现象,使注意力和知觉的范围过分狭窄,记忆和思维也受到影响,甚至平时非常熟悉的问题这时也答不出来了。

心理学家耶克斯和多德森(Yerkes & Dodson,1908)的动物实验研究表明,各种活动都存在一个最佳的动机水平,动机不足或过分强烈,都会使工作效率下降,动机强度与工作效率之间的关系不是一种线性关系,而是倒 U 形曲线(图 4-1),中等强度的动机最有利于任务的完成。研究还发现,动机的最佳水平随任务性质的不同而不同。在比较容易的任务中,工作效率随动机的提高而上升;随着任务难度的增加,动机最佳水平有逐渐下降的趋势。也就是说,在难度较大的任务中,较低的动机水平有利于任务的完成。这就是著名的耶克斯—多德森定律(图4-2)。

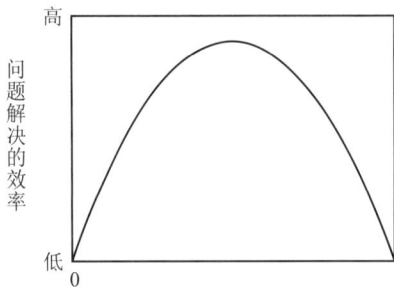

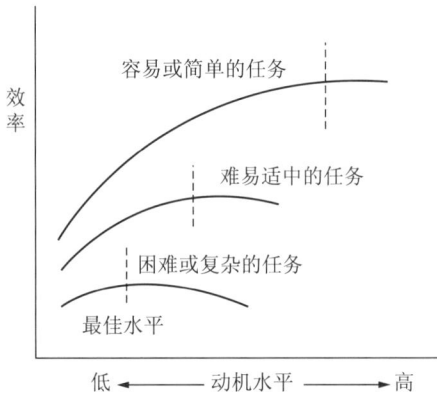

图4-1　倒U型曲线　　　图4-2　耶克斯—多德森法则

耶克斯—多德森法则找出了不同的任务难度水平上的最佳的动机水平,这对我们是有较大的启发意义的,但这一结论是动物实验的结果,未能考察学习者的能力水平在其中的作用,因此,对此结论应持谨慎态度,如对同样困难的任务,对能力水平低的学习者来说,其最佳动机水平是在中等偏低处,但对高能力水平的学习者而言,其最佳动机水平则可能在中等偏高处。

# 第二节　学习动机理论

## 一、强化论

学习要求 ▶ 识记并理解强化论的代表人物、基本观点及其评价

联结派学习理论有一个著名的论断,即一种行为发生的概率是该行为所受强化的函数。所谓强化就是指有机体在学习过程中增强某种反应重复出现可能性的力量。能起强化作用的所有刺激物都是强化物。联结派学习理论家们同样用强化来解释行为产生的原因。动机强化论认为,过去受到过强化的行为比未受到强化的或受到过惩罚的行为更可能重复发生。

在强化论中,斯金纳的观点最具代表性,他对强化的类型和程式做了系统的、权威的研究。事实上,斯金纳和其他一些联结派的心理学家就明确提出过是否有必要建立单独的学习理论和动机理论,因为动机仅仅是以往强化史的产物。比如,在学习中受到强化(获得好分数、得到教师或父母的称赞)的学生,就获得了进一步学习的动机,但没有得到强化的学生(未获得好分数、父母未称赞其学习)就不能获得学习的动机;在学习中受到过惩罚的学生(被同学讥笑)就会设法逃避学习。因此,联结派学习理论家更愿意运用的是学生在多大程度上去学习以获得所期望的目标,而不是用动机的概念。

强化论认为行为不是像驱力论所说的那样是由身体内在的因素所推动的,身体本身只提供了反应的基础,但启动和改变正在进行的行为却是由外在环境(各种强化物)控制的。外部提供的强化物实际上就是诱因,所以强化论又称为诱因论。

动机强化论把行为的原因归结为外部刺激和外部强化的作用,在一定意义上,它纠正了本能论过分强调个体先天本能的不足,这是有其积极意义的。但把所有人类行为的原因完全都归之于外部强化,实际上等于否定了人的主动性和自觉性,是一种机械论的观点,强化论走向与本能论正好相反的另一个极端,这是错误的。

## 二、认知失调论

**学习要求** ▶ 识记并理解认知失调论的代表人物、基本观点及其评价

认知失调论最早由费斯廷格(L. Festinger)于1957年发表的题为《一种认知失调的理论》的文章中提出的。费斯廷格认为,人有许多认知因素,如关于自我、关于自己的行为以及环境方面的信念、看法或知觉,当各种认知因素出现"非配合性"关系时,认知的主体就会产生认知不协调,这种不协调会产生心理压力,使个人去改变有关的态度或观念,从而改变行为,来减少或避免这种不协调。这种理论自20世纪50年代提出以后,引起了心理学家们极大的关注,激起了许多研究。

费斯廷格认为各种认知因素之间存在三种情况:① 相互一致和协调(如吸烟影响健康,我不吸烟);② 相互冲突和不协调(如吸烟影响健康,我吸烟);③ 无关的(如吸烟影响健康,今天刮风)。当两个认知因素 x 和 y 处于第二种情况时,人就会感到不舒适和紧张,并力求减缓或消除不舒适和紧张。这种由认知冲突引起的内心不自在的状态,即是认知失调现象。认知失调现象出现后,人就会设法消除失调,恢复或保持认知因素之间的相对平衡和一致性。其主要途径有:① 改变或否定某一个认知因素(将"我吸烟"改为"我不再吸烟";或将"吸烟影响健康"改为"如停止吸烟将会使我超重");② 对两个因素重新评价,减弱其中一个或同时改变两者的重要性或强度(将"吸烟影响健康"改为"吸烟对我可能有一些影响",或将"我不吸烟"改为"我将少抽点烟");③ 在不改变原有认知因素的条件下,增加一个或几个能弥补鸿沟的新认知因素(如"吸烟可提高工作效率,健康是次要的"或"吸烟长寿者大有人在,我可能就是其中之一")。

为证明认知失调论,费斯廷格进行了一项经典的研究。他让大学生在实验室里进行长达一小时的单调、枯燥的重复性工作。除控制组外,要求所有被试在工作结束时对等在门外的一个妇女(研究者的同谋)撒谎说,这项任务是非常有趣而愉快的。同时,给一些被试付1美元(低奖赏组),给另一些被试付20美元(高奖赏组)。最后,要求所有被试在一个喜爱程度为10个等级的量表上回答他们在多大程度上喜爱这种任务。结果发现,高奖赏组和控制组的被试大多认为这项工作枯燥无味、不大喜欢;而低奖赏组被试大多认为从事这项工作是有趣的、愉快的。也就是说,他们对此项工作的认知因素发生了改变。

认知失调论从认知的角度探索了人类行为可能的动因,强调主体行为的变化与主体自身的价值观和主体占有的信息量有关,突出了主体自我意识的作用,颇有新意,这是值得肯定的。但人类行为的引起和改变还有许多更深层、更复杂的社会原因和理性原因,仅凭一种内部认知方面的动力倾向性的理论是难以揭示其全部奥秘的。

认知失调论作为一种动机理论,对教育实际也具有很大的启示意义:当一个学生因学习成绩受到不愉快的反馈时,就会引起不协调,产生不舒适和紧张。为消除不舒适和紧张,他就会决心努力学习以取得好成绩。另一方面,他也可能为他的不良成绩做出合理化的解释,如我是一个差生、我身体不好、考试题目太偏、我没有做出努力等借口。这时教师的作用就在于帮助学生找出一个合理的认知因素,避免学生寻找那些不利于进一步学习的借口,以期改进以后的学习行为。

### 三、自我效能理论

学习要求 ▶ 识记并理解自我效能理论的代表人物、基本观点及其评价

自我效能理论是社会学习理论的创始人班杜拉于 1977 年提出的,最早出现在他发表的论文《自我效能:关于行为变化的综合理论》一文中。该理论在 20 世纪 80 年代得到了进一步的丰富和发展。班杜拉希望运用自我效能来解释人类行为的启动和改变。

自我效能是指人们对自己能否成功地进行某一行为的主观判断。班杜拉认为人类的行为不仅受行为结果的影响,而且受到通过人的认知因素形成的对结果期望的先行因素的影响。因此,他认为行为出现的概率是强化的函数这一传统观点是不确切的,行为的出现不是由于随后的强化,而是由于人认知了行为与强化之间的依随关系后对下一步强化的期望。班杜拉指出,传统的期望概念只是结果期望,此外,还存在着一种期望,即人对自己能够进行某一行为的实施能力的推测或判断,这就是效能期望,即人对自己行为能力的主观推测。人们在获得了相应的知识、技能后,自我效能就成了行为的决定因素。班杜拉通过大量的研究指出,个体自我效能的形成有四个来源:

(1)个体自身行为的成败经验。因为它基于个人的直接经验,所以,对自我效能形成的影响最大。一般来说,成功经验会增强自我效能,反复的失败会降低自我效能。但事实并非这么简单,成败经验对自我效能的影响还受到个体归因方式的左右,如果把成功归于外部不可控的因素就不会增强自我效能;把失败归于外部不可控的因素也不一定就降低自我效能。因此,个体的归因方式直接影响自我效能的形成。

"习得性无助"的实验也表明,人类必须学会客观理性地为成功和失败找到正确的归因。如果一个人总是在一项工作上失败,他就会在这项工作上放弃努力,甚至还会因此对自身产生怀疑,觉得自己"这也不行,那也不行",无可救药。而事实上,此时此刻的我们并不是"真的不行",而是陷入了"习得性无助"的心理状态中。这种心理让人们把失败的原因归结为自身不可改变的因素,放弃继续尝试的勇气和信心,破罐子破摔,比如认为学习成绩差是因为自己智力不好。

(2)替代性经验。人类许多的效能期望来自观察他人所获得的替代性经验,能否成功获得这种经验,一个关键因素是观察者与榜样一致性的问题。

(3)言语劝说。在影响自我效能的各种因素中,言语劝说因简便有效而得到广泛的应用,但由于它缺乏经验基础,所形成的自我效能并不十分牢固。

(4)情绪唤醒。班杜拉在"去敏感性"的研究中发现情绪唤醒也是影响自我效能形成的一个重要因素。高水平的唤醒使成绩降低而影响自我效能,只有当人们不为厌恶刺激所困扰时,更可能期望成功。

上述四种来源对自我效能的影响取决于它们是如何被认知评价的,人们必须对与能力有关的因素和非能力有关的因素对成功和失败的作用加以权衡。通过成功的经验,人们可能提高觉察到的自我效能的程度,取决于任务难度、付出的努力程度、接受外界援助的多少、成绩取得的情境条件以及成功和失败的暂时模式等。

自我效能形成后,对人的行为将产生极为深刻的影响,主要表现在:

(1)决定人们对活动的选择,以及对活动的坚持性。自我效能水平高者倾向于选择富有挑战性的任务,在困难面前能坚持自己的行为,而自我效能水平较低者则相反。

(2)影响人们在困难面前的态度。自我效能水平高者敢于面对困难,富有自信心,相信通过坚持不懈的努力可以克服困难;而效能水平低者在困难面前缺乏自信,畏首畏尾,不敢尝试。

(3)自我效能不仅影响新行为的习得,而且影响已习得行为的表现。

(4)自我效能还会影响活动时的情绪。效能水平高者活动时信心十足,情绪饱满,而低效能者则充满恐惧和焦虑。

班杜拉强调人的认知因素在行为的引起和改变中的重要作用,同时也十分重视强化的作用,但他对强化的理解与传统强化论的理解却有所不同。班杜拉认为强化有三种:外部直接强化、替代性强化和自我强化(见第三章)。

班杜拉指出,当人经过社会化后,就能依靠自己内部的标准来评价自己的行为,并对自己的行为进行奖赏或惩罚。个体评价的标准是在其社会化的过程中形成的,如成人对儿童达到或超过为其提供的标准时表示喜悦,而对未达到标准的行为表示失望,这样儿童就逐渐形成了自我评价的标准,获得了自我评价的能力,从而对榜样示范行为发挥自我调节的作用。

自我效能理论作为一种动机理论,吸取了联结派和认知派动机理论的合理之处,并且拓展了强化论关于强化的含义,使之更符合客观实际,同时也延伸了传统的认知派关于期望的范围,把人的需要、认知、情感有机地结合起来,提出了人类行为动机的综合理论,这是该理论最具生命力之处。特别是它突破了联结派动机理论的某些局限,强调了人的认知因素和自我调节等中介因素在人类行为产生和改变中的重要作用,这是该理论对整个动机理论最大的贡献之处,此外该理论自始至终采用科学、严谨的研究方法,研究结论具有很强的理论价值和实际应用价值。当然,由于哲学思想的局限,班杜拉提出人类行为是受环境、行为和个体三个因素交互作用决定的三向交互作用论的观点是值得商榷的,因此,在这一总的哲学思想的指导下,他的动机理论在一定程度上带有循环论的色彩。所以,有人认为他的动机理论是联结派的,有人认为是认知派的,也有人认为是折中派的,其原因皆因于此。

## 四、需要层次理论

学习要求 ▶ 识记并理解需要层次理论的代表人物、基本观点及其评价

人本主义心理学家马斯洛(A. H. Maslow)认为人的学习不是外加的,而是自发的;学生本身就有一种自发的成长潜力,教师的任务不只是教学生知识,更主要的是为学生设置良好的学习环境,任学生自行学习。受这样一种思想的影响,马斯洛坚决反对人类的所

有动机都可以用本能、驱力、强化等来解释的观点,他在 20 世纪 40 年代提出了自己的动机理论。

马斯洛认为动机和需要实际上是一回事,人类所有的行为都是由一定的需要所驱使的。他认为人类的基本需要包括生理需要、安全需要、归属和爱的需要、尊重需要、认知需要、审美需要和自我实现的需要。其中,自我实现的需要是最高级的需要。七种需要是从低级到高级有层次地排列着的,只有低一级的需要满足后,才会产生高一级的需要,低层次的需要没有满足时,人就会设法去满足它。因各种需要之间有先后顺序与高低层次之分,故称之为需要层次论。该理论如图 4-3 所示。

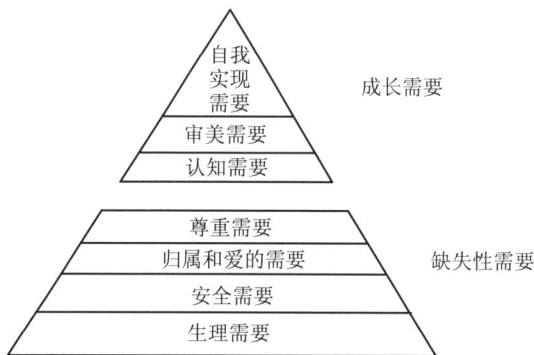

图 4-3 马斯洛需要层次示意图

马斯洛认为不同的需要驱动不同的行为:

(1)生理需要,指维持机体生存及延续种族的需要,如对水、食物、休息、性等的需要,它驱使人的求食、睡眠、配偶等行为。中国有句古话说"衣食足而知荣辱",说的也就是生理需要满足后,人才会追求更高级的需要。

(2)安全需要,指希望受到保护、免于危险从而获得安全的需要。它驱动人寻求帮助、避免疾病、恐惧、焦虑等行为。

(3)归属和爱的需要,它驱动人寻求他人和社会的接纳、爱护、关注、鼓励等行为。

(4)尊重需要,包括自尊和他尊,前者驱动如自信、自强、独立、胜任等行为,后者驱动如注意、接受等行为。

(5)认知需要,它驱动人类对自身和周围世界的探索、理解、解决疑难等行为。

(6)审美需要,它驱动人对对称、秩序、完整结构及自身行为完美等行为。

(7)自我实现的需要,它驱动人通过创造和追求自我理想,充分发挥和表现自己潜能的行为。

马斯洛把前四层需要称为基本需要(或缺失性需要),后三层需要称为成长需要。基本需要是一般人所共有的,但成长需要不是所有人都有的。在七种需要中,马斯洛认为,自我实现的需要是最重要的,其他各种需要都是属于次要的手段性质,自我实现才是人生存在的目的。就人性而言,自我实现的需要是人人皆有的,但由于现实生活中的多种原因,只有极少数人能在实际生活中达到自我实现的地步。

马斯洛认为,个人的需要发展过程呈波浪式的演进的(图 4-4)。每一时刻最占优势的需要支配着一个人的意识,成为组织行为的核心力量。例如,婴儿时期主要是生理需要,后来才产生安全需要、归属和爱的需要,到青少年时才产生尊重需要等。

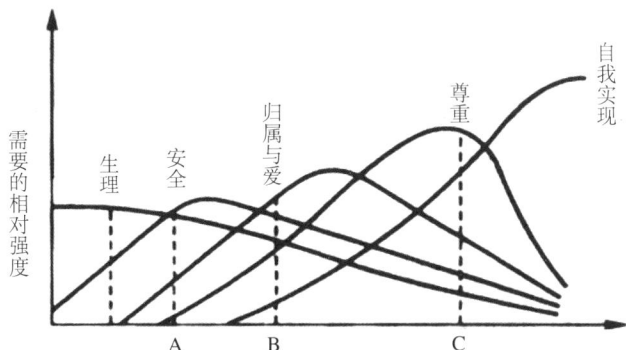

图4-4　需要的波浪式演进

马斯洛的需要层次论与本能论、驱力论、强化论相比,有着许多合理的因素:首先,需要层次论作为一种动机理论,把人类的需要按高低层次的不同分为七种,提出了人区别于动物的高级需要,这一点对于探讨人类行为的根本原因是有莫大的启发意义的。它指出了把人等同于动物的本能论的错误,也纠正了把人还原为机器的强化论的缺陷。其次,需要层次理论把学习的内部动机和外部动机结合起来,对广大教育工作者具有重大的实际指导意义。显然,当学生处于极度饥饿状态或遭受各种危险时,他们是很难有较高的学习动机的。当然,学校中学生最缺的需要不是生理需要,而是爱、尊重和关注的需要。如果学生感受不到他是被教师或他人所爱护、接受和尊重的,他们就不可能有追求知识、开发创造力、实现潜能的成长需要。教师如果能使学生感受到他们是被喜欢和接受的,那么学生就更容易投入学习,渴望学习,愿意为创造性活动做出冒险,更容易接受新思想。

需要层次理论作为一种动机理论也有其不足之处:首先,该理论主张的是抽象的人性,认为人追求成长的需要是先天固有的,说到底是遗传决定的,这是极端错误的,在一定程度上又走向了本能论的立场。人的本性是社会关系的总和,人的需要,特别是社会性需要,是对客观现实的反应,受到社会历史条件的制约。避开社会文化、社会制度等,大谈需要层次的满足是不符合客观事实的。其次,该理论认为只有低一级的需要满足后,才能出现高级的需要,这一点与许多事实相去甚远。它忽视了人的自觉性、人的主观能动性对自身行为的调节作用。人类为了一个更高的目标暂时放弃低一级需要的满足的例子不胜枚举,这是该理论的一大弱点。再次,自我实现的界定是相当不清楚的,因此受到了许多人的非议。根据马斯洛所举的例子,如爱因斯坦、林肯、尼克松等人物是自我实现者,这似乎是说只有事业极其成功并拥有世界知名度才是自我实现。如果以此作为自我实现的标准,那么,只有极少数的人才能做得到。这一推论与最大限度地发挥每个人的潜能的说法是背道而驰的。最后,整个需要层次论是建立在现象描述的基础上的,很多观点带有假设的性质,虽然反映了一些实际情况,但要作为一种有力的理论,还缺乏客观、科学的验证。

## 五、成就动机论

学习要求 ▶ 识记并理解成就动机论的代表人物、基本观点及其评价

成就动机的研究最早可追溯到 20 世纪 30 年代的墨里,他在 1938 年研究人的需要时发现,人有一种非常重要的需要,叫成就需要,并编制了主体统觉测验(TAT)来测量这种需要。之后,希尔斯 1943 年提出"成功与失败的需求",奥尔波特 1943 年提出自我参与的概念,勒温在 1944 年进行了志向水平的研究等。但真正对成就动机进行研究的是在 50 年代以后,主要研究者有阿特金森和麦克里兰等,他们对成就动机进行了系统的研究,提出了在当今动机领域中最重要的理论。

麦克里兰是从宏观角度对成就动机展开研究的,着重探查在特定社会中的成员如何在所处的社会文化影响下,通过社会化塑造成就动机,以及如何形成对成就的态度和价值观等,从而分析社会集体成员的成就动机水平与该社会的经济、科技发展的关系。阿特金森则是从微观的角度着重探讨成就动机的实质、发生和发展,成就行为的认知和归因等问题。在这里,我们论述的是阿特金森的成就动机理论。

所谓成就动机,是指人们在完成任务中力求获得成功的内部动因,亦即个体对自己认为重要的、有价值的事情乐意去做,并努力达到完美地步的一种内部推动力量。它具有以下特征:

(1)对中等难度的任务有挑战性,并全力以赴地获取成功;

(2)对达到的目的明确,并抱有成功的期望;

(3)精力充沛、探新求异、具有开拓精神;

(4)选择工作伙伴以高能力为条件,而不是以交往的亲疏远近关系为前提。

以往的动机理论认为,行为是个体的特性(内驱力或张力)、目标对象的性质(诱因值)、经验或学习变量(习惯或心理距离)的函数。阿特金森则将各因素综合起来,认为个体的需要、成功的诱因以及期望是行为的决定因素。阿特金森认为成就动机由追求成功的倾向和回避失败的倾向组成,前者表现为趋向目标的行动,后者表现为设法逃避失败活动或情境,避免预料到的失败结果。一个人面临一项任务时,这两种倾向通常是同时起作用的,两种力量势均力敌时,个体就会感到心理冲突的痛苦。力求成功的倾向强于回避失败的倾向,会促使人奋发上进;反之,会导致迟疑退缩。因此,在阿特金森看来,每个人的成就行为都受到这两种倾向相互制衡和此消彼长的影响。

阿特金森的成就动机理论综合了需要、期望和诱因价值,把人的动机的情感方面与认知方面统一起来,并用数学模型表述出来,揭示出了影响成就动机的某些变量和规律,并用实验检验和证实了该理论的合理性和客观性,这对整个动机理论来说是一种突破性的进展,对更完整的动机理论的建立和发展有着深远的理论意义,此为其一。其二,阿特金森的成就动机理论对教育实践来说,又有着重大的实践指导意义。比如说,关于学习任务的难度问题,根据他理论,一般来说,给学生的任务既不应太难,也不应太易。但这并不是说,给学生所有的任务都应是中等难度的,或者说只有一半的学生能回答正确。一个学生如果觉得他不需怎么努力就可以获得成功,那么,他的学习动机就不会是最高的。相

反,如果一个学生觉得不管做出多大的努力,都将面临失败,他的学习动机将是最低的。所以,在设置评价标准时必须做出这样的考虑:获得成功是困难的,但对绝大多数学生来说又是可能的;如果不付出努力的话,遭到失败也是可能的。也就是说,成功必须在学生可及的范围内,但又不是那么容易达到。

然而,这一理论并不能很好地说明成就动机的本质、发生、发展的条件及影响成就动机的各种变量。首先,该理论更多地注重动机的内部因素,未能充分考虑到外部社会生活条件对人的成就动机的作用。人的成就动机是一种社会性动机,它的形成、发展和变化都受社会经济、政治和文化的影响和制约。看不到这一点,就不可能科学地解决成就动机的起源等本质问题,把它看成是个体经验的产物是很不充分、很不彻底的。在这一点上,阿特金森的理论就不如麦克里兰的理论。其次,试图把动机的情感和认知方面结合起来,这种思路是正确的、值得肯定的;但它对认知作用的分析是模糊的、不具体的。人的期望、诱因价值都要通过人对环境和自身条件的认知才能影响人的动机,阿特金森未能对这些影响做进一步的分析。再次,该理论对影响成就和行为的内部因素的分析也是不完整的,成就动机作为一种人格特征,与其他人格特征存在着什么样的关系也不清楚,尚待进一步的研究。

## 六、归因理论

**学习要求** ▶ 识记并理解归因理论的代表人物、基本观点及其评价

归因理论是探讨人们行为的原因与分析因果关系的各种理论和方法的总称。它试图根据不同的归因过程及其作用,阐明归因的各种原理。理解学生对成功或失败所给予的原因或归因是一种鉴别控制学生行为的动机类型的方法。美国加利福尼亚大学的韦纳(B. Weiner)对行为结果的归因进行了系统探讨,并把归因分为三个维度:内部归因和外部归因,稳定性归因和非稳定性归因,可控制归因和不可控制归因。他又把人们活动成败的原因主要归结为六个因素,即能力高低、努力程度、任务难易、运气好坏、身心状态和外界环境。如此结合三维度六因素,可组成表4-1所示归因模式,归因举例见表4-2。

**表 4-1　成就动机的归因模式**

|  | 稳定性 | | 内在性 | | 可控性 | |
|---|---|---|---|---|---|---|
|  | 稳定 | 不稳定 | 内在 | 外在 | 可控 | 不可控 |
| 能力高低 | + |  | + |  |  | + |
| 努力程度 |  | + | + |  | + |  |
| 任务难易 | + |  |  | + |  | + |
| 运气好坏 |  | + |  | + |  | + |
| 身心状态 |  | + | + |  |  | + |
| 外界环境 |  | + |  | + |  | + |

表 4-2　成功与失败的归因举例

| 控制点 | 稳定性程度 | |
| --- | --- | --- |
| | 稳定的 | 不稳定的 |
| 内部的 | 能力 | 努力 |
| 成功： | "我很聪明" | "我下了功夫" |
| 失败： | "我很笨" | "我实际上没下功夫" |
| 外部的 | 任务的难度 | 运气 |
| 成功： | "这很容易" | "我运气好" |
| 失败： | "这太难了" | "我运气不好" |

韦纳从大量的实验中总结出成败的原因主要是能力、努力、任务难度和运气四个方面,得出一些归因的最基本的结论:① 个人将成功归因于能力和努力等内部因素时,他会感到骄傲、满意、信心十足,而将成功归因于任务容易和运气好等外部原因时,产生的满意感则较少。相反,如果一个人将失败归因于缺少能力或努力,则会产生羞愧和内疚,而将失败归因于任务太难或运气不好时,产生的羞愧则较少。而归因于努力与归因于能力相比,无论对成功或失败会产生更强烈的情绪体验。努力而成功,体验到愉快;不努力而失败,体验到羞愧;努力而失败,也应受到鼓励。这种看法与我国传统的看法一致。② 在付出同样努力时,能力低的应得到更多的奖励。③ 能力低而努力的人受到最高评价,而能力高而不努力的人则受到最低评价。因此,韦纳总是强调内部、稳定和可控制的维度。值得一提的是,可控性具有相对的意义,它常因人的观点不同而有不同的看法,如能力是相对稳定的,不容易控制的,但能力的增强在很大程度上是学习和受教育的影响,有时会使人加倍努力学习,所以,如何进行归因训练就需要进行深入的研究。

韦纳等人认为,对成功和失败的解释会对以后的行为产生重大的影响。如果把考试失败归因为缺乏能力,那么以后的考试还会期望失败;如果把考试失败归因为运气不佳,那么以后的考试就不大可能期望失败。这两种不同的归因会对生活产生重大的影响。

韦纳的归因理论的贡献在于,要求归因时不仅从行为上进行分析,而且从认知(特别是思维)情感和人际关系中来分析,为改变差生提供了理论依据。

# 第三节　学习动机的培养

## 一、激发认知兴趣

学习要求 ▶ 识记激发认知兴趣的方法

### (一)创设问题情境

创设问题情境就是在讲授内容和学生求知心理之间制造一种"不协调",将学生引入一种与问题有关的情境中。创设问题情境时应注意问题要小而具体、新颖有趣、有适当的难度;有启发性,善于将要解决的课题寓于学生实际掌握的知识基础之中,造成心理上的悬念。

## （二）鼓励好奇心

心理学研究表明,人类从出生起就具有一种好奇求知的本性,只不过儿童入学以后他们的求知欲、好奇心开始出现分化,有些儿童的好奇心、求知欲随着学习的成功而不断得到发展,而大多数学生则因学习失败而对知识失去好奇心、求知欲。成功的教学应不断创设问题情境,来激发学生的好奇心、求知欲,激发学生的内部学习动机。

# 二、建立合理目标

**学习要求**　▶识记建立合理目标的方法

## （一）奖励掌握目标

在学习过程中,学生常常有两类主要的目标:以掌握所学内容为定向的掌握目标和以成绩为定向的成绩目标。拥有掌握目标的学生,不管他们遇到多大的困难,仍然能坚持学习、钻研,他们往往主动地寻求挑战,不断地提高。他们主要关注的是掌握所学的内容,而不在意他们的得分及与班级其他人的比较。而拥有成绩目标的学生,则将注意力集中于他们的行为表现及别人对他们的评价。他们评价自己的学习行为时,不是在意自己学到了什么或自己付出了多少努力,而是他人怎么看待自己以及分数在班级的位置。这类学生往往尽量避免出错,避免挑战,不敢冒险,知难而退。

## （二）提供诱因榜样

以社会上具有明确学习目标、克服种种困难进行学习的模范人物和身边同学中的优秀分子作为榜样,使学生掌握成就动机高的同学的想法、谈话方式和行为方式的特点。如学习敢于冒险,不怕失败等品质,提高和增强自己的动机。需要注意的是,教师为学生树立的学习榜样要符合学生的实际,具有真实性、接近性、方向性和感染性,只有这样榜样才能对学生的学习起到替代性强化的作用。

## （三）合适的目标定向

学习目标是学生学习的结果,是奋斗的方向。设置学习目标要注意:

1. 目标任务要明确

不能只给学生一些如"努力学习"等抽象的建议,而是要给学生提供明确而具体的目标以及达到目标的方法。明确的目标指学习目标要具体,学生知道如何去做。比如,学生做作文时,教师可以教给他们一些景物的描写、人物心理的描写、写作顺序等方法。学过的字、词要学生掌握,也应该让学生明确应该掌握的程度,如能辨认、默写或者能组词造句,等等。目标越具体明确越具有激励性。

2. 目标要有挑战性

设置的学习目标不仅要具体明确,而且要具有挑战性,即目标既有一定的难度又使学生能够通过努力达到。

## 三、提升自我效能

学习要求 ▶ 识记提升自我效能的方法

### （一）正确认识自我，形成积极的自我概念

国外有不少研究表明自我效能与学业成绩呈正相关。1981 年班杜拉研究发现，那些对数学毫无兴趣、数学成绩特别差的学生，经过一段时间的训练，他们的成绩和自我效能都显著地提高了，而且觉察到的自我效能与数学活动的内部兴趣呈明显的正相关。舒恩克 1984 年的研究和约翰 1987 年的研究都表明学生的自我效能水平可以准确地预测学生的学业成就水平。国内也有研究者（何先友，1993）通过实验研究发现，自我效能不仅与学习成绩呈正相关，而且在实践中通过一定的方法和措施也是可以改变和提高的。

许多学生，尤其是学业成绩不良的学生，由于对自己的学习能力持怀疑态度，表现出很低的自我效能水平，在学习中放弃尝试和应有的努力，进而影响学习成绩。教师可以通过为他们选择难易适度的任务，让他们不断地获得成功体验，进而提高自我效能水平。其次，让他们观看和想象那些与自己差不多的学生的成功操作，通过获得替代性经验和强化来提高他们的自我效能，使他们确信自己也有能力完成相应的学习行为，从而推动学习的进行。最后，教师还可以通过归因训练改变学生对自己学习能力的错误判断，形成正确的自我效能判断。

### （二）鼓励自我强化

自我强化指个人自己控制强化事件的强化，即强化事件不是由外界施与的，而是个体自己给予的。例如，人们通过一段时期的努力工作达到了自己预定的目标以后，自己安排一段假期，外出旅游。学生通过刻苦努力，学习成绩提高以后，自己决定去看一次球赛。这些都是自我安排的奖励，可以起到增强期待行为的作用。

## 四、适当运用奖赏和反馈

学习要求 ▶ 理解并评价如何运用奖赏和反馈

### （一）给学生成功机会

适当开展学习竞赛，尤其是小组竞赛，给学生提供多个成功机会并设法确保学生成功体验，还要注意鼓励遭受挫折的学生。

### （二）给学生适当外部奖赏

这里所说的外部奖赏是指物质上的奖励。根据奥苏贝尔对课堂学习动机的分析，学生的课堂学习动机既有认知的内驱力，又有自我提高的内驱力和附属的内驱力，仅仅依靠认知的内驱力是不足以激发和维持学生学习动机的。大量的心理学研究表明，对学生的学习行为和学习结果给予外部的物质奖励能有效地促进其学习。但外部奖励运用不当，很可能会引起意想不到的负面效果。莱伯进行了一项有趣的研究，他让幼儿园的儿童进

行一项有趣的游戏,实验的第一阶段不给任何奖励,两组儿童都非常投入地进行游戏,两组没有什么差异。实验的第二阶段,给第一组儿童以糖果等物质奖励,另一组儿童不给任何奖励。实验一段时间后发现,得到奖励的那组儿童对该游戏的兴趣明显降低了,而未得到奖励的儿童仍然表现出很大的兴趣。这个实验表明外部提供的奖励使得儿童对本来有内部学习兴趣的活动变得没有兴趣了,外部奖励产生的是负面的效应。蒂茜等人的实验也得出了类似的结果。个体在行为过程中,常常要对行为的原因加以探究,或者产生自我决定感,或者产生他人决定感。对某一行为,如果多次受到外部奖励,个体就会产生他人决定感,或从自我决定感变为他人决定感,结果,在没有外部奖励的条件下,就会表现出行为动机的丧失。因此,教师在运用外部奖励时,应持谨慎的态度。对那些已有内部动机的活动最好不要轻易运用物质奖励,只有对那些缺乏内部动机的活动予以物质奖励才可能产生积极的激励作用。

### (三)给学生恰当反馈

1. 学习结果的反馈要及时

及时反馈也是很重要的,必须使反馈紧随个体的学习结果。如果反馈与作业结果相隔的时间太长,反馈就会失去其动机和信息价值。

2. 学习结果的反馈要具体

反馈要具有针对性、启发性和教育性,使学生从中受到鼓舞和激励。如在批改学生的作文时,不是简单地写上"优秀"或"良好"这样的等级,而用眉批、评语的形式指出作文的优点和缺点,同时用热诚的语言予以鼓励,从而使学生在获得鼓励的同时,又明确了进一步学习提高的方向。

3. 要经常给予学习结果的反馈

行为主义学习理论的研究证明,不管奖励多么有效,如果奖励的次数不够频繁,那么奖励对改善行为的作用甚微。频繁给予小奖励比偶尔给予大奖励对学习更有促进作用,对于考试频率的研究发现,经常使用简短的测验比不经常的、较大的考试要更能促进学生的进步。

## 五、培养积极归因

**学习要求** ➤ 理解培养积极归因的意义

根据动机的归因理论及相关研究,学生对于学习成败的原因主要归为:能力、努力、运气、任务难度、他人帮助、情绪等,不同的归因方式对其后学习行为产生巨大的动机作用。归因的控制源维度与个体的自尊有关,把成功归因于内部因素产生自豪感,强化动机。反之,把失败归因于内部因素则减少自尊。稳定性维度与对未来的期待有关,把成败归于稳定的因素则会预期同样的结果,归于不稳定的因素则会引起期待的改变。可控性与个体的体验有关,将成功归于可控因素可产生满意,归于不可控因素产生幸运或感激;将失败归于可控因素产生羞辱和负罪感,归于不可控因素则产生愤怒。在各种因素中,能力和努力是两个最为主要的因素,将成功归于能力,有助于增强个体的自我效能,进而有利于以后的学习和归因;如果将失败归于能力,就会使学生容易放弃努力,久而久之,就会产生习得性无力感,变得无助、冷漠、听之任之,破罐子破摔。

由此可见,在教学中进行归因训练是十分必要的。我国青年学者隋光远提出的"积极归因训练"模式是改变学生不正确的归因,提高学习动机的一条有效的途径。"积极归因训练"包含两层含义:一层是"努力归因",无论成功或失败都归因于努力与否的结果。因为学生将自己的成败归因于努力与否会提高学生学习的积极性,当学习困难或成绩不佳时,一般不会因一时的失败而降低将来会取得成功的期望。第二层含义是"现实归因",针对一些具体问题引导学生进行现实归因,以帮助学生分析除努力这个因素外,影响学习成绩的因素还有哪些,是智力、学习方法,还是家庭环境、教师等因素。分析这些因素在多大程度上影响其学习成绩,并尽力指出解决这些问题的方法,以提高学生克服困难的勇气,增强自信心。这种归因训练的好处在于,在学生做"努力归因"时又联系现实,在做"现实归因"时又强调努力,体现了主客观相统一的辩证法思想,在教育实践中也被证明是行之有效的好方法。

## 本章总结

1. 学习动机概述。学习动机是激发个体进行学习活动、维持已引起的学习活动,并使学习行为朝向一定目标的一种内在过程或内部心理状态。学习动机的两个基本成分是学习内驱力和学习诱因;学习动机可以从不同角度进行分类;学习动机的作用以及对学习过程和学习效果都产生影响。

2. 学习动机理论。学习动机理论主要有:行为主义的强化论;费斯廷格的认知失调论;班杜拉的自我效能理论;马斯洛的需要层次理论;阿特金森和麦克里兰的成就动机理论以及韦纳为代表的归因理论。

3. 学习动机的培养。培养学生的学习动机要做到:激发认知兴趣;建立合理目标;提升自我效能;适当运用外部奖赏和反馈;培养积极归因。

## 思考与练习

### 一、单项选择题

1. 激发、维持和指引个体学习活动的心理动因或内部动力称为(　　　)。

A. 学习内驱力　　　　B. 学习诱因　　　　C. 学习动机　　　　D. 学习态度

2. 把动机分为认知内驱力、自我提高内驱力和附属内驱力的是(　　　)。

A. 奥苏贝尔　　　　B. 桑代克　　　　C. 布鲁纳　　　　D. 斯金纳

3. 根据学习动机内容的社会意义,可以把学习动机分为(　　　)。

A. 直接动机和间接动机　　　　　　B. 近景的直接性动机和远景的间接性动

C. 内部动机和外部动机　　　　　　D. 高尚的动机和低级的动机

4. 把个人学习与社会主义事业相联系,为未来参加祖国建设做出贡献而学习的动机属于(　　　)。

A. 间接的远景性动机　　　　　　B. 直接的近景性动机

C. 间接的近景性动机　　　　　　D. 直接的远景性动机

5. 能够激起有机体的定向行为,并能满足某种需要的外部条件或刺激物称为(　　　)。

A. 需要　　　　　　　B. 动机　　　　　　　C. 强化　　　　　　　D. 诱因

6. 在韦纳的三维度归因模式中,任务难度属于(　　)。

A. 内部的、稳定的、不可控制的　　　　　　B. 外部的、稳定的、不可控制的

C. 内部的、不稳定的、可控制的　　　　　　D. 外部的、不稳定的、可控制的

7. 人们对自己能否成功地从事某一成就行为的主观判断称为(　　)。

A. 自我期待感　　　B. 自我归因感　　　C. 自我预期感　　　D. 自我效能感

8. 根据班杜拉的理论,影响自我效能感的最主要因素是个体自身行为的(　　)。

A. 自我预期　　　　B. 成败经验　　　　C. 自我归因　　　　D. 期待

9. 最早提出自我效能感的概念是(　　)。

A. 班杜拉　　　　　B. 奥苏贝尔　　　　C. 桑代克　　　　　D. 布鲁纳

## 二、填空题

1. 学习动机的两个基本成分是_____和_____。

2. 奥苏贝尔把学校情境中的成就动机归结为_____、_____和附属内驱力三个方面。

3. 根据动机起作用的大小,可把学习动机分为_____和_____。

4. 奥苏贝尔指出,一切称之为学校情境中的成就动机,至少包括三方面的内驱力决定成分,其中_____被看作学习的内部动机。

5. 根据学习动机的诱因来源,可以把学习动机分为_____和_____。

6. 成就动机理论的主要代表人物是_____。

7. 根据马斯洛的理论,人的需要包括_____、安全需要、_____需要、审美需要和_____的需要。

8. 班杜拉的动机理论把强化分为_____、_____和自我强化。

9. 阿特金森认为,广义的成就动机分为两种:一是追求成功的动机,二是_____。

10. 看到其他人的成功行为或受到赞扬的行为,他也会增强同样行为的倾向。班杜拉称为_____。

## 三、名词解释

学习动机　　认知内驱力　　学习目标　　自我效能
耶克斯—多德森定律　　替代性强化　　自我强化

## 四、简答题

1. 简述学习动机的分类。

2. 简述奥苏贝尔所指出的学校情境中成就动机的内驱力。

3. 简评阿特金森的成就动机理论。

4. 简述学习动机与学习效果的关系。

5. 简述维纳归因理论。

## 五、论述题

1. 结合马斯洛的需要层次理论,试述教师为什么应全面关心学生。

2. 联系实际,谈谈影响自我效能感形成的因素。

3. 联系实际,谈谈如何培养学生的学习动机。

# 第五章
## 学习的迁移

本章要点

> ➤ 学习迁移概述　　　　　　　　早期的迁移理论
> 　学习迁移的概念　　　　　　　现代的迁移理论
> 　学习迁移的分类　　　　　　➤ 学习迁移与教学
> 　迁移的作用　　　　　　　　　影响学习迁移的主要因素
> ➤ 学习迁移的基本理论　　　　　促进迁移的教学

## 第一节　学习迁移概述

### 一、学习迁移的概念

➤ 识记学习迁移的含义

学习迁移是指一种学习对另一种学习的影响。例如,学会骑自行车,有助于学会骑摩托车;学会了平面几何,有助于学会立体几何。

学习迁移广泛地存在于知识、技能、态度和行为规范的学习中,只要有学习,就有迁移。即已获得的知识、技能、学习方法或学习态度对学习新知识、新技能和解决新问题所产生的一种影响。人们常说的"举一反三""闻一知十""触类旁通"等就是典型的迁移形式。

学习迁移既可以是先前的学习对后继学习的影响,也可以是后继学习对先前学习的影响。这种影响可以是积极的,也可以是消极的。

学习迁移一直是学习理论的一个重要问题,对迁移进行研究,有助于探讨人类学习的实质和规律,同时也为教学过程提供理论指导。

### 二、学习迁移的分类

➤ 识记学习迁移的分类

学习迁移现象是多种多样的,可以从不同角度进行分类。

### （一）正迁移与负迁移

据迁移的效果不同,可以将学习迁移分为正迁移和负迁移。正迁移指一种学习对另一种学习的积极影响。例如,阅读技能的掌握可以促进写作技能的形成和发展;反过来写作技能的掌握又可以促进阅读技能的发展;懂得英语的人很容易掌握法语,在欧洲,有许多人同时懂得法语、英语、德语、西班牙语等。这是由于他的母语与新学习的语言,在文法结构上类似,一个语根派生出不同的语词,具有发生迁移的作用,可是中文在文法、词汇和语法上不同于其他外国语,所以,中文水平很高的人也未必能很快掌握印欧语系的语言。在教育工作中所说的"为迁移而教",就是指正迁移在教学中的应用。

负迁移指一种学习对另一种学习的消极影响,即两种学习之间的相互干扰、阻碍。例如,学会骑自行车对学会骑三轮车有干扰;学习汉语拼音之后学习英语的 48 个音标的发音最初常常受到干扰;过分迷恋于课外某方面兴趣的学生,往往难以形成课业的学习兴趣。在教育工作中要避免和消除负迁移的影响。

因而,在教学中,教师应该充分了解青少年学生已有的知识与技能状况,充分利用学生旧有的知识技能产生学习的正迁移,起到"举一反三,触类旁通"的效果。同时也要充分估计旧有知识经验对新学习可能产生的负迁移。在教学过程中,运用比较的方法,突出新旧知识之间的异同点,形成新的更为高度的知识分化结构,尽量避免负迁移的产生。

### （二）横向迁移与纵向迁移

根据迁移内容的抽象与概括水平的不同,可以将学习迁移分为横向迁移与纵向迁移。横向迁移是指难度类似的两种情境中的迁移,又称为水平迁移。即处于同一概括水平的经验之间的相互影响。学习内容之间的关系是并列的。例如,学生掌握圆锥体的计算公式之后,能推想出三棱锥、四棱锥的体积计算方式。横向迁移具有正迁移的效果,能起到举一反三、闻一知十、触类旁通的作用。

纵向迁移是难度不同的两种情境中的迁移,也叫垂直迁移。即处于不同概括水平的经验之间的相互影响。一种是已有的较容易的学习对难度较高的学习的影响。例如,学习牛、羊等概念对学习哺乳动物这一概念的影响。另一种是较高层次的学习对较低层次的学习的影响。例如,学习哺乳动物这一概念对学习牛、羊等概念的影响。

在课堂教学中,教学内容的巧妙安排,很可能会导致纵向迁移的出现。为此,加涅提出了学习层次的序列性问题,他认为应该把复杂的课题按一定序列划分为单纯的因素,这样可以较容易引发纵向迁移。但能这样划分的课题主要还仅限于数学和自然科学等已确立了明确理论体系的领域。

### （三）一般迁移与特殊迁移

根据迁移的内容不同,可以把迁移分为一般迁移与特殊迁移。一般迁移是指将一种学习中习得的一般的原理、方法、策略和态度迁移到另一种学习中。例如,学习了金属的热胀冷缩原理后,很容易掌握各种具体金属的这一特征。有经验的教师,一般不盲目地让学生做各种难题、怪题,而是让学生把主要精力放在基本概念和原理的学习理解上,只要基本概念、原理掌握得透彻,不管习题、考题怎样变化,它的一般迁移都有很多的可能。

美国认知心理学家布鲁纳十分重视原理的迁移,认为这是教育的核心与重点,教育的根本目的就在于用基本的和普遍的原理来不断扩大并加深学生的认识。

特殊迁移是指将一种学习中习得的具体的、特殊的经验迁移到另一种学习中。例如，学会写"石"这个字后，有助于写"磊"这个字；学生在数学学习过程中的计算有利于物理学习过程中的计算。特殊迁移的范围小，动作技能的迁移大都属特殊迁移。

### （四）同化性迁移、顺应性迁移与重组性迁移

根据迁移过程中所需的内在心理机制不同，可以把学习迁移分为同化性迁移、顺应性迁移与重组性迁移。同化性迁移是指不改变原有的认知结构，直接将原有的认知经验应用到本质特征相同的一类事物中去，以揭示新事物的意义与作用或将新事物纳入原有的经验结构中去。在同化性迁移过程中，原有认知结构不发生实质性的改变，只是得到某种充实。如原有认知结构中的概念"鱼"，由带鱼、草鱼、黄鱼等概念组成，现在要学习鳗鱼，把它纳入"鱼"的原有结构中，既扩充了鱼的概念，又获得了鳗鱼这一新概念的意义。平时所讲的举一反三、闻一知十等也都属于同化性迁移。

顺应性迁移也叫协调性迁移，是指将原有的经验应用于新情境时，当原有的经验结构不能将新的事物纳入其结构内时，需调整原有的经验或对新旧经验加以概括，形成一种能包容新旧经验的更高一级的经验结构，以适应外界的变化。例如，学了"胡萝卜""芹菜"和"油菜"等概念后，再学习"茭白"这个概念时，原有概念不能解释新概念，这时我们需要先学习"胡萝卜、芹菜、油菜都是蔬菜，茭白也是蔬菜"，即建立起一个概括性更高的科学概念"蔬菜"来标志这一事物。可见，新的科学概念的建立过程也是一种顺应的过程。

重组性迁移是指重新组合原有经验系统中的某些构成要素或成分，调整各成分之间的关系或建立新的联系，从而应用于新的情境。这种经验的整合过程即重组性迁移。例如，对一些原有舞蹈或体操的动作进行调整或重新组合后，编排出新的舞蹈或体操动作；对网络、战争、游戏等概念进行重新组合，就会形成网络战争游戏的新概念。通过重组性迁移，不仅扩大了基本经验的适用范围，还包含有创造性的成分。

## 三、迁移的作用

学习要求 ▶ 理解学习迁移的作用

专家学者们已经形成一种共识，即未来的文盲将不再仅仅是不识字的人，而是那些不会学习的人。显然，学会学习或进行有效的学习是适应未来社会生活的必要条件。而要真正学会学习，其中最主要的条件就是要能够主动而有效地迁移。所以，迁移在个体的心理发展及其社会适应中，具有非常重要的作用。具体来讲，其作用主要有三个方面：

首先，迁移对提高解决问题的能力具有直接的促进作用。学习的最终目的并不是将知识经验储存于头脑中，而是要应用于各种不同的实际情境，解决现实中的各种问题。在学校情境中，大部分问题解决是通过迁移来实现的，同样，解决校外的许多现实问题，也依赖于迁移。因此，要培养解决问题的能力，就必须从迁移能力的培养入手，否则问题解决也就成为空谈。

其次，迁移是习得的经验得以概括化、系统化的有效途径，是能力与品德形成的关键环节。只有通过广泛的迁移，原有经验才能得以改造，才能够概括化、系统化，原有经验的

结构才能更为完善、充实,从而建立起能稳定地调节个体活动的心理结构,即能力与品德的心理结构。因此,迁移是习得的知识、技能与行为规范向能力与品德转化的关键环节。

再次,迁移规律对于学习者、教育工作者以及有关的培训人员具有重要的指导作用。应用有效的迁移原则,学习者可以在有限的时间内学得更快、更好,并在适当的情境中主动、准确地应用原有经验,防止原有经验的惰性化。教育工作者以及有关的培训人员应用迁移规律进行教学和培训系统的设计,在课程设置、教材选择、教学方法的确定、教学活动的安排、教学成效的考核等方面利用迁移规律,可以加快教学和培训的进程。

# 第二节　学习迁移的基本理论

自从有了学习活动以来,学习迁移的现象就一直为人们所关注。中国著名教育家孔子的教育观点"不愤不启,不悱不发;举一隅不以三隅反,则不复也"是其真实的写照。但是,学习过程中产生迁移的原因究竟是什么,古代教育家并没有解决这个问题。从理论上对学习迁移进行系统的解释和研究始于 18 世纪中叶,此后,不同的研究者从不同的理论基础和哲学基础出发对迁移发生的原因、过程以及影响因素等进行研究和解释,形成了众多的有关迁移的理论和解释。

## 一、早期的迁移理论

学习要求 ▶ 评价共同要素说、概括化理论与关系转换说

### （一）形式训练说

形式训练说以官能心理学为基础。官能心理学由德国心理学家沃尔夫创立。他认为人的注意力、记忆力、思考力、意志力等,都是每个人的心所具有的官能。这些官能是一个个分开的实体,分别从事不同的活动。如利用记忆官能进行记忆和回忆;利用思维官能从事思维活动。它们是"心理的肌肉",可以通过练习而得到加强。所以,学校教育就是对这些基本官能的训练,学习迁移的原因是心理官能得到形式训练而提高的结果。

从这种认识出发,形式训练说认为,训练的项目越困难,官能得到的训练就越多。所以训练"心"的最好教材是难记的古典语言、数学、自然科学的难题。学习拉丁文虽然没有用,但对训练记忆有用,在这样的训练中,学生学会观察、分析、比较、分类,学会想象、记忆、推理、判断甚至于创造……他们心的官能也因此得到了发展,有了这样的造诣,足以使学生们收益无穷。

同时,他们认为学习的内容不重要,因为它容易遗忘,只能起到暂时的作用。教育的目的不是让学生学习一些基本知识,而是通过知识的学习发展学生的思维、想象、记忆等官能。在学校获得的知识会过时,而心理官能的改进将使人终身受益。

形式训练说在教育领域盛行 200 多年,今天还有一定的市场。如"题海战术",认为一味盲目地进行难题训练和练习,不教给学生"学习方法",迁移就必然产生。19 世纪至 20 世纪初的西欧和北美许多资本主义国家都曾以这种学说作为设置课程、选择教材、安排教学的根据。例如在课程设置上,这个时期的美国教育课程比较固定,在小学,几乎只强调

基础技术科目,而在中学,只强调像拉丁文、历史和数学等这样"以训练为目的"的学科。

19世纪末20世纪初,"形式训练说"的迁移理论遭到了严重的挑战。美国心理学教授詹姆士在1890年用实验的方法对形式训练说进行了有力批判,使其丧失支配地位。

**实验:记忆训练**

被试:詹姆士与四个学生

程序:

1. 记忆长诗《森林女神》中的前面部分,每天诵读20分钟,直到完全能背诵下来,一共训练了38次。

2. 记忆长诗《森林女神》中相同长度的后面部分,把记忆所需时间记录下来。

结果:比较未受过记忆训练和受过记忆训练的成绩,有3人后面记忆成绩优于前面成绩,2人并未改善。

因此,詹姆士认为,记忆力不受训练的影响,记忆的改善不在于记忆力的改善,而在于记忆方法的改善。训练并不能促进迁移。

詹姆士的实验虽然比较粗糙,但它为后来严谨的迁移实验研究开辟了道路。在他以后,许多心理学家纷纷设计更为严密的迁移实验,进行深入的研究。其中心理学家桑代克和伍德沃斯的研究受到了普遍的重视。桑代克和伍德沃斯在批判形式训练说的过程中,提出了他们的迁移理论。

### (二)共同要素说

共同要素说是美国教育心理学家桑代克和伍德沃斯提出的一种关于学习迁移的理论。桑代克在1901年所做的"判断图形面积"实验是共同要素说的经典实验。

**实验:判断图形面积(1901年)**

被试:大学生

程序:

1. 训练大学生判断不同大小和形状的图形面积。被试先估计了127个矩形、三角形、圆和不规则图形的面积。这样就预测了他们判断面积的一般能力。

2. 用90个10平方厘米~100平方厘米的平行四边形让每一被试进行判断面积训练。

3. 最后被试接受两种测验:

第一个测验要求判断13个与训练图形相似的矩形的面积;

第二个测验要求判断27个三角形、圆和不规则图形的面积。这27个图形是预测中用过的。

结果:研究表明,通过平行四边形训练,被试对矩形面积的判断的成绩提高了,但他们对三角形、圆和不规则图形的判断的成绩没有提高。

结论:迁移产生的原因是练习课题与迁移课题之间具有共同的要素。练习任务与测验任务越接近,测验任务的成绩越好。

因此,他断言:"任何单独心理机能的改善,未必能使其他机能的能力得到改善,也可能会损害它。"显然通过某种活动增加训练,可以普遍迁移的注意力、记忆力……是不存在的。

在他看来,学习上的迁移,就是相同联结的转移。两种学习情境的相同或相似之处越多,即诸如学习材料性质、学习目的、学习方法、学习过程、学习态度、一般原则或原理等越是相同或相似,则前一种学习越能对后一种学习产生积极的影响。例如,学习滑冰对学习滑雪有正迁移,因为两者之间有许多相同因素。反之,学习打乒乓球和学习滑雪之间无相同因素,则不存在迁移。也就是说,在两种学习情境中含有相同的要素,就会有迁移现象发生;反之,有迁移现象发生就必定有相同的要素存在。迁移与相同要素两者不仅关系密切,且大致成正比。

伍德沃斯后来将"共同要素"说修改为"共同成分"说。根据共同成分说,如果两种学习活动含有共同成分,则无论学习者是否意识到这种成分的共同性,都有迁移现象发生,学习就会更容易。只有两种学习中存在着联结,一种学习上的进步才能转移到另一种学习上去,才能发生正迁移效果。

共同因素说在欧美影响很大,形式训练说被抛弃,代之以实际应用的教学,它对原有教育的形式训练教学的改革有促进,同时迁移理论的研究也有了新的发展。但是,共同因素说只能解释机械的具体的特殊迁移,两种学习活动中的共同成分并不必然保证迁移的产生,甚至还会有一定的干扰作用。例如,汉语拼音和英文字母在读音方面相互干扰。

### (三)概括化理论

概括化理论是美国心理学家贾德提出的学习迁移理论,并在1908年通过"水下击靶"实验得以验证。他认为,在先期学习 A 中获得的东西,之所以能迁移到后期学习 B 中,是因为在学习 A 时获得了一般原理,这种原理可以部分或全部运用于 A、B 之中。桑代克所认为的共同要素只是产生迁移的必要前提,而产生迁移的关键是学习者在两种学习中通过概括产生了类化的原理。概括化理论认为,只要一个人对他的经验进行了概括,就可以完成从一个情境到另一个情境的迁移。贾德倾向于把两个情境之间的相同要素的重要性减到最低限度,而突出强调经验概括的重要性。

实验:水下击靶

被试:五年级和六年级小学生

程序:等能力 AB 两组,射击水中靶子。

给 A 组学生充分解释水的折射原理;但不给 B 组学生说明关于水的折射原理,致使他们只能从尝试中获得一些经验。

结果:

1. 射击水下 1.2 英寸靶子时成绩相同。(也就是说,在开始的测验中,理论对于练习似乎没有起作用,因为所有的学生必须学会运用镖枪,理论的说明不能代替练习。)

2. 射击水下 4 英寸靶子时,则 A 组好于 B 组。(没有给予折射原理说明的学生,表现出极大的混乱,他们投掷水下 1.2 英寸靶时的练习,不能帮助改进投掷水下 4 英寸靶的练习,错误持续发生。而学过折射原理的学生,迅速适应了水下 4 英寸的条件。)

结论:经过水的折射原理训练的儿童对不同深度的目标可以做出更适当的调整,将折射原理概括化,并运用到特殊情境中去。

贾德的研究表明,知识的迁移是存在的,只要一个人对他的知识、经验进行了概括,那么从一种情境到另一种情境的迁移是可能的。知识概括化的水平越高,迁移的范围和可能性就越大。

因此,在教学中,教师在讲授教材时要鼓励学生对核心的基本的概念进行抽象或概括。抽象与概括的学习方法是最重要的方法,学生应该学会。这种学习方法能使学生的认识从低级的感性阶段上升到高级的理性阶段,从而实现更广泛更成功的正向迁移。贾德认为概括就等于迁移,所以教法在迁移中作用很大。

贾德的概括化理论突破了桑代克共同要素的局限,揭示了原理、法则等概括化的理论知识在迁移中的作用,开始涉及高级的认知领域的迁移问题;同时把学习者对学习情境的共同原理原则的概括作为迁移的基本条件,从而扩大了迁移研究的范围,为学习迁移的研究做出了贡献。但通过概括化而产生迁移的前提是学会原理、原则,这与学习材料的性质以及学生的能力因素密切相关,原则的概括存在较大年龄差异。因而,概括化理论对学习迁移的解释是有限制的。

### (四)关系转换说

格式塔心理学家进一步发展了迁移的概括化理论,他们并不否认学习依赖于学习原理的迁移,但他们强调"顿悟"学习情境中的关系是实现迁移的根本条件。苛勒在1929年用小鸡、黑猩猩和幼儿为被试进行寻找食物实验,根据实验的结果提出了关系转换说。

**实验:小鸡啄米实验**

被试:小鸡

程序:

1. 两张纸,浅灰与深灰,后者其下有食物。小鸡学会深灰下觅食。

2. 用更深灰的纸代替浅灰,把食物放在更深灰的纸下。看小鸡到何种纸张下面去觅食。(苛勒认为,如果他们是到过去总放着食物的那一张纸上去,这就证明迁移是由于共同要素;如果他们到两个中较深的那张纸上去,那就证明迁移不是对相同要素做反应,是对关系做出的反应。)

结果:70%的小鸡到更深灰的纸上去找食物,只有30%的小鸡仍啄原来的深灰色纸。(三岁幼儿做类似的取糖果实验,结果100%的孩子都到新的更深的灰色纸上取得糖果。)

结论:小鸡迁移时不是比较刺激的绝对性质,迁移是由两种刺激的相对关系所决定的。

苛勒由此认为,迁移不是由于两个学习情境具有共同成分、原理或规则而自动产生的,而是由于学习者突然发现两个学习经验之间存在关系的结果。

关系转换说强调个体的作用,只有发现关系,迁移才能发生。但关系转换要受许多因素的影响。这些问题还需要继续进行深入的探讨。

事实上,关系转换说与共同要素说、概括说都强调了迁移的一个侧面,彼此并非不相容。如果苛勒实验中"颜色更深的一个"看作相同要素的话,那么与共同要素说并不矛盾。而关系转换理论又可以视为概括化理论的具体化,即概括出情境的关系。

## 二、现代的迁移理论

学习要求 ▶ 理解认知结构迁移理论与产生式迁移理论

20世纪六七十年代,随着认知科学与信息加工理论的产生与发展,现代认知心理学研究的兴起及其向心理学各个领域的渗透,促使研究者开始比较客观地对人的心理过程进行研究,加之研究方法与水平的不断提高,进而提出了许多新的学习迁移理论。其中最具代表性的是奥苏贝尔的认知结构迁移理论与安德森的产生式迁移理论。

### (一)认知结构迁移理论

美国教育心理学家奥苏贝尔曾在有意义言语学习研究中提出以有意义学习理论为基础的认知结构迁移理论。奥苏贝尔认为,任何有意义的学习都是在原有学习的基础之上进行的,不受学习者原有认知结构影响的有意义学习是不存在的。学习者积极主动地使新知识与他的认知结构中有关的旧知识发生相互联系,把新知识纳入已有的认知结构中,利用旧知识理解新知识,结果旧知识得到了充实或改造,新知识获得了实际意义。这个过程实际上是有效的迁移过程。这也就是说,一切有意义的学习必然包括迁移,而学习者原有认知结构始终是影响新的学习与保持的关键因素。

奥苏贝尔提出了三个主要的影响迁移的认知结构变量,即可利用性、可辨别性和稳定性(包括清晰性)。

1. 原有知识的可利用性

奥苏贝尔认为,当学习新的知识时,如果在学生原有知识结构中能找到适当的可以用于同化新知识的原有知识(包括概念、命题或具体例子等),那么该学生的认知结构就具有原有知识的可利用性。反之,该学生的认知结构就缺乏原有知识的可利用性。奥苏贝尔更强调上位的、包容范围大和概括程度高的原有观念的作用。

2. 新旧知识的可辨别性

新旧知识的可辨别性是指利用旧知识同化新知识时,学习者意识到旧知识与新知识之间的异同点。如果新的学习任务不能同认知结构中原有的观念清楚地区分,那么新获得的意义出于减轻记忆负担的目的,很快就会丧失。新的意义被原有的稳定的意义所代替,从而遗忘就出现了。只有存在可以区分的变式或者包容范围较广的原有意义时,新的意义才有长期保持的可能性。

3. 原有知识的稳定性/巩固性

当学习者面临新的学习任务时,他的认知结构中原有起固定作用的观念应十分巩固。利用及时纠正、反馈、过度学习等方法,可以增强原有的起固定作用的观念的稳定性。原有知识的稳定性有助于新的学习与保持。

因此,在实际教学过程中,可以通过改革教材内容和教材呈现方式来改进学生原有认知结构,进而达到学习迁移的目的。

### (二)迁移的产生式理论

这一理论适用于解释基本技能的迁移。其基本思想是,先后两项技能学习产生迁移的原因是这两项技能之间产生式的重叠,重叠越多,迁移量越大。安德森认为,这一迁移理论是桑代克共同要素说的现代化。

J.R.安德森等设计了许多实验来验证这一迁移理论。例如,他和辛格利(1989)用不同计算机文本编辑程序的学习,证实了他的迁移理论。实验中的被试为打字熟练的秘书人员,他们能理解文本编辑的含义。被试分三组:A组在学习编辑程序(被称为 EMACS 编辑器)之前,先根据已经做好标记的文本练习打字;B组先练习一种编辑程序,后练习 EMACS 编辑器;C组为控制组,从第一天起至最后一天(即第六天)一直学习 EMACS 编辑器。学习成绩以每天尝试按键数量为指标,因为被试按键越多,说明他们出现错误需要重新按键数越多(因被试打字熟练,其错误不可能是打字造成的)。错误的下降说明掌握文本编辑技能水平提高。控制组每天练习 3 小时 EMACS 编辑器,前 4 天成绩显著进步,至第 5 和第 6 天维持在相对稳定水平。A组先练习打字,共 4 天,每天 3 小时,第 5 和第 6天练习 EMACS 编辑器的成绩同控制组第 1 和第 2 天的成绩相似,打字对编辑学习未产生迁移。B组前 4 天练习一种文本编辑程序,每天练习 3 小时,在第 5 和第 6 天练习 EMACS 编辑器时,成绩明显好于 A 组。这说明第一种文本的练习对第二种文本学习产生了显著迁移。

J.R.安德森认为,在打字和文本编辑之间没有共同的产生式,而在两种文本编辑之间有许多共同的产生式,这是导致两组迁移效果不同的最重要原因。

为了进一步证实重叠的产生式导致迁移这一思想,J.R.安德森又进行了其他实验,结果证明了迁移的存在。

# 第三节　学习迁移与教学

迁移虽然是学习中的普遍现象,但它并不是无条件的。因此,在具体的教学活动中,应该充分考虑影响迁移的各种因素,利用或创设某些条件,消除或尽量避免消极的迁移,以促进积极迁移的产生。

## 一、影响学习迁移的主要因素

**学习要求** ▶ 联系实际理解影响学习迁移的主要因素

### (一)相似性

许多研究证明,相似性是影响迁移产生的一个重要因素。相似性包括学习材料的相似性;学习目标与学习过程的相似性;态度、情感以及学习中的环境线索等的相似性等。一般而言,较多的共同成分将产生较大的相似性,并导致迁移的产生。

例如英语和法语,在字形、读音和语法结构上有相同或相似的地方,学习这两门外语,在听、说、读、写能力以及记忆、思维等心理过程方面有共同要求,所以学习时就容易产生正迁移。

### (二)原有认知结构

原有的认知结构的特征直接决定了迁移的可能性及迁移的程度。奥苏贝尔的认知结

构迁移理论对此进行了明确的阐述,并已为许多研究者认可。原有认知结构对迁移的作用主要有:

（1）学习者是否拥有相应的背景知识,这是迁移产生的基本前提条件。已有的背景知识越丰富,越有利于新的学习,即迁移越容易。例如,物理学专家在学习物理学上的新发现会比学习物理的初学者要容易得多。

（2）原有的认知结构的概括水平对迁移起到至关重要的作用。一般而言,经验的概括水平越高,迁移的可能性越大,效果越好;经验的概括水平越低,迁移的范围越小,效果也越差。例如,数学学习优秀者的数学认知结构合理性要好于数学学习不良者,因此他们学习新的数学知识要比数学学习不良者要快得多。

（3）学习者是否具有相应的认知技能或策略以及对认知活动进行调节、控制的元认知策略,也影响着迁移的产生。掌握必要的认知策略和元认知策略,是提高迁移发生可能性的有效途径。

### （三）学习的定势

学习的定势泛指以特殊的方式进行学习或作业的心理准备状态或倾向,有时也称为心向。定势的形成往往是源于先前的反复经验,它发生于连续的活动中,前面的活动经验为后面的活动形成一种准备状态。定势使个体在认识方面和外显的行为方面以一种特定的方式进行反应,使个体在活动方向的选择方面有一定的倾向性。正因如此,定势在迁移过程中起到一定的作用。定势对迁移的影响表现为两种:促进和阻碍。定势既可以成为积极的正迁移的心理背景,也可以成为负迁移的心理背景,或者成为阻碍迁移产生的潜在的心理背景。

陆钦斯(1942)的量杯实验是定势影响迁移的典型例证。实验中要求被试用容积不同的量杯(A,B,C)去量一定量的水(D)。量杯容量及要量的水量如下。实验组和控制组开始时做一道练习题,然后按要求解决其他几道题。实验组做全部的题目,而控制组只做7~11题(表5-1)。

表 5-1 陆钦斯量杯实验

| 问题 | A | B | C | 要量的水(D) | 方 法 |
|---|---|---|---|---|---|
| 1 | 29 | 3 | | 20 | D＝A－3B |
| 2 | 21 | 127 | 3 | 100 | D＝B－A－2C |
| 3 | 14 | 163 | 25 | 99 | D＝B－A－2C |
| 4 | 18 | 43 | 10 | 51 | D＝B－A－2C |
| 5 | 9 | 42 | 6 | 21 | D＝B－A－2C |
| 6 | 20 | 59 | 4 | 31 | D＝B－A－2C |
| 7 | 23 | 49 | 3 | 20 | D＝B－A－2C,A－C |
| 8 | 15 | 39 | 3 | 18 | D＝B－A－2C,A＋C |
| 9 | 28 | 76 | 3 | 25 | D＝A－C |
| 10 | 18 | 48 | 4 | 22 | D＝B－A－2C,A＋C |
| 11 | 14 | 36 | 8 | 6 | D＝B－A－2C,A－C |

结果发现,实验组由于先进行了一定的练习,并发现了问题解决的方法,即 D＝B－A－2C,就形成了定势,直接将三杯方法迁移到后面问题的解决过程中,使后面解题的速度加快,问题变得比较容易。从这一意义上来讲,定势具有积极影响。但是,定势同时又阻碍、限制了其他更简便的解决问题的方法,即 D＝A－C 或 D＝A＋C 的应用。

定势对迁移究竟是积极的影响还是消极的影响,这取决于许多因素,但关键要使学习者首先能意识到定势的这种双重性,具体分析学习情境,既要考虑如何充分利用积极的定势解决问题,同时又要打破已形成的僵化定势,灵活地、创造性地解决问题。

除前面所涉及的影响迁移的一些基本因素外,诸如年龄、智力、学习者的态度、教学指导、外界的提示与帮助等都不同程度地影响迁移的产生。

## 二、促进迁移的教学

**学习要求** ▶ 理解并运用教学中促进迁移的方法

学生迁移能力的形成有赖于教学,如果教学的效果能够使学生从一种课程最大限度地迁移到其他课程,或者从学校生活迁移到社会生活,这样的教育和教学是事半功倍的。促进迁移的有效教学应从以下几方面考虑:

### (一)精选教材

教师并不是把一门学科的全部内容都教给学生,这是不可能的,也是没必要的。要想使学生在有限的时间内掌握大量的有用的经验,教学内容就必须精选。

因此,在教学过程中应选择那些具有广泛迁移价值的教学成果作为教材的基本内容,而每一门学科中最基本的知识(如基本概念、基本原理)、技能和行为规范具有广泛的适应性,迁移价值较大。

### (二)合理编排教学内容

教材内容如果编排得好,迁移的作用就能得到充分的发挥,教学中就省时省力;如果编排不好,迁移的效果就小。从学习迁移规律和影响学习迁移的因素来看,编排教材要做到使教材结构化、一体化、网络化。结构化是指教材内容的各构成要素具有科学的、合理的逻辑关系,能体现事物的各种内在关系,如上下、并列、交叉等关系。一体化指教材的各构成要素能整合为具有内在联系的有机整体。网络化是一体化的引申,指教材各要素之间上下左右、纵横交错联系要沟通,要突出各种基本经验的连接点、连接线,这既有助于了解原有学习中存在的断裂带及断裂点,也有助于预测以后学习的发展带、发展点,为迁移的产生提供直接的支撑。

### (三)合理安排教学程序

合理编排的教学内容是通过合理的教学程序得以体现实施的,教学程序是使有效的教材发挥功效的最直接的环节。教学程序主要包括两个方面:一是宏观方面,即先学什么,后学什么,学习的先后程序要确定。二是微观方面,即每个单元、每一节课的教学程序的安排。教师要根据教材的难点、重点,结合本班学生的智力特点、知识程序,把那些具有最大迁移价值的基本知识、基本技能的学习放在首位。把那些概括性高、派生性强的主干内容突出出来,可以使学生在学习中能顺利地进行迁移。

### (四) 教授学习策略,提高迁移意识性

学习不仅是掌握知识与技能,还要掌握一定的学习策略和方法。教师在传授知识与技能的同时,还必须使学生了解在什么条件下如何迁移所学的内容,迁移的有效性如何等。

为了促进学习迁移,教师必须重视对学习方法的指导,把学习策略作为一项重要的教学内容突出出来。

## 本章总结

1. 学习迁移概述。学习迁移是指一种学习对另一种学习的影响,可以从不同角度对学习迁移进行分类;学习迁移在个体的心理发展及其社会适应中,具有非常重要的作用,首先,迁移对提高解决问题的能力具有直接的促进作用;其次,迁移是习得的经验得以概括化、系统化的有效途径,是能力与品德形成的关键环节;第三,迁移规律对于学习者、教育工作者以及有关的培训人员具有重要的指导作用。

2. 学习迁移的基本理论。共同要素说认为,如果两种学习活动含有共同成分,则无论学习者是否意识到这种成分的共同性,都有迁移现象发生;概括化理论认为,产生迁移的关键是学习者在两种学习中通过概括产生了类化的原理;关系转换说认为实现迁移的根本条件是"顿悟"学习情境中的关系。认知结构迁移理论认为,任何有意义的学习必然包括迁移;影响迁移的认知结构变量包括原有知识的可利用性、新旧知识的可辨别性和原有知识的稳定性;迁移的产生式理论认为,产生迁移的原因是两项技能之间产生式的重叠,重叠越多,迁移量越大,这一迁移理论是共同要素说的现代化。

3. 学习迁移与教学。影响学习迁移的主要因素有相似性、原有认知结构、学习的定势等;促进迁移的教学方法主要有:精选教材、合理编排教学内容、合理安排教学程序、教授学习策略,提高迁移意识性。

## 思考与练习

### 一、单项选择题

1. 学生在学习了英语之后对学习汉语拼音的读法产生影响,这种现象是(　　)。
A. 正迁移　　　　B. 负迁移　　　　C. 横向迁移　　　　D. 特殊成分迁移
2. 形式训练说迁移理论的代表人物是(　　)。
A. 桑代克　　　　B. 贾德　　　　C. 沃尔夫　　　　D. 奥苏贝尔
3. 概括化理论是由(　　)提出的。
A. 伍德沃斯　　　　B. 贾德　　　　C. 沃尔夫　　　　D. 桑代克
4. 格式塔学派的关系转换说认为迁移的决定因素是(　　)。
A. 相同要素　　　　B. 认知结构　　　　C. 顿悟　　　　D. 心灵的官能
5. 桑代克和伍德沃斯提出的迁移理论被称为(　　)。
A. 经验泛化说　　　　B. 关系转换说　　　　C. 认知结构说　　　　D. 相同要素说

6. 奥苏贝尔提出的迁移理论认为影响学习迁移的因素主要是( )。

A. 相同要素　　　　B. 心灵的官能　　　　C. 顿悟　　　　　　D. 认知结构

## 二、填空题

1. 根据迁移内容的抽象与概括水平的不同,可以把迁移分_____和_____。

2. 根据迁移的内容不同,可以把迁移分为_____和_____。

3. 根据迁移过程中所需的内在心理机制不同,可以把迁移分_____、_____和_____。

4. 奥苏贝尔提出,影响迁移的三个主要的认知变量是_____、_____和_____。

5. "概括化理论"认为,产生迁移的关键是学习者在两种活动或经验中通过概括产生_____。

6. 心理学家沃尔夫提出的迁移理论是以_____心理学为基础的,被称为"_____"说。

7. 以桑代克为代表的联结主义的迁移理论认为,两种学习或活动能产生迁移,主要是由于它们之间存在_____。

## 三、名词解释

迁移　　正迁移　　负迁移　　横向迁移　　纵向迁移

一般迁移　　特殊迁移　　同化性迁移　　顺应性迁移　　重组性迁移

## 四、简答题

1. 迁移在教育上有什么作用?

2. 相同要素说的主要观点是什么?

3. 影响学习迁移的主要因素有哪些?

4. 简述认知结构说关于迁移的主要观点。

## 五、论述题

联系实际论述教学工作中如何促进学习迁移。

# 第六章
## 知识的学习

### 本章要点

> 知识与知识学习　　　　　　　　　知识直观
> 知识的概念　　　　　　　　　　　知识的概括
> 知识的分类　　　　　　　　　　> 知识的保持
> 陈述性知识与程序性知识的分析　　知识的遗忘及其原因
> 知识学习的一般心理过程　　　　　运用记忆规律,促进知识保持
> 知识的获得

## 第一节　知识与知识学习

### 一、知识的概念

**学习要求** > 识记知识的概念

从哲学认识论的角度来看,就知识反映的内容而言,知识是客观世界在人脑中的主观反映,是对客观事物属性与联系的认识。

具体到教育心理学的研究领域中,人们对"知识"的定义有狭义与广义之分。狭义的知识,也就是我们传统理解中的知识,一般仅指能贮存在语言文字符号或言语活动中的信息或意义,如各门学科的事实、概念、公式、定理等。正是在这种意义上,通常将学校智育的目标描述为:授予学生系统的科学文化知识、形成学生的技能、发展学生的智力。这里的知识、技能和智力是三个不同的范畴,知识是技能和智力发展与形成的前提和基础。随着现代认知心理学的研究和发展,人们对知识的认识日益深入和全面,广义的知识观得到普遍的认同。所谓广义的知识,是指个体通过与其环境相互作用后获得的一切信息及其组织。它既包括个体从自身的生活实践和人类的社会历史实践中获得的各种信息(狭义的知识),也包括在获得和使用这些信息的过程中所形成和发展而来的种种技能、技巧和能力。就其贮存形式而言,如果它贮存在个体身上,则为个人的知识;如果贮存在书籍等媒体中,则是人类的知识。

## 二、知识的分类

学习要求 ▶ 识记知识的各种分类

### （一）我国教育心理学家的分类

我国教育心理学家潘菽在论述知识学习时根据反映活动形式的不同，将知识分为感性知识和理性知识。

感性知识是对活动的外表特征和外部联系的反映，可以分为感知和表象两种水平。感知是人脑对当前活动的反映。表象是人脑对感知过的但当前不在眼前的活动的反映。理性知识反映的是活动的本质特征和内在联系，包括概念和命题两种形式。概念反映的是活动的本质属性及其各属性之间的本质联系。命题也就是我们通常所说的规则、原理、原则，它表示的是概念之间的关系，反映的是不同对象之间的本质联系和内在规律。

### （二）当代著名认知心理学家的分类

J.R.安德森从信息加工的观点出发，根据知识的性质将其分为有关"是什么"的知识——陈述性知识与有关"怎么做"的知识——程序性知识两大类，并认为动作技能、智慧技能和认知策略等实质上均属于程序性知识（图 6-1）。

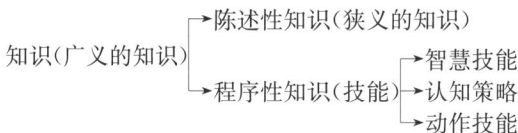

图 6-1　知识的分类

在加涅和安德森的基础上，另一位认知心理学家 R.E.梅耶则提出：鉴于认知策略是关于人类元认知的特殊的智慧技能，应将知识分为：① 言语知识，相当于加涅所言的言语信息与安德森所言的陈述性知识；② 程序性知识，包括智慧技能和动作技能等一般性的程序性知识；③ 策略性知识，专指认知策略。这种分类是与安德森的分类是一致的。

## 三、陈述性知识与程序性知识的分析

学习要求 ▶ 识记陈述性知识的内涵、类型、学习过程
▶ 理解陈述性知识的表征方式
▶ 理解促进陈述性知识学习的学习机制和条件
▶ 识记程序性知识的内涵、类型、学习过程
▶ 理解程序性知识的表征方式

### （一）陈述性知识的学习

1. 陈述性知识的内涵

陈述性知识是关于事物及其关系的知识，或者说是关于"是什么""为什么""怎么样"的知识，包括事实、规则、事件、态度等。比如"大多数鸟儿都会飞""菱形的两条对

角线互相垂直""小明不爱吃苹果"等。由于陈述性知识解决的是个体从不知到知到知之较多的过程，一般可以用言语进行清楚的描述，因此，也叫描述性知识，是一种相对静态的知识。

2. 陈述性知识的类型

不同的心理学家对陈述性知识有不同的分类。加涅视陈述性知识为言语信息，把它由简到繁分为三类：① 符号，主要指各种事物的名称或标记。② 事实，主要指表明两个或两个以上事物之间关系的言语陈述。事实可分为具体的和抽象的。前者如"北京是举世闻名的游览胜地"；后者如"科学技术是生产力"。③ 有组织的知识，主要指由多个事实联结成的整体。如学生形成的关于我国地形地貌的知识。

布卢姆从教育目标分类学和测量学的角度，把陈述性知识分为十二类：① 具体的知识，指对具体的、独立的信息的回忆。如对某个具体物体的知识。② 术语的知识，指言语和非言语的对某个物体的称谓。③ 具体事实的知识，即日期、事件、人物、地点等方面的知识。④ 处理具体事物的方式和方法的知识。⑤ 惯例的知识。⑥ 趋势和顺序的知识。⑦ 分类和类别的知识。⑧ 准则的知识。⑨ 方法论的知识。⑩ 学科领域中的普遍原理和抽象概念的知识。⑪ 原理和概括的知识。⑫ 理论和结构的知识。

奥苏贝尔则把陈述性知识视为有意义的学习，将其分为三类：① 符号表征学习，也叫代表性学习，指学习单个符号或一组符号的意义。符号表征学习的主要内容是词汇学习，即学习单词代表什么。② 概念学习，指掌握符号代表的同类事或性质的共同本质特征。如学习"鸟"的概念，就是掌握鸟是有"羽毛、卵生"的动物的本质特征，而与它的大小、形状、颜色、是否会飞等特征无关。③ 命题学习，指学习某个句子的意义。命题分两类：一类是非概括性命题，它只是表示两个以上特殊事物之间的特征关系，如"香港是中国的特别行政区"。另一类是概括性命题，它表示若干事物或性质之间的一般关系，"圆的直径是它的半径的两倍"。由于构成非概括性命题与概括性命题的基本单位是概念或词汇，所以，命题学习实际上是学习若干概念之间的关系。学习者必须先了解组成命题的有关概念的意义，才能获得命题的意义，命题学习比一般的概念学习更复杂，水平更高。

3. 陈述性知识学习的过程

完整的陈述性知识的学习过程包括三个阶段：第一阶段，新信息进入短时记忆，与长时记忆中被激活的相关知识建立联系，从而形成新的意义的建构。第二阶段，新建构的意义储存于长时记忆中，如果没有复习或新的学习，这些意义会随着时间的延长而出现遗忘。第三个阶段是意义的提取和运用阶段。与上述三个阶段相对应的是，学习者要解决的主要心理问题分别是陈述性知识的同化、保持和应用。

4. 陈述性知识的表征

知识的表征是指知识在头脑中的储存和转化的方式。陈述性知识以表象、概念、命题、命题网络和图式来表征。命题是知识的基本单元，一个命题相当于一个观念。命题常以句子为外部表现形式。认知心理学家认为：词、短语、句子虽然是知识的物质载体，但人脑中贮存的是以命题所反映的句子或短语的意义，而不是某一特殊的词或句子。

一个句子可能只表达一个命题，如"基辛格是高个子"；也可以表达好几个命题，如"高个子的王红打了矮个子的李香",就表达了三个命题:王红是高个子,李香是矮个子,王红打了李香。上述的两个句子可以用图6-2来反映:

图6-2　命题与命题网络示意图

所有命题都包括两种成分:论题和关系。论题是命题中的主体、客体、目标、工具、接受者,一般由句子的主语和宾语担当;关系是用来限定论题间的联系的,多由动词、形容词、副词、介词等担当。

两个或多个具有相同成分的命题构成命题网络。一个复杂的句子常常会表征为一个简单的命题网络,如上面的"高个子的王红打了矮个子的李香"。由于知识之间总是互相联系的,我们所有的陈述性知识构成了一个庞大的命题网络。在这个网络中,有些知识可能是直接联系在一起的,如"鸟"和"飞",有些知识之间则需要通过许多其他论题或关系间接地发生联系,如"鱼"和"做作业"。

现代认知心理学认为,人的较复杂的整块知识是用图式来表征的。现代认知心理学把图式定义为人头脑中关于普通事件、客体与情景的一般知识结构。图式中的知识是以某种方式或结构组织起来的,具有概括性,其中含有事物的本质特征和非本质特征。个体的图式是发展的,如儿童最初的房子的结构只是表征他所见到的房子,随着经验增长和图式变化,能表征更多种类的房子。

5. 陈述性知识的学习机制

认知心理学家通常用知识的同化来解释陈述性知识获得的心理机制。同化一词的基本意义是接纳、吸收、合并成自身一部分的过程。在生理学中,指机体吸收食物并使之转化成原生质。奥苏贝尔用同化的思想系统地解释命题知识的学习,新的命题与认知结构中起固定作用的观念大致可以构成三种关系:① 下位学习;② 上位学习;③ 并列结合学习(见第三章)。

6. 陈述性知识学习的条件

陈述性知识的获得是指新命题形成并与已有命题网络中的有关命题联系起来进行贮存的过程,也是奥苏贝尔所说的新概念与认知结构中的有关概念相互作用,将新观念纳入认知结构中的过程。这个过程能否顺利完成,必须依赖一定的外部与内部条件(见第三章"有意义学习的条件"部分)。

## (二)程序性知识的学习

### 1. 程序性知识的内涵

程序性知识是关于完成某项任务的行为或操作步骤的知识,或者说是关于"如何做"的知识。它包括一系列具体操作程序,如书写汉字的笔画顺序,计算四边形面积的方法步骤,口述文章主要内容的方法等,均是程序性知识的表现。我们常说的技能、技巧、技艺就是经过反复练习达到自动化程度的程序性知识。

程序性知识与陈述性知识相比,其主要区别有以下几点:① 陈述性知识是关于"是什么"的知识,而程序性知识是关于"怎样做"的知识。② 陈述性知识是相对静态的知识,其运用形式常常是输入信息的再现,而程序性知识是体现在动态的操作过程中的知识,其运用需要对信息进行变形和运算,往往得出不同于输入刺激的信息的结果。如输入的是"3+5",输出的则是"8"。③ 陈述性知识的提取和建构是一个有意地、主动地激活有关命题的过程,速度较慢;而程序性知识一旦熟练,则可以自动执行,速度较快。④ 从学习速度看,陈述性知识的学习速度较快,能在短时间内突飞猛进或积累,但遗忘也较快;程序性知识学习速度较慢,需要大量的练习才能达到熟能生巧的程度。程序性知识一般属于过度学习,因而保持比陈述性知识牢固。⑤ 从测量角度看,陈述性知识通过口头或书面"陈述"或"告诉"的方式测量;程序性知识只能通过观察行为,是否会做、会做什么的方式测量。当然,在人类的绝大多数活动中,这两类知识是共同参与、互为条件的。

2. 程序性知识的类型

(1) 模式识别学习

模式是由若干元素按照一定关系组成的一种结构,在实际生活中,各种物体、字母、图形、声音等都可以是模式。模式识别学习是指学会对特定的内部或外部刺激模式进行辨认和判断。通过模式识别,我们才能对事物加以分类和判断,回答"如何确定某物是什么/不是什么"的问题。模式识别与陈述性知识的运用不同,对于"什么是圆"的问题,我们可以用"圆是到定点的距离等于定长的点的集合"这一陈述性知识来回答;而对于"这不是一个圆""下列图形中哪一个是圆"这类问题,则需要运用模式识别的程序性知识来解决。当然不难看出,这些判断的完成是以关于圆的陈述性知识为基础的。

(2) 动作步骤学习

动作步骤的学习是指学会顺利执行、完成一项活动的一系列操作步骤,它主要是对产生式的动作项的学习。这实际是对做事、运算和活动的规则和顺序的现实运用能力。动作步骤的学习从陈述性的规则和步骤开始,动作步骤的执行则从模式识别开始,即只有首先能对需要执行某一动作步骤的情境条件的模式做出准确的判别,动作步骤的执行才能有效地解决问题,否则就会造成"空有一身绝技,不知如何下手"的技能无用或技能滥用。事实上,无论是小学生、中学生,还是大学生,解题时胡乱套错公式的人都不在少数。

3. 程序性知识的学习过程

(1) 模式识别学习过程

模式识别的主要任务是学会把握产生式的条件项,这一任务一般通过概括化和分化来完成。概括化是指同类刺激模式中的不同个体做出相同的反应。如例1,在学习识别"浮力"现象时,教师先在水中放了木块、塑料碗、纸船、橡皮球等,告诉学生它们都会受到水的浮力,学生就可能判断一个物体在水中是否受到浮力的产生式 $P_1$;然后教师放铁块、瓷碗、沙包、铅球进水中,告诉学生它们也受到水的浮力,学生得出判断一个物体在水中是否受到浮力的产生式 $P_2$;之后由于概括化的作用,学生会将 $P_1$ 和 $P_2$ 概括为产生式 $P_3$,继而能对任何置于水中的固体是否受到浮力做出正确的判断。

**例1：**

P₁　如果　某固体置于水中
　　　　且该物浮于水面上
　　那么　判断该物受到水的浮力并说出"某物受到水的浮力"

P₂　如果　某固体置于水中
　　　　且该物沉于水下
　　　　判断该物受到水的浮力并说出"某物受到水的浮力"

P₃　如果　某固体置于水中
　　那么　判断该物受到水的浮力并说出"某物受到水的浮力"

不难发现，概括化正是通常我们所讲的"提供概念的若干正例（变式）以促进概念的学习"的心理基础。在模式识别的学习过程中，变式越充分、越典型，学习者通过概括化得到的概念的本质特征越准确，产生式的条件项越精炼，数量越少，进行判断和识别时就能越少受到概念的无关特征的影响。正例能够有效地促进概括化的进行，避免将"是"判断为"不是"。

分化与概括化相反，它是指对不同类的刺激做不同的反应的过程。分化导致产生式条件项的增加，使产生式的适用范围缩小。如教师在教"圆"的概念时，在黑板上画了许多大大小小、高高低低的圆和其他图形，由于这些图形都已经是在同一平面上，学生们在判断圆形时只注意"是否各点到圆心距离相等"这一条件上，直到教师拿来一个球，许多学生都认为它是一个圆并被教师纠正时，才意识到判断"圆"的必要条件中应加上一项"所有的点位于同一平面上"。可见，分化过程常常是通过反例来帮助实现的。反例的出现有利于提高模式识别中辨别和区分的准确度，避免将"不是"判断为"是"。

一般地，一项模式识别的学习过程依赖于概括化和分化的反复进行才能最后过渡到判断的迅速准确。正例和反例的运用在模式识别学习中是必不可少的。

（2）动作步骤学习的过程

动作步骤从陈述性知识转化为程序性知识经过了两个阶段：程序化和程序合成。

动作步骤的程序化过程使动作步骤的执行过程不再依赖于陈述性规则或顺序而能独立完成。这个目标要分两步来实现：① 第一步是建立规则和步骤的命题表征，将通过阅读、听讲或观察他人行为所获得的行为步骤以命题的方式贮存起来，以供学习者执行这些动作步骤时依顺序激活、作为指导和提示。② 第二步是将动作步骤的陈述性命题表征转化为程序性的产生式表征，并在执行动作步骤的过程中逐渐脱离陈述性命题的检索、提取和监控。动作步骤的程序化的全过程可以从小学生学习运算技能中得到清晰的体现。如学习分数加法时教师常常把分数加法的步骤依次写在黑板上，逐步讲解每步的意思，以帮助小学生建立这些步骤的陈述性规则并将它们正确的表征为命题，然后在例题示范中带领学生一边对照这些步骤，复述一步、计算一步，或者让学生回答"下一步该做什么？"，以帮助学生将命题转化为产生式表征。学生看过几个示范后，模仿教师一边默念步骤，一边按照步骤完成练习加以巩固。在练习之初，学生还常常需要在进行每一步之前认真对照前一步完成了没有，下一步该做什么，且稍一疏忽，就可能漏了一步，这是因为此时的产生式表征尚不稳定。经过反复练习，学生就可以不再依靠教师或自己的逐步提示，顺利地依次自动执行每个操作步骤，熟练地完成分数加法。

　　程序合成是指把若干个产生式合成为一个产生式,把简单的产生式合成为复杂的产生式。程序合成要求两个有关联的产生式同时进入工作记忆,并且一个产生式的行为项是另一个产生式的条件项,则此时保留前一产生式的条件项,将两个条件项的动作项按顺序合成为一个复杂的动作项,并通过大量练习使之成为一个巩固的技能组块。产生式的合并一方面因减少了产生式的数量而缩短了激活时间,另一方面也能减少工作记忆的负担,使复杂的动作步骤更为流畅。但是,这并不是说我们应该把所有能组合的产生式都合并在一起。因为产生式组合可能导致操作定势,使人固守一套解决问题的模式,缺少灵活性。因此,在学校教育中,对于那些最基础的、变化较少的、以后会大量成块使用的动作步骤才可以考虑其达到组合的程度,如基本的读、写、算等技能,以便于以后学习复杂的知识。而对于那些只在解决特殊问题时才需要组合在一起的动作步骤,应该使它们保持一定的独立性,这更有利于灵活地拆分和组合,增加运用这些技能的灵活性和变通性。

　　不难发现,不论是程序化过程,还是程序组合过程,都需要借助大量的练习和反馈才能得以实现。

　　4. 程序性知识的表征

　　程序性知识在头脑中是以产生式和产生式系统来表征的。产生式的一般形式是“如果(IF)……那么(THEN)……”。IF 是条件项,表征执行某动作步骤的前提条件;THEN是动作项,表征符合条件下所执行的相应操作步骤。如用于判断一个图形是否为圆形的程序性知识的产生式为:

**例 2:**

如果　图形是二维的
　　　且图形是封闭的
　　　且图形上各点距中心的长度相等

那么　判断该图形为圆形,并说出“这是圆”

　　正如命题可以通过共同的论题构成命题网络,并能通过该共同命题互相激活一样,产生式通过控制流互相联系,当产生式 1 的动作为产生式 2 的发生提供了条件时,控制流从产生式 1 流向产生式 2,互相联系的产生式构成产生式系统。下面的例 2 是产生式系统中的一个局部,表征的是分数加法的前三步:

**例 3:**

第一步　如果　目标是分数求和
　　　　　　　且已知两个分数
　　　　那么　先求两个分数的公分母

第二步　如果　目标是分数求和
　　　　　　　且已知两个分数
　　　　　　　且已知公分母
　　　　那么　用公分母去除以第一个分数的分母得商 1

第三步　如果　目标是分数求和
　　　　　　　且已知两个分数
　　　　　　　且已知公分母且已知商 1
　　　　那么　用商 1 乘以第一个分数的分子得积 1

对于形成产生式系统的各产生式而言,只要符合了第一个产生式的条件项,则后面的产生式会自动依次执行其动作项,直到所有的动作步骤完成并得出最后结果,即条件与动作间的联系熟练化之后,动作步骤无须意识过多的监察,可不占据工作记忆空间而快速运行。这就是为什么对于我们已经熟练的运算和操作,我们常常并不需要有意识地思索每一步该做些什么,而是顺理成章、流畅自如地完成整个任务的原因。

## 四、知识学习的一般心理过程

学习要求 ▶ 了解知识学习的一般心理过程

### (一)知识的获得

知识的获得是知识学习的第一阶段,在这个阶段,新信息进入短时记忆,与来自长时记忆系统的原有知识建立一定的联系,并纳入原有的认知结构,从而获得对新信息意义的理解。而要理解新信息的意义,首先必须获得充分的感性经验,其次必须对所获得的感性经验进行充分的思维加工,这是通过直观和概括两个环节来实现的。

### (二)知识的保持

指将所理解的知识保持长久的记忆。从记忆的过程来看,知识的巩固主要是通过识记和保持这两个环节来实现的。从认知心理学的角度来看,知识的巩固是知识贮存以及在贮存过程中进一步得到精加工,与更多的知识形成联系的过程。知识在保持过程中,如果不加以复习和运用,会发生遗忘性同化;如果经常得到复习和运用,则会加深对知识的理解程度,使已有的认知结构不断优化,同时也会增加运用知识的准确性和灵活性。

理解了的知识是以不同的形式被保持下来的,因为人类的记忆有不同的类型。形象记忆、词语逻辑记忆、情绪记忆和运动记忆是人类最基本的记忆类型。形象记忆存有事物的感性特征,以感知过的事物的具体形象为记忆内容;词语逻辑记忆用词的形式,以思想、概念或命题为记忆内容,具有概括性、理解性和逻辑性等特点,是人类特有的记忆;情绪记忆以个体体验过的某种情绪或情感为记忆内容;运动记忆以人们操作过的动作为记忆内容。

知识的保持对知识学习来说是必不可少的,它是知识积累的前提,理解之后的知识如果不能被积累和保持下来,边学边忘,则将学无所成。知识的保持与知识的理解相互依赖,缺乏理解的教材是难以保持的,没有保持的教材难以得到概括,妨碍对教材的理解。

### (三)知识的运用

知识的运用是指运用已有的知识去解决有关问题。作为知识掌握的阶段之一,知识的运用主要体现在学生在领会教材的基础上,提取所学的知识去回答相关问题或解决相关课题的过程中,也就是一个陈述性知识的激活与激活的扩展过程,或程序性知识的执行过程。一般而言,学生运用所学知识的主要目的是完成对知识的掌握,而不是直接参与社会实践领域中的某一活动,其内容也多是与理解该知识时教材上所出现的问题的同类课题,比如教师讲完新课之后的练习、作业等。知识的运用过程实质上也就是学习的迁移的过程。

知识的应用是在知识的理解和巩固的基础上进行的,它又可以检验知识的理解与巩固水平,同时还可以促进理解与巩固水平。

知识的应用主要经历了审题、联想、解析、类化四个基本环节。审题就是明确问题的目的和要求，了解已知和未知条件，在头脑中建立起问题的最初表征。联想就是以已形成的问题表征为提取线索，激活头脑中有关的知识结构，为理解和找出解决问题的方法做准备。解析就是分析已知条件与未知条件，确定问题的主要矛盾，寻找解决矛盾的条件和方法。类化就是概括当前问题与原有知识的共同本质特征，将所要解决的问题纳入原有的同类知识结构中去，对问题加以解决。

# 第二节　知识的获得

知识获得是知识学习的第一个阶段，这个阶段包括知识直观和知识概括两个环节。

## 一、知识直观

学习要求
▶ 识记知识直观的类型
▶ 结合实际评价提高知识直观效果的方法

### （一）知识直观的类型

直观是主体通过对直接感知到的教学材料的表层意义、表面特征进行加工，从而形成对有关事物的具体的、特殊的、感性的认识的加工过程。直观是理解科学知识的起点，是学生由不知到知的开端，是知识获得的首要环节。在实际教学过程中，主要有三种直观方式：

1. 实物直观

实物直观即通过直接感知要学习的实际事物而进行的一种直观方式。例如，观察各种实物、演示各种实验、到工厂或农村进行实地参观访问等都属于实物直观。

由于实物直观是在接触实际事物时进行的，它所得到的感性知识与实际事物间的联系比较密切，因此它在实际生活中能很快地发挥作用。同时，实物直观给人以真实感、亲切感，因此它有利于激发学生的学习兴趣，调动学习的积极性。

但是，在实际事物中，往往难以突出本质要素，想要"透过现象看本质"，具有一定的难度。例如，在观察实际的杠杆时，杠杆的外在特征很容易察觉，而支点、动力及动力作用线与动力臂、阻力及阻力作用线与阻力臂等有关杠杆的本质属性却难以突出。同时，由于时间、空间和感官特性的限制，许多事物难以通过实物直观获得清晰的感性的知识。例如，过于缓慢的动植物生长和过于迅速的化学反应都难以直接觉察；宏观的宇宙天体和微观的基本粒子由于过大或过小也不便直接感知。由于实物直观有这些缺点，因此它不是唯一的直观方式，还必须有其他种类的直观。

2. 模象直观

模象即事物的模拟性形象。所谓模象直观即通过对事物的模象的直接感知而进行的一种直观方式。例如，对各种图片、图表、模型、幻灯片和教学电影电视等的观察和演示，均属于模象直观。

由于模象直观的对象可以人为制作，因而模象直观在很大程度上可以克服实物直观的局限，扩大直观的范围，提高直观的效果。首先，它可以人为地排除一些无关因素，突出本质要素。例如,在用图解讲述杠杆时,可以排除其他情节,清楚地把支点、动力及动力作用线与动力臂、阻力及阻力作用线与阻力臂表示出来。其次,它可以根据观察的需要,通过大小变化、动静结合、虚实互换、色彩对比等方式扩大直观范围。例如,利用地图或模型,可以把某一地区的地形和地貌置于学生的视野之内(缩小);利用原子结构示意图,可以清楚地看到原子核与电子结构(放大);利用幻灯片或电影胶片,可以观察到动植物的缓慢生长过程(加快)和化学反应的快速运动过程(变慢)。正因为模象直观具有这些独特的优点,因此它已成为现代化教学的重要手段,是现代教育技术学研究的重要内容。

但是,由于模象只是事物的模拟形象,而非实际事物本身,因此模象与实际事物之间有一定距离。为了使得通过模象直观而获得的知识在学生的生活实践中发挥更好的定向作用,一方面应注意将模象与学生熟悉的事物相比较,同时在可能的情况下,应使模象直观与实物直观结合进行。

3. 言语直观

言语直观是在形象化的语言作用下,通过学生对语言的物质形式(语音、字形)的感知及对语义的理解而进行的一种直观形式。例如,在语文教学中,文艺作品的阅读、有关情景与人物形象的领会;在史地教学中,有关历史生活、历史事件和有关地形地貌、地理位置的领会,均少不了言语直观。

言语直观的优点是不受时间、地点和设备条件的限制,可以广泛使用;言语直观能运用语调和生动形象的事例去激发学生的感情,唤起学生的想象。但是,言语直观所引起的表象,往往不如实物直观和模象直观鲜明、完整、稳定。因此,在可能的情况下,应尽量配合实物直观和模象直观。

## (二)如何提高知识直观的效果

### 1. 灵活选用实物和模象直观

实物直观虽然真切,但是难以突出本质要素和关键特征;而模象直观虽然与实际事物之间有一定距离,却有利于突出本质要素和关键特征,因此,一般而言,模象直观的教学效果优于实物直观。

心理学家曾经研究过实物直观和模象直观对掌握花的构造的不同效果。该实验把学生分成能力相等的两组:一组为实物学习组,一组为挂图学习组。实物学习组的学生,实际到花园去观察各式各样花的构造;挂图学习组只在教室内根据放大了的挂图来学习花的构造。两组学习时间相等。事后以有关花的知识与实物辨认两种方式来测量两组的学习成绩。结果发现挂图学习组在两方面的成绩均较实物学习组为优。形成这一现象的主要原因就是实物学习组的学生受到过多无关刺激的干扰,不能从众多的刺激中发现事物的本质要素,不能很快地把握到要点。

以上实验说明模象直观一般比实物直观教学效果好。但是,这一结论只限于知识的初级学习阶段。当学习有了一定的基础后,由简化的情境进入实际的复杂情境,更多地运用实物直观,自然是必要的。我们强调的是先进行模象直观,在获得基本的概念和原理后再进行实物直观,比一开始就进行实物直观的学习效果好。

### 2. 加强词与形象的配合

为了增强直观的效果,不仅要注意实物直观和模象直观的合理选用,而且必须加强词与形象的结合。在形象的直观过程中,教师首先应提供明确的观察目标,提出确切的观察指导,提示合理的观察顺序。其次,形象的直观结果应以确切的词加以表述,以检验直观效果并使对象的各组成要素进行分化。再次,应依据教学任务,选择合理的词与形象的结合方式。如果教学任务在于使学生获得精确的感性知识,则词与形象的结合,应以形象的直观为主,词起辅助作用;如果教学任务在于使学生获得一般的、不要求十分精确的感性知识,则词与形象的结合方式可以采取词的描述为主,形象直观起证实、辅助作用。

3. 运用感知规律,突出直观对象的特点

要想在直观过程中获得有关的知识,首先必须注意和观察直观对象,而要想有效地观察直观对象,必须运用感知规律,突出直观对象的特点。

(1)强度律。指作为知识的物质载体的直观对象(实物、模象或言语)必须达到一定强度,才能为学习者清晰的感知。因此,在直观过程中,教师应突出那些低强度但重要的要素,使它们充分地展示在学生面前。

(2)差异律。指对象和背景的差异越大,越容易从背景中区分开来。在物质载体层次,应通过合理的板书设计、教材编排等方面恰当地加大对象和背景的差异;在知识本身层次,应合理地安排新、旧知识,使旧知识成为学习新知识的支撑点。

(3)活动律。指活动的对象较静止的对象容易感知。为此,应注意在活动中进行直观,在变化中呈现对象,要善于利用现代科学技术作为知识的物质载体,使知识以活动的形象展现在学生面前。

(4)组合律。指空间上接近、时间上连续、形状上相同、颜色上一致的事物,易于构成一个整体为人们清晰地感知。因此,教材编排应分段分节,教师讲课应有间隔和停顿。

4. 培养学生的观察能力

直观教学效果如何,主要取决于学生的观察能力。因此,为了更好地完成教学任务,必须认真组织和培养学生的观察能力。

观察前,必须让学生明确观察的目的和任务。只有这样,才能正确地组织学生的注意,使之指向和集中在所要观察的对象上。观察过程中,要认真培养学生观察的技能和方法,让学生把握合理的观察程序。一般说来,应先由整体到部分,再由部分到整体。观察后,要求学生做观察记录或报告。这一要求会大大促进学生观察的积极主动性,并使观察过程变得更认真。

5. 让学生充分参与直观过程

由于知识归根到底要通过学生头脑的加工改造才能掌握,因此,在直观过程中,应激发学生积极参与的热情,在可能的情况下,应让学生自己动手进行操作(如让学生参与制作标本、让学生自己制作图表),改变"教师演,学生看"的消极被动的直观方式。

## 二、知识的概括

学习要求　▶ 识记知识概括的类型
　　　　　　▶ 理解有效进行知识概括的方法

### (一)知识概括的类型

概括指主体通过对感性材料的分析、综合、比较、抽象、概括等深度加工改造,从而获得对一类事物的本质特征与内在联系的抽象的、一般的、理性的认识的活动过程。在实际的教学过程中,学生对于知识的概括因抽象程度不同存在两种类型,即感性概括和理性概括。

1. 感性概括

感性概括即直觉概括,它是在直观的基础上自发进行的一种低级的概括形式。例如,有的学生由于经常看到主语在句子的开端部位,因而就认为主语就是句子开端部位的那个词;有的学生看到锐角、直角、钝角等图形中都有两条交叉的线,就认为角是由两条交叉的线组成的。

从形式上看,感性概括是通过一定的概括得来的,是抽象的;而且从外延上看,它也涉及一类事物而非个别实物。但是从内容上看,它并没有反映事物的本质特征和内在联系,所概括的一般只是事物的外表特征和外部联系,是一种知觉水平的概括。

感性的、直觉的概括在中小学生中很常见,但由于这种概括不能反映事物的本质特征与内在联系,所以在学科知识的获得过程中不能仅仅依靠这种概括来完成学习任务,必须使学生掌握高级的理性概括的方式。

2. 理性概括

理性概括是在前人认识的指导下,通过对感性知识经验进行自觉的加工改造,来揭示事物的一般的、本质的特征与联系的过程。

理性概括是一种高级的概括形式,它所揭示的是事物的一般因素与本质因素,是思维水平的概括。所谓一般因素,指的是一类事物所共有的,不是个别或某些事物所特有的;所谓本质因素,即内在的而非表面的决定事物性质的因素。

总之,从感性概括中,只能获得概括不充分的日常概念和命题;只有通过理性概括,才能获得揭示事物本质的科学概念和命题。因此,在教学条件下,我们关注的是如何有效地进行理性概括的问题。

## (二)如何有效地进行知识概括

### 1. 配合运用正例和反例

概括的目的在于区分事物的本质要素和非本质要素,抽取事物的本质要素,抛弃事物的非本质要素。因此,教师在指导学生概括时,不仅要注意抽取本质的一面,也要注意抛弃非本质的一面。为此,必须配合使用概念或规则的正例和反例。

在实际的教学过程中,为了便于学生概括出共同的规律或特征,教学时最好同时呈现若干正例,以一个个的例子来说明。同时,如有可能,教师最好能利用机会把正反两种例证同时加以说明。这样,概念和规则的学习将更加容易。因为反例的适当运用,可以排除无关特征的干扰,有利于加深对概念和规则的本质的认知。例如,在教"鸟"的概念时,可以用麻雀、燕子作为正例,说明"前肢为翼,无齿有喙"是鸟的概念的本质特征;用蝙蝠作为反例,说明"会飞"是鸟的概念的无关特征。

### 2. 正确运用变式

理性概括是通过对感性知识的加工改造完成的,感性知识的获得是把握事物本质的基础和前提。因此,在教学实际中,要提高概括的成效,必须给学生提供丰富而全面的感性知识,必须注意变式的正确运用。

所谓变式,就是用不同形式的直观材料或事例说明事物的本质属性,即变换同类事物的非本质特征,以便突出本质特征。如在讲果实的概念时,不要只选可食的果实(如苹果、西红柿、花生等),还要选择一些不可食的果实(如橡树子、棉籽等),这样才有利于学生看到一切果实都具有"种子"这一关键属性,而舍弃其"可食性"等无关特征。又如,在讲惯性时,不仅要举固体的惯性现象,也要举液体和气体的惯性现象,这样学生才会形成"一切物体均有惯性"的正确观念,而不至于认为只有固体才有惯性。

在运用变式时,如果变式不充分,学生在对教材进行概括时,往往会发生两类错误:一类常见错误是把一类或一些事物所共有的特征看作本质特征。例如,在动物分类中,由于鲸和鱼类一样,都有生活在水里的共同特征,于是就把鲸列入鱼类。这种错误常常是由于把"生活在水里"当作鱼类的本质特征,不了解鱼类的本质特征是"用鳃呼吸"。另一类常见错误是在概括中人为地增加或减少事物的本质特征,不合理地缩小或扩大概念。例如,有的学生把直线看成是处于垂直或水平位置的线,而认为处于倾斜位置的线不是直线,这就是在直线的概念中,人为地增加了一个本质特征——空间位置,从而不合理地缩小了概念。又如,有的学生在掌握圆的概念时,只是抽取出"圆心"与"封闭曲线"这两个本质特征,而遗漏了"圆心到圆周各点距离相等"这一本质特征,把人为地标上所谓圆心的椭圆和不规则图形也看作圆,从而不合理地扩大了概念。

3. 科学地进行比较

概括过程即思维过程,也就是在分析综合的基础上进行比较,在比较的基础上进行抽象的概括。因而,区分对象的一般与特殊以及本质与非本质的比较过程,对于知识的概括具有非常重要的意义。

比较主要有两种方式:同类比较和异类比较。同类比较即关于同类事物之间的比较。通过同类比较,便于区分对象的一般与特殊、本质与非本质,从而找出一类事物所共有的本质特征。例如,为使学生获得"平原"这一地理概念,先让学生观察各种平原地带的图片和地图,然后要求他们去比较这些图片与地图上所见到的各个地带的特征,确定哪些是个别地带所特有的、变异着的无关特征,哪些是各个地带所共有的关键特征。经过这样的比较,学生就能概括出"地势平坦"是这些地带所共有的关键特征,而地面上的植物、沙漠、湖泊等是个别地方才有的,对平原地带来说是无关特征。异类比较即不同类但相似、相近、相关的事物间的比较。如对"重量"与"质量"、"压力"与"压强"、"岛"与"半岛"、"主语"和"谓语"等概念的比较。通过异类比较,不仅能使相比客体的本质更清楚,而且有利于确切了解彼此间的联系与区别,防止知识间的混淆与割裂,有助于知识的系统化。

4. 启发学生进行自觉概括

为了促进知识的获得,在实际教学情境中,教师应启发学生去进行自觉的概括,鼓励学生自己去总结原理、原则,尽量避免一开始就要求学生记忆或背诵。

教师启发学生进行自觉概括的最常用方法是鼓励学生主动参与问题的讨论。在讨论的时候,不仅要鼓励学生主动提出问题,而且要鼓励他们主动解答问题。即使在讨论初期,学生提出的问题可能不着边际,回答的方式未必中肯,但经过这一阶段之后,至少他们对所讨论的原则中包含的概念可先获得理解。教师如果在这个时候发现学生对原理中某一概念尚缺乏了解,那就说明学生对所学原理尚缺少一部分起点行为,教师必须在设法补足以后,再继续进行讨论。在讨论的过程中,教师应从旁辅导,但不宜直接代替学生匆匆作结论。

简言之,在概括过程中,教师应充分调动学生的思维,让他们自己去归纳和总结,从根本上改变"教师作结论,学生背结论"的被动方式。

# 第三节 知识的保持

## 一、知识的遗忘及其原因

**学习要求**
➤ 识记艾宾浩斯遗忘曲线
➤ 理解知识遗忘的理论解释

### （一）遗忘及其进程

虽然理论上信息可以在长时记忆系统中永久贮存,但在现实生活中,我们常常体验到知识的遗忘。对于遗忘发展的过程,德国心理学家艾宾浩斯最早进行了系统的研究。为了对结果进行数量分析并排除过去经验的干扰,他采用了无意义音节作为记忆材料。这种材料是由中间一个元音、两边各一个辅音构成的音节,如 XIQ、SUW 等。艾宾浩斯采取重学法(又称节省法)来检验记忆效果。他每次学习 8 组、每组 13 个无意义音节的字表,诵读到能连续两次无误背诵为止,并记录所需时间和诵读次数。然后,间隔不同的时间后进行重新学习,记录达到同样的背诵程度所需要的时间和诵读次数。然后比较两次学习所用的时间和诵读次数的差异,以重学比初学节省的时间或次数的百分数作为保持量的指标。其研究结果被绘制成曲线(图 6-3),这就是百余年以来一直被广泛引用的经典的艾宾浩斯遗忘曲线。

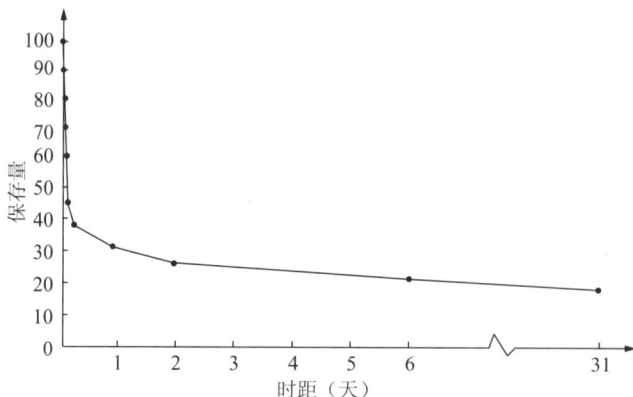

图 6-3 艾宾浩斯遗忘曲线

从图 6-3 中,我们可以看到,遗忘在学习之后立即开始,而且遗忘的过程最初进展得很快,以后逐渐缓慢;过了相当长的时间以后,几乎不再遗忘。也可以说,遗忘的发展是不均衡的,其规律是先快后慢,呈负加速型。

### （二）遗忘的理论解释

**1. 痕迹衰退说**

这是一种对遗忘原因的最古老的解释。按照这种理论,遗忘是由于记忆痕迹衰退引起的,消退随时间的推移自动发生。它起源于亚里士多德,由桑代克进一步发展。桑代克在其"练习律"中指出,习得的刺激—反应联结,如果得到使用,其力量会加强;如果失去使用,则联结的力量会减弱,以致逐渐消失。这实际上是用痕迹衰退说对遗忘所做的解释。尽管许多心理学家对痕迹衰退说提出了种种怀疑,并设计了大量实验来否认痕迹衰退说。但至今没有可靠的证据表明神经系统中留下的记忆痕迹可以永久保持而不会衰退,并且记忆痕迹随时间的推移而逐渐消退的观点也符合事物的发生、发展和衰亡的一般规律,所以痕迹衰退仍然被认为是导致遗忘的原因之一。

2. 干扰说

现在,大多数心理学家认为,长时记忆中信息的相互干扰是导致遗忘的最重要原因。干扰说认为,遗忘是由于在学习和回忆之间受到其他刺激干扰的结果,一旦排除了干扰,记忆就可以恢复。在保持期间,如果没有其他信息进入记忆系统,则原有的信息不会遗忘。这种遗忘理论得到了大量实验的支持,近一个世纪以来它一直占据着统治地位。研究表明,干扰主要有两种情况,即前摄抑制和倒摄抑制。所谓前摄抑制,是指前面学习的材料对识记和回忆后面学习材料的干扰;倒摄抑制指后面学习的材料对保持和回忆前面学习材料的干扰。前摄抑制和倒摄抑制在许多记忆实验中,都获得了强有力的证据。在其他条件相等的情况下,一个学习材料的两端的项目学习快、记忆得牢一些,而中间部分的项目总是学得慢、记得差一些。中间部分的记忆效果之所以较差,可能是由于同时受到前摄抑制和倒摄抑制双重干扰;而最前部与最后部的记忆效果之所以较好,可能是由于仅受到倒摄抑制或前摄抑制的干扰。

3. 同化说

奥苏贝尔根据他的有意义接受学习理论,对遗忘的原因提出了一种独特的解释。他认为,干扰说是根据机械学习的实验提出来的,只能解释机械学习的保持与遗忘,不能解释有意义学习的保持与遗忘。奥苏贝尔认为,在真正的有意义学习中,前后相继的学习不是相互干扰而是相互促进的,因为有意义学习总是以原有的学习为基础,后面的学习则是前面的学习的加深和补充。遗忘就其本质来说,是知识的组织与认知结构简化的过程。当我们学到了更高级的概念与规律以后,高级的观念可以代替低级的观念,使低级观念遗忘,从而简化了认识并减轻了记忆。这是一种积极的遗忘。但在有意义学习中,或者由于原有知识结构不巩固,或者由于新旧知识辨析不清楚,也有可能以原有的观念来代替表面相同而实质不同的新观念,从而出现记忆错误。这是一种消极的遗忘,教学中必须努力避免。

4. 动机说

动机性遗忘理论认为,遗忘是因为我们不想记,而将一些记忆信息排除在意识之外,由于它们太可怕、太痛苦或有损自我的形象。这一理论最早由弗洛伊德提出。他在给精神病人施行催眠术时发现,许多人能回忆起早年生活的许多琐事,而这些事情平时是回忆不起来的。它们大多数与罪恶感、羞耻感相联系,因而不能为自我所接纳,故不能回忆。也就是说,遗忘不是保持的消失而是记忆被压抑,故这种理论也叫压抑理论。

总之,遗忘的原因是多方面的。上述每一种理论都能解释部分的遗忘现象,但不能解释所有的遗忘现象。因此对于遗忘的原因,应当把上述几种理论综合起来加以解释。

## 二、运用记忆规律，促进知识保持

**学习要求** ▶ 结合实际理解促进知识保持的方法

### （一）深度加工材料

认知心理学研究表明，如果人们在获得信息时对它进行深度加工，那么这些信息的保持效果就可以得到提高，并有利于信息的提取和回忆。所谓深度加工，是指通过对要学习的新材料增加相关的信息来达到对新材料的理解和记忆的方法，如对材料补充细节、举出例子、做出推论，或使之与其他观念形成联想。例如，有人曾用英语材料做过这样一个实验：要求 A 组回答呈现的词是大写或小写的问题；要求 B 组回答呈现的词是否与给定的词押韵的问题；要求 C 组回答呈现的词是否在给定的句子中适合的问题。每个词呈现 1/5 秒，然后进行回忆与再认测验。结果 C 组的回忆成绩比其他两组约高出 2 倍，而 A、B 两组的成绩与 C 组相差更大，原因就在于 A、B 两组只要对词的音和形进行了表面加工，而 C 组对词的意义进行了深层加工。

### （二）有效运用记忆术（详见第八章第二节）

记忆术是运用联想的方法对无意义的材料赋予某些人为意义，以促进知识保持的策略。有人在利用记忆术帮助记忆外语单词的研究中创设了"关键词方法"，即在记忆外语单词时先在本族语言中找一个读音与外语类似，且能产生有趣联想的词。如英文的"vacation"（假期，度期）一词，可以用汉语"我开心"做关键词。两者读音相似，又可以产生"去度假，我开心呀！"的联想，这样"vacation"一词很容易记住了。

### （三）进行组块化编码

所谓组块化，指在信息编码过程中利用贮存在长时记忆系统中的知识经验对进入到短时记忆系统中的信息加以组织，使之成为人所熟悉的有意义的较大单位的过程。组块可以是一个字母、一个数字、一个单词、一个词组，甚至是一个句子。组块的方式主要依赖于人们过去的知识经验。例如，"认知心理学"5 个字对于根本不懂心理学的人来说，是 5 个组块；对稍懂心理学的人来说，是 2 个组块（认知、心理学）；而对心理学家来说，则只是 1 个组块。再如，有这样一列数字：18511921183919371949 1935，如果把它看成孤立的数字来记忆，是 28 个组块，远远超过了短时记忆的容量。但熟悉中国历史的人可以把它组块划为 1851、1921、1839、1937、1949、1935，把它看作中国近代史上的重要年代，则只有 7 个组块，就很容易记住了。

### （四）适当过度学习

所谓过度学习，指在学习达到刚好成诵以后的附加学习。如读一首短诗，某人学习 10 分钟或诵读 10 遍就刚好能背诵，在能够背诵之后增加的学习（如再读 5 分钟或再读 5 遍）便是过度学习。在日常教学中，一般教师都知道，对于本门学科的一些基本概念、基本原理的学习，仅仅达到刚能回忆的程度是不够的，必须在全面理解的基础上达到牢固熟记的程度。例如，加减九九表中的 162 个数量关系是加减运算的基础，对于这些数量关系的记忆必须达到"滚瓜烂熟"，可以不假思索"脱口而出"的程度；对于乘法大九九表中的 81

个数量关系也应做如此要求,这些都是实际教学中过度学习的例证。当然,过度学习并不意味着复习次数越多越好。研究表明,学习熟练程度达到 150% 时,记忆效果最好;超过 150% 时,效果并不递增,很可能引起厌倦、疲劳等而成为无效劳动。

### (五)合理进行复习

1. 及时复习

艾宾浩斯遗忘曲线表明,在学习 20 分钟以后,知识就被遗忘了 42%;一天以后,遗忘就达到了 66%。如果过了很长时间,直到考试前才复习,就几乎等于重新学习了。所以,新学习的材料一定要注意及时复习,至少要在当天加以复习,以减缓遗忘的进程。正如一位教育家所说的,要及时"巩固建筑物",而不要"在建筑物崩溃之后才去修补。"

2. 分散复习

分散复习是相对于集中复习而言的。集中复习就是集中一段时间一次性重复学习许多次,分散复习就是每隔一段时间重复学习一次或几次。对于大多数学习而言,分散复习的效果优于集中复习,因为分散复习可以降低疲劳感,可以减少前摄抑制和倒摄抑制的影响。因此,教师在教学中应该鼓励学生进行分散复习,不要等到考前集中算"总账"。

### (六)反复阅读结合尝试背诵

研究表明,反复阅读结合尝试背诵的效果优于单纯的重复阅读。单纯的重复阅读的记忆效果之所以不如反复阅读结合尝试背诵,主要在于前者不利于及时发现学习中的薄弱点,因而在重复学习时有一定的盲目性;而后者则可以及时发现学习中的薄弱点,从而在重复学习时,便于集中注意,有针对性地加强薄弱点的学习。因此,教师在教学(如英语、语文)中应注意教育学生在阅读过程中,边阅读边背诵,将阅读与背诵交替进行。

## 本章总结

1. 知识与知识学习。知识的定义有狭义和广义之分;知识的分类有我国心理学家和当代认知心理学家的分类;陈述性知识和程序性知识的内涵、类型、学习过程、表征方式等方面各有不同;知识学习的一般心理过程包括知识的获得、保持和运用。

2. 知识的获得。知识获得是知识学习的第一个阶段,这个阶段包括了知识直观和知识概括两个环节。知识直观有三种方式,即实物直观、模象直观、言语直观;提高知识直观的效果的方法有灵活选用实物和模象直观、加强词与形象的配合、运用感知规律,突出直观对象的特点以及培养学生的观察能力,让学生充分参与直观过程。知识的概括存在着两种类型,即感性概括和理性概括;有效地进行知识概括的方法有配合运用正例和反例、正确运用变式、科学地进行比较和启发学生进行自觉概括。

3. 知识的保持。艾宾浩斯遗忘曲线揭示,遗忘的发展是不均衡的,其规律是先快后慢,呈负加速型;遗忘的理论解释有痕迹衰退说、干扰说、同化说和动机说;运用记忆规律,促进知识保持的方法有深度加工材料、有效运用记忆术、进行组块编码、适当过度学习、合理进行复习以及反复阅读与尝试背诵相结合。

## 思考与练习

### 一、单项选择题

1. 概括出同类事物的共同的本质特征,这种思维形式是( )。

A. 判断        B. 推理        C. 概念        D. 比较

2. 掌握若干概念之间关系的学习称为( )。

A. 符号学习      B. 概念学习      C. 命题学习      D. 规则学习

3. 知道"三角形的内角和等于180°",属于( )。

A. 策略性知识     B. 陈述性知识     C. 条件性知识     D. 程序性知识

4. 利用各种图片、模型、幻灯片及教学电影电视等进行的直观教学形式称为( )。

A. 形象直观      B. 实物直观      C. 模象直观      D. 言语直观

5. 带领学生深入工厂或农村进行实地参观访问的直观教学形式为( )。

A. 形象直观      B. 言语直观      C. 模象直观      D. 实物直观

6. 掌握同类事物的共同的关键特征和本质属性的学习称为( )。

A. 符号学习      B. 概念学习      C. 命题学习      D. 规则学习

7. 教师在书写板书时,要求尽量用白色粉笔,所依据的感知规律是( )。

A. 强度律       B. 差异律       C. 活动律       D. 组合律

8. 个人能用言语进行直接陈述的知识,主要用来回答事物是什么、为什么和怎么样的问题,用来区别和辨别事物的知识称为( )。

A. 感性知识      B. 理性知识      C. 陈述性知识      D. 程序性知识

9. 对遗忘原因的一种最古老的解释理论是( )。

A. 消退说       B. 干扰说       C. 同化说       D. 动机说

10. 教师在讲课时要求有必要的走动和手势,以增强学生感知的效果,所依据的感知规律是( )。

A. 强度律       B. 差异律       C. 活动律       D. 组合律

11. 个体难以清楚陈述、只能借助于某种作业形式间接推测其存在的,主要用来解决"做什么"和"怎么做"问题的知识称为( )。

A. 感性知识      B. 理性知识      C. 描述性知识      D. 程序性知识

12. 教师在讲课过程中声音要求要洪亮,所依据的感知规律是( )。

A. 强度律       B. 差异律       C. 活动律       D. 组合律

### 二、填空题

1. 依据现代认知心理学的观点,知识是个体通过与环境相互作用后获得的_____及其_____。

2. 著名的信息加工心理学家安德森于1976年把知识分为_____知识和程序性知识两类。

3. 一般而言,_____知识需要借助于某种作业形式间接推测。

4. 奥苏贝尔把陈述性知识视为有意义的学习,将其分为三类:_____、概念学习和_____。

5. 根据加涅的观点,程序性知识包括_____和_____两个亚类。

6. 直观教学的形式主要有_____、模象直观、_____。

7. 艾宾浩斯遗忘曲线揭示的遗忘规律为:遗忘的速度是不均衡的、_____。

8. 用不同形式的直观材料或事例说明事物的本质属性,即变换同类事物的非本质特征,以便突出本质特征的教学形式称为_____。

9. 根据干扰理论,产生遗忘的干扰主要有_____和_____。

10. 在信息编码过程中,利用储存在长时记忆系统中的知识经验对进入到短时记忆系统中的信息加以组织,使之成为人所熟悉的有意义的较大单位的过程,称为_____。

11. 比较的形式主要有_____和_____。

### 三、名词解释

知识 陈述性知识 程序性知识 知识的表征 同化 产生式
模式识别学习 言语直观 感性概括 艾宾浩斯遗忘曲线 变式

### 四、简答题

1. 试述程序性知识与陈述性知识的区别与联系。

2. 简述如何培养学生的观察力。

3. 简述遗忘规律。

4. 简述如何利用感知的基本规律,提高直观教学的效果。

5. 简述如何有效进行知识概括。

6. 简述合理进行复习的要求。

### 五、论述题

1. 运用记忆规律,谈谈如何促进知识的保持。

2. 联系实际,谈谈三种直观教学形式的优缺点。

# 第七章
## 技能的学习

本章要点

> ➤ 技能概述　　　　　　　　　　　操作技能的教学要求
> 　技能及其特点　　　　　　　➤ 心智技能的形成
> 　技能的种类　　　　　　　　　有关心智技能形成的阶段理论探讨
> 　技能的作用　　　　　　　　　心智技能形成的阶段
> ➤ 操作技能的形成　　　　　　　心智技能的培养要求
> 　操作技能形成的阶段

## 第一节　技能概述

现代社会要求公民具有丰富的知识,高度发展的心智技能,还要求他们掌握熟练的操作技能。因此,学校培养的学生,不仅要善于"动脑",也要善于"动手",以适应现代社会的需要。中国的传统教育不重视技能学习,近代社会的技能训练,多在职业学校里进行,普通教育虽然已经开始重视,但不够普及。20 世纪 70 年代后,有些国家制定了技能教学大纲,如日本设立的"小学学习技能大纲",但我国目前还没有形成一个完整的技能教学体系。心理学对技能的研究主要是在操作技能方面,现在对更为复杂的心智技能如阅读技能、运算技能也进行研究。

### 一、技能及其特点

**学习要求** ➤ 识记技能及其特点
➤ 举例说明各种操作技能和心智技能

《心理学大词典》中技能的定义是:"个体运用已有的知识经验,通过练习而形成的智力动作方式和肢体动作方式的复杂系统。"《教育大词典》的技能定义是:"主体在已有知识经验的基础上,经练习形成的某种任务的活动方式。"现在一般认为,技能是通过练习而形成的合乎法则的活动方式。它具有如下几个基本特点:

第一,技能是通过练习而形成的,不是本能的行为。技能是在后天的不断学习的过程中逐步形成和完善起来的,而不是通过遗传而来的。

116

第二,技能是一种活动方式,是由一系列动作及其执行方式构成的,不是认知经验的知识。知识的学习使学生理解事物"是什么",技能的学习使学生学会"如何去做"。例如,学生掌握了有关数的概念和四则运算规则的知识后,只是知道了四则运算是什么;学生通过练习学会了如何进行四则运算,才是掌握了四则运算技能。

第三,技能中的各动作要素和执行顺序要合乎活动本身的客观法则的要求,不是一般的习惯动作。习惯是自然习得的,可能符合客观法则,也有可能不符合;而技能是通过系统的学习和练习而形成的,是在主客体相互作用的基础上,通过经验的不断内化而形成的。

## 二、技能的种类

学习要求　▶ 识记两种技能的特点

对技能进行分类有助于深入认识技能的结构和特点,能为有效形成技能提供依据。根据技能的性质和表现形式,通常把技能分成操作技能和心智技能两种。

### （一）操作技能

操作技能也叫动作技能、运动技能,是通过练习而形成的合乎法则的操作活动方式。日常生活中很多技能都是操作技能,例如,如何使用筷子,如何骑自行车,音乐活动方面的吹拉弹唱,体育方面的体操、球类和田径等。

操作技能具有自身的特点。① 从动作所活动的对象上看,操作技能的活动对象是物质性物体或肌肉,具有客观性。② 从动作的进行来看,操作技能的动作执行是通过肌肉运动实现的,具有外显性。③ 从动作的结构来看,操作活动的每个动作要切实执行,不能合并省略,具有展开性。

按操作执行所需的肌肉运动的幅度与强度来划分,操作技能可以区分为精细运动技能和大运动技能两类。前者由小肌肉群的运动来实现,如吃饭、写字时的手部动作技能;后者则由大肌肉群的运动来实现,如跑步、跳绳等运动中的动作技能。

按操作的连续性来分,又可分为连贯型操作技能和断续型操作技能两类。前者由一系列连续动作组成,如跑步、游泳、艺术体操等动作中表现出来的动作技能;后者则由一系列不连续的动作组成,如投掷铅球、射击、立定跳远等动作中表现出来的动作技能。

按操作的执行控制机制来分,还可分为闭合型操作技能和开放型操作技能两类。前者也可称为内循环型操作技能,其执行靠内反馈(生物反馈)信息控制,如射击、举重等;后者也可称为外循环型操作技能,其执行靠外反馈信息控制,如球赛中表现出来的动作技能。

大家都有共同的经验:运动技能一经学会以后,便不易遗忘。如学会了游泳和骑自行车的人,过了若干年以后,虽未经练习,其技能似乎基本上保持不变。弗雷西门和派克曾做过相关研究,研究结果表明,被试对技能不易遗忘,有的被试对技能虽有少量遗忘,但经6分钟练习后,便完全恢复。为什么操作技能不易遗忘呢? 原因可能如下:① 运动技能是经过大量的练习之后获得的。运动技能的学习过程中有大量的过度学习。一般来说,经过过度学习的任务是不易遗忘的。② 许多运动技能是以连续任务的形式出现的。连续的任务相对简单,不易遗忘。如果运动技能是由许多完全不同的孤立的动作成分构成的,有人估计,其遗忘的程度大致会同言语材料的遗忘程度相近。③ 动作技能不同于言语知识,它的保持高度依赖小脑和脑低级中枢,而这些中枢可能比脑的其他部位有更大的保持动作痕迹的能量。

### (二)心智技能

心智技能又称为认知技能、智力技能或智慧技能,是通过练习而形成的合乎法则的心智活动方式。阅读技能、运算技能等都是常见的心智技能。

心智技能自身有这样三个特点:① 就心智技能对象而言,心智技能活动的对象是客体在人脑中的主观映象,是客体事物的主观表征,是知识、信息。心智技能一种观念活动,如法则、规则运用自如。因此心智技能具有观念性。② 就心智技能的进行而言,心智活动的执行既不像操作活动那样以外显的形式通过肢体运动来实现,也不像言语活动那样可以借助于言语器官或口腔肌肉的运动信号觉察活动的存在,它是借助于内部言语在头脑内部默默地进行的,只能通过其作用对象的变化而判断其存在,因此心智技能具有内潜性。③ 就心智技能结构而言,心智活动不像操作活动那样必须将每一个动作实际做出,也不像外部言语那样必须把每个字词一一说出,而是不完全的、片断的,是高度省略和简化的,因此心智技能具有简缩性。

认知技能根据运用的领域的不同,可以分为专门的认知技能和一般认知技能两种。专门的认知技能是在专门的认知活动中形成并得以运用的技能,如学习技能中的阅读、写作和运算技能都属于基本的专门认知技能。小学阶段是学习技能发展的基础阶段,小学阶段这些技能发展的水平达到何种程度对今后这些专门技能的发展有重要的影响。一般认知技能是在一般的认知活动中形成并得以普遍运用的技能,具有概括性和通用性,例如观察技能、比较技能以及分析问题的技能等等。专门技能和一般技能两者不是截然分开的,是相互渗透相互交织在一起的。小学生一般技能的形成是专门技能获得的基础,专门技能的发展又能促进一般技能的提高。

R.M.加涅的智慧技能层次论把智慧技能分为五个亚类:① 辨别,指区分事物之间的不同点,如区分字母 b、d、p、q,汉字已、己、巳。② 具体概念,指识别具有共同特征的同类物体,如把大小、厚薄、封面颜色和图案不同的书,都看作"书"。③ 定义性概念,即运用概念的定义特征对事物分类,如把 2、3、7、11、17、19、23 等数分成质数一类,把 4、6、9、10、12、14、15、16、18、20、21 等数分为合数一类。④ 规则,指运用单一规则办事,如用公式 $S = \pi r^2$,计算 r 为 15 cm 的圆的面积。⑤ 高级规则是指同时运用几条规则办事。加涅进一步提出五种智慧技能的习得存在着如下的层次关系:高级规则学习以简单规则学习为先决条件,规则学习以定义性概念学习为先决条件,定义性概念学习以具体概念学习为先决条件,具体概念学习以知觉辨别为先决条件。这是加涅的智慧技能层次论的核心思想。加涅的智慧技能层次论认为,所谓智慧技能,其核心成分是概念和规则的运用。加涅的智慧技能层次论是人类历史上第一次明确地用知识来解释智慧技能的尝试。

现代认知心理学对何谓心智技能存在着较大的争议,其关键在于如何区分心智技能与学习策略(认知策略)。根据 R.M.加涅的观点,心智技能与学习策略都属于程序性知识的范畴,其区别在于前者的作用是对外办事,后者用于对内调控。

R.M.加涅的女儿 E.D.加涅根据自动化程度(自动与受控)对程序性知识进行了进一步的研究。她认为,有些程序性知识经过不断的练习,可以达到高度自动化程度,如作为人的基本素质的读、写、算等。当这样一些程序性知识支配人的行为时,知识就转化成了自动化的技能。有些程序性知识即使经过了长期的练习,也很难以自动化,需要受意识控制,如阅读与解题的方法和步骤。若这样一些方法和步骤支配人的阅读、解题的认知活动,提高了人的认知活动效率,则这些知识就转化成了学习策略。

我们把以程序性知识为基础,经过学习和训练能达到高度自动化的、不受意识明显控制的认知活动,界定为心智技能;把明显受意识控制的程序性知识,界定为认知策略。

### (三)操作技能和心智技能的关系

在学生的学习中,操作技能的学习往往是与心智技能的学习交织在一起的。例如,儿童在语文课上要学习书写动作技能和心智技能;在数学课上要学习使用仪器、工具并形成运算、推理等心智技能;在音乐课上要学习演奏乐器的操作技能和心智技能;在体育课上则更加要偏重身体运动技能的训练,但也离不开运动方面的心智技能的培养。学校教师不仅要知道学生的文化知识和智慧技能的获得过程,也要懂得运动技能形成的过程与特点,这样才能有效地指导学生的运动技能学习。

## 三、技能的作用

学习要求 ▶ 了解技能的作用

技能可以控制动作的执行顺序和执行方式,从而可以使个体的活动表现出稳定性、灵活性,能够适应各种变化的情境。技能是合法则的活动方式,不是一般的随意动作或无规则的动作,正是由于这种特性,它能够对活动进行调节与控制。

技能还是获得经验、解决问题、变革现实的前提条件。经验获得的过程是通过一系列的心智动作实现的。通过心智活动,对感性经验进行加工,形成更高级的理性经验。技能调节着经验获得的过程,决定着经验获得的速度、水平,是经验获得的手段。解决问题的过程也包含着一系列的心智活动和外部操作活动,从形成问题表征、确定问题的性质与类型、探索解决问题的可能的方法、到实施解决问题的方案,都是通过各种心智与操作动作实现的。而合乎法则的心智与操作技能保证了问题的顺利解决,也达到了变革现实的目的。

## 第二节 操作技能的形成

### 一、操作技能形成的阶段

学习要求 ▶ 结合实例理解操作技能形成的四阶段及各阶段动作特点

通过分析操作技能形成过程中的动作特点,综合有关研究以及教学情境,一般认为操作技能的掌握过程分为操作定向、操作模仿、操作整合与操作熟练四个阶段。例如,我们骑自行车的技能形成过程就经历了这四个阶段。

### （一）操作的定向

1. 操作定向的含义

操作定向即了解操作活动的结构与要求，其中包括对动作成分、动作顺序以及动作执行方式的认识，知道做什么与怎么做，使主体在头脑中建立起有关活动方式的认知结构，在头脑中建立起操作活动的定向映象，从而确立活动的初步调节机制。例如，初学骑自行车，我们要知道学骑车的动作基本结构、基本要求和学习结果等，这就形成了骑自行车的动作定向。有了这种定向映象，学习者在以后实际操作时就可以受到该映象的调节，知道做什么、怎么做。有研究表明，活动的定向基础不同，对活动方式形成的速度、质量及迁移有重要影响。

在教学过程中，活动的定向基础往往是通过教师对活动方式的示范与讲解和学生的观察与思考来完成的。为提高活动的定向基础水平，在活动方式的传递过程中，教师必须注意提高学生活动定向基础的概括性、完整性和独立性。

2. 操作活动的定向映象

在操作定向阶段形成的定向映象应包括两方面：一是有关操作动作本身的各种信息，即对操作活动的结构要素及其关系的认识和对操作活动方式的认识等；二是与操作技能学习有关或无关的各种内外刺激的认识与区分，如有哪些反馈信息可以利用，哪些刺激容易引起分心等。

### （二）操作的模仿

1. 操作模仿的含义

操作模仿即实际再现出特定的动作方式或行为模式。例如，初学骑自行车，我们在骑行时力图保持平衡，用力往前蹬，这就是骑车动作的最初模仿。个体在定向阶段了解了一些基本的动作机制，而在模仿阶段则试图尝试做出某种动作。模仿的实质是将头脑中形成的定向映象以外显的实际动作表现出来，把有关动作的认知表征为实际动作动觉信息。因此，模仿是在定向的基础上进行的。这首先要求有关动作的经验在主体的反应发生机构中重新编码，使有关信息调节肌体效应器的活动做出相应的肌体运动。肌体效应器的活动状态通过返回传入，使主体获得动觉信息，从而充实活动的定向映象，确立活动的直接控制机制。缺乏定向映象的模仿是机械的模仿；就有效的操作技能的形成而言，模仿需要以认知定向为基础。

在教学过程中，动作的模仿是通过教师的指导和学生的独立练习实现的。在动作的模仿训练过程中，要使主体的各个运动成分符合动作要领，注意提高主体对其动觉的自我意识水平。在掌握复杂活动方式时，动作的模仿宜于分解练习，以便提高各个运动成分的准确性。

2. 操作模仿阶段的动作特点

（1）动作品质。动作的稳定性、准确性、灵活性较差。

（2）动作结构。各个动作要素之间的协调性较差，互相干扰，常有多余动作产生。

（3）动作控制。主要靠视觉控制，动觉控制水平较低，不能主动发现错误与纠正错误。

（4）动作效能。完成一个动作往往比标准速度要慢，个体经常感到疲劳、紧张。

## （三）操作的整合

1. 操作整合的含义

操作整合即把模仿阶段习得的动作固定下来，并使各动作成分相互结合，成为定型的、一体化的动作。例如，学骑自行车时有很多分解动作，如骑行、上车、下车、刹车等，各个分解动作练习结束后，把各个分解动作结合起来，力图一气呵成，这就是骑车动作的整合。学习者在模仿阶段只是初步再现出定向阶段所提供的动作方式，只有通过整合，各动作成分之间才能协调联系，动作结构才逐步趋于合理，动作的初步概括化才得以实现。动作整合主要要求主体确立系列动作的执行顺序，从而形成动力定型，使整个活动方式一体化。

在教学过程中，动作的整合是通过主体对活动的整体练习实现的。训练中要注意排除多余动作，注意动作间的合理联结，并使这种联结定型化，形成合乎法则的顺序定型。

2. 操作整合阶段的动作特点

（1）动作品质。动作可以表现出一定的稳定性、精确性和灵活性，但当外界条件发生变化时，动作的这些特点都有所降低。

（2）动作结构。动作的各个成分趋于分化、精确，整体动作趋于协调、连贯，各动作成分间的相互干扰减少，多余动作也有所减少。

（3）动作控制。视觉控制不起主导作用，逐渐让位于动觉控制。肌肉运动感觉变得较清晰、准确，并成为动作执行的主要调节器。

（4）动作效能。疲劳感、紧张感降低，心理能量的不必要的消耗减少，但没有完全消除。

## （四）操作的熟练

操作或动作是可以观察的外显活动，其执行的速度、精确性、力量或连贯性均可以测量。心理学家总是将达到较高速度、精确性、轻松、连贯的操作或动作称为熟练的操作或熟练的动作。熟练的操作是技能获得的标志。

1. 操作熟练的含义

操作的熟练指所形成的动作方式对各种变化的条件具有高度的适应性，动作的执行达到高度的完善化和自动化。例如，一个骑自行车 20 年的人骑车时，动作娴熟，几乎达到自动化，即达到了操作熟练程度。自动化并非无意识，而是指它的执行过程不需要意识的高度控制，可以将注意分配于其他活动。操作的熟练的内在机制是在大脑皮层中建立了暂时神经联系的动力定型，即大脑皮层的概括的、巩固的暂时神经联系。

在教学活动中，为了使操作技能达到熟练水平，在练习中要不断变更条件，改进执行方式，提高活动的速度和准确性。还要合理分配练习时间，改进练习的组织形式，以提高练习效能。

2. 操作熟练阶段的动作特点

（1）动作品质。动作具有高度的灵活性、稳定性和准确性，在各种变化的条件下都能顺利完成动作。

（2）动作结构。各个动作之间的干扰消失，衔接连贯、流畅，高度协调，多余动作消失。

（3）动作控制。动觉控制增强，不需要视觉的专门控制和有意识的活动，视觉注意范围扩大，能准确地觉察到外界环境的变化并调整动作方式。

（4）动作效能。心理消耗和体力消耗降至最低，表现在紧张感、疲劳感减少，动作具有轻快感。

## 二、操作技能的教学要求

**学习要求** ▶ 结合实践运用操作技能的教学要求

### （一）准确地示范与讲解

示范可以促进操作技能的形成，示范的有效性取决于许多因素，如示范者的身份、示范的准确性、示范的时机等。

言语讲解在技能形成过程中也起到重要的作用。进行讲解与指导时，要注意言语的简洁、概括与形象化；不仅要讲解动作的结构与具体要求，也要讲解动作所包含的基本原理；不仅要讲解动作的物理特性，也要指导学生注意、体验执行动作时肌肉的运动知觉。

示范、讲解在操作技能形成过程中是不可缺少的，准确的示范与讲解有利于学习者不断地调整头脑中的动作表象，形成准确的定向映象，进而在实际操作活动中可以调节动作的执行。

要促进动作技能的获得要注意学习者对所示范和讲解的运动技能理解的正确性。汤姆森曾对不同的演示方法做过比较研究，他将被试分成五组，分别学习装配锯齿形的七巧板。主试先给被试不同的指导，然后由被试独立拼成，直至没有错误为止。不同组的指导条件是不同的。唯有第5组示范者除了说出所示范的东西外，还纠正学生讲述中的错误，结果这组的学习效果最好。这个实验说明，在学习运动技能的认知阶段，教师要使学生注意观察并理解他所示范的运动技能。

另外，要促进动作技能的获得，还要注意示范和讲解的有效性。在班级授课的条件下，学生常为40～50人。教师的讲解与示范很难做到使每个学生都注意到。即使学生都注意听与看，也很难说每个人都理解了。在人数较多，尤其是学生纪律又不够好的情形下，一般化的动作技能的教学效果往往不好。例如，一所中学里的一位体育老师教了几个学期，却没有能将学生的队列操训练好。后来，一位班主任老师从外校请来一批队列操出色的高年级小学生到他所领导的班级进行训练，没有花很多时间，效果极为显著。其原因是：第一，班主任亲自抓队列操，学生一般很重视，能够集中注意力；第二，大量小教练帮助训练，讲解与示范可以做到个别化；第三，学生观察或理解有错误，可以立即得到纠正。

### （二）必要而适当的练习

练习是形成各种操作技能所不可缺少的关键环节，通过进行不同形式的练习，可以使个体掌握某种技能。一般来说，技能随练习量的增加而提高的，也就是说随着练习次数的增多，作业的精确性、速度、协调性等会逐步提高。不同被试的练习曲线有显著差异，但也有一些共同特点：第一，开始进步快。这是因为开始阶段，是一个由不会到会的质变过程，因此表现出进步很快。第二,中间有一个明显的、或长或短的停顿期(即高原期)。第三,后期进步慢。在高原期后,仍会出现进步,但速度明显变得缓慢。第四,总的趋势是进步,但有时还会有暂时的退步。

为了促进操作技能的形成,过度学习是非常必要的。但值得注意的是,并非过度学习的量越大越好,过分的过度学习甚至可能导致相反的结果,使个体疲劳、没有兴趣,使错误动作定型化等。

采取何种练习方式也直接影响着操作技能的学习。练习方式有多种,根据练习时间分配的不同有集中练习与分散练习,一般地说,分散练习(例如需要 10 小时练习的任务分配在 20 天内进行,每天练习半小时)的效果较好,不易疲劳。根据练习内容的完整性的不同有整体练习与局部练习,动作学习中究竟采用整体练习还是局部练习,应根据不同性质的动作技能做出不同的安排。有些动作技能以先从局部练习开始为好,有一些则宜从整体开始。根据练习途径的不同有模拟练习、实际练习与心理练习;初入学儿童在习字时运用书空形式帮助记忆字形,就是一种有效的心理练习。有研究者曾对动作技能学习中的心理练习与身体练习做了比较,发现如果将心、身二者的练习相结合,其效果更佳。决定心理练习的有效性的因素有:学习者要对练习的任务熟悉,从未进行过身体练习的动作,不可能做心理练习,若练习也只能是错误的练习;心理练习的时间不能太长,否则容易产生厌烦情绪,使作业水平下降。心理练习的效果也决定于任务的性质。若任务中认知因素起的作用较小,反应主要是依靠肌肉的线索,则心理练习作用甚微。

### (三)充分而有效的反馈

运动技能的学习贵在练习。但是,并非任何练习都会取得良好的效果。大量研究表明,在练习过程中给学习者提供适当的反馈信息是提高练习效果的有效方法。

一般来讲,反馈来自两个方面:一是内部反馈,即操作者自身的感觉系统提供的感觉反馈;二是外部反馈,即操作者自身以外的人和事给予的反馈,有时也称结果知识。前者是个体通过自身的视觉、听觉、触觉、动觉等获取的反馈信息,其中动觉反馈信息最有代表性;后者是教师、教练、示范者、录像、计算机等外部信息源对学习者的操作结果及操作过程的反馈。

在动作学习的初期,学习者主要依靠内部反馈来改进自己的技能。许多动作技能的结果,学习者容易察觉,如投篮是否投中,跳高是否过杆等。但是,初学者对自己的运动过程或姿势是否正确,往往不易察觉,这时教师或其他旁观者,可以提供较多的外部反馈信息,也可以通过录像或其他手段,记录动作的结果及动作的过程,让学习者自己观察自己,提供真实与客观的信息。这种外部反馈信息不仅能纠正学习者的错误动作,而且可以克服初学者常常过高估计自己的倾向。在技能学习的后期,在基本动作或技术要领已经掌握的条件下,练习的目的是达到熟能生巧,培养正确的节奏感,使动作连贯、流畅、轻松自如,而协调、平衡、节奏等感觉只能靠自己体会,所以这时的反馈信息又主要来自内部,这时应强调主动练习和发现的经验,没有来自实践经验中的真情实感,动作技能不可能真正掌握。

毫无疑问,反馈在操作技能学习过程中的作用是非常关键的,其中结果反馈的作用尤为明显。准确的结果反馈可以引导学生矫正错误动作,强化正确动作,并鼓励学生努力改善其操作。

### （四）建立稳定清晰的动觉

动觉是复杂的内部运动知觉，它反映的主要是身体运动时各种肌肉活动的特性，如紧张、放松等，而不是外界事物的特性。这些有关肌肉活动的各种感知觉等与视觉、听觉有所不同，如果不经过训练，它们很难为个体明确地意识到，并经常受到外部因素的影响，处于被掩盖的地位。由于运动知觉的模糊性，经常会发生学习者对自己的错误动作不能意识到的现象，当然也就很难对动作进行有意识的调节或控制。这样就容易导致技术水平不稳定，难以找出动作失误的确切原因，操作技能的学习陷入盲目状态。因此，有必要进行专门的动觉训练，以提高其稳定性和清晰性，充分发挥动觉在技能学习中的作用。

## 第三节　心智技能的形成

### 一、有关心智技能形成的阶段理论探讨

**学习要求**　▶ 理解加里培林的心智动作按阶段形成理论
▶ 理解安德森的心智技能形成三阶段论

#### （一）加里培林的心智动作按阶段形成理论

对心智技能最早进行系统研究的苏联心理学家加里培林，从20世纪50年代起，应用不同的材料，对不同年龄的儿童，包括正常的和智力落后的儿童，进行了一系列关于智力活动的实验研究。根据20多年的研究，加里培林认为，心智技能是由一系列的心智动作构成的，心智动作既不是神秘的灵魂的特性，也不是人脑固有的特性。心智动作不同于外部的实践动作，但来源于实践动作，心智动作本身是外部的实践动作的反映，心智动作是通过实践动作的"内化"而实现的。"内化"是外部动作向内部的转化，即内部动作映象形成的过程。实践动作的内化要经过一系列的阶段，在不同的阶段，动作执行方式得到不断改造，而关于动作本身的映象也相应地发生质的变化。也就是说，心智动作的形成要经过一系列的阶段，在每一阶段，心智活动的性质与水平都发生相应的变化。

由于心智技能是由一系列的心智动作构成的，所以心智动作的形成过程与心智技能的形成过程是一致的，心智动作的形成阶段也可用来说明心智技能的形成阶段。加里培林将心智动作的形成分成五个阶段：

（1）动作的定向阶段：这是准备阶段。所谓定向就是使学生在头脑中构成关于心智活动和活动结果的表象，以便对活动本身及其结果进行定向。

（2）物质与物质化阶段：物质活动指运用实物进行心智活动；物质化活动指利用实物的模象、图片、模型、示意图等进行心智活动。本阶段是通过外部物质的或物质化的活动促进学生的智力活动，既帮助学生理解学习内容，又保证形成新的智力活动方式。如以进位加法为例，采用小木棒进行物质的运算活动，就可以使学生理解进位加法运算为什么满十进一以及如何进一等。

（3）出声的外部言语动作阶段：学生运用出声言语对智力活动做精确的练习，使智力

活动不再直接依赖实物。仍以进位加法为例,本阶段在形式上发生了本质的变化,以"数位对齐、个位对个位……"运算法则的言语来表达实物运算的动作,使智力活动离开实物的直接依据,而以言语为依据,要求智力活动做言语练习。这些言语活动是按物质活动的反映而建立的。本阶段的特点是智力活动向言语方面转化,这不仅意味着用言语来表达活动,还意味着在言语中完成智力活动,从此转入心智活动形式。

(4)不出声的外部言语动作阶段:本阶段是从出声言语活动向内部转化开始,到以内部不出声的言语自由叙述而结束。仍以进位加法为例,与前阶段的区别,本阶段只是默不出声地复述法则。

(5)内部言语动作阶段:这是心智技能形成的最后阶段。本阶段的主要特点是压缩和自动化。心智技能到这个阶段,就具有了压缩、简化的新形式。运算进位加法时,不再默念法则,而是在脑中只出现个别关键词。自动化是与简化机制相联系的,心智技能形成,动作转化为内部,几乎都在头脑里进行,并且好像失去了意识,自动化了。其实意识是保存的,只是不与动作相联系,为学生觉察不到,而在他意识中产生的是活动的产物。如学生掌握进位加法运算技能,进行运算时,运算过程自动化了,他没有觉察,而所觉察的是运算结果。

加里培林的理论对了解认知技能的形成过程是有帮助的,教师可以根据认知技能形成的不同阶段给学生以具体的指导。但这五个阶段的划分是否具有普遍意义,机械地按五阶段是否会限制学生的创造性发展,都有待进一步研究。

**(二)安德森的心智技能形成三阶段论**

著名认知心理学家安德森认为,心智技能的形成需经过三个阶段:认知阶段、联结阶段和自动化阶段。

在认知阶段,要先了解问题的结构,即起始状态、要达到的目标状态、从起始状态到目标状态所需要的步骤、算子。对于复杂的问题而言,要了解问题的各个子目标及其达到子目标所需要的算子。

在联结阶段,学习者应用具体的方法来解决问题,主要表现在把某一领域的陈述性知识转化为程序性知识,这种转化即程序化的过程。随着对某一技能的不断练习,学习者对解决问题的法则的言语复述逐渐减少,而能够直接再认出某一法则的可适用性。在该阶段,个体逐渐产生一些新的产生式法则,以解决具体的问题。

在自动化阶段,个体获得了大量的法则并完善这些法则,操作某一技能所需的认知投入较小,且不易受到干扰。安德森认为,复杂的技能的学习可以分解为对一些个别成分的法则的学习。但这些个别成分并不是分散、孤立的,而是可以组织成一个大的技能学习过程。

**二、心智技能形成的阶段**

**学习要求** ▶ 理解我国心理学家提出的心智技能形成三阶段论

我国教育心理学家通过心理模拟法模拟专家头脑经验,目的是想使得专家头脑的经验能够"内化"为学生(新手)头脑中的心智技能,变成他们自己经验世界的组成部分(图7-1)。这种把专家头脑中的经验"内化"为学生自己经验的过程,就是心智技能的培养过程。在加里培林和安德森等学者研究的基础上,我国教育心理学家提出了原型定向、原型操作、原型内化的心智技能形成三阶段论。这一理论对我国的中小学的学校教育产生了积极影响。

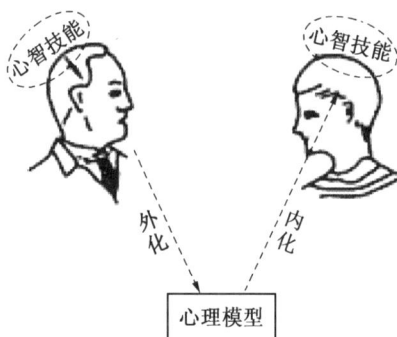

图 7-1　心理模拟教学的整体结构

### (一)原型定向

原型定向就是了解心智活动的实践模式,了解"外化"或"物质化"了的心智活动方式或操作活动程序,了解原型的活动结构(动作构成要素、动作执行次序和动作的执行要求),从而使主体知道该做哪些动作和怎样去完成这些动作,明确活动的方向。原型定向阶段也就是使主体掌握操作性知识(即程序性知识)的阶段。这一阶段相当于加里培林的"活动的定向阶段"。

在原型定向阶段,主体的主要学习任务可以归结为两点:首先要确定所学心智技能的实践模式(操作活动程序),其次要使这种实践模式的动作结构在头脑中得到清晰的反映。为完成这些任务,教师必须做到以下几点:

(1)要使学生了解活动的结构,即了解构成活动的各个动作要素及动作之间的执行顺序,并了解动作的执行方式。这样,学生对于活动才能有一个完整的映象,才能为以后的学习奠定基础。

(2)要使学生了解各个动作要素、动作执行顺序和动作执行方式的各种规定的必要性,提高学生学习的自觉性。

(3)采取有效措施发挥学生的主动性与独立性。构成活动的动作不能以现成的形式教授,而应该激发学生的学习需要,发挥学生的主动性与独立性,师生共同总结各步动作及其执行顺序。这样,才能使学生体会到各动作划分的原因及动作顺序的合乎法则性,从而为学生所理解和接受。

(4)教师的示范要正确,讲解要确切,动作指令要明确。

总之,通过原型定向阶段的教学,学生建立起了关于活动的初步自我调节机制,从而为进行实际操作提供了内部控制条件。

### (二)原型操作

原型操作就是依据心智技能的实践模式,把主体在头脑中建立起来的活动程序计划,以外显的操作方式付诸实施。

在这一阶段,活动的执行是在物质与物质化水平上进行的,因而在加里培林及其学派的著作中称之为"物质或物质化活动阶段"。其实,活动的最初形式可以是物质的,也可以是物质化的。在物质的活动形式中,动作的客体是实际事物,是对象本身。在物质化的活动形式中,动作的客体不再是对象本身,而是它的代替物。但不论哪种情况,都是对原型的操作,因而我们称此阶段为"原型操作"阶段。

研究表明,为了使心智技能在操作水平上顺利形成,教师必须做到以下几点:

(1)要使心智活动的所有动作以展开的方式呈现。也就是说,主体要依据心智活动的原型,把构成这一活动的所有动作系列,依照一定的顺序做出,不能遗漏或缺失。而且每个动作完成之后,要及时检查,考查动作的方式是否能正确完成,对象是否发生了应有的变化。因为只有在展开的活动中,主体才能确切了解活动的结构,才能在头脑中建立起完备的动作映象,同时也才能获得正确动觉经验及确保活动方式的稳定性。

(2)要注意变更活动的对象,使心智活动在直觉水平上得以概括,从而形成关于活动的表象。心智技能作为合法则的活动方式,其适用范围应具有广泛性。采用变式加以概括,有利于学生心智技能的掌握和内化。

(3)要注意活动的掌握程度,并适时向下一阶段转化。强调原型操作阶段应以展开的方式出现,并不是说最终不要简缩。当学生连续多次能正确而顺利地完成有关动作程序时,应及时转向内化阶段,以免活动方式总停留在展开水平,阻碍心智活动的速度。

(4)为了使活动方式顺利内化,动作的执行应注意与言语相结合,一边进行实际操作,一边用言语来标志和组织动作的执行。因为心智技能作为一种心智活动方式,是借助于内部言语默默进行的,而内部言语必须以外部言语为基础。在原型操作阶段,外部言语作为心智动作的标志及执行工具,在"内化"过程中具有十分重要的作用。因而,在边做边说的场合下,活动易于向言语执行水平转化。

总之,通过原型操作,学生不仅有了程序性知识,而且通过实际操作获得了完备的动觉映象,这就为原型内化奠定了基础。

### (三)原型内化

所谓原型内化,即心智活动的实践模式向头脑内部转化,由物质的、外显的、展开的形式变成观念的、内潜的、简缩的形式的过程。这一过程相当于加里培林及其学派的著作中的三个小的阶段,即出声的外部言语阶段、不出声的外部言语阶段和内部言语阶段。要想使操作原型成功地内化成心智技能,教师在教学中必须注意:

(1)动作的执行应遵循由出声的外部言语到不出声的外部言语再到内部言语的顺序,不能颠倒。

(2)在开始阶段,操作活动应在言语水平上完全展开,即用出声或不出声的外部言语完整地描述原型的操作过程(此时已没有实际操作)。然后,再逐渐缩减。

(3)在这一阶段也要注意变换动作对象,使活动方式得以进一步概括,以便广泛适用于同类课题。

(4)在进行由出声到不出声、由展开到压缩的转化过程中,也要注意活动的掌握程度,不能过早转化,也不宜过迟,而应适时。

总之,依据心智活动是实践活动的反映这一观点,任何新的心智技能的形成,在原则上必须经过上述三个基本阶段才能实现。不过,分阶段练习的要求只是针对心智技能中新的、主体未经掌握的动作成分来说的。如果某种心智技能,其动作成分是由主体已掌握了的一些动作构成的,则此心智技能的形成就可利用已有动作经验的迁移得以实现,不必按前面提到的心智技能形成的三个基本阶段分别进行严格训练。

## 三、心智技能的培养要求

学习要求 ➤ 识记心智技能的培养要求

由于心智技能是按一定的阶段逐步形成的,因此在培养方面必须分阶段进行,才能获得良好的教学成效。为提高分阶段训练的成效,必须充分依据心智技能的形成规律,采取有效措施。为此,教师在教学中必须注意以下几点。

### (一)激发学习的积极性与主动性

任何学习任务的完成均依赖于主体的学习积极性与主动性。学习的积极主动性取决于主体对学习任务的自觉需要。对学习任务缺乏自觉的学习需要就不可能有高度的学习积极性,而自觉的学习需要的产生往往同对学习任务的必要性的认识及体验分不开。由于心智技能本身难以认识的特点,主体难以体验其必要性。因而,在主体完成这一学习任务时,往往缺乏相应的学习动机及积极性。为此,在培养工作中,教师应采取适当措施,以激发主体的学习动机,调动其学习的积极性。

### (二)注意原型的完备性、独立性与概括性

心智技能的培养,开始于主体所建立起来的原型定向映象。在原型建立阶段,一切教学措施都要考虑到有利于建立完备、独立而具有概括性的定向映象。所谓完备性,指对活动结构(动作的构成要素、执行顺序和字形要求)要有清楚的了解,不能模糊或缺漏。所谓独立性,指应从学生的已有经验出发,让学生独立地来确定或理解活动的结构及其操作方式,而不能是教师给予学生现成的模式。所谓概括性,是指要不断变更操作对象,提高活动原型的概括程度,使之具有广泛的适用性,扩大其迁移价值。有关研究表明,定向映象的完备性、独立性与概括性不同,活动的定向基础就有差异,就会影响到心智技能最终形成的水平。

### (三)适应培养的阶段特征,正确使用言语

心智技能是借助于内部言语而实现的,因此言语在心智技能形成中具有十分重要的作用。言语在不同的阶段中的作用是不同的。言语在原型定向与原型操作阶段,其作用在于标志动作,并对活动的进行起组织作用。所以,这时的培养重点在于使学生了解动作本身,利用言语来标志动作,并巩固对动作的认知,切不可忽视对动作的认识而片面强调言语标志练习。学生过于注意言语而忽视动作,对心智技能的形成非但无益,而且会起阻碍作用。为此,一定要在学生熟悉动作的基础上再提出言语要求,以言语来标志所学动作,并组织动作的进行。此外,在用言语来标志动作时,用词要恰当,要注意选择表现力强而学生又能接受的词来描述动作。

言语在原型内化阶段,其作用在于巩固形成中的动作表象,并使动作表象得以进一步概括,从而向概念性动作映象转化。这时言语已转变成为动作的体现者,成为加工动作对象的工具。所以,这时培养的重点应放在考查言语的动作效应上。在这一阶段上,不仅要注意主体的言语动作是否正确,而且要检查动作的结果是否使观念性对象发生了应有的

变化。此外,要随着心智技能形成的进展程度,不断改变言语形式,如由出声到不出声,由展开到简缩,由外部言语转向内部言语。

当然,除上述三点基本要求外,教师在集体教学中还应注意学生的个别差异,充分考虑学生所面临的主客观条件,并针对学生存在的具体问题采取有针对性的辅助措施,以求最大限度地发展学生的心智技能。

## 本章总结

1. 技能概述。技能是通过练习而形成的合乎法则的活动方式;根据技能的性质和表现形式,通常把技能分成操作技能和心智技能两种;操作技能和心智技能都具有自身的特点,并且按不同标准会有不同分类;技能可以控制动作的执行顺序和执行方式,还是获得经验、解决问题、变革现实的前提条件。

2. 操作技能的形成。操作技能的掌握过程分为操作定向、操作模仿、操作整合与操作熟练四个阶段,每个阶段有其动作学习的特点;操作技能的教学要求能准确地示范与讲解,有必要而适当的练习,充分而有效的反馈,另外还要建立稳定清晰的动觉。

3. 心智技能的形成。有关心智技能形成的阶段理论有加里培林的心智动作按阶段形成理论和安德森的心智技能形成三阶段论,在加里培林和安德森等学者研究的基础上,我国教育心理学家提出了原型定向、原型操作、原型内化的心智技能形成三阶段论;心智技能的培养要求有激发学习的积极性与主动性,注意原型的完备性、独立性与概括性,适应培养的阶段特征,正确使用言语;另外,教师还要充分考虑学生所面临的主客观条件,并针对学生存在的具体问题采取有针对性的辅助措施,以求最大限度地发展学生的心智技能。

## 思考与练习

### 一、单项选择题

1. 通过练习而形成的合乎法则的心智活动方式即(　　)。
A. 智力技能　　　　B. 技能　　　　C. 智力　　　　D. 操作技能

2. 技能的种类有(　　)。
A. 动作技能和生活技能　　　　B. 动作技能和操作技能
C. 智力技能和认知技能　　　　D. 认知技能和动作技能

3. 人借助于内部言语在头脑中进行的按照合理的完善的方式组织起来的智力活动方式称之为(　　)。
A. 绘画技能　　　B. 创造技能　　　C. 心智技能　　　D. 操作技能

4. 通过练习而形成的合乎法则的操作活动方式被称作(　　)。
A. 操作技能　　　B. 技巧　　　C. 操作能力　　　D. 心智技能

5. 在操作技能形成过程中,把模仿阶段习得的动作固定下来,并使各动作成分相互结合,成为定型的、一体化的动作称为(　　)。
A. 操作的定向　　　B. 操作的模仿　　　C. 操作的整合　　　D. 操作的熟练

6. 下面有关操作技能的特点正确的是(　　)。
A. 物质性、外显性、展开性　　　　B. 观念性、内潜性、简缩性

C. 物质性、外显性、简缩性　　　　　　D. 观念性、内潜性、展开性

7. 在技能形成过程中,练习中期出现进步的暂时停顿现象,在心理学上称为(　　)。

A. 抑制现象　　　　B. 挫折现象　　　　C. 高原现象　　　　D. 低谷现象

8. 在操作技能形成的过程中,所形成的动作方式对各种变化的条件具有高度的适应性,动作执行达到高度的完善化和自动化称之为(　　)。

A. 操作的定向　　　B. 操作的模仿　　　C. 操作的整合　　　D. 操作的熟练

9. 在心智技能形成过程中,心智活动的实践模式向头脑内部转化,由物质的、外的、展开的形式变成观念的、内潜的、简缩的形式的过程称为(　　)。

A. 原型启发　　　　B. 原型定向　　　　C. 原型操作　　　　D. 原型内化

10. 心智技能的特点有(　　)。

A. 物质性、外显性、简缩性　　　　　　B. 物质性、外显性、展开性

C. 观念性、内潜性、简缩性　　　　　　D. 观念性、内潜性、展开性

11. 在心智技能形成过程中,依据心智技能的实践模式,把主体在头脑中建立起来的活动程序计划,以外显的操作方式付诸实施阶段称为(　　)。

A. 原型启发　　　　B. 原型定向　　　　C. 原型操作　　　　D. 原型内化

12. 智力活动转向头脑内部,借助言语作用于观念性对象的阶段是(　　)。

A. 原型定向　　　　B. 原型操作　　　　C. 操作整合　　　　D. 原型内化

13. 阅读技能是一种(　　)。

A. 操作技能　　　　B. 运动技能　　　　C. 心智技能　　　　D. 学习技能

## 二、填空题

1. 智力技能也称认知技能,是指通过练习而形成的合乎法则的_____活动方式。

2. 我国心理学家根据加里培林和安德森等人的研究而提出的心智技能形成的三阶段:_____、原型操作和_____。

3. 一般认为,操作技能的形成可分为_____、操作模仿、_____、操作熟练四个阶段。

## 三、名词解释

技能　运动技能　心智技能

## 四、简答题

1. 简述操作技能形成的阶段。

2. 简述操作整合阶段的动作特点。

3. 简述操作技能形成中练习曲线的共同趋势。

4. 简述我国心理学家提出的心智技能形成三阶段。

## 五、论述题

1. 联系教学实际,谈谈如何对学生进行操作技能训练。

2. 联系教学实际,谈谈如何对学生进行心智技能的培养。

## 六、研究与设计

观察一位中学或小学优秀体育教师的上课情况,并做详细记录(要求教师在课内教学生掌握某项体育动作)。根据观察和记录,分析教师在教学时运用了本章所介绍的哪些动作技能学习的原理。

# 第八章
## 学习策略

### 本章要点

## 第一节　学习策略概述

### 一、学习策略的定义

**学习要求** ▶ 识记学习策略的含义及特征

　　根据已有文献来看,学习策略可归纳为三个方面的含义:学习策略是学习的过程、程序与步骤;学习策略是一种计划或方案,也是一套规则系统;学习策略是技能或能力。概括来讲,学习策略是指学习者为了提高学习的效果和效率,有目的有意识地制定的有关学习过程的复杂的方案。它是学习者通过学习而形成的,用以调控学习过程、提高学习效率的一系列活动。它具有以下四个方面的特征:

　　(1)学习策略是学习者为了完成学习目标而主动使用的。

　　(2)学习策略是有效学习的需要。

　　(3)学习策略是制订的学习计划,由规则、方法、技能等构成。

　　(4)学习策略是通过学习、练习获得的,并且能通过训练得到提高。

## 二、学习策略的分类

**学习要求** ▶ 识记迈克卡对学习策略的分类

不同研究者对学习策略的分类不同。温斯坦将学习策略分为以下四类：① 认知信息加工策略；② 积极学习策略；③ 辅助性策略；④ 元认知策略。丹瑟洛将学习策略分为两类：① 基本性策略，被用来直接操作课本材料，即直接作用于认知加工过程。包括获得和存储信息的策略及提取和使用这些存储信息的策略。② 辅助性策略，被用来维持适合进行学习的心理状态，主要用于确立恰当的学习目标体系，该策略包括计划和时间安排策略、专心管理以及监控与诊断策略。

一般来说，我们通常使用的是迈克卡的分类。迈克卡等将学习策略分为认知策略、元认知策略与资源管理策略（图8-1）。

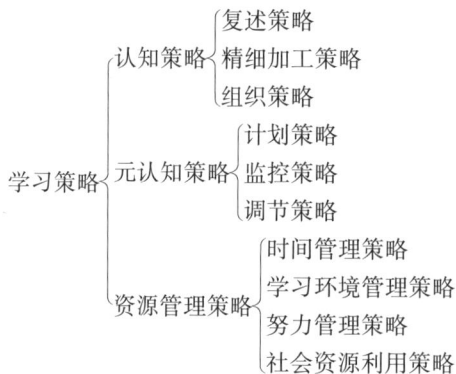

```
                          ┌ 复述策略
                  认知策略 ┤ 精细加工策略
                          └ 组织策略
                          ┌ 计划策略
学习策略    元认知策略 ┤ 监控策略
                          └ 调节策略
                          ┌ 时间管理策略
              资源管理策略 ┤ 学习环境管理策略
                          │ 努力管理策略
                          └ 社会资源利用策略
```

**图8-1 学习策略的分类**

（1）认知策略是从学习者的认知过程考虑的，是信息加工的一些方法和技术，有助于学习者有效地从记忆中提取信息。包括复述策略，如重复、抄写、做记录、画线等；精细加工策略，如想象、口述、总结、做笔记、类比、答疑等；组织策略，如组块、选择要点、列提纲、画地图等。

（2）元认知策略是学习者对自己认知过程的认知策略，是对自己认知过程的理解和控制的策略，有助于学习者有效安排和调节学习过程。包括计划策略，如设置目标、浏览、设疑等；监控策略，如自我测查、集中注意、监控领会等；调节策略，如调整阅读速度、重新阅读、复查、使用应试策略等。

（3）资源管理策略是辅助学生管理可用的环境和资源的策略，有助于学生适应环境并调节环境以适应自己的需要，对学生的动机具有重要作用。包括时间管理，如建立时间表、设置目标等；学习环境管理，如寻找固定地方、安静地方等；努力管理，如努力归因、调整心境、自我谈话、坚持不懈、自我强化等；其他人的支持，如寻求教师帮助、伙伴帮助、使用伙伴/小组学习、获得个别指导等。

## 三、学习策略与认知策略及元认知的关系

**学习要求** ▶ 比较说明学习策略与认知策略及元认知策略的关系

根据学习的信息加工的观点,学习策略是存储在长时记忆中的元认知知识,它包括认知策略、元认知策略以及资源管理策略。

从心理学角度来看,研究者经常将认知、情感和动作领域的学习并列为三种形式的学习,而对学习策略的研究多以认知领域为主,因此,就学习策略与认知策略而言,前者应包括后者,认知策略中所包括的各种具体的和一般的策略都可以看作学习策略的构成成分。由于研究者对学习策略的研究多集中于认知领域,所以在有些情况下学习策略与认知策略实际上是通用的。

认知策略是对认知过程进行调节监控的、内部组织起来的认知技能。认知策略是信息加工的一些方法和技术。认知过程往往指人脑对信息的加工过程,主要包括选择性注意、编码、储存、提取等一系列的心理活动,而这一系列的心理活动之间的相互转换、每一阶段的活动方式与水平等都受到认知策略的调节与控制。

元认知策略是元认知的主要成分。学习者不仅应该能够准确地执行某种认知策略,而且还应该明确地意识到怎样实施认知策略是最有效的,而后者即元认知策略。它决定了何时、何处、为何应用某种认知策略,是调节、控制各种认知策略的选择与执行的更高级策略。它有助于提高认知策略的效能,促使学习者在适当的情况下选择适当的认知策略,并在特定的情形下对认知策略进行重新组合、调整,形成新的认知策略以应用于认知加工过程。正因如此,元认知策略也被视为一种有效的学习策略。

从上面的分析来看,认知策略和元认知策略是学习策略的核心成分,其中元认知策略是更高级的一种策略。教授和掌握学习策略通常是从认知策略与元认知策略入手的。

# 第二节 几种典型的认知策略

## 一、复述策略

**学习要求** ▶ 识记提高识记效果的复述策略

复述策略是在工作记忆中为了保持信息,运用内部语言在大脑中重现学习材料或刺激,以便将注意力维持在学习材料之上。在学习中,复述是一种主要的记忆手段,许多新信息,如人名、记地名或外语单词等只有经过多次复述后才能记得住。下面就是一些常用的复述策略:

### (一)识记过程中的复述策略

1. 利用无意识记和有意识记

无意识记是一种没有预定目的的、不需要努力的识记,这种识记是有条件的。凡是对人有重大意义的、与人的需要和兴趣密切相关的、给人以强烈情绪反应的或形象生动鲜明

的人或事,就容易无意识记。如果我们对某事感兴趣,或者对它持积极态度,就会记得牢;反之,则容易忘。因此,我们若想保持良好的记忆,最好对要记背的材料持积极态度。孔子说过,知之者不如好之者,好之者不如乐之者。在教学中,老师应尽量使用学生为之感兴趣的、持积极态度的、形象生动鲜明的以及情感反应强烈的人和事,加强学生的无意识记。有意识记是一种有目的、有意识的识记。要想记住某一信息,就需要有意识地、用心地去记它,尝试着自己复述一遍,看看自己能否重复出来。

2. 排除相互干扰

在日常生活中,常有干扰的现象,如果同时要干两件事,干一件就把另一件忘了。干扰是人们遗忘的一个重要原因。当一个信息被其他信息搞混或挤到一边时,干扰就发生了。一般来说,前后所学的信息容易相互干扰。在安排复习时,要尽量考虑降低前摄抑制和倒摄抑制的影响,要尽量错开学习两种容易混淆的内容,如英语和拼音,避免相互干扰。识记还有首位效应和近因效应。一方面,由于人们对项目中先出现的信息倾注更多的记忆,所以倾向于记住刚开始的信息;另一方面,由于末尾的信息不存在其他信息的干扰,放在最后的信息也容易识记。因此,当复习一系列材料时,开头和结尾比中间易记得牢。利用这一点,教师组织课堂教学时,一上课要把最重要的概念放在开头,并在最后加以总结,而不要把头尾时间花在检查家庭作业、削铅笔之类的事上。

3. 多种感官参与

在进行复述和识记时,要尽可能运用多种感官参与到当前的学习活动中去,这样能有效地提高记忆效果。运用多种感官协同记忆,可在大脑中留下多方面的回忆线索,从而提高记忆效果。例如,边听边看,边说边写,边听边做,边想边动手等。有心理学家曾在这方面做过有趣的研究,结果表明,人们在学习时信息的获得 1% 通过味觉,1.5% 通过触觉,3.5% 通过嗅觉,11% 通过听觉,83% 通过视觉。而且,人一般可记住自己阅读过的信息 10%,自己听到的 20%,自己看到的 30%,自己看到和听到的 50%,交谈时自己所说的 70%。这说明多种感官的参与,能有效增强记忆。

4. 整体识记和分段识记

当学习者记忆一段较长的材料时,可以将它们分成几部分"分段识记",记的速度就会快很多,也就是说分段识记优于整体识记。中文及外语课文都可以用分段背诵的办法。然而对于篇幅小或内在联系强的材料,采用整体识记效果更好。要善于把整体识记和分段识记结合起来。对篇幅短小或者有内在联系的材料,可以采用整体识记,就是完整地一遍一遍地去识记,直到记牢为止;对于篇幅较长,或者较难,或者缺乏内在联系的材料可采用分段识记,即将材料分为若干部分或段落,先一段一段地识记,然后把它们整合为一个整体。

5. 复述方式多样化

最好用几种不同的方式去识记相同的内容,这样会使复习更加持久而不单调,并且利于多角度理解知识内容。例如,复习英语生词时各种方法齐头并进,可用朗读、抄写、默写、看中文忆英文或相反、用单词造句、利用句子记、同学之间互考互问、自问自答等方法。复习时还可将所学的书本知识写成报告、向别人讲解等。

6. 画线、圈重点技术

在阅读过程中,我们经常一边看书一边在书上勾勾画画,我们采用的就是画线、圈重点技术或策略。画线是一种信息选择的策略,也是复述的策略,目的是快速找到和复习课文中的重要信息。画线策略一般与圈点批注的方法一起使用。例如,为了深入思考材料,可以在画线旁边圈点批注,圈出不知道的词,标明定义和例子,列出观点、原因或事件的序号,重要段落前加星号,在暂时还不理解的章节内容前画问号,画箭头表明关系,注上评论等。这就涉及了精细加工策略。

### （二）保持过程中的复述策略

1. 及时复习

及时复习不仅可防止遗忘、加深理解、熟练技能,还可诊断、弥补学习上的知识缺陷,完善自己的知识结构,发展我们的记忆能力和思维能力。德国心理学家艾宾浩斯,对遗忘进行了大量的系统研究,发现遗忘的进程是不均衡的,有先快后慢的特点,提出了著名的遗忘曲线。艾宾浩斯遗忘曲线表明,学习过后,就立即遗忘,在最初的很短时间里就会发生大量的遗忘。如果过了很长时间,一直等到考试前才复习,就几乎等于重新学习了。根据这一规律,复习最好要及时进行。复习的黄金时间是学习后 10 分钟就进行复习,这时只用 2 分钟复习就能取得良好效果。

2. 分散复习和集中复习

分散复习是指在复习过程中把需要复习的资料分散在几个相隔不太长的时间内,每次复习一定的次数,到记熟为止。由于遗忘是随时都在进行的,只进行一次及时复习还远远达不到牢固保持的效果,因此,必须进行多次重复,循环记忆,加深印象,提高复习效率。集中复习就是集中一段时间一下子重复学习许多次。

3. 尝试背诵

所谓尝试背诵的学习,就是指学生在学习一篇材料时,一边阅读,一边自己提问自己回答或自己背诵。这样做的好处是,根据自己回答或背诵的情况检查自己的错误和薄弱环节,从而重新分配努力。因此,学习印象深刻,记忆牢固。而反复的阅读,则犹如小和尚念经有口无心,只是空虚的口头功夫,学习效率难以提高。

4. 过度学习(见第六章第三节)

一般在第一遍恰能准确背诵某一材料的学习称适度学习,在此基础上再进行适当次数或时间的重复学习,这一策略称为过度学习。有人通过实验研究发现,过度学习的次数越多,保持的成绩越好,而且保持的时间也越长。但是,在有些情况下,过量的过度学习会降低学习的效果。一般而言,过度学习程度达 50%效果最好。

## 二、精细加工策略

学习要求 ▶ 识记常用的精细加工策略

精细加工策略是把新信息与头脑中的旧信息建立联系,以此增加新信息的意义的深层加工学习策略。精细加工策略能帮助学习者将信息存储到长时记忆中去。

精细加工的要旨在于建立信息间的联系。联系越多,能回忆出信息的原貌的途径就越多,提取的线索就越多。精细加工越深入越细致,回忆就越容易。对于意义性不强的学习材料可以采用人为联系,但是对于意义性较强的学习材料,就应该运用更深水平的加工策略,以便知识能在长时记忆中获得保存。下面就是一些常用的精细加工策略:

### (一)记忆术

记忆术是一种通过给识记材料安排一定的联系以帮助记忆,并提高记忆效果的方法。记忆术是一种有用的精细加工技术,它的基础是利用视觉表象或寻找语意之间的联系,对材料本身人为地赋予它的意义,将新信息与已有知识建立联系。

#### 1. 位置记忆法

位置记忆法是一种传统的记忆术。这种技术在古代不同的讲演中曾被广泛使用,而且沿用至今。位置记忆法就是学习者在头脑中创建一幅熟悉的场景,在这个场景中确定一条明确的路线,在这条路线上确定一些特定的点;然后将所要记的项目全都视觉化,并按顺序把这条路线上的各个点联系起来;回忆时,按这条路线上的各个点提取所记的项目。简单说,它是通过与你熟悉的地点顺序相联系来记忆一些名称或客体顺序的方法。

#### 2. 缩简和编歌诀

缩简就是将识记材料的每条内容简化成一个关键性的字,然后变成自己所熟悉的事物,从而将材料与过去经验联系起来。有时,可以将材料缩简成歌诀,歌诀韵律和谐,抑扬顿挫,非常有助于记忆。可以用一系列词的一个字描述某个过程的每个步骤作为记忆的支撑点。例如,《辛丑条约》的内容可用"钱禁兵馆"(谐音"前进宾馆")帮助记忆:① 要清政府赔款(钱);② 要清政府保证禁止人民反抗(禁);③ 容许外国在中国驻兵(兵);④ 划分租界,建领事馆(馆)。也可以是首字连词,利用每个词句的第一个字形成缩写。例如,计算机 BASIC 语言程序就是 Beginner's All-Purpose Symbolic Instruction Code(初学者通用符号指令代码)各词首字母的联词。

#### 3. 谐音联想法

学习一种新材料时,假借意义,对记忆也很有帮助,这种方法被称为谐音联想法。在记忆历史年代和常数时,这种方法行之有效。例如,有人记忆马克思的生日"1818 年 5 月 5 日"时,联想为"马克思一巴掌一巴掌打得资产阶级呜呜地哭"。化学学习中,金属元素的活动顺序是:钾、钙、钠、镁、铝、锌、铁、锡、铅、铜、汞、银、铂、金,有人把它们编成"加个那美丽新的锡铅,统共一百斤"。还有的人将圆周率编成顺口溜:"山巅一寺一壶酒(3.14159),尔乐苦煞吾(26535),把酒吃酒杀尔(897932),杀不死,乐尔乐(384626)。"

#### 4. 关键词法

关键词法即选择一个熟悉的有意义的词作为关键词,该词的发音要与新词的发音相似,将新词或概念与相似的声音线索词通过视觉表象联系起来。关键词法在教外语词汇时非常有用,也适用于其他信息的学习。比如在英语单词的学习中,"Tiger"可联想为泰山上的一只虎,"Battle"即"班头"带我们去战斗。运用这一方法时应注意,关键的谐音词只起"检索"的作用,它不能代替知识本身的精确感知。例如记外语单词时,不能用谐音当作准确的读音,它只是帮助我们在准确发音和表达中文意义之间建立人为联系。

#### 5. 视觉联想

视觉联想就是通过心理想象来帮助人们记忆。联想时,想象越奇特而合理,记忆就越牢。

6.语义联想

语义联想是通过联想,将新材料和头脑中的旧知识联系在一起,赋予新材料以更多的意义。实际上,就是要在理解的基础上,设法找出新旧材料之间的内在逻辑联系。

### （二）做笔记

做笔记是阅读和听讲时常用的一种精细加工策略,有人专门为此做过实验。在实验中,全班学生聆听一堂课,有的做笔记,有的不做。几个星期后给他们做一次测验,发现课上做笔记的学生平均得分是 65,而没有做笔记的则只得 25。教学中教师应用各种方法促进学生做笔记和复习笔记。使用做笔记策略时,应注意:① 要简单清楚。这样可迫使自己的思路集中在重点之上,用自己的话将老师的讲解概括记下,而且使笔记更加简洁。② 抓住关键词、表。注意让学生抄下老师在黑板或幻灯片上所示的图表以及图形。③ 灵活处理,记法多样。听讲中,如若出现漏听情况,或对某点有疑问,不要停下来东问西问,而应先留出空白,或打上问号,等会儿再问,再将所得的解释及时补上。④ 留下空间,抓紧时间。准备足够的笔记本,每页上下左右留有恰当的空间,以便温习时加上自己的心得、疑问或其他补充材料;论点与论点之间要有足够空位;趁自己对课堂所学的内容没有完全忘记时,赶快温习笔记。

### （三）提问

如果阅读时教学生提问"谁""什么""哪""如何"以及"为什么"的问题,他们会领会得很好。例如,可先将标题转化为问题。标题是"郑和下西洋的原因",可写成问题"郑和为什么要下西洋?"心中有问题,就会想知道答案,这便驱使他们集中精神阅读有关部分,以便找出该问题的答案。阅读前提问会使学习者明确阅读的目的,知道要寻找什么资料。而且,由于问题是由标题转化而成的,能回答此问题就可以和书的作者思路一致,帮助自己了解作者的推理手法及表达技巧。再者,先提问后阅读和没有提问题就进行阅读相比,好理解,记忆也比较持久。可以让学生反问自己以下问题:这些知识有什么意义? 知识背后的原理是什么? 这些知识可应用在什么地方? 当学生如此反复思考时,便将所学的东西编进原有的知识结构里,从而扩大了自己的知识结构。

### （四）反复实践

通过不断的练习和实践来扎实地掌握知识,运用知识解决问题。

## 三、组织策略

学习要求 ▶ 识记常用的组织策略

组织策略是整合所学新知识之间、新旧知识之间的内在联系,形成新的知识结构的策略。其方法是① 把学习材料分解成一些较小的单元;② 再把这些单元归在适当的类别之内;③ 把信息组合成具有一定意义的整体。以下介绍的是几种常见的组织策略:

### （一）列提纲

列提纲时,先对材料进行系统的分析、归纳和总结,然后用简要的语词,按材料中的逻辑关系,写下主要和次要观点。列提纲往往以金字塔的形式呈现材料的要点。所列出的提纲要具有概括性和条理性,但其效果取决于学习者是如何使用它的。

### (二)利用图形

**1. 系统结构图**

学完一科知识,对学习材料进行归类整理,将主要信息归成不同水平或不同部分,然后形成一个系统结构图。

**2. 流程图**

流程图可用来表现步骤、事件和阶段的顺序。流程图一般是从左向右展开,用箭头连接各部。

**3. 模式或模型图**

模式图就是利用图解的方式来说明在某个过程中各要素之间是如何相互联系的。模型图是用简图表示事物的位置,以及各部分的操作过程。

**4. 网络关系图**

网络关系图越来越受重视,在学习、教学和测评中加以广泛利用,目前人们将它称为概念图。利用网络关系图可以图解各种观点是如何相互联系的。建构网络关系图的过程也就是把头脑中知识外化的过程,它需要遵循一定的步骤:① 选择核心概念;② 选择相关概念;③ 添加概念之间的联系,并标明文字说明;④ 反思。

### (三)利用表格

(1)一览表。首先对材料进行全面的综合分析,然后抽取主要信息,并从某一角度出发,将这些信息全部陈列出来,力求反映材料的整体面貌。

(2)双向表。双向表是从纵横两个维度罗列材料中的主要信息。系统结构图和流程图都可以衍变成双向表。

# 第三节　元认知策略与资源管理策略

## 一、元认知及其结构

**学习要求** ➤ 识记元认知的含义及构成
➤ 识记元认知知识的主要内容

"元认知"是美国心理学家弗拉维尔(J.H.Flavell)于20世纪70年代提出来的,如今它已成为心理学界使用频率很高的概念,并成为学习策略研究的重要内容。

### (一)元认知的含义

元认知也称反省认知,是对自身认知的认知。人们通常所说的感觉、思维或想象属于认知活动,而元认知则是对感觉、思维等认知活动的认知。具体地说,元认知就是关于个人对自己的认知过程及结果的意识与控制的能力。也就是说,元认知是个人在自身认知过程意识的基础上,对自身认知过程的调节与监控。

### （二）元认知的构成

1. 元认知知识

元认知知识是关于认知活动的一般性知识，即人们对于什么因素影响人的认知活动的过程与结果，这些因素是如何起作用的，它们之间又是怎样起作用的等问题的认识。元认知知识主要包括以下三个方面的内容：

（1）有关个人作为学习者的知识。在完成某一任务时，学习者对自己或他人作为学习或思维的认知加工者的一切特征的认识。

（2）有关任务的知识。对学习材料的性质、长度、熟悉性、结构特点、材料的呈现方式、逻辑性等因素以及学习目标和任务的认识。

（3）对有关学习策略及其使用方面的认识。具体说，是对"进行认知活动有哪些策略，各种学习策略的优点和不足是什么，它们应用的条件和情境如何，对于不同的认知活动和不同的认知任务，什么样的策略可能是有效的等"问题的认识。

2. 元认知体验

元认知体验是指伴随认知活动产生的认知体验和情感体验。弗拉维尔认为，在认知活动中，元认知知识和元认知体验是相互作用的。一方面，元认知体验能导致元认知知识的增加、删除或修改，个体在认知活动中会发现目标、策略、元认知体验和任务之间的关系，然后将这些发现同化至现有的元认知知识系统中；另一方面，元认知知识可以帮助个体理解元认知体验的意义以及元认知体验对于认知行为的暗示。两者的关系还体现在：有时它们是部分重叠的，有些元认知体验可看作进入意识的元认知知识片段。

3. 元认知控制

元认知控制是对认知行为的管理和控制，是主体在进行认知活动的全过程中，将自己正在进行的认知活动作为意识对象，不断评价，适时调整，以保证任务的有效完成。因此，元认知控制过程包括制定认知计划、监视计划的执行以及对认知过程的调整和修改。

（1）元认知计划

元认知计划是根据认知活动的特定目标，在一项认知活动之前计划各种活动，预计结果、选择策略，想出各种解决问题的方法，并预估其有效性。计划既可以是较长期的，也可以是针对具体的学习任务所制订的计划。一个完整的计划策略大致包括预测结果、确立目标、决策分析、有效分配时间、评估有效性、拟定细则等环节。

（2）元认知监控

元认知监控是在认知活动的实际过程中，根据认知目标及时评价、反馈自己认知活动的结果与不足，正确估计自己达到认知目标的程度、水平，并且根据有效性标准评价各种认知行动、策略的效果。元认知监控策略用在学生的阅读学习中较多，包括阅读时集中注意、对材料进行自我提问；考试时监控自己的速度和时间以及自我提问等。

（3）元认知调节

元认知调节是根据对认知活动结果的检查，如果发现问题，则采取相应的补救措施，根据对认知策略的效果的检查，及时修正、调整认知策略。例如，在学习活动结束时，评价认知结果，采取相应的补救措施，修正错误，总结经验教训等。

### （三）元认知的发展

元认知不是人天生就有的，而是在长期的学习活动中逐步发展起来的。它的发展体现出以下特点：

（1）随年龄的增长而增长。元认知是个体在学习中随经验的增长而逐渐发展起来的。例如，弗拉维尔和他的同事曾用12张图片作为材料，对幼儿、学前期、小学二年级、三年级和成人五个年龄段的对象进行了记忆广度实际值和预期值的研究，发现成人对自己的记忆广度有相当正确的估计，预期的记忆广度值（5.9）和实际测到的记忆广度值（5.5）几乎一致，而四个年龄阶段的儿童，随年级的增长，其预期值和实际值的相差越来越小。这说明随着年龄的增长，儿童对自己认知活动过程的意识逐步提高。

（2）从外控到内控。在元认知还未发展之前，儿童的学习活动通常是在教师、家长等成人的直接指导、要求和监督下进行的。离开了成人的指导和安排，往往就束手无策。随着关于学习规律、学习材料的熟悉与掌握，对自身特点及有关策略知识的不断丰富，自我调控的经验增多，对学习的自我调控逐步从无到有，由低级到高级发展起来。

（3）从无意识到有意识再到自动化。从意识的角度来看，儿童元认知的发展经历了从无意识到有意识再到自动化的进程。最初，他们毫无监控学习活动的经历与体验，往往是由于无意识的或不自觉的自我监控获得了成效，而获得的成效强化了再次的体验与监控，从而逐步从无意识转化为有意识。随着有意识的经常运用，这种需要极大意志努力及足够注意的自我观察、自我判断、自我控制逐渐变得娴熟起来，最后达到几乎不需再做有意识的选择和努力或仅需少量注意就能自然而然地操作，达到自动化的程度。

（4）从局部到整体。儿童对学习活动的自我观察与监控，最初常常只是针对学习活动中的某一环节、某一侧面或某一学科内容进行的。随着儿童在这些领域的成功及元认知知识与体验的增加，他们的自我观察、自我监控才不断从某一环节扩展到学习的整个过程，并迁移到不同的学科内容上。元认知发展差的学生往往是外控还未有效地向内控转化，自我观察、自我监控仅停留在无意识或操作不熟练的水平上，或元认知的操作还仅限于局部范围内。

## 二、元认知策略

学习要求 ▶ 理解元认知策略的主要内容

假如你在准备参加一次考试，考试的内容是关于某篇课文，你必须根据课文的内容、考试的性质、自己的学习特长和弱点、所能用于温习功课的时间等多项因素来选择某些方法并对这些方法加以组织。这就涉及前面介绍过的学习策略。当你已经大致记住了课文的内容，你可能还要进一步检验自己的记忆和理解，于是你采用对自己提问的方式来检验自己的记忆和理解，当发现记忆和理解有误的时候再用复习等方法加以补救。这种自我怀疑、自我检验和对自己学习过程的调控便是更高级的学习策略——元认知策略。元认知策略大致分为三种：

一是计划策略。是根据认知活动的特定目标，在一项认知活动之前计划各种活动，预计结果、选择策略，想出各种解决问题的方法，并预估其有效性。计划策略包含：设置学习目标、浏览阅读材料、产生待解决的问题、分析如何完成学习任务。

二是监控策略。见"元认知监控"部分。

三是调节策略。见"元认知调节"部分。

元认知策略的三个方面总是相互联系在一起而工作的。一般是,学习者先认识自己当前的任务,然后使用一些标准来评价自己的理解、预计学习时间、选择有效计划或解决问题,接着监控自己的进展情况,最后根据监控的结果采取补救措施。对成功的学习者而言,元认知策略总是和认知策略结合得很好。认知策略帮助他将新信息与已知信息整合在一起,并存储于长时记忆中;元认知策略帮助他决定在某种情况下使用哪种策略。

## 三、资源管理策略

学习要求 ▶ 识记资源管理策略的含义
▶ 识记各种时间管理策略

资源管理策略是辅助学生管理可用的环境和资源的策略,对学生的动机有重要的作用。它主要包括时间管理策略、学习环境管理策略、努力管理策略、寻求支持策略等。成功地使用这些策略可以帮助学生适应环境以及调节环境以适应自己的需要。

1. 时间管理策略

所谓时间管理策略,就是通过一定的方法合理安排时间,有效利用学习资源。

(1)统筹安排学习时间。每个人都应当根据自己的总体目标,对时间做出总体安排,并通过阶段性的时间表来落实。对每一天的活动,都要列出一张活动优先表来。在制订学习计划时,要注意将学习计划落实在学习成果上。在执行学习计划时,要有效防止拖拉作风。

(2)高效利用最佳时间。在不同时间里,人的体力、情绪和智力状态是不一样的,学习实践的质量也是不一样的。首先,要根据自己的生物钟来安排学习活动。其次,要根据一周内学习效率的变化来安排学习活动。再次,要根据一天内学习效率的变化来安排学习活动。此外,要根据自己的工作曲线安排学习活动。学习时,随着学习的进行,人的精神状态和注意力会发生变化。一般来说,存在三种变化模式:先高后低、中间高两头低、先低后高。每个人要根据自己的模式,安排学习内容,确保状态最佳时学习最重要的内容。

(3)灵活利用零碎时间。首先,可以利用零碎时间处理学习上的杂事。其次,读短篇文章或看报纸杂志,拓宽自己的知识面,或者背诵诗词和外文单词。此外,可以进行讨论和通讯,与他人进行交流,在轻松的气氛里与人交流,有助于创造性思维的启发。

时间管理有六大禁忌:① 不知道自己将要做什么,没有为以后几个月或一年里做出计划。② 即使有计划,有目标,但却犹豫不决。③ 对某一任务不是一次完成,而是要花很多次时间。④ 企图做超出需要的甚至是超出可能的很多事情,因而无法集中精力学习。⑤ 拖延,就是把今天应做的事留到明天。⑥ 逃避,找各种办法来逃避学习,例如延长休息时间,阅读并不需要读的书籍和报纸,做一些与学习无关的琐碎事,甚至做白日梦。

2. 学习环境管理策略

首先,要注意调节自然条件,如流通的空气、适宜的温度、明亮的光线以及和谐的色彩等。

其次,要设计好学习的空间,如空间的范围、室内布置、用具摆放等因素。

3. 努力管理策略

为了使学生维持自己的意志努力,需要不断鼓励学生进行自我激励。这包括激发内在动机;树立为了掌握而学习的信念;选择有挑战性的任务;调节成败的标准;正确认识成败的原因;自我奖励等。

4. 寻求支持策略

(1) 学习工具的利用。善于利用参考资料、工具书、图书馆、广播电视以及电脑与网络等。

(2) 社会性人力资源的利用。善于利用老师的帮助以及通过同学间的合作与讨论来加深对内容的理解。

# 第四节　学习策略的学习和训练

教育的目标之一就是要帮助学生学会使用有效的学习策略。但是,常常有许多学生把学习中的困难归因于缺少能力,而实际上,他们的问题在于从来没有人教过他们如何学习。学生常常没有必要的策略来学习复杂的材料。而且,学生只是了解各种不同的学习策略还不够,他们必须学会如何与何时适当地使用这些策略,以及愿意使用它们。因此,教师的任务不仅是结合教学内容教学生具体的学习策略,而且要教学生积极地适时地选用有效的学习策略。

## 一、学习策略学习与训练的原则

学习要求 ▶ 理解学习策略训练的原则

(1) 主体性原则,是指任何学习策略的使用都依赖于学生主动性和能动性的充分发挥。

(2) 内化性原则,是指训练学生不断实践各种学习策略,逐步将其内化成自己的学习能力,并能在新的情境中加以灵活应用。

(3) 特定性原则,是指学习策略一定要适于学习目标和学生的类型。

(4) 生成性原则,是指学生要利用学习策略对学习材料进行重新加工,生成某种新的东西。

(5) 有效监控原则,是指学生应当知道何时、如何应用他们的学习策略并能反思且描述自己对学习策略的运用过程。

(6) 个人自我效能感原则,是指教师给学生一些机会使他们感觉到策略的效力以及自己使用策略的能力。

## 二、学习策略发展的基本过程

学习要求 ▶ 理解学习策略发展的基本过程

### （一）无意识地运用策略阶段

学龄前儿童及小学低年级学生在学习过程中常常不能有意识地运用学习策略。在认知策略方面,只是无意识地运用复述策略;在精细加工策略方面,他们对学习材料的理解基本上停留在对原文的复述上;组织策略方面,他们不能概括知识,也不能将较分散的知识聚合成一个整体；在资源管理策略方面，他们不善于管理自己的时间。

### （二）有指导地运用策略阶段

小学中高年级学生在老师的指导下能够主动地运用学习策略进行学习。

首先，认知策略方面，他们能掌握一定的学习方法。其次，元认知水平也有一定的发展。最后，他们开始利用各种资源帮助自己提高学习效果和能力，积极利用资源管理策略。

### （三）独立地运用策略阶段

大约在初中，学生就能够独立安排自己的学习，逐步使用各种学习策略了。

## 三、学习策略学习与训练的影响因素

**学习要求** ▶ 理解影响学习策略训练的因素

### （一）内部因素

1. 学习者的动机

学习者的动机是一个重要条件。研究表明，学习动机影响着学习策略的掌握与应用。学生对学习结果的期望不同，则学习策略的掌握与使用的水平也不同。若学习者认为最终的学习结果毫无价值，则他不会主动应用策略进行有效的学习；若学习者认为即使经过努力也不能达到学习目标，则他不可能花大量时间去尝试应用多种策略以解决问题。一般而言，动机强的学习者倾向于经常使用已习得的策略，而动机弱的学习者对策略的使用不主动、不敏感。

具有不同学习动机的学生，他们在选择策略方面也有所不同。那些关注学习分数是否高于他人、关注学习结果能否得到奖励的学生，往往具有较强的外部动机，他们更倾向于选择、应用机械的学习策略。那些关注自己能否真正掌握某种知识、技能，能力是否得到改善的学生，往往具有较强的内部动机，他们更倾向于选择有意义的学习策略。

2. 学习者原有的知识经验

丰富的知识经验为学习策略的形成提供了基础，同时又促进着学习策略的应用。以记忆策略的一项研究为例，林德博格曾要求小学三年级的学生和大学生分别记忆一组单词，如猫、狗等，共30个。结果大学生比小学生回忆的数量多，且应用了群集策略。但当要求被试去记忆另外30个有关周末的电视节目名称和儿童卡通人物名字时，小学生比大学生回忆出更多的信息，且小学生也应用了群集策略。这一实验表明，大学生有关动物的知识远远超过小学生，起初能根据动物的种属关系来记忆，故记忆效果好。在第二项实验情景中，小学生的背景知识比大学生丰富，也更易采用群集策略，所以小学生占优势。

原有的知识经验不仅影响着记忆时所使用的策略，同时也在一定程度上影响着解决问题所使用的策略。知识背景越丰富，越易于采用有效的策略去解决问题。策略的有效性是儿童日益增长的知识的一个函数，尤其是某一特定领域的知识和元认知知识对策略使用的有效性影响很大，具有重要的意义。

3. 学习者的认知发展水平

学习者自身的学习策略发展水平是一个重要条件。学习策略的掌握和使用受学生认知发展水平的制约,如果儿童尚未形成有关事物类别的概念,则很难使用群集等策略来进行记忆。同样,如果儿童的元认知能力尚未发展到一定水平的话,则也难以主动、有效地使用学习策略。限于学生的认知与元认知水平的发展,在学前期,儿童尚未掌握有效的学习策略。在小学阶段,虽然也自发地掌握了一些学习策略,但不知道何时、何处、为何应用某种策略。到了中学阶段,学生能够比较有效地使用学习策略。考虑到学生的认知发展水平,教师应该适时地教授一些必要的认知策略及元认知策略。

### (二)外部因素

#### 1. 教师的有关特征

教师的教学方式是小学生学习方法的原型。与学生比较而言,教师可被视为某一学科领域的专家,拥有该学科领域的丰富的知识及相应的解决问题的技能、策略。但教师能否将这些丰富的经验升华到一定的高度,并以恰当的、符合学习规律的形式传递给学生,这是至关重要的。教师是否拥有合理的知识结构,是否能对教学进行有效的控制,是否具备任职能力,是否具有灵活而有效的教学策略等,这些都决定学生能否达到最终的学习目标。

在教学过程中,知识经验丰富、教学思想先进的教师能够根据具体的教学内容及学习者的需要选择、教授一些被证明为有效的学习策略。

#### 2. 学习策略的教学方式

教师以何种方式教授学习策略直接决定着学习策略的掌握水平。关于学习策略的教学方式,一般认为比较典型的三种:一是通用的学习策略教学方式,即学习策略的训练不涉及特定的学科内容,只单独开设学习策略训练课教授一般的学习方法与技巧。二是学科渗透式学习策略教学方式,即根据具体的学科而教授适合特定领域的方法与技巧,如应用题解题策略等。三是交叉式学习策略教学方式,即把前两种结合起来,先教授通用的学习策略,然后与具体学科结合,要求学生把所学的策略用于具体的学习中。三种教学方式都可以在不同程度上达到教学目的,改善学生的学习能力,但大部分研究者提倡第三种教学方式,因为其适应面较广,具有广泛的迁移性。

在实际教学中,教师不管采用什么方式进行学习策略的教学,都要结合学科知识。研究认为,学习策略知识不是孤立的,不能脱离专门知识。专门领域的基础知识是有效利用策略的前提条件,脱离知识内容的单纯训练容易导致形式化倾向,难以保证学生提高学习策略水平。

## 四、常见的学习策略的学习与训练模式

(详见第十二章第三节)

### 本章总结

1. 学习策略概述。学习策略是指学习者为了提高学习的效果和效率、有目的有意识地制定的有关学习过程的复杂的方案,具有四个方面的特征。迈克卡等人将学习策略分为:认知策略、元认知策略与资源管理策略。认知策略和元认知策略是学习策略的核心成分,其中元认知策略是更高级的一种策略。

2. 几种典型的认知策略。典型的认知策略有复述策略、精细加工策略、组织策略;常

用的复述策略有识记过程中的复述策略和保持过程中的复述策略;常用的精细加工策略有记忆术、做笔记、提问和反复实践;常用的组织策略有列提纲、利用图形和利用表格。

3. 元认知策略与资源管理策略。元认知是对自身认知的认知,由元认知知识、元认知体验和元认知控制构成;元认知的发展体现出以下特点:随年龄的增长而增长,从外控到内控,从无意识到有意识再到自动化,从局部到整体;元认知策略有计划策略、监控策略和调节策略;资源管理策略有时间管理策略、学习环境管理策略、努力管理策略和寻求支持策略。

4. 学习策略的学习和训练。学习策略学习与训练的原则有:主体性原则、内化性原则、特定性原则、生成性原则、有效监控原则和个人自我效能感原则;学习策略发展的基本过程是由无意识地运用策略阶段到有指导地运用策略阶段,再到独立地运用策略阶段;学习策略学习与训练有内、外部影响因素;常见的学习策略的学习与训练模式有指导教学模式、发现教学、情境教学、合作学习、程序教学、计算机辅助教学和掌握学习等。

## 思考与练习

### 一、单项选择题

1. 学习策略一般包括认知策略、元认知策略和(　　　)。

A. 记忆策略　　　　　B. 资源管理策略　　　　C. 思维策略　　　　D. 学习方法

2. 工作记忆中为了保持信息,运用内部语言在大脑中重现学习材料或刺激,以便将注意力维持在学习材料上的方法称为(　　　)。

A. 组织策略　　　　　B. 复述策略　　　　　C. 计划策略　　　　D. 调节策略

3. 学习课文时分段、总结段意属于(　　　)。

A. 复述策略　　　　　B. 理解—控制策略　　　C. 精细加工策略　　　D. 组织策略

4. 整合所学新知识之间、新旧知识之间的内在联系,形成新的知识结构,这样的学习策略称为(　　　)。

A. 组织策略　　　　　B. 复述策略　　　　　C. 计划策略　　　　D. 调节策略

5. 在小学低年级识字教学中,有人按字音归类识字,有人按偏旁结构归类识字,属于(　　　)。

A. 复述策略　　　　　　　　　　　　B. 理解—控制策略

C. 精细加工策略　　　　　　　　　　D. 组织策略

6. 将新学材料与头脑中已有知识联系起来从而增加新信息的意义的深层加工策略(　　　)。

A. 组织策略　　　　　B. 复述策略　　　　　C. 计划策略　　　　D. 精细加工策略

7. 元认知的实质是人对认知活动的自我意识和(　　　)。

A. 自我控制　　　　　B. 自我认知　　　　　C. 自我指导　　　　D. 自我学习

8. 对有效完成任务所需的技能、策略及其来源的意识称之为(　　　)。

A. 元认知知识　　　　B. 元认知能力　　　　C. 元认知控制　　　　D. 元认知计划

9. 不属于元认知策略的是(　　　)。

A. 计划策略　　　　　B. 学习策略　　　　　C. 监控策略　　　　D. 调节策略

10. 对学习过程中制定自我学习计划、实施自我监督以及自我调控的策略,一般称为(　　　)。

A. 智力技能　　　　　B. 学习自觉性　　　　C. 元认知策略　　　　D. 自我意识

11. 生成性学习就是要求学生对所阅读或听讲的内容产生一个(　　)。

A. 新的理解　　　　　B. 不同的见解　　　　C. 认知策略　　　　D. 类比或表象等

12. 学习策略是学习者制订的学习计划,包括(　　)。

A. 意识和能力　　　　B. 规则和技能　　　　C. 认知策略　　　　D. 经验和方法

13. 学习策略是学习者为了提高学习效果和效率,有目的、有意识地制定的有关学习过程的(　　)。

A. 复杂方案　　　　　B. 学习计划　　　　　C. 可行方案　　　　D. 思维程序

14. 在学完一篇逻辑结构严密的课文以后,勾画出课文的论点论据的逻辑关系图以帮助理解和记忆。这种学习方法属于(　　)。

A. 精细加工策略　　　B. 组织策略　　　　　C. 复述策略　　　　D. 做笔记策略

15. 学习者运用缩简和编歌诀的方法帮助记忆知识的学习策略属于(　　)。

A. 组织策略　　　　　　　　　　　　　　　B. 精细加工策略

C. 复述策略　　　　　　　　　　　　　　　D. 元认知策略

## 二、填空题

1. 一般认为,学习策略可分为_____、_____和资源管理策略三个方面。

2. 学习的认知策略有复述策略、_____和_____。

3. 常用的组织策略有_____、利用图形,_____。

4. 学习策略训练的原则包括主体性原则、_____、特定性原则、生成性原则、有效监控原则、个人自我效能感原则。

5. 在利用组织策略进行学习的过程中,常用的图形有:_____、流程图、模型图、网络关系图。

6. _____是在工作记忆中为了保持信息,运用内部语言在大脑中重现学习材料或刺激,以便将注意力维持在学习材料之上。

7. _____是指没有预定目的、不需要经过努力的识记。

## 三、名词解释

学习策略　精细加工策略　组织策略　元认知

元认知策略　认知策略　元认知知识　资源管理策略

## 四、简答题

1. 简述学习策略的特征。

2. 简述元认知知识的主要内容。

3. 简述常用的组织策略。

4. 简述学习策略学习与训练的原则。

5. 简述常用的精细加工策略。

## 五、论述题

1. 联系教学实际,说明学习策略的层次分类。

2. 以自己的学习为例,试论学习中的自我监控策略。

# 第九章
# 问题解决与创造性

📚 **本章要点**

> 问题解决概述           专家与新手解决问题能力的差异
> 问题解决的含义         > 创造性及其培养
> 问题解决的过程         创造性及其特征
> 影响问题解决的主要因素    影响创造性的因素
> 提高问题解决的能力的教学   创造性思维的培养

## 第一节　问题解决概述

### 一、问题解决的含义

**学习要求** ▶ 识记问题的定义及分类
　　　　　　 ▶ 识记问题解决的定义和问题解决的特点

**（一）问题**

1. 问题的定义

"问题"一词在日常生活中经常出现,其英文是 problem,也可译成"难题"。

在心理学领域,对于问题的界定都不尽相同,但大多数心理学家认为,任何问题都应含有三个成分:一是给定的信息,指有关问题初始状态的一系列描述;二是要达到的目标,指有关问题结果状态的描述;三是存在的限制或障碍,指在解决问题的过程中会遇到的种种需待解决的因素。如此看来,问题就是给定信息和要达到的目标之间有某些障碍需要加以克服的情境。

2. 问题的种类

按照不同的标准,可以将问题分为不同的种类。

根据问题的明确程度,可分为有结构问题或界定清晰的问题和无结构问题或界定含糊的问题。有结构问题或界定清晰的问题是指初始状态、目标状态以及由初始状态如何达到目标状态的一系列过程都很清楚的问题。例如,A>B,B<C,问 A 或 C 哪个大。无结构问题或界定含糊的问题是指问题的初始状态或目标状态没有清楚的说明,或者两者

都没有明确的说明,这些问题具有很大的不确定性,例如"如何进行环境保护?"这个问题的初始状态和目标状态都是不清楚的。

根据在问题解决时,问题解决者是否有对手,可分为对抗性问题与非对抗性问题。在解决对抗性问题时,人们不仅要考虑自己的解题活动还要受对手解题活动的影响。例如,象棋、围棋、桥牌、扑克等游戏都属于对抗性问题;非对抗性问题是指解决问题时没有对手参与的问题。例如解决代数问题、几何问题等都属于非对抗性问题。

根据在问题解决时,解题者具有相关知识的多少,问题又分为语义丰富的问题和语义贫乏的问题。如果解题者对所要解决的问题具有很多相关知识,那么这种问题成为语义丰富的问题。例如,物理学家解决物理学方面问题,这种问题对他们来说为语义丰富的问题。如果解题者对要解决的问题没有相关的经验,这种问题成为语义贫乏的问题。例如,初学物理的人解决物理学的问题,这种问题对于他们来说为语义贫乏的问题。

问题种类的划分是相对的,而不是彼此割裂的。例如,下象棋属于对抗性的问题;对于初学者来说,它是语义贫乏的问题;对于象棋专家来讲,它是语义丰富的问题。

### (二)问题解决

1. 问题解决的定义

根据问题的定义,所谓问题解决(problem solving),是指问题解决者面临问题情境而没有现成方法可以利用时,将已知情境转化为目标情境的认知过程。

2. 问题解决的特点

问题解决是人类思维活动的方式之一。但并不是所有的思维活动都是问题解决的思维活动。例如,做梦、学习辨认数码、解决如何去解绳结等都是思维活动,但不属于问题解决的思维活动。一般认为,问题解决的思维活动必须具备三个特点:

(1)目的性。问题解决的思维活动必须具有明确的目的性。如果缺乏明确的目的,就失去问题解决的方向。

(2)认知性。问题解决的思维活动必须有思维认知成分的参与。例如走路、穿衣等活动,虽然也属于有目的、有系统的操作活动,但没有思维的认知成分参与,因此不称之为问题解决。

(3)序列性。问题解决的思维活动必须有一系列操作程序,包括一系列的心理操作程序,如分析、联想、比较、推论等。如果仅是想象等单一的认知活动,都不能称之为问题解决。

## 二、问题解决的过程

学习要求 ▶ 结合自己解决问题的实际,分析问题解决的过程

### (一)发现并提出问题

我们生活的世界处处时时都存在着各种各样的矛盾,当某些矛盾反映到意识中时,个体才发现它是个问题,并要求设法解决它。这就是发现问题的阶段。从问题解决的阶段性看,这是第一阶段,是解决问题的前提。发现问题对学习、生活、创造发明都十分重要,

是思维积极主动性的表现,在促进心理发展上具有重要意义。

能否发现问题,这与个体的活动积极性、已有的知识经验等有关。个体的好奇心、求知欲望越强,活动的积极性越高,则越能发现其他人所不能发现的问题。个体的知识经验越丰富,视野越开阔,就越容易发现问题。

### （二）分析并明确问题

要解决所发现的问题,必须明确问题的性质,也就是弄清有哪些矛盾、矛盾有哪些方面,它们之间有什么关系,以及确定所要解决的问题要达到什么结果,所必须具备的条件、其间的关系和已具有哪些条件,从而找出重要矛盾、关键矛盾之所在。即分析并明确问题主要表现为审题。分析和明确问题依赖于两个条件:第一,依赖于是否全面系统地掌握感性材料。问题总是在具体事实上表现出来的,只有当具体事实的感性材料十分丰富且符合实际时,才能通过分析、综合、比较等,使矛盾充分暴露并找出主要矛盾。这是明确问题的关键。第二,依赖于已有的知识经验。知识经验越丰富,越容易分析问题并抓住主要矛盾,越容易对问题进行归类,使思考具有指向性,便于有选择地应用原有知识经验来解决当前的问题。

### （三）提出假设

提出假设就是在明确问题的基础上,对问题解决的具体方案提出假定和设想。问题解决的方案常常是先以假设的方式出现,经过验证逐步完善的。假设是人们推测、假定和设想问题的结论与问题解决的原则、途径、方法。

假设的提出是从分析问题开始的,在分析问题的基础上,根据问题的性质、问题解决的一般规律及个人的知识经验,在头脑中进行推测、预想和推论,然后有指向、有选择地提出解决问题的建议和方案(即假设)。方案是否符合实际,是否有利于问题的解决,还有待于验证。假设的提出就为问题解决搭起了从已知到未知的桥梁。

假设的提出依赖于许多条件,如已有的知识经验、智力水平、创造想象力、直观的感性形象、尝试性的实际操作、言语表达和创造性构想等。

### （四）检验假设

检验假设是对假设进行验证的过程,它是问题解决的最后步骤。检验假设的方法有两种:一种是直接检验,即通过实验和实践活动来检验。这是检验假设的最根本、最有效的手段。例如,机器坏了,我们查找到原因,提出解决方案,进行实际维修,看一看这种维修方案是否解决问题。另一种是间接检验,即在头脑中根据已掌握的科学原理、原则,利用思维对假设进行论证。对于那些不能立即通过实践直接检验的复杂的假设常采用间接检验。例如,我们研制的卫星、导弹、运载火箭等不可能一遍又一遍地进行直接检验,而是反复地进行间接的理论论证,认为万无一失了再进行直接检验。医生设计的治疗方案、军事指挥员提出的各种作战方案等,都总是先在头脑中进行反复的推敲、论证,最后付诸实际。实践是检验真理的唯一标准,任何假设的正确与否最终都要接受实践的检验,其结果可以有两种情况:一是假设与检验的结果符合,这样的假设是正确的;二是假设与检验的结果不符合,这样的假设就是错误的,这种情况下就要重新提出假设。正确的新假设的提出有赖于对以前失败的原因进行充分的了解和分析,检验假设直到结果正确为止。

## 三、影响问题解决的主要因素

学习要求 ▶ 结合实践分析影响问题解决的因素

### （一）问题情境

问题情境是指问题解决者所要解决的问题的客观情景或者刺激模式。当个体在活动中遇到某种不清楚、不了解的客观事实或现象，且运用已有的知识和技能不能解决时，就会出现问题情境。一般来说，问题情境与个体的认知结构的差异越大，问题就越难解决；反之，问题则容易解决。问题情境对问题解决的影响，大体上可归纳为下述两个方面：

1. 问题情境中物体和事件的空间排列不同，能促进或妨碍问题的解决

一般来说，解决问题所必需的物体都在问题解决者的视野中，问题就容易解决，反之则困难。

问题元素的空间集合方式不同，可能促使或阻碍问题的解决。有一个实验，要求学生解几何题，两道几何题文字说明完全一样，即已知正方形的内切圆的半径为 $2a$，求正方形的面积。这两题的差别是半径的位置不同。学生分为两组，甲组学生做甲题，乙组学生做乙题，结果乙组学生做乙题比甲组学生做甲题要快得多而且正确得多，主要原因是乙题的半径容易看成正方形边长的一半，从而顺利地求出了正方形的面积。

2. 问题情境中所包含的物体或事实太少与太多都不利于问题的解决

问题情境中所包含的物体或事实太少可能遗漏事实，太多则会产生干扰。卡茨曾经研究多余刺激对问题解决所引起的干扰作用。他给被试做一些无名数题目，如 10.5＋13.25＋6.89，等等；再有几组被试做一些带有瑞典货币名称的算术题，如 10.50 克朗＋13.25 克朗＋6.89 克朗，等等；研究发现有名称的数字在加法上须增加 12% 的时间。显然，把一些不相干的或不熟悉的因素加在一项简单和熟悉的工作上（如加法或减法），由于"心理眩惑"作用，致使对问题解决产生干扰作用。

### （二）已有的知识经验

解决问题的知识经验越丰富，越有利于问题的解决。善于解决问题的专家与新手的区别之一是专家具备有关问题的知识经验并善于实际运用这些知识来解决问题。例如，一位老医生与一名刚参加工作的年轻医生，在面对一名具有很多症状的患者时就采取了不同的处理方式。年轻医生不确定病人患了什么病，于是便为病人开出了各种各样的医学检查单，在有了一套几乎完整的症状信息之后，才可能做出正确的诊断；但有经验的老医生很可能会立即认定这些症状符合某种或少数几种疾病的诊断模式，仅仅对病人做了有限的检查后便很快做出了相当准确的诊断。

知识经验为什么能促进问题的解决，西蒙等人对这个问题进行过研究。他们把具有 25 个棋子的国际象棋盘以 5 秒的时间向国际象棋大师和棋艺不太好的一般棋手呈现（5 秒的时间，被试完全能看清棋盘，但不能存入长时记忆）。分两种实验条件：第一种是把象棋好手下到一半的真实棋盘布局呈现给这两组；第二种是在棋盘上随机摆上 25 个棋子的布局呈现给这两组。呈现棋盘撤走后，要求被试把刚才看过的棋盘布局在另一棋盘上摆出来。结果发现：对于真实的棋盘布局，象棋大师能恢复 25 个棋子中的 23 个，而一般棋

手则只能恢复 6 个左右;对于随机排列的棋盘布局,象棋大师和一般棋手能恢复的数量是相等的,都是 6 个。研究还表明,专家在看棋盘上的有规律的 25 个棋子时,并不是看 25 个孤立的东西,而是以组块为单元,加上组块之间的关系来看这棋盘的。根据对国际象棋大师的研究,西蒙认为,任何一个专家必须储存有 5 万~10 万个组块的知识,而要获得这些知识不得少于 10 年。由于专家储存有大量的知识以及具有把这些知识运用于各种不同情况的丰富经验,因而他能熟练地解决本领域所遇到的各种问题。

### (三)定势

定势是指心理活动的一种准备状态。这种准备状态有时促进问题的解决,有时会阻碍问题的解决。最初研究定势在解决问题中的作用的是梅尔(Maier,1930)。在他的实验中,对部分被试利用指导语给予指向性的暗示,对另一些被试不给予指向性暗示。结果,前者绝大多数被试能解决问题,而后者则几乎没有一个能解决问题。

心理学家陆钦斯通过"量水实验"证明了思维定势的促进和阻碍作用(详见第五章第三节)。

### (四)功能固着

功能固着是指个体在解决问题时只看到某种事物的通常功能,而看不到它的其他方面的功能。例如,钥匙是开锁用的,箱子是盛东西用的,而想不到钥匙和箱子还可能有其他的功能。在现实问题情境中,事物绝不可能像一把钥匙开一把锁那样简单的关系。铁锤是打钉子用的,但必要时也可以做御敌的武器;刀子是切割用的,但必要时也可以用来打开罐头或旋松螺丝。功能固着是一种特殊的思维定势。在解决问题过程中,能否改变事物固有的功能以适应新的需要,是问题解决的关键。可是这个关键却常因受事物固有功能观念的限制而不易突破。

美国心理学家梅尔(Maier,1931)设计的一项摆荡结绳的实验。该实验设计的问题情境是在一个房间内,由天花板上垂下两条绳子,要求被试设法将它们连接在一起。房间里还摆放有一把椅子、一把钳子和其他东西(图 9-1)。问题是两条垂绳间距太远,被试无法同时用手将它们连接。实验设计的目的旨在观察被试能否突破功能固着,利用现场所陈列的材料,达到问题解决的目的。这一问题的解决办法是将钳子拴在一条垂绳

图 9-1　结绳问题

上,使垂绳摆动,摆动期间有时两绳间的距离缩短,被试就可以同时抓住两条垂绳,即可结在一起。实验结果发现,只有 39.3% 大学生被试能够想到上述方法解决问题。显然,大多数被试没想到钳子可以用作摆锤,在他们看来,钳子的功能就是拔钉或剪断铁丝之类。

### (五)动机与情绪

人的动机可影响心理活动的各个方面,无疑也会影响问题解决的思维活动。在问题解决的思维活动过程中,如果没有恰当的动机,人们就不能进行活跃的思维或有始有终地坚持解决一个难题。因此动机是影响问题解决的重要因素,如耶克斯—多德森定律所揭示的,动机的强弱和问题的性质都影响到整个问题解决的过程。

此外,情绪因素对问题解决也有明显的影响。情绪对问题解决的影响可以是积极的,有时也会是消极的。良好的情绪状态可以提高思维活动的积极性,推动问题的解决;而消极的情绪状态则会干扰问题解决的进程。

### (六) 个性

独立性、自信心、坚韧性、精密性、敏捷性、灵活性以及兴趣等个人特点,均对解决问题的效率产生一定的影响,教师应经常关心和发挥学生有利于问题解决的个性特点,纠正其不利的个性特点。

### (七) 人际关系

人处在一个复杂的社会中,解决问题不仅受个人心理因素的影响,也会受到人们之间相互关系的影响。例如,人在解决问题时,往往要求与周围的人的方式一致,这种现象称从众现象。团体内的相互协作和相互帮助,是使问题得以迅速解决的积极因素;相反,互不信任、人际关系紧张则会妨碍问题的解决。

总之,影响问题解决的心理因素是多方面的。它们不是孤立地起作用,而是互相联系、互相影响、综合地影响着问题解决的思维过程。

## 四、提高问题解决的能力的教学

**学习要求** ➤ 识记并能运用提高问题解决的能力教学的具体方法

在实际教学中,学生解决问题的能力,完全可以结合各门学科的内容来进行训练和提高。在教学中,教师把重点放在课题的知识上,放在特定学科的问题解决的逻辑推理和策略上,放在有效解决问题的一般原理和原则上。教师要注意为学生创造适当的气氛,以利于解决问题。

### (一) 提高学生知识储备的数量与质量

1. 帮助学生牢固地记忆知识

知识记忆得越牢固、越准确,提取得也就越快、越准确,成功地解决问题的可能性也就越大。教师应该教给学生一些记忆和提取的方法,鼓励学生应用这些方法。

2. 提供多种变式,促进知识的概括

只有深刻领会和理解知识才能牢固地记忆和有效地应用,因此,教师要重视概括、抽象、归纳和总结各种应用问题。应用同质不同形的各种应用题的不同解法来突出应用题的本质特征,加强对不同类型的应用题的区分与辨别,提高学生对所学内容的理解水平。

3. 重视知识的联系,建立网络化结构

问题的解决往往是综合应用各种知识的过程,知识之间的有机联系是保证正确地解决问题的基础。为此,教师要有意识地沟通课内外、不同学科、不同知识点间的纵横交叉联系,使学生所获得的知识不只是一个孤立的点,而是能够融会贯通、有机配合的网络化、一体化的知识结构。

### (二) 教授与训练解决问题的方法与策略

1. 结合具体学科,教授思维方法

有效的思维方法或心智技能可以引导学生正确地解决问题,教师既可以结合具体的学科内容,教授相应的心智技能,如审题、构思技能等,也可以根据已有的研究成果,开设专门的思维训练课。教授心智技能或策略的主要目的就是使学生学会学习、学会解决问题,成为一个自主的、自我调控的有效的学习者。

2. 外化思路,进行显性教学

教师在教授思维方法的时候,应遵循由内而外的方式,即把教师头脑中的思维方法或思路提炼出来,明确地、有意识地外化出来,给学生示范,并要求学生模仿、概括和总结,这在一定程度上可以避免学生不必要的盲目摸索。学生通过这种学习,可以逐步掌握各种思维方法,将外在的教师的经验内化为自己的经验,充实或完善自己的内部知识结构。

### （三）提供多种练习的机会

应避免低水平的、简单的提问或重复的机械的练习,防止学生埋没在题海中,应考虑练习的质量,根据不同的教学目的、教学内容、教学时段等来精选、设计例题与练习题,从而考虑练什么,什么时候练,练到什么程度,以什么方式练,如何检验练的效果等问题。比如,既要训练学生只有文字的应用题,又要训练他们图文并茂的应用题;既要有直接利用领会知识进行解答的基础问题,又要有灵活、综合利用有关知识进行解答的较复杂的问题;既要有促进学生理解所学知识的问题,又要有适当的结合现实的实际问题。多种形式的练习,可以调动学生主动学习的积极性,提高学生知识应用的变通性、灵活性和广泛性。

### （四）培养思考问题的习惯

1. 鼓励学生主动发现问题

鼓励学生对日常生活多观察,不要被动地等待教师指定作业后,才去套用公式或定理去解决问题。

2. 帮助学生养成分析问题的习惯

学生应该始终注意对问题进行分析、了解,牢牢掌握问题的目的与主要情境,将精力始终集中于解答的目的及其标准上。教师要帮助学生发展系统考虑问题的方式和系统分析的习惯。教师要注意两种倾向:一种是不能因让学生自己找出答案,就采取放羊态度,让学生进行盲目的尝试错误练习;一种是过分热心,越俎代庖,把结论抢先告诉学生。

3. 鼓励学生多角度提出假设

在明确问题的基础上,教师可以鼓励学生从不同的角度,尽可能多地提出各种假设,而不要急于对这些想法进行评判,以免过早地局限于某一解决问题的方案中。

4. 鼓励自我评价与反思

要求学生自己反思推敲、分析各种假设和各种方法的优劣,对解决问题的整个过程进行监控与评价。

## 五、专家与新手解决问题能力的差异

学习要求　▶ 比较专家与新手解决问题的能力差异

格拉泽和齐对有关的研究做了系统的概括。他们认为,专家与新手解决问题的能力差异表现在六个方面:

### （一）有意义的知觉模式的差异

测量知觉模式的典型方法是给被试呈现某个方面的信息,然后请他复现这些信息。

例如,有研究者给国际象棋专家和新手呈现典型的对弈棋盘,看 5 秒,然后要求他们在空棋盘上复现看到的棋子位置。结果表明,国际象棋大师看一眼能复现 20 多个棋子及其位置,新手只能复现 4～5 个棋子及其位置。这说明专家能知觉较大的有意义的刺激模式,新手不具备这样的能力。类似的实验在许多领域进行了重复。齐还以优秀的儿童棋手与成人新手、儿童新手进行对比实验,结果表明,优秀儿童棋手比成人或儿童新手有更大的棋子的知觉模式。这一研究表明,年龄不是决定棋子的知觉模式的关键因素,关键的因素是专门知识的水平。

### (二)短时记忆和长时记忆的差异

人的短时记忆容量(也称短时记忆广度)为 7±2 个"组块"。研究表明,通过专门训练,人的短时记忆容量可以扩大。典型的例子是切斯和埃里克森的研究。他们发现一位跑步运动员记忆数字的能力很强,该运动员记住了大量的跑步比赛成绩的数字纪录。他的短时记忆可以达到记住 80 个数字的水平,大大超过常人只能记住约 7 个数字的水平。该运动员之所以能有超乎常人的短时记忆力,按现代认知心理学的解释,他利用已有的数学知识,将要记住的"组块"单位扩大。这样,表面看来,他从短时记忆中回忆出来的具体数字增加了,但其信息单位未变。由此看来,决定短时记忆的是原有知识和利用原有知识将新信息组成较大组块的记忆策略。

同样,专家在他熟悉的领域有较优越的长时记忆能力。这种优越的长时记忆能力是用记忆品质说来解释,还是用知识来解释呢? 现代认知心理学的研究表明,人的长时记忆能力决定于他的知识的加工程度。知识加工程度越深,记忆效果越好,而加工程度又决定于他采用的策略,策略的适当性又与个人的专门领域的知识基础密切相关。

### (三)技能执行速度的差异

某一领域的专家,如物理学家、数学家、文学家等解决问题的速度高于新手,这是因为他们对基本技能的掌握已达到高度熟练的程度,有的已达到自动化的程度。在解决复杂问题时,由于这些基本技能自动执行,便减轻了他们短时记忆负担,可以把精力集中于运用策略,完成需要高水平思维方面的任务。例如,不熟练的阅读者一字一句出声读出句子,而熟练的阅读者能做到所谓的"一目十行"。这固然是一种夸张的说法,但熟练的读者阅读时不出声,且不必仔细分辨句中的每一个词,或者识字时也不必看清字的每一笔画,这样,他们的阅读速度比初学者快得多。

除了基本技能熟练之外,专家有时解决问题速度快的另一个原因是他们不必一步一步地进行推理。格拉泽提出了机遇推理概念。这种推理是专家在收集信息到一定程度之后偶然抓住的。例如,电子工程专家在检测机器故障时,不必预先计划每一步,在检测过程中,他们可能偶然出现某种想法,而这种想法与已经收集的信息相一致,由此导致问题迅速解决。

### (四)用于表征问题的时间差异

在解决常规问题时,专家比新手快得多;但在解决困难的新问题时,专家用于表征问题的时间比新手要长一些。原因是,他们有更多可供利用的知识,他们需要思考与当前问题最有关的是什么知识。例如,有人曾给苏联问题专家与新手这样一个问题:"为苏联企业提出一项政策以增加企业的产量。"对专家的解题过程的原始记录分析表明,他们解题时间的 1/4 用于表征问题。例如,他们利用自己有关苏联政策的知识,对解答的结果可能是什么加上一些限制条件,而新手仅用解题时间的 1% 表征问题。许多数学教师发现,代数学得好的学生在解题前常常给问题创造有意义的表征,而代数学得差的学生通常不思考问题的意义就开始把数字代入公式。

### (五)表征的深度差异

当遇到一个新问题时,专家能很快抓住问题的实质,根据问题的内在结构表征问题,如齐等研究具有博士学位的物理学专家和刚学过一门物理学课程的大学生之间在物理问题表征上的差异。研究者给出 20 个描述物理学问题的名称,当请新手和专家将问题分类时,新手的典型名称是"斜面上的木块",专家使用的典型名称是"牛顿第二定律"。在研究计算机程序专家和新手表征问题时,也发现同样的差异。程序专家按用于解决问题的算法将问题分类,而新手则根据该程序能做什么,如产生一系列英文字母表上的字母来将问题分类。因此,根据问题得以解决的原理对问题进行表征被认为是问题的深层表征。

### (六)自我监控技能的差异

E.D.加涅用图像形象地描绘了专门领域的专家解决问题能力的知识成分及其在记忆系统中的定位(图 9-2)。

E.D.加涅的图可做如下解释:外界问题的输入,激活了长时记忆中与问题陈述相关的概念性知识(包括图式、命题或表象)。对于某领域的专家来说,这些概念性知识总是与相应的程序性知识和解题策略一起贮存的,因而后两者也被相应激活,从而形成了问题的正确表征。整个问题解决过程在工作记忆中完成。反应的输出既可能从工作记忆(意识控制的)中产生,也可从长时记忆(自动化的)中产生。

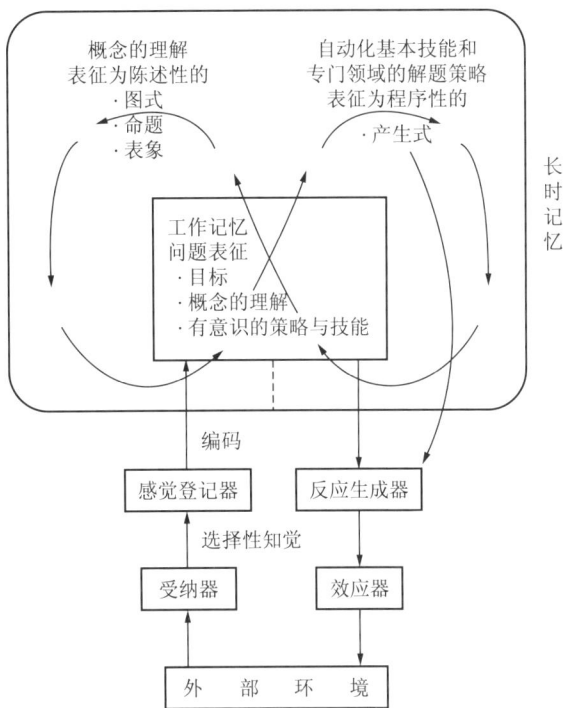

图 9-2 解决问题能力的知识类型分析及其在记忆系统中的定位

该研究表明,专家倾向于更频繁地检查自己对问题的解答,而且这种检查的效果比新手更好,即专家比新手有更好的自我监控技能。如上述代数问题解决例子中,以有意义的方式表征问题的学生,在解题过程中,会反复思考这样解题是否有意义,而只顾代入数字的学生不可能有效地检查自己的解题结果。

# 第二节　创造性及其培养

## 一、创造性及其特征

学习要求　▶ 识记创造性思维的含义及特征

### （一）创造性与创造性思维

培养学生创造性思维能力，目前已是一个全球性的问题。"为创造性而教"已经成为学校的主要目标之一。在我们讨论创造性思维时，首先要讲明什么是创造性。总的来说，创造性是指个体产生新奇独特的、有社会价值的产品的能力或特性。对于创造性，人们往往从作品、个性特质和过程三方面来考虑的。

从作品方面看，一项作品（产物）具有新颖性，且在一定范围内有用，便可成为具有创造性的产品。狭义上，个体产生了自己前所未有的、有一定社会价值的产物，这种产物就是创造性产物，这种个人历史上的首创是一种类创造。从广义角度来看，个体获得历史上前所未有的、有社会价值的独特成就，这种成就也是创造性产物，是一种真创造。

从个性特质方面看，创造性或者创造力常被用来形容创制作品的人，一般来说，具有创造性的个体具有这样三种能力：敏锐的感知能力，对外界的感知非常敏锐，善于发现问题；协同能力，能将看似分离的各个部分组织在一起，使之成为有用的整体；捕捉机遇的能力，能捕捉意外收获。

从过程方面看，创造性是创作者创造产品如画画、发明、编写计算机程序、解决问题等的技能或活动过程，这一过程总是和创造性思维过程联系在一起，因此，创造性思维是创造性的核心，只有了解了创造过程以及创造者所运用的正确方法和思维活动方式，才能深入了解创造活动，才能有利于我们培养具有创造性的人，产生更多的创造性的作品。

创造性思维是思维活动的高级过程，是在个人已有经验的基础上，发现新事物、创造新方法、解决问题的思维过程。创造性思维和再造性思维相对，再造性思维是重复过去在类似情境中学会的方法来解决问题，而创造性思维要求打破惯常的解决问题的方式，将过去的经验重新加以综合，给问题以新的解答。

### （二）创造性的基本特征

一些心理学家将创造性思维与发散式思维联系起来进行研究。创造性思维与发散式思维具有许多相同特点，但创造性思维并不完全等同于发散性思维，而是发散式思维和聚合式思维的统一，其通常更多地或首先表现在发散性上。目前倾向于用发散式思维的基本特征来代表创造性。有研究者认为，发散性思维的主要特征有三个：

1. 流畅性

流畅性是指在限定时间内产生观念数量的多少。在短时间内产生的观念多，思维流畅性大；反之，思维缺乏流畅性。吉尔福特把思维流畅性分为四种形式：① 用词的流畅性，指一定时间内能产生含有规定的字母或字母组合的词汇量的多少；② 联想的流畅性，指在限定的时间内能够从一个指定的词当中产生同义词（或反义词）数量的多少；③ 表达的流畅性，指按照句子结构要求能够排列词汇的数量的多少；④ 观念的流畅性，即能够在限定时间内产生满足一定要求的观念的多少,也就是提出解决问题答案的多少。前三种流畅必须依靠语言,后一种既可借助语言也可借助动作。

### 2. 变通性

变通性是指摒弃以往的习惯思维方法而开创不同方向的能力。如,让被试尽可能举出报纸的用途,他会产生"学习""包东西""当坐垫""折玩具""剪成碎片扬着玩""裹在身上取暖""用来引火"等各种各样的不同方向的答案。富有创造力的人思维比一般人的思维出现的想法散布的方面广,范围大,而缺乏创造力者通常只想到一个方面而缺乏灵活性。

### 3. 独创性

独创性是指产生不寻常的反应和不落常规的能力,此外还有重新定义或按新的方式对我们的所见所闻加以组织的能力。个人面对问题情境的时候,能独具慧心,想出不同寻常的、超越其他人的意见,具有新奇性。对同一问题所提意见越新奇独特,其独创性也越高。

还有学者认为灵感状态也是创造性思维活动的特征。所谓灵感,是指人们在创造性思维过程中,某种新形象、新概念和新思想突然产生的心理状态。它是人在以全部精力集中去解决思考中的问题时,由于偶然因素的促发而突然出现的顿悟现象。任何创造性思维,都离不开灵感。例如德国著名化学家凯库勒在研究有机化学中碳氢化合物苯的分子结构时,他先是因苦思不得其解而停止思考,面对火炉打起瞌睡来。在睡梦中,他看见很多碳氢的原子排成很多圆圈在他的面前跳动不已。其中一个圆圈突然飞临他的眼前,像一道光,把他惊醒。梦中原子排成的圆圈,使他获得灵感而发现苯分子的环状结构(图9-3)。灵感的闪现之所以能使人"思风发于胸臆,言泉流于唇齿",这是因为它能够给人带来一种超常状态的心理压力和思维能力。这种压力和能力常常是科学研究和艺术成就降生的动力。

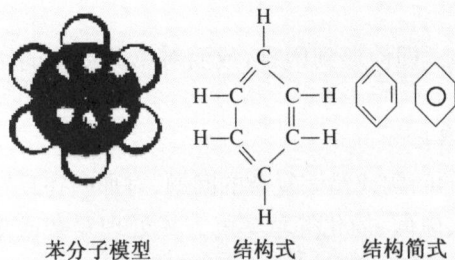

苯分子模型　　结构式　　结构简式

图 9-3　苯分子的环状结构

## 二、影响创造性的因素

学习要求　▶ 理解影响创造性的因素
　　　　　▶ 理解智力与创造性的关系

### (一)环境

创造性非常容易受到环境的影响。父母的管教方式、家庭的气氛以及学校和整个社会的文化导向都对创造性产生影响,家庭因素是影响孩子创造性发展的主要因素。如果家庭教育过分严格、家长过分要求孩子服从,孩子的创造性就差;反之如果家庭气氛比较民主,家长注重发展孩子的创造性,情况就会好得多。美国心理学家奥斯本对一些科学界精英进行调查,结果发现,一些比较有创造性的人往往来自不幸的家庭,其中有些人童年期间缺少家庭和谐和父母的爱抚。此外,最富有创造精神的人,一般是兄弟姐妹中的老大。

在学校教育方面,如果学校气氛较为民主,教师鼓励学生的自主性,允许学生表达不同意见,学习活动有较多自由等,那么这样的学校教育也会促进创造性的培养。

某些社会文化特征对创造性的发展具有重要影响。如果一个社会过于强调社会规范,因循守旧,个体创造性就会受到抑制。因此,创造一个具有一定开放性和自由性的成长环境,尊重学生的独立性,尊重差异,对创造性培养具有重要意义。

### (二)智力

创造性与智力是一种相对独立,在一定条件下又有相关的非线性关系,这种关系可归结为以下四点:一是低智商不可能具有创造性。二是高智商可能有高创造性,也可能有低创造性。三是低创造性的智商可能高,也可能低。四是高创造性者必须具有高于一般水平的智商。

总之,高智商虽然不是高创造性的充分条件,但是可以认为是高创造性的必要条件。更重要的是,这种非线性关系还表明,创造性还会有一些智力测验所没有测出的智慧品质。正是由于这些品质的参与,才实现单纯智力所无法完成的创造。

### (三)个性

一般而言,创造性与个性之间具有互为因果的关系,具有创造性的人往往具有一些相应的人格特征与品质。综合有关研究,高创造性的人一般具有以下个性特征:

1. 诙谐、幽默

即使面对困难和严肃的问题时,高创造性的人也能表现较多的幽默。

2. 有抱负和强烈的动机

对工作有热忱,有决心,即使遇到困难,或面对单调乏味的工作情境,他们也能坚持,并乐在其中。

3. 能够容忍模糊与错误

承认矛盾,对无结构的问题或错综复杂的问题、对那些违反"常识"的假设和观念都能够坦然接受,反对以武断、虚假、简化等草率的方式处理复杂或矛盾的问题。具有较高的挫折忍受力,愿意付出无报酬的代价,去从事无法预期的工作。

4. 喜欢幻想

在日常生活中比一般人有更多的梦想,但能够自由地往返于现实与幻想之间。

5. 具有强烈的好奇心

不断地提出问题,有浓厚的认识兴趣,喜欢猎奇,喜欢尝试新奇的方法来探究问题,不怕失败。

6. 具有独立性

高创造性的人常常不迷信权威,不随大流,不落俗套。

7. 有毅力

高创造性的人不管遇到什么困难,目标专一,咬定青山不放松。

此外,有利于创造性发挥的个性特征还有自信心强;有高度责任感;有勤奋好学、孜孜不倦、锲而不舍地探索未知世界的精神；心理承受能力强，不怕错误和失败，善于在挫折面前进行自我调整等。

## 三、创造性思维的培养

**学习要求** ▶ 结合实例理解培养创造性思维的方法

创造性思维是在一般思维的基础上发展起来的，它是后天培养与训练的结果。创造性思维的培养应注意以下几个方面：

### （一）创设有利于创造性产生的适宜环境

1. 创设宽松的心理环境

教师应给学生创造一个较为宽松的学习的心理环境，让学生感受到"心理安全"和"心理自由"。如果营造了这样一种环境，学生就不会产生危机感和受批评的恐惧，也就不必为自己的创造意识而设防。只有这样，才能激发学生主动学习的积极性，促进学生的认知功能和情感功能的充分发挥，提高学生的创造性。要做到这一点，需要家庭、学校和社会三者共同的努力。

2. 给学生留有充分选择的余地

在可能的条件下，应给学生一定的时间和空间，让学生有时间、有机会做自己想做的事，给学生留出一定的时间让他们从事一些具有独创性的活动，为创造性行为的产生提供机会。因此，在课程安排上，应注意为学生提供自由选择的机会，如实行选修课制度，让学生有机会选择不同的课程学习；加强学生综合素质的培养，如进行抽象逻辑思维和具体形象思维的培养；给学生呈现应用创造性思维才能解决的问题等。

3. 改革考试制度与考试内容

考试制度和考试内容对学校的教学有着直接的影响。为了真正有利于人才选拔，选拔有创造性的人才，促进学校创造性人才的培养，可对传统的考试制度和考试内容进行适当的改革。如在学业测试中，可以增加无固定答案的问题，让学生有机会发挥其创造性。

### （二）注重创造性个性的塑造

创造性高低与人格有着密切联系，因此，从个性出发来培养创造性，也是非常重要的方面。培养学生的创造性人格，应该注意以下几点：

1. 保护好奇心

保护儿童的好奇心，就能促使他们对创造性活动拥有浓厚的兴趣，从而促进其创造性活动的进行。对学生任何奇特的问题，应给予鼓励和赞赏，不应忽视或讥讽。

2. 解除学生对答错问题的恐惧心理

惧怕犯错误是阻碍独创性发挥的一个重要因素。学生有时往往会因为怕犯错误而不去尝试，从而失去发展创造性的良机。因此，教师应该解除他们怕犯错误的恐惧心理，鼓励学生大胆进行一些尝试和冒险。对学生所提问题，无论是否合理，均以肯定态度接纳他。对出现的错误不应全盘否定，更不应指责，应鼓励学生正视并反思错误，引导学生尝试新的探索，而不循规蹈矩。

3. 鼓励独立性和创新精神

在教学中，教师应重视学生提出的与众不同的见解、观点。对平常问题的处理能提出超常见解者,教师应给予鼓励。同时,采取多样的形式和方法支持学生的创新精神。

### 4. 重视非逻辑思维能力

在各种创造活动中非逻辑思维都起着重要作用,它贯穿整个创造活动的始终。因此,教师应鼓励学生大胆猜测,给学生机会进行猜测、进行想象,对答案不必拘泥于常规,并尽量让他们获得成功的体验。为了丰富学生的想象力,可以应用实物、图片、多媒体等来辅助教学,也可以组织学生参观、访问、开展丰富多彩的课外活动等,从而使学生头脑中的表象更为鲜明、完整。

### 5. 给学生提供具有创造性的榜样

通过给学生介绍或引导阅读文学家、艺术家或科学家传记,或带领其参观各类创造性展览、科学博物馆、与有创造性的人直接交流等,使学生领略到创造者对人类的贡献,受到创造者优良品质的潜移默化的影响,从而启发他们见贤思齐的心理需求。另外鼓励学生与有创造性的人接触也是提供榜样的一个很好的渠道,通过与有创造性的人接触,使学生产生模仿尝试的欲望,并由此在潜移默化中受到熏陶。同时,教师也应注意自身的榜样作用,通过不断开发自身的创造性来影响学生,使他们切实体验到创造性活动的魅力。

另外,父母与教师还应正确运用评价机制。评价是教育活动的一个非常重要的有机组成部分,具有很强的导向性。教育心理学研究表明,教师的评价与学生的自我评价之间存在着显著的相关,对学生的人格形成有着重要影响。同样,儿童也非常重视父母对其的评价。因此,父母及教师应慎用评价手段,使自己的评价有利于个体创造性人格的形成和发展。

### (三) 开设培养创造性的课程,教授创造性思维策略

可以通过各种专门的课程来训练学生的创造力,常用的方法有以下几种:

### 1. 发散思维训练

训练发散思维的方法有多种,如用途扩散、结构扩散、形态扩散与方法扩散等。

用途扩散即让学生以某件物品的用途为扩散点,尽可能多地设想它的用途。比如,尽可能地多说出一张白纸的用途。结构扩散即以某种事物的结构为扩散点,设想出利用该结构的各种可能性。比如,尽可能地多画出包含正方形结构的东西。形态扩散即以事物的形态(如颜色、味道、形状等)为扩散点,设想出利用某种形态的各种可能性。比如尽可能地想出各种有香味的东西。方法扩散即以解决某一问题或制造某种物品的方法为扩散点,设想出利用该种方法的各种可能性。比如,尽可能地说出用"跳"的方法可以完成的事情。

### 2. 推测与假设训练

这类训练的主要目的是发展学生的想象力和对事物的敏感性,并促使学生深入思考、灵活应对,如,让学生观看一段没有结局的视频,鼓励他们去猜测可能的结局;还可以让学生进行各种假设、想象,比如"假设你是老师,你怎么教学生"等。

### 3. 自我设计训练

教师考虑到学生的兴趣及其知识经验,给他们提供某些必要的材料与工具,让学生利用这些材料,实际动手去制作某种物品,如小玩具、贺卡等。学生通过实际的操作活动,完成自己的设计。

#### 4. 头脑风暴训练

头脑风暴训练是通过集体讨论,使思维相互撞击,迸发火花,以达到集思广益的效果。具体应用此方法时,应遵循四条基本原则:一是让参与者畅所欲言,对所提出的方案暂不作评价或判断;二是鼓励标新立异、与众不同的观点;三是以获得方案的数量而非质量为目的,即鼓励多种想法,多多益善;四是鼓励提出改进意见或补充意见。

可以先由教师提出问题,然后鼓励每个学生从自己的角度提出解决问题的方法,通过集体讨论,以拓宽思路,产生互动,激发灵感,进而提高创造性。

关于创造性培养的方法还有很多,教师可以根据实际情况选择恰当的训练方式。创造性的培养是一个长期的过程,没有捷径可走,但是一味地只强调创造性训练,脱离甚至是取代课堂教学也是不可取的。许多研究证明,结合各个学科特点进行创造性思维训练,既可以发挥教师的创造性,也可以有效地提高学生的创造力。

## 本章总结

1. 问题解决概述。问题就是给定信息和要达到的目标之间有某些障碍需要加以克服的情境。问题解决是指问题解决者面临问题情境而没有现成方法可以利用时,将已知情境转化为目标情境的认知过程。问题解决具有三个特征:目的性、认知性和序列性。问题解决的过程包括发现并提出问题,分析并明确问题,提出假设以及检验假设四个阶段。问题的解决受到问题情境、人的认知结构、定势、功能固着等因素的影响。

2. 创造性及其培养。创造性是指个体产生新奇独特的、有社会价值的产品的能力或特性。创造性思维是在个人已有经验的基础上,发现新事物、创造新方法,解决问题的思维过程。影响创造性的因素主要有环境、智力和个性等。培养学生的创造性的途径创设有利于创造性产生的适宜环境、注重创造性个性的塑造、开设培养创造性的课程以及教授创造性思维策略等。

## 思考与练习

### 一、单项选择题

1. 问题是给定信息和要达到目标之间有某些障碍需要被克服的(　　)。
A. 刺激情境　　　　B. 即定疑问　　　　C. 思维状态　　　　D. 思维起点
2. 问题解决的过程包括发现并提出问题、分析并明确问题、提出假设和(　　)。
A. 思维程序　　　　B. 调查研究　　　　C. 检验假设　　　　D. 论证假设
3. 已知条件与要达到的目标都比较含糊,问题情境不明确、各种影响因素不确定,不易找出解答线索的问题称为(　　)。
A. 有序问题　　　　B. 无序问题　　　　C. 有结构问题　　　　D. 无结构问题
4. 通过集体讨论,使思维相互撞击,迸发火花,达到集思广益的效果的思维训练方法称为(　　)。
A. 讨论法　　　　B. 头脑风暴法　　　　C. 启发法　　　　D. 用途扩散法
5. 受先前活动影响而产生的心理活动的特殊准备状态称为(　　)。
A. 原型启发　　　　B. 功能固着　　　　C. 负向迁移　　　　D. 定势

6. 创造性思维的核心是(　　)。

A. 形象思维　　　　　B. 发散思维　　　　　C. 辐合思维　　　　　D. 直觉思维

7. 一个人面对问题情境时,不墨守成规,不钻牛角尖,能随机应变,触类旁通,这表明其思维具有(　　)。

A. 流畅性　　　　　　B. 变通性　　　　　　C. 指向性　　　　　　D. 独创性

8. 一个人面对问题情境时,在规定的时间内能产生大量不同的观念,这表明其思维具有(　　)。

A. 流畅性　　　　　　B. 变通性　　　　　　C. 指向性　　　　　　D. 独创性

9. 一个人面对问题情境时,能独具匠心,想出不同寻常的、超越自己也超越同辈的新奇性意见,表明其思维具有(　　)。

A. 流畅性　　　　　　B. 变通性　　　　　　C. 指向性　　　　　　D. 独创性

10. 提问者要求列举砖头的各种用途,可能的答案是做建筑材料、当打人的武器、代替直尺画线、可以垫高等。这种寻求答案的思维方式是(　　)。

A. 直觉思维　　　　　B. 聚合思维　　　　　C. 抽象思维　　　　　D. 发散思维

## 二、填空题

1. 任何问题都含有三个基本的成分:一是给定的条件;二是要达到的目标;三是存在的_____。

2. 创造性是指个体产生_____、_____的产品的能力或特性。

3. 人们一般倾向于根据问题是否界定清晰而分为两类,即有结构问题与_____问题。

4. 问题解决是指个人应用一系列认知操作,从问题的起始状态到达_____的过程。

5. 一般认为,影响创造性的因素主要有_____、智力和_____。

6. 问题解决的过程包括发现并提出问题、分析并明确问题、_____和验证假设。

7. 发散思维的主要特征有_____、变通性、_____。

8. 创造性的过程在思维的形式上表现为创造者的发散思维和_____完美而有机的结合。

9. 常用的训练学生创造性思维的方法有发散思维训练、_____、自我设计训练和_____。

10. 检验假设的方法主要有_____和_____两种。

## 三、名词解释

问题解决　定势　功能固着　创造性　头脑风暴训练

## 四、简答题

1. 影响问题解决的因素有哪些?

2. 简述问题解决的基本特征。

3. 简述影响创造性思维的因素。

4. 简述培养学生思考问题习惯的策略。

5. 简述智力与创造性的关系。

## 五、论述题

1. 如何培养学生的创造性人格?

2. 促进学生问题解决的教学策略有哪些?

# 第十章
## 态度与品德的形成

📚 **本章要点**

> - 态度与品德的关系
>   - 态度的实质与结构
>   - 品德的实质与心理结构
>   - 态度与品德的关系
> - 品德形成的阶段理论和学生品德发展
>   的基本特征
>   - 品德形成的阶段理论
>   - 学生品德发展的基本特征
> - 态度与品德形成的心理过程与条件

- 班杜拉的观察学习理论
  - 态度改变和品德形成的三个阶段
  - 影响态度与品德学习的一般条件
> - 态度与品德培养的策略
>   - 有效的说服
>   - 树立良好的榜样
>   - 角色扮演
>   - 利用群体约定
>   - 给予恰当的奖励与惩罚

## 第一节　态度与品德的关系

### 一、态度的实质与结构

(学习要求) ▶ 识记态度的实质和结构

#### （一）态度的实质

态度一直是心理学研究的重要领域,但对于什么是态度,众多心理学家却有不同的看法。比如,行为主义者认为,态度是对于外界的某种反应类型所做的预先的内隐反应。社会心理学家奥尔波特认为,态度是通过经验组织的一种心理的神经的准备状态,它对个体的反应具有指导性或者动力性的影响。加涅在其 1985 年出版的《学习的条件》一书中则认为,态度是通过学习形成的影响个体行为选择的内部状态。可见与心理学的许多概念一样,态度也是一个难以下定义的概念,不同心理学家有不同的定义。在综合上述各种观点的基础上,我们将态度界定为通过学习而形成的,影响个人的行为选择的内部准备状态或反应的倾向性。

要准确地把握与理解态度的概念,可以从以下三个方面来展开:

第一,态度是一种"内部准备状态",是指一种反应的倾向性或反应准备状态,而不是实际反应本身。态度经常表现为趋近与逃避、喜好与厌恶、接受与排斥等倾向,这些倾向使某些行为的出现成为可能,但又不是一一对应。例如,一个对作业具有认真态度的学生,在一般情况下,总是按照老师的要求完成各科作业。但态度与行为不是一一对应的关系,对作业有认真态度的学生,可能偶尔也会出现不按老师要求做作业的行为。

第二,态度这种内部状态有可能对个体的行为选择产生直接或间接的影响。态度的影响与能力不同,能力决定个体是否能够顺利地完成某些任务;态度则决定人们的行为选择,即人们是否愿意完成某些任务。例如,在公共汽车上给老人和怀抱婴儿者让座,这样的行为不是由能力决定的,而是由态度决定的。

第三,态度是通过学习而形成的,不是先天的。无论是对人、对事还是对物的各种态度,都是通过个体与环境的相互作用而形成和改变的。

### (二)态度的结构

心理学的研究认为,态度比认知能力的构成成分更为复杂,因为态度中除了认知成分之外,还有情感成分和行为成分。

1. 态度的认知成分

态度的认知成分是指个体对态度对象所具有的带有评价意义的观念和信念。它是态度得以形成的基础,往往通过赞成或反对的方式表现出来。对于同一对象,不同个体态度中的认知成分是不同的。有些态度可能基于正确的信息和信念,有些态度则可能基于错误的信息和信念。

2. 态度的情感成分

态度的情感成分是指伴随态度的认知成分而产生的情绪或情感,被认为是态度的核心成分。不同态度的情感成分不尽相同。有的态度理智成分较多,有的态度似乎是非理智的。有时某人有强烈的情绪反应,但说不出产生这些反应的理由。情感成分具体表现为人对态度对象的喜爱或憎恶、热情或冷漠。

3. 态度的行为倾向成分

态度的行为倾向成分是指个体对态度对象企图表现出来的行为意图,它构成态度的准备状态,即准备对特定对象做出某种反应,表现为接近或回避、赞成或反对。例如,"我想考大学"就属于反应态度的行为倾向成分。

## 二、品德的实质与心理结构

**学习要求** ▶ 识记品德的概念和心理结构

### (一)品德的实质

品德即个人的道德面貌,是一个与道德有关的概念。品德是社会道德在个人身上的反映,是个人依据一定的社会道德行为规范行动时表现出来的较为稳定的特征或倾向。比如,勤奋学习、助人为乐、文明礼貌、遵纪守法等都是我们要求青少年学生具备的品德。品德由个人的道德行为来显示,但偶尔或一时的道德行为并不能说明一个人已经具备了某些道德行为。只有当个体具有某种稳定的道德观念,并在它的支配下一贯地表现出某种道德行为时，我们才能说他具有某一品德。因此，在理解这一定义时，应把握以下几点：

首先，品德反映了人的社会特性，是将外在的社会规范的要求转化为个体的内在需要的复杂过程。它不是个体的先天禀赋，而是通过后天学习形成的。

其次，品德具有相对的稳定性，若只是此一时、彼一时的偶然表现，则不能称为品德，只有经常地表现出一贯的规范行为，才标志着品德的形成。

最后，品德是在道德观念的控制下，进行某种活动、参与某件事情或完成某个任务的自觉行为，也就是说，是认识与行为的统一。如果没有形成道德观念或道德认识，那么，即使个体的行为符合社会规范，也不能说是有品德的；相反，个体的行为不符合社会规范，也不能说是没有品德的，比如，精神病患者的行为尽管不符合社会规范，但也不能说是不道德的。

### （二）品德的心理结构

品德并不是先天生就的，而是在一定的社会与教育环境中习得的，经历着一个外在准则规范不断内化和内在观念外显的复杂过程，而这一过程正是个体性格形成的社会定向过程，也是教育心理学所要研究的品德的形成与改变的心理过程。研究表明，品德的心理结构主要包括道德认识、道德情感、道德行为三个既有区别又相互联系的成分。

1. 道德认识

道德认识是指个体通过学习所获得的关于道德的概念、命题和规则等。它是外在的道德规则、规范、概念体系和实践方式不断内化的产物。道德认识是个体品德的核心部分。通过学习活动，人们获得了许多具体的道德观念。道德认识对行为的支配作用不同于其他科学领域的知识。比如，学习了三角形面积的计算公式，就能自觉地运用这一规律来解答习题；而小偷明知偷窃是不对的，却依然偷盗行窃。因此，道德观念有待于上升为道德信念。当个体坚信某种道德观念的正确性，无论自己执行或者看到别人执行它，都能产生情绪体验时，就意味着这种道德观念已转化为道德信念。在道德事件上，个人的道德认识往往是极为重要的。就某一个体而言，怎样才称得上"道德"，这涉及道德的实质——"意向"和"理由"，离开这个实质，便无从谈论道德，也就是说，如果一个人无意中做了好事（没有"意向"或"理由"），其行为称不上道德。

2. 道德情感

道德情感是指人的道德需要是否得到满足而引起的一种内在体验。它的内容包括爱国主义情感、个人主义情感、义务感、责任感、事业感、自尊感和羞耻感等。对青少年来说，义务感、责任感与羞耻感具有特殊的意义。义务感是个体对所承担社会道德任务的认识和体验，它促使人们在活动中对社会积极承担一定的道德责任。责任感是与义务感密切联系的情感体验。如果说义务是认清道德要求，并在生活中努力加以实践的话，那么关于这个任务完成的程度如何，或者在没有完成任务时个人有过错的程度如何，这就是个人的责任问题。羞耻感则是个人自我道德意识的表现，表示个人谴责自己的行为、动机和道德品质的情感。如果学生没有义务感、责任感和羞耻感，就无所谓个人品行的发展。

道德情感从表现形式上可以分为三种：一是直觉的道德感，即由于对某种具体道德情境的直接感知而迅速产生的情感体验。如英雄勇救落水儿童，事后采访英雄为什么奋不顾身，英雄觉得自己就没多考虑，直觉就应该救人，这就是直觉的道德感使然。直觉的道德感产生非常迅速,因而当事人往往不能明显意识到这个过程。二是想象的道德感,即通过对某种道德形象的想象而发生的情感体验。例如,学习雷锋做好事往往就是想象的道德感导致的。道德形象之所以能引起人们的情感,是因为它作为道德标准的化身而存在,又具有鲜明的生动形象性,因而能使人更容易理解道德规范的要求和社会意义,也更容易使人受到感染和激励。三是伦理的道德感,即以清楚地意识到的道德概念、原理和原则为中介的情感体验。爱国主义和集体主义情感就是伦理的道德感。伦理的道德感具有清晰的意识性和明确的自觉性,具有较大的概括性和较强的理论性,具有稳定性和深刻性。

3. 道德行为

道德行为是个人在一定的道德认识指引和道德情感激励下所表现出来的对他人或社会所履行的具有道德意义的行为。它是人们判断道德认识和道德情感的正确性与深浅程度的一个重要依据。美国的雷斯特认为,道德行为的产生经历了解释个人面临的道德情景、做出道德判断、进行道德选择等一系列复杂的过程。尽管这个过程受个人认识和情感所支配,但主要为个人的意向所决定,忽视了行为的道德意向和动机,就不可能真正理解个人的道德行为,道德行为是衡量品德的重要标志。

# 三、态度与品德的关系

学习要求 ▶ 比较态度与品德的关系

态度和品德有密切的联系,又有一定的区别,两者属于同质问题,所以实践中并不对二者做严格区分,但在教育心理学领域,两者并不完全相同。

## (一) 态度和品德的共同点

首先,态度和品德都是一种习得的影响个人行为选择的内部状态或倾向,如某人具有尊敬老人的品德,也意指该学生在遇到老人时将做出何种行为选择的内部状态或倾向。其次,态度和品德都是由认知、情感和行为等三个方面因素构成的。

## (二) 态度和品德的区别

首先,两者所涉及的范围不同。态度所涉及的范围大,包括对集体、对他人的态度,对劳动、对学习的态度,以及对本人的态度等。这些态度有的涉及社会道德规范,有的不涉及道德规范,而只有涉及道德规范的那部分稳定的态度才能被称为品德。例如,作业马虎、字迹潦草、粗心大意是学生学习态度不认真,但不能说他的品德不良。

其次,两者的价值(或行为规范)的内化程度不同。态度可以从轻微持有和不稳定,到受到高度评价且稳定之间发生多种程度的变化,分别是接受、反应、评价、组织和个性化。只有价值内化达到高级水平的态度,也就是价值标准经过组织且成为个人性格一部分的稳定态度才能被称为品德。由此可见,年幼儿童的许多行为表现,如讲假话或经常损坏别人的物品等,可以视为态度的表现,但由于其价值标准没有内化或完全缺乏价值标准,不能视为品德表现。

## 第二节　品德形成的阶段理论和学生品德发展的基本特征

### 一、品德形成的阶段理论

学习要求　▶ 理解皮亚杰的道德认知发展理论
　　　　　▶ 理解柯尔伯格的道德认知发展阶段理论

#### （一）皮亚杰的道德认知发展理论

1. 研究方法

瑞士心理学家皮亚杰在儿童认知发展领域做出了巨大的贡献。他于1932年出版的《儿童道德判断》是心理学研究儿童道德发展的里程碑。皮亚杰的理论受康德哲学的影响。康德假定在人类行为中有天赋的道德因素：道德意识、道德观念和绝对真理。如果一个人的行为不够高尚，则是因为这种天赋的道德价值观还未展示出来而已。皮亚杰认为，道德是由种种规则体系构成的，道德的实质包括两方面的内容：一是对社会规则的理解和认识；二是对人类关系中平等、互惠的关心。他以独创的临床研究法（谈话法）为研究方法，即先给儿童讲包括道德价值内容的对偶故事，然后在观察和实验过程中向儿童提出一些事先设计好了的问题，分析儿童的回答，尤其是错误的回答，从中找出规律性的东西，揭示了儿童道德认识发展的阶段及其影响因素。

> 对偶故事举例：
>
> 在研究儿童对过失行为的判断时，向儿童叙述了下面一则故事，然后要求儿童说出评定的理由。
>
> A. 一个叫约翰的小男孩在他的房间里，家里人叫他去吃饭，他走进餐厅，但在门背后有一把椅子，椅子上有一个放着十五只杯子的托盘。约翰并不知道门背后有这些东西，他推门进去，门撞到了托盘，结果十五只杯子都撞碎了。
>
> B. 一个叫亨利的小男孩，一天，他母亲外出了，他想从碗橱里偷吃一些果酱，但是放果酱的地方太高，他的手臂够不着，他试图取果酱时，碰倒了一只杯子，结果杯子掉下来打碎了。
>
> 问题：① 这些孩子的过失是否相同？ ② 这两个孩子中，哪一个问题更严重些？为什么？

2. 皮亚杰的道德发展阶段理论

皮亚杰根据他的理论和大量临床研究的事实，分析了儿童对游戏守则的理解及遵守过程，并通过一些对偶故事的观察实验，把儿童的品德发展划分为以下四个阶段：

（1）自我中心阶段（2～5岁），这一阶段是从儿童能够接受外界的准则开始的。儿童在打弹子游戏中总是自己玩自己的，按照自己的想象去执行规则。这是因为儿童还不能把自己同外在环境区别开来，而是把外在环境看作他自身的延伸。规则对他来说，还不具有约束力，所以这一阶段是一种无道德规则阶段。

（2）权威阶段（6～8岁），这一阶段的儿童绝对地尊敬和顺从外在权威，又称他律道德阶段。儿童尊重道德的权威,认为服从有权威地位的人就是好的。正因为这样,他们把人们规定的准则看作固定的、不可变更的。

(3)可逆性阶段(8~10岁),这一阶段的儿童已不把准则看成不可改变的,而把它看作同伴间共同约定的。儿童一般都形成了这样的概念:如果所有的人都同意的话,规则是可以改变的。儿童已经意识到一种同伴间的社会关系,且应相互尊重。准则对他们来说已具有一种保证他们相互行动、互惠的可逆特征。同伴间的可逆关系的出现,标志着品德由他律开始进入自律阶段。

(4)公正阶段(11~12岁),这一阶段儿童的公正观念是从可逆的道德认识脱胎而来的。他们开始倾向于主持公正、平等。公正的奖惩不能是千篇一律的,应根据各人的具体情况进行。

总的来说,皮亚杰认为,儿童的道德认知发展是从他律道德向自律道德转化的过程。他律道德是根据外在的道德法则而做判断,只注意行为的外在结果,而不考虑行为的动机,是非标准取决于是否服从承认的命令或规定,这是一种受自身之外的价值标准所支配的道德判断;自律道德已能从主观动机出发,用平等或不平等、公道或不公道等新的标准来判断是非,这是一种儿童自身已具有的主观价值支配的道德判断。皮亚杰认为,儿童只有达到这个水平,才算有了真正的道德。

皮亚杰认为,儿童的道德发展源于主体(儿童)与社会环境的积极的相互作用。他强调儿童在发展中的自主性。因此,他特别强调儿童的自我管理和自我发展,充分发挥儿童的自主性、能动性,以促进儿童道德观念的发展和道德水平的提高。同时,集体和同伴对儿童道德发展也有重要的意义。

### (二)柯尔伯格的道德认知发展阶段理论

美国心理学家柯尔伯格继承和扩展了皮亚杰的理论,认为儿童道德的发展是分阶段的,但是他在研究中发现,道德发展应该有多个水平,于是在20世纪60年代提出了著名的三水平六阶段的道德发展阶段论。

1.研究方法

柯尔伯格开创了道德两难故事法,作为研究道德发展问题的重要研究方法。道德两难故事法是皮亚杰对偶故事的发展,同样也是用情境故事设置道德冲突并提出道德问题,让被试在自己的反应中"投射"内心的观念,反映出个体的道德发展水平。他共设计了九个两难故事,这些故事都包含两种尖锐对立的不同价值选择;所代表的冲突是青少年关注的;引发的问题对个体在较高的发展水平上有意义。他采用这种方法测试了十来个不同国家六七岁至二十一岁的被试,发现尽管种族、文化和社会规范等各方面存在不同,但道德判断能力随年龄发展而发展的趋势却是一致的。

道德两难故事法举例:

故事一:海因兹偷药

欧洲有一个妇女患有一种特殊的癌症,生命垂危。医生诊断后认为,只有一种药物能救她的命,这就是本城药剂师最近发明的一种新药——镭。该药成本较贵(400美元),而药剂师的索价是成本的10倍(4000美元)。病妇的丈夫海因兹多方求援,只凑到药费的一半(2000美元)。海因兹把实情告诉药剂师,他的妻子快要死了,请求把药便宜一点儿卖给他,或者允许赊账,但药剂师说:"不行,我发明此药就是为了赚钱。"海因兹走投无路,竟铤而走险,于晚上夜深人静时撬开了药剂师经营的药店的店门,为妻子偷走了药物。

故事二:海因兹偷药以后

海因兹撬门进入药店。他偷到了药,给他妻子服用。第二天报纸上就刊登了一则盗窃消息。布朗先生是一位警察,他认识海因兹,他想起曾看到海因兹从药店跑出来,意识到偷药的人就是海因兹。布朗先生想他是否应该告发海因兹是盗贼呢? 最后布朗告发了海因兹,海因兹被捕,被带到了法庭,法庭组织了一个陪审团,陪审团认为海因兹有罪,法官判了海因兹的罪行。

向儿童提出的问题有:① 海因兹该不该偷药? 为什么? ② 海因兹是对的还是错的? 为什么? ③ 海因兹有责任和义务去偷药吗? ④ 人们竭尽所能去挽救另一个人的生命是否很重要? 为什么? ⑤ 海因兹偷药是违法的。他偷药在道义上是否错误? 为什么? ⑥ 仔细回想故事中的情境,你认为海因兹最负责任的行为是什么? 为什么?

### 2. 柯尔伯格道德认知发展阶段理论

柯尔伯格按照个体道德判断结果的性质,将个体的道德发展划分为三种水平六个阶段,提出了全面的阶段模型。

(1) 前习俗水平(preconventional level)

大约出现在幼儿园及小学低中年级阶段。该时期的特征是儿童们遵守规范,但尚未形成自己的主见,着眼于人物行为的具体结果与自身的利害关系,这时期又分为以下两个阶段:

一是惩罚和服从的定向阶段。该阶段还缺乏是非善恶观念,只是因为恐惧惩罚而要避免它,因而服从规范,认为免受处罚的行为都是好的、遭到批评指责的事都是坏的。对于海因兹偷药的行为,该阶段的儿童只从偷药行为的后果来考虑问题。因此他们会认为海因兹不能去偷药,因为如果被人抓住的话是会坐牢的。

二是工具性的相对主义定向阶段。行为的好坏按行为的后果带来的赏罚来定,得赏者为是,受罚者为非,没有主观的是非标准;或是对自己有利就好,对自己不利就不好。该阶段的个体认为海因兹应该去偷药,他们的理由是"谁让那个药剂师那么坏,便宜一点就不行么!"

(2) 习俗水平(conventional level)

这是在小学中年级以上出现的,一直到青年、成年。这时期的特征是个人逐渐认识到团体的行为规范,进而接受并付诸实践,这个时期又可分为以下两个阶段:

一是人际协调的定向阶段。个体按照人们所称"好孩子"的要求去做,以得到别人的赞许。如"偷"是不对的,"互助"是对的。因此处于该阶段的个体认为海因兹应该去偷药,因为做好一个丈夫就应该照顾好自己的妻子;如果他不这样做,最后妻子死了,别人都会骂他见死不救,没有良心。

二是维护权威或社会秩序的定向阶段。服从团体规范、"尽本分"、要尊重法律权威,这时判断是非已有了法制观念。一个维护权威或秩序的个体会从法制出发,认为海因兹不应该去偷药,因为如果人人都违法去偷东西的话,社会就会变得很混乱。

（3）后习俗水平（postconventional level）

年龄上至少是青年期人格成熟之后，才能达到这境界。这个阶段已经发展到超越现实道德规范的约束，达到完全自律（自己支配）的境界。这个水平是理想的境界，成人也只有少数人达到。这一时期也可分为两个阶段：

一是社会契约定向阶段。有强烈的责任心与义务感，尊重法制，但相信它是人订的，不适于社会时理应修正。该阶段获得社会契约意识的个体会认为海因兹应该去偷药，因为一个人生命的价值远远大于药剂师个人对财产的所有权。

二是普遍伦理定向阶段。有个人的人生哲学，对是非善恶有其独立的价值标准。对事有所为有所不为，不受现实规范的限制。当个体达到这个阶段，他能超越某些规章制度，更多考虑道德的本质，而非具体的原则。因此他们会认为海因兹应该去偷药，因为和种种可考虑的事情相比，没什么比人类的生命更有价值。

3. 对柯尔伯格的道德认知发展阶段理论的评价

柯尔伯格的研究为我们深入理解道德思维的发展提供了视角，针对两难故事进行小组或者团体的讨论的形式，现在也能够被广泛地应用。

但是对柯尔伯格的发展论也存在一些不同的声音。第一，有研究者发现，对于具体的道德问题，各人以不同的方式进行思考，道德思维是"情境相似性"或"情境特异性"的。第二，柯尔伯格的研究并没有澄清道德发展的阶段是否有严格的顺序，获得一种新的思维方式是否要求抛弃前一种思维方式。埃里沃特·杜里尔认为从一个阶段向下一个阶段的转变中，包含着对先前那个阶段的一种重新构造和取代。第三，就连柯尔伯格在进行道德教育的实验中也承认，在现实的教学背景下，其所提出的道德发展理论过于复杂，操作性不强。第四，柯尔伯格的研究虽然注意跨文化的特点，但是被试主要以男性为主，具有一定的局限性。吉利根注意到在道德判断和认知方面存在着性别差异，提出女性关怀道德发展理论。这种理论认为，在道德概念和道德标准上，男性更注重诸如公平和尊重他人权利这样抽象而理智的原则，而女性则更倾向于关心和同情；在移情上，女性也更容易移情，即在与他人交往时，更容易理解他人的想法，对亲密的人际关系也敏感；在心理取向上，男性更倾向于竞争取向，而女性更倾向于合作取向。在道德推理方面，男性的道德推理关注于个体的利益，而女性的道德推理则更关注于个体对他人所负的责任，因此在解决两难问题时，女性一般倾向于认可利他主义和自我牺牲，而不是权利和规则。

## 二、学生品德发展的基本特征

学习要求 ▶ 识记中小学生品德发展的基本特征

### （一）小学生品德发展的基本特征

要发展孩子的道德认识，需要他领会一定的道德知识和道德要求，并能从内心接受这些要求，变成自己行为的指南。小学生道德认识的发展一般表现为以下三个方面：

第一，在道德知识的理解上，从比较直观的、肤浅的认识逐步过渡到比较抽象、比较本质的认识。低年级孩子初步掌握了一些抽象的道德知识，但具体性强、概括性低，而且不精确、不全面。例如，他常把"勇敢"和"冒险"、"小心"和"胆小"混同起来。孩子从四年级开始时一些道德知识的理解能达到一定的概括水平。

第二，在道德评价上，从只注意行为的效果，逐步过渡到全面地考虑动机和效果的统一。孩子自觉地运用道德认识来评价道德行为的能力，是从小学时期开始才逐步形成的，这是小学生道德认识发展的特征。但孩子评价能力的发展又有一个过程。孩子在低、中年级时，在评价道德行为时，往往依赖成人，易受暗示，即使独立评价，也主要是根据行为效果，具有很大的片面性。例如，孩子在评价某个同学时，除了依赖老师、家长的指令外，往往只看同学的某一次行为的效果，比如某天没完成作业、某天上课说话等。当孩子到了高年级时，对道德行为的评价才能把动机和效果结合起来考虑。因此，为了更好地培养孩子的道德评价能力，家长应经常利用孩子日常生活中的典型事例，给出简明而正确的评价，有意识地提高孩子的道德评价能力。

第三，在道德原则的掌握上，逐步树立道德原则，并初步形成道德信念。实践表明，孩子在小学一二年级时，实际上并没有道德信念，只形成道德信念的某些因素。他能按时到校学习，这并不是出于对不迟到的意义及社会行为规范的了解而自己督促自己，而是由于老师的要求，迟到了要受批评。孩子到三四年级时，有了初步的道德信念，已具有完成作业和遵守纪律的良好愿望。小学三年级（9 岁左右）是儿童品德转折或质变的关键期。从五年级开始，孩子能开始理解争取好成绩和遵守纪律在学习及生活中的重要性。所以，家长在提高孩子道德认识时，切忌成人化教育。无论是内容还是形式都要适合孩子的年龄特点。

### （二）中学生品德发展的基本特征

根据有关研究与理论，可以将中学生品德发展的基本理论归纳为以下几点：

1. 伦理道德发展具有自律性，言行一致

在整个中学阶段，学生的品德迅速发展，处于伦理形成时期。伦理是人与人之间的关系以及必须遵守的行为准则，它是道德关系的概括，伦理道德是道德发展的最高阶段。

（1）形成道德信念与道德理想。中学阶段是道德信念和道德理想形成并以此指导行动的时期。中学生逐渐掌握伦理道德并服从它，表现为独立、自觉地依据道德信念、价值标准等去行动，使学生的道德行为更有原则性和自觉性。

（2）自我意识增强。在品德发展的过程中，中学生更加关注自我道德修养，并努力加以提高。可以说中学生对自我道德修养的反省性和监控性有明显的提高，这为产生自觉的道德行为提供了有效的前提。

（3）道德行为习惯逐步巩固。由于不断地实践、练习，加之较为稳定的道德信念的指导，中学生逐渐形成了与道德伦理相一致的、较为稳定的道德行为习惯。

（4）品德结构更为完善。中学生的道德认识、道德情感与道德行为三者相互协调，形成一个较为完善的动态结构，这使他们不仅按照自己的道德准则去行动，而且逐渐将其成为稳定的个性心理结构。

2. 品德发展由动荡向成熟过渡

（1）初中阶段品德发展具有动荡性。从总体上看，初中即少年期的品德虽然具有伦理道德的特性，但仍旧不成熟、不稳定，具有动荡性。他们道德观念的原则性、概括性不断增强，但还带有一定程度的具体经验特点；道德情感表现丰富、强烈，但又好冲动；道德行为有一定的目的性,渴望独立自主行动,但愿望与行动经常有距离。该时期既是人生观开始形成的时期,又是容易发生品德的两极分化的时期。品德不良、违法犯罪多发生在这个时期。根据研究,初二年级是中学生品德发展的关键期。

(2)高中阶段品德发展趋向成熟。高中阶段即青年初期的品德发展进入了以自律为主要形式、应用道德信念来调节道德行为的成熟时期,表现在能自觉地应用一定的道德观念、信念来调节行为,并初步形成人生观和世界观。

总体来看,初中生的伦理道德已开始形成,但具有两极分化的特点。高中生伦理道德的发展具有成熟性,可以比较自觉地运用一定的道德观念、原则、信念来调节自己的行为。

## 第三节 态度与品德形成的心理过程与条件

学习要求 ▶ 理解班杜拉的观察学习理论

### 一、态度形成的学习机制

20世纪70年代,班杜拉提出了社会学习理论,后又将该理论发展为一个全面的人格理论,称为社会认知论。该理论可以较全面地解释人的社会行为的学习,并较好地回答了个体态度的形成机制。他们认为个体态度的形成主要通过观察学习与亲历学习两种途径得以实现。

#### (一)观察学习

班杜拉认为,观察学习是儿童学习的主要形式,从动作的模仿到语言的掌握,从态度、品德的学习到人格的形成,都可以通过观察学习加以完成,儿童的大部分道德行为都是通过观察学习获得和改变的。

观察学习,有时也被称为社会学习或替代学习,是指通过观察环境中他人的行为及其后果而发生的学习。观察学习经历了注意、保持、生成和动机四个学习子过程(详见第三章第二节)。

#### (二)亲历学习

班杜拉将个体通过自己的行为反应结果而获得的学习称为亲历学习。与行为主义不同的是,社会认知理论强调个体因素在亲历学习中的作用,认为行为结果对行为的塑造是一个自动作用的过程。行为结果之所以能够引起学习,取决于个体对行为结果功能价值的认识。

首先是认识到行为结果对反应者的信息价值,个体从反应结果中得出关于结果与反应之间关系的认识,由这一认识所知道的反应及其结果,又有选择地加强或否定着这一认识,从而不断地改善和提高个体的态度与行为。因此,亲历学习也是一个信息加工过程。不过,这时的观察对象从外部示范者转变为自己的行为及其结果,而且习得的往往是有关行为的规则,而不是具体的反应方式。其次,还要认识到反应结果对主体的动机价值。个体在行动之前,往往会预期行为的未来结果,这种预期通过符号形成于个体当前的认知表象中,就有可能转化为当前行动的动机。所以在亲历学习中,行为结果主要是作为居先的而不是后继的决定因素而发挥作用的。

总之,班杜拉的社会认知理论将由结果引起的试误学习和由示范作用引起的观察学习有机地统一在一起,较好地说明了态度的形成过程。

## 二、态度改变和品德形成的三个阶段

**学习要求** ▶ 理解凯尔曼的态度变化和品德形成经历的三阶段

凯尔曼认为个体品德的形成是个体自身与环境(包括社会舆论和教育等)相互作用下道德规范内化的过程,是个体在群体生活与社会交往中通过自身的道德实践由被动到主动形成道德行为习惯的过程,而不是道德规范从内部自然展现的过程,也不是被动接受外部灌输的结果。凯尔曼提出了态度形成的三阶段理论,即依从、认同和内化。

### (一)依从阶段

依从阶段是指个人为逃避谴责、期望奖励,从而表面接受他人的观点,虽然外显行为与他人一致,但其情感及认知均不一致,可以说是"口服心不服",如有些学生对老师表现得唯唯诺诺。依从包括从众和服从两种类型。从众是指人们对于某种行为要求的依据或必要性缺乏认识与体验,跟随他人行动的现象。从众行为受群体的一致性、规模、内聚性与专长等因素的影响,也受个体特征的影响。服从是指在权威命令、社会舆论或群体气氛的压力下,放弃自己的意见而采取与大多数人一致的行为。外在直接或间接的压力是产生服从现象的根本原因。在依从阶段,个体的行为具有盲目性、被动性和不稳定性,因此依从阶段是态度内化的低层次水平,是态度建立的开端环节。

### (二)认同阶段

认同是指个体在思想、情感和态度上认为他人的意见是正确的而主动接受他人的影响来改变态度,在认知、情感与行为上与他人保持一致。认同实质上是对榜样的模仿,其出发点是试图与榜样一致。认同的愿望越强烈,对榜样的模仿就越生动,在困难面前就越能表现出坚强的意志和毅力。认同不受外在压力的影响,而是主动接受他人或集体的影响,其行为具有一定的自觉主动性和稳定性,虽然学习者对规范的必要性的认识还有不足,但他已有明确的行为意图,团体的规范对学习者具有一定的吸引力和感染力。相应地,认同水平的规范已经具有一定的稳定性,认同是规范内化的深入阶段。

### (三)内化阶段

内化是指个体将自己认同的意见或观点融入自己的认知框架,形成内在的价值体系与态度体系。由于内化过程中解决了各种价值的矛盾和冲突,当个人按自己内化了的价值行动时,会感到愉快和满意;当出现了与自己价值标准相反的行为时,则会感到内疚和不愉快,受到良心的谴责。这时,新的态度成了自己个性的一部分,对规范的信奉具有高度的自觉性和主动性,稳定的态度便形成了。

可见,德育要从道德行为的纪律约束和外部控制开始,但不能仅仅停留在表面化的依从的水平上。品德是学习者作为活动主体所具有的自觉的、自主的品质,而不仅仅是对规范的"亦步亦趋"或"阳奉阴违"。因此,必须引导学生对规范及其价值原则进行思考、分析和判断,促进规范的认同和信奉,否则就没有真正完成品德的建构。

## 三、影响态度与品德学习的一般条件

学习要求 ▶ 理解影响态度与品德学习的内外部因素

### （一）影响态度与品德学习的内部因素

1. 认知失调

费斯汀格认为，态度的认知因素可以分成若干个基本元素，它们之间有的是协调的，有的则可能是不协调的。例如，关于数学学科，"我学习数学的潜力很大"与"我的数学成绩总是名列前茅"是协调的，但"我学习数学的潜力很大"与"我的数学成绩连续几次不及格"则是不协调的。当个体发现自己所持有的两个以上认知因素不协调时，就会出现认知失调，内心会有不愉快或紧张的感受。

在认知失调的情况下，个体总是力求通过改变自己的观点或行为，以达到新的认知协调。因此，认知失调便成为态度改变的先决条件，但它并不一定导致态度发生改变。

2. 认知不平衡

海德认为，认知者对某一对象的态度取决于第三者的态度。他用 P 代表认知主体，O 代表第三者，X 代表态度对象，＋表示肯定的态度，－表示否定的态度。例如，P 为学生，X 为爵士音乐，O 为 P 所尊敬的师长。如果 P 喜欢爵士音乐，听到 O 赞美爵士音乐，P—O—X 模式中三者的关系皆为正号，P 的认知体系呈现平衡状态。如果 P 喜欢爵士音乐，又听到 O 批判爵士音乐，P—O—X 模式中，三者的关系为二正一负，这时 P 的认知体系呈现不平衡状态，不平衡状态会导致认知体系发生变化。现将上述的 P—O—X 的关系列成图解形式，共有 8 种，其中 4 种是平衡的结构，4 种是不平衡的结构，见图 10 - 1。

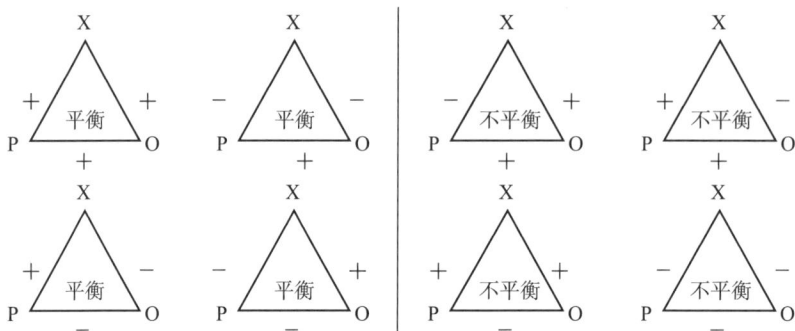

图 10 - 1　P—O—X 关系形式

一旦在认知上有了不平衡，就会从心理上产生紧张和忧虑，从而促使个体按照"费力最小原则"将其认知结构向着平衡与和谐的方向转变。学生的态度便伴随着这种认知不平衡的改变而改变。费斯汀格强调的是个体内部各认知元素间的失调，海德强调的是个体对人际关系平衡与否的认知。

3. 智力和受教育水平

智力水平与品德的关系较为复杂。有研究者对有过犯罪记录的青少年进行智商测量，结果发现他们的智商分布与随机抽样的儿童的智商分布相似。另有研究表明，考试作弊与智商水平成负相关，即智商水平越高，考试欺骗行为越少。原因可能在于智商低且成绩不良的学生,由于失败的经验导致他们企图通过欺骗来提高自己的成绩。但聪明与道德并不是一回事,当测验设计非知识性问题时,智商与欺骗行为的上述关系便消失或下降。聪明用得不当,只能使欺骗行为更狡诈。

青少年的道德认识和道德判断,不仅与智商有关,而且随着年级提高及受教育水平的提高而进步。有研究表明,低年级学生或文化水平不高的成人,常常因道德观念水平低,为细小的事而感情冲动,产生不道德观念,甚至可能发生不道德行为。

### （二）影响态度与品德学习的外部因素

#### 1. 社会文化因素

不同的社会文化对道德行为的认同和鼓励显然是不同的。社会文化积淀在民族心理意识中的价值观在很大程度上转化为人们的社会生活准则,深刻地影响着青少年学生品德发展的方向与速度。社会文化因素的影响主要表现在社会风气、习俗、社会舆论、大众传播媒介对学生品德形成的影响作用上。社会的政治、经济制度也制约着社会道德观念,因而也影响着青少年品德的发展。

#### 2. 家庭因素

从发展的观点看,所有社会中家庭所承担的最重要的任务是照顾年幼者并促使其社会化。社会化是指儿童获得社会中长者所认为重要且适当的信念、价值观及行为方式的过程。显然,家庭与其他一些社会化机构一起给儿童提供了情感支持,并促进了儿童的道德社会化。当然,由于早期经验对个体的道德发展至关重要,因此家庭是个体道德社会化的首要动因。

#### 3. 学校与集体

学校是影响儿童和青少年品德发展的重要因素,这种影响不仅通过德育途径来实现,还通过诸如舆论、班风、教师的工作作风及它们之间的关系等因素来实现。

林崇德通过对先进班集体作用的系统研究发现,集体道德心理从两方面影响着集体成员的品德诸因素,即知、情、意、行的发展。第一,良好的集体的道德品质促使大部分正常儿童与青少年形成良好的品德;第二,良好的集体的道德品质能改造品德不良的学生。

李皮特和怀特研究了教师的领导方式与学生的反应以及教师的作风与学生自我管理之间的关系,他们指出,如果教师以民主的态度对待学生,他们将向着情绪稳定、态度友好和具有领导能力等方向发展;如果教师采取专制的态度对待学生,将易于导致他们的情绪紧张、冷淡、攻击性与不能自治;如果教师采取放任的态度对待学生,将易于使他们向无组织、无纪律的方向发展。

## 第四节　态度与品德培养的策略

### 一、有效的说服

学习要求 ▶ 理解有效说服学生的技巧

在教育过程中,教师经常通过言语说服的方法来改变学生的态度。在对学生进行说服时,教师往往向学生提供对其原有态度的支持性和非支持性的论据,使学生获得与教师

要求的态度有关的事实和信息,以改变他们原有的态度或形成新的态度。有效的说服技巧有以下几种:

### (一)根据不同情况,提供单面或双面证据

霍夫兰德等人的研究发现,只提供单面的证据对受教育程度较低的人以及原来持赞成态度的人更为有效,而提供正反两个方面的证据,对受教育程度较高的人以及原来持反对态度的人更为有效。因此,在态度教学中,对于低年级学生,教师说服时应主要提供正面证据;说服高年级的学生,则可以考虑提供正反两方面的证据。此外,如果教师提出自己的观点后,学生未产生相反观点,这时,教师只提出正面观点和材料有助于学生形成肯定态度。对于学生本来就反对的观点,教师则应提供正反两个方面的证据,这会使学生感到教师是公正的,从而容易改变态度。最后,提供怎样的论据,还取决于说服的任务。如果说服的任务是解决当务之急的问题,只提供正面证据比较有效;如果说服的任务是培养学生长期稳定的态度,提出正反两方面的观点和材料比较有利。

### (二)以理服人与以情动人

社会心理学的研究表明,说服内容的情感因素对态度的改变容易立竿见影,但其影响不能保持太久。说服内容的理智因素对态度的改变容易产生长期的效果;说服的情感因素与理智因素对态度改变的影响则要受到学生成熟度的制约。教师若期望低年级的学生改变态度,富于情感色彩和引人入胜的说服内容较容易奏效;期望高年级学生改变态度,充分说理,逻辑性强的说法内容则有更大的影响力。在具体的说服时,教师要注意学生的成熟水平。对于一般学生,说服开始时,加强情感渲染可以引起学生的兴趣,然后再用充分的材料进行说理论证,会产生长期的说服效果。

### (三)考虑学生原有的态度,逐步提高要求

说服者态度与个体原有态度之间的差异是影响态度改变的一个重要因素。研究表明,中等差异引起的态度变化最大,随着差异度的增大,超过中等差异之后,态度改变越来越困难。在教学过程中,为了有效地改变学生的态度,教师必须先了解其原有的态度,估计与说服者态度之间的距离。若两者过于悬殊,就要将态度改变的总目标分解为不同层次的子目标,先向学生提出要求较低的目标,达到此目标后再提出更高的目标,使说服者与被说服者的态度差距不断缩小,从而促进学生态度的改变。

## 二、树立良好的榜样

学习要求 ▶ 理解榜样教育的方法

榜样在诱发和影响行为中的威力,无论在实验室还是在现场研究中都得到了证实,而且在班杜拉的社会学习理论中也尤其强调榜样的作用,他认为对榜样的观察模仿是一种重要的学习形式。因此,在对学生进行态度与品德的培养时,要注意为学生树立良好的榜样。

### (一)遵循模仿行为的发展规律

为青少年提供榜样时,应按他们的模仿行为发展的规律来进行。儿童和青少年模仿行为发展的趋势是由近及远,由小到大,由无意识的模仿到有意识的模仿,由游戏性的模

仿到生活实践及学习知识技能、思想品德的模仿,由外部特征的模仿到内部特质的模仿。针对不同年龄学生的模仿特点应采用不同的榜样教育策略。

### (二)恰当地运用好榜样呈现的不同方式

真实榜样在观察者面前做真实的行为操作,容易引起并保持观察者的注意,可以突出关键部分重复示范,效果较好。但对真实榜样行为的操作,要确有把握地做好预测和准备,否则会使观察学习的效果降低。在大多数场合,一般都用各种传播媒介来进行榜样教育,由于传播媒介对榜样的形象和内容做了精细的编撰,突出了要求模仿的行为部分,因而这种现代化榜样教育手段应广泛采用。逐渐呈现榜样行为,也应该是一种可以采用的有效手段。通过逐渐呈现要求达到的成熟行为水平,或是逐步呈现榜样行为的各个组成部分,都有助于观察者掌握较为复杂的行为动作。一般而言,多种示范方式的结合是较有效的。

### (三)教师要以身作则

教师作为学生的榜样,也应注意其示范作用,必须言行一致才能取得良好的教育效果,而且身教重于言传。心理学的研究表明,具有热情的态度和有教养的言语举止这两种品质的榜样,对任何观察者都具有很大的吸引力。

## 三、角色扮演

学习要求 ▶ 识记角色扮演的含义

角色扮演是个体处于一定的地位并产生与此地位相适应的行为模式的过程。据沙夫特等的研究,角色扮演法是让一部分学生当演员,另一些学生当观众。演员和观众都处于一种真实的情境中,形成解决问题的愿望和对参与的理解,产生移情、同情、愤怒以及爱慕等情感,再在此基础上进行分析、讨论。这样,演员与观众都形成了一定的看法和态度。由于角色扮演设置了一个与现实生活类似的学习情境,可以使学生学到真实、典型的态度和情感。同时,角色扮演的群体情境能使个体融入群体意识中,也有助于形成新的态度和情感。在态度教学中,让学生试扮演不同的角色,也会产生神奇的效果。例如,一位对英语不感兴趣、学习英语消极被动的学生,一旦扮演外语课代表的角色,很快就会产生与英语课代表身份相符的行为模式,英语学习就会显得格外认真和努力,甚至英语学习成绩也会显著进步。

角色扮演能否成功,有两方面的因素在起作用。① 从角色扮演者的角度来看,应该对自己在情境中所处的地位具有准确地认知与理解,要恰如其分地把握所扮演角色的内心状态和外观动作,同时还要贴切地运用角色扮演的技巧。② 从教师指导学生角色扮演的过程来说,应该进行一系列的教育程序,如分析角色的内容、选择角色扮演者、布置场景和情节、明确观察人物、指导扮演、组织讨论和评价、分享经验和进行概括等,这样才能取得角色扮演的真正效果。

## 四、利用群体约定

学习要求 ▶ 识记利用群体约定改变态度的操作程序

研究表明,经团体成员共同讨论决定的规则、协定,对其成员有一定的约束力,使成员承担执行的责任。一旦某成员出现越轨或违反约定的行为,则会受到其他成员的有形或无形的压力,迫使其改变态度。所以教师要学会通过利用团体讨论后做出集体约定的方法,来改变学生的态度。具体操作程序如下:① 清晰而客观地介绍问题的性质;② 唤起集体对问题的意识,使他们明白只有改变态度才能更令人满意;③ 清楚而客观地说明要形成的新态度;④ 集体讨论改变态度的具体方法;⑤ 使全体学生一致同意把计划付诸实施,每位学生都承担执行计划的任务;⑥ 学生在执行的过程中改变态度;⑦ 引导大家对改变的态度进行评价,使态度进一步概括化和稳定化。如果态度改变未获成功,则应鼓励学生从第四阶段开始,重新制定方法,直至态度改变。

## 五、给予恰当的奖励与惩罚

**学习要求** ▶ 理解在态度和品德的培养中正确地使用奖励与惩罚的方法

奖励与惩罚作为外部的调控手段,不仅影响着认知、技能或策略的学习,而且对个体的态度与品德的形成起到一定的作用。当学生缺乏遵照社会道德规范行为的目的自觉性,教师就通过物质的或精神的外在手段来促进他们形成良好的道德品质,这些外在的手段就等于外部奖励,也就是强化。如果学生在遵照社会道德规范行动后体验到满足感,从而进一步激励自己继续发生道德行为,则属于内部奖励。外部奖励和内部奖励都能满足学生的某些需要,提高道德行为出现的概率。

给予奖励时,首先要选择、确定可以得到奖励的道德行为,比如助人为乐、拾金不昧等具体的行为,而不是一般的概括性的行为。其次,应选择、给予恰当的奖励物。同一种奖励物,其效用可能因人而异,应考虑个体的实际情况,选择最有效的奖励物。再次,在教师期望的良好行为出现后,要立即给予奖励,不要耽搁太长的时间。最后,随着学生年龄的增长,应强调内部奖励,让学生亲身体验做出道德行为后的愉快感、欣慰感,以此转化为产生道德行为的持久的内部动力。

虽然对惩罚的教育效果有不同的看法,但从抑制不良行为的角度来看,惩罚还是有必要的,也有助于良好态度与品德的形成。当不良行为出现时,可以使用两种惩罚方式:一是给予某种厌恶刺激,如批评、处分、舆论谴责等;二是取消个体喜爱的刺激或剥夺某种特权等,如不许参加某种娱乐性活动。在给予惩罚时,应严格避免体罚或变相体罚,否则将损害学生的自尊,或导致更严重的不良行为,如攻击性行为。惩罚不是最终目的,给予惩罚时,教师应让学生认识到惩罚与错误行为的关系,使学生从心理上能接受,同时还要给学生指明改正的方向和提供正确的、可替代的行为。

## 本章总结

1. 态度与品德的关系。态度是习得的、影响个人对特定对象做出行为选择的有组织的内部状态或反应倾向性。品德是个人依据一定的社会道德行为规范行动时表现出来的较为稳定的特征或倾向。态度和品德结构都包括认知成分、情感成分和行为成分,两者既有相同点,又有区别。

2. 品德形成的阶段理论和学生品德发展的基本特征。皮亚杰认为,儿童的道德认知发展是从他律道德向自律道德转化的过程,经历自我中心、权威、可逆以及公正阶段。柯尔伯格按照个体道德判断结果的性质,将个体的道德发展划分为三种水平六个阶段,提出了全面的阶段模型。小学生和中学生的品德发展有不同的基本特征。

3. 态度与品德形成的心理过程与条件。班杜拉社会学习理论认为个体态度的形成主要通过观察学习与亲历学习两种途径得以实现。凯尔曼提出了态度形成的三阶段理论,即依从、认同和内化。影响态度与品德学习的内部因素包括认知失调、认知不平衡,智力和受教育水平等。影响态度与品德学习的外部因素包括社会文化因素、家庭因素、学校与集体等。

4. 态度与品德培养的策略。态度与品德培养的策略可以概括为以下几点:有效的说服、树立良好的榜样、角色扮演、利用群体规定以及奖励与惩罚等。

## 思考与练习

### 一、单项选择题

1. 通过学习而形成的、影响个人行为选择的内部准备状态或反应的倾向性称为(　　)。
A. 品德　　　　　B. 态度　　　　　C. 意向　　　　　D. 技能

2. 个体依据一定的社会道德行为规范行动时表现出来的比较稳定的心理特征和倾向称为(　　)。
A. 品德　　　　　B. 态度　　　　　C. 意向　　　　　D. 个性

3. 衡量品德的一个最重要的标志是(　　)。
A. 道德情感　　　B. 道德信念　　　C.道德行为　　　D. 道德意志

4. 认同是在思想、情感、态度和行为上主动接受他人的影响,使自己的态度和行为(　　)。
A. 与他人基本相同　　　　　　　　　B. 与大家保持一致
C. 被他人认可　　　　　　　　　　　D. 与他人相接近

5. 在思想观点上与他人的思想观点一致,将自己所认同的思想和自己原有的观点、信念融为一体,构成一个完整的价值体系称之为(　　)。
A. 模仿　　　　　B. 从众　　　　　C. 认同　　　　　D. 内化

6. 人们对于某种行为要求的依据或必要性缺乏认识与体验,不知不觉受到群体的压力而产生的跟随他人行动的现象称为(　　)。
A. 模仿　　　　　B. 从众　　　　　C. 服从　　　　　D. 感染

7. 皮亚杰研究道德发展的主要方法是(　　)。
A. 自然观察法　　B. 实验室实验法　C. 两难故事法　　D. 对偶故事法

8. 柯尔伯格道德判断发展阶段论的观点,只根据行为后果来判断对错的儿童,其道德判断发展水平处于(　　)。
A.“好孩子”定向阶段　　　　　　　　B. 惩罚和服从定向阶段
C. 社会契约定向阶段　　　　　　　　D. 维护权威或社会秩序的定向阶段

9. 柯尔伯格研究道德发展的主要方法是(　　)。
A. 自然观察法　　B. 实验室实验法　C. 两难故事法　　D. 对偶故事法

10. 根据柯尔伯格的观点道德推理的最高阶段是(　　)。
A. 人际协调的定向阶段　　　　　　　B. 惩罚和服从定向阶段
C. 社会契约定向阶段　　　　　　　　D. 普遍的伦理定向阶段

11. 关于道德品质的形成、发展和影响因素,社会学习论的研究更侧重于( )。

A. 道德动机方面　　　　　　　　B. 道德意志方面

C. 道德行为方面　　　　　　　　D. 道德情感方面

## 二、填空题

1. 态度的结构包括_____、_____和行为成分。

2. 品德是个体依据一定的社会道德行为规范行动时表现出来的比较稳定的_____和

_____。

3. 态度是通过学习而形成的,影响个人的行为选择的稳定的_____。

4. 依据皮亚杰的研究,儿童道德发展大致可分为从_____阶段到_____阶段。

5. 根据柯尔伯格的理论,在儿童道德判断处于前习俗水平的对应发展阶段为_____

和_____。

6. 根据柯尔伯格的理论,在儿童道德处于判断后习俗水平的对应发展阶段为_____

和_____。

7. 一般认为,态度与品德形成过程的阶段依次为_____、认同、_____。

## 三、名词解释

态度　品德　道德认识　道德情感　道德行为　临床研究法

认知失调　观察学习　角色扮演

## 四、简答题

1. 简述态度和品德的结构。

2. 影响态度和品德学习的内部条件有哪些?

3. 良好态度与品德常用的培养方法有哪些?

4. 简述态度与品德的关系。

5. 小学生品德发展的基本特征有哪些?

6. 简述皮亚杰道德发展阶段论。

## 五、论述题

1. 述评柯尔伯格的三种水平六个阶段理论。

2. 论述利用群体约定培养学生的态度与品德的基本操作程序。

3. 论述态度与品德学习的一般过程。

4. 联系实际,谈谈在态度与品德的培养中,如何才能进行有效的说服?

5. 有人建议,在教育实践中,"要多使用奖励而少用惩罚",请简要阐述你对这种建议的

看法。

# 第十一章
## 心理健康教育

### 本章要点

> 心理健康概述　　　　　　　　心理评估的手段
> 心理健康的含义　　　　> 心理辅导
> 心理健康教育的意义　　　　心理辅导定义、分类及目标
> 心理评估　　　　　　　　心理辅导的原则
> 心理评估含义和意义　　　　影响学生行为改变的方法
> 心理评估的两种参考架构

## 第一节　心理健康概述

### 一、心理健康的含义

学习要求
> 识记心理健康概念
> 识记心理健康标准

#### （一）心理健康的概念

健康是人类的基本需求之一，是每个人所渴望的。在不同的历史时期，人们对健康有不同的认识。最初，人们一直把"健康"看作身体健康，强调身体没有缺陷和疾病，"无病即健康"一直影响着人们对健康的认识。后来，有人将健康定义为"人体各器官系统发育良好、功能正常、体质健壮、精力充沛并具有良好劳动效能的状态"。这种提法虽然正确指出了健康的若干特征，但却不够全面，仍然是把人作为生物有机体来对待，其实人除了身体之外，还有与之密切相关的心理。随着科技的不断发展以及生活水平的不断提高，人们发现，以前那些严重危及人类生命的疾病已经能够有效地控制和治疗了，与此同时，人类心理活动的许多特点，对生命质量的影响却日益突出，各种心理问题和心理疾病的出现日益频繁，它们对个体和社会发展逐渐构成了明显的威胁。现代医学研究表明：心理的、社会的和文化的因素同生物学因素一样，与人的健康有着非常密切的关系。1948年世界卫生组织（WHO）成立时，在宪章中把健康定义为："健康乃是一种生理、心理和社会适应都臻完满的状态，而不仅仅是没有疾病和虚弱的状态。"

所谓心理健康,就是一种良好的、持续的心理状态与过程,表现为个人具有生命的活力,积极的内心体验,良好的社会适应,能够有效发挥个人的身心潜力以及作为社会一员的积极的社会功能。对心理健康含义的理解有广义和狭义之分。狭义的心理健康,主要目的在于预防心理障碍或行为问题;广义的心理健康,则是以促进人们的心理调节,发挥更大的心理效能为目标。对于广大中小学生来说,心理健康是指广义的心理健康。

### (二)心理健康的标准

心理健康标准是心理健康概念的具体化。由于心理健康缺少像生理健康那样比较具体和客观的指标,致使进行心理健康与否的判断比进行身体健康与否的判断更为复杂和困难。确立心理健康标准的依据不同,致使目前心理健康标准众多,以致难以明确划出心理健康与不健康的界线。综合国内外研究者的不同观点,心理健康有以下六条标准:① 对现实的有效知觉;② 自知自尊与自我接纳;③ 自我调控能力;④ 与他人建立亲密关系的能力;⑤ 人格结构的稳定与协调;⑥ 生活的热情和工作的高效率。

在理解与把握心理健康标准时,主要应该考虑到以下几点:首先,判断一个人心理健康状况应兼顾个体内部协调与对外良好适应两个方面。其次,心理健康概念具有相对性。其含义有二:① 心理健康具有高低层次之分。没有心理疾病,只是低层次心理健康的要求;高层次(积极的)心理健康不仅要求没有心理疾病,而且能充分发挥个人潜能,发展建设性人际关系,从事具有社会价值和创造性的活动,追求高层次需要满足,追求生活的意义。② 健康与疾病不是绝对对立的,它们之间没有明确的界限,而是同一序列的两极。再次,心理健康既是一种状态,也是一种过程。心理健康不是指个体没有失败、没有冲突、没有痛苦和烦恼,而是能在这些情况下做出有效的自我调整,且能保持良好的工作效率。最后,心理健康与否,在相当程度上可以说是一个社会评价问题。不同社会由于其主流文化、价值观念、社会规范不同,对于同一行为正常与否,往往会做出不同的判断。

## 二、学生易产生的心理健康问题

**学习要求** ➤ 识记学生易产生的心理健康问题
➤ 了解学生易产生的心理健康问题的主要特证及形成原因

人们用心理困扰、心理障碍和心理疾病分别指严重程度由低到高的几类心理健康问题。以下是学生最易产生的几种心理健康问题:

### (一)儿童多动症

多动症是儿童期常见的行为问题。儿童多动症又称为注意缺陷多动障碍(Attention Deficit Hyperactivity Disorder,简称ADHD),为轻微脑功能障碍综合征。其主要表现为患儿智力正常或接近正常、活动过多(部分病例无活动过多的表现)、注意力涣散、冲动任性、自我调控能力差等,并常伴有不同程度的学习困难。其中注意障碍(如注意持续时间短暂和易受外界干扰)和活动过度是本症的主要特征。多动症通常起病于6岁以前,学龄期症状明显,随着年龄增大而逐渐好转,部分病例可延续到成年。美国和韩国儿科学会的统计表明,注意缺陷障碍的儿童患病率约为3%~8%;国内研究表明此类患儿约占全体小学生的1%~10%,男孩远多于女孩。

到目前为止,儿童多动症的病因尚不十分清楚。但越来越多的研究表明,多动症儿童的脑结构、脑功能、脑电活动、中枢神经递质水平、执行功能等方面与正常儿童相比均存在显著差异。目前认为,多动症是由生物因素、心理因素及社会因素等多种因素单独或协同作用所造成的与神经发育密切相关的一种综合征。其主要原因可以概括为以下几个方面:① 脑损伤造成的精神发育受损或成熟延迟;② 遗传、生物化学因素所造成;③ 金属元素如铅中毒所造成;④ 不良的社会环境、破裂的家庭、父母性格不良及意外精神刺激等都易导致儿童注意力不集中、多动。

家长应该根据孩子的具体情况采取药物治疗、心理治疗、调整教育环境(家庭、学校)等综合治疗措施,才能更好地改善患儿的预后,使多动症儿童健康成长。

### (二)学习困难综合征

学习困难综合征(Learning Disabilities)是一种学习技能的发育障碍。这类儿童并非呆傻或愚笨(IQ 都在 70 以上),而是从发育的早期阶段起,获得技能的正常方式受损,表现在阅读、计算或绘画等单一方面的能力低下,而其他技能均正常,所以常出现某一门功课成绩较好,而另一门成绩较差的偏科现象。国外研究表明,学习困难的发生率为20%~25%,男女之比为 4∶1;国内一些地区的报道为 13%~17%,男女之比约为 2∶1。

学习困难的原因目前尚不清楚,普遍认为是多种因素综合作用的结果。目前关于儿童学习困难的原因有如下几种:① 生理因素方面:儿童在胎儿期、出生时或出生后由于某种病伤而造成轻度脑损伤或轻度脑功能障碍;具有遗传性的学习技能障碍;身心发展水平落后于同龄儿童的发展;身体疾病。② 环境因素方面:不良的家庭环境;儿童在幼年时未得到良好的教养;不适当的学习内容和教育方法使儿童产生厌学情绪。③ 营养与代谢。近来研究证实,某些微量元素不足或膳食不合理及营养不平衡均可影响智力发育。④ 心理因素。大量研究证实,学习困难儿童普遍的存在心理问题,如动机水平低、学习兴趣差、情绪易波动、意志障碍等。⑤ 近年研究显示,学习困难是由小脑发展迟缓造成的。小脑是学习过程中重要的信息处理中心,能将我们的能力"自动化"。有了自动化功能,日常生活中的许多事物和技能,在我们学会后就可以不假思索地直接做出来。一旦小脑自动化无法有效运作,每做一件事都要重新学习。

目前有很多方法可以改善学习困难,比如:① 特教补救学习;② 药物治疗;③ 其他替代治疗,如功能治疗、语言治疗、物理治疗、食物疗法、感觉统合治疗等。这些疗法大多是针对表现出的行为问题而忽略了造成这些现象的原因,治标不治本,无法达到自身改善目的。

### (三)焦虑症

焦虑是指一种缺乏明显客观原因的内心不安或无根据的恐惧,是人们遇到某些事情如挑战、困难或危险时出现的一种正常的情绪反应。当焦虑的严重程度和客观事件或处境明显不符,或者持续时间过长时,就变成了病理性焦虑,称为焦虑症状,符合相关诊断标准的话,就诊断为焦虑症,也称为焦虑障碍。焦虑症往往包含两组症状:① 情绪症状。患者感觉自己处于一种紧张不安、提心吊胆、恐惧、害怕、忧虑的内心体验中。② 躯体症状。焦虑伴有明显的生理变化,尤其是植物神经活动的变化。植物神经是内脏运动神经的别名,又称自主神经。由于内脏反射通常是不能随意控制,故名自主神经系统。患者紧张的同时往往伴有自主神经功能亢进的表现,如心慌、气短、口干、出汗、颤抖、面色潮红等,有时还会有濒死感。世界卫生组织的研究表明,焦虑症多发生于中青年群体中,女性往往多于男性。我国河北、浙江等省的调查显示,焦虑症的患病率在 $5\%\sim7\%$。

学生中常见的焦虑反应是考试焦虑。其表现是随着考试临近,心理极度紧张;考试时不能集中注意,知觉范围变窄,思维刻板,心里慌乱,无法发挥正常水平;考试后又不能持久地松弛下来。

目前焦虑症的病因尚不明确。研究表明,焦虑症与遗传因素、个性特点(如高估困难和过分自责)、不良事件(多次考试失败)、应激因素(学校统考)、躯体疾病等均有关系,这些因素会导致机体神经—内分泌系统出现紊乱,神经递质失衡,从而造成焦虑等症状的出现。

对焦虑症的治疗一般是药物治疗结合心理治疗,在症状严重的时候,一定的药物治疗是必需的,可以快速缓解症状,而在症状减轻之后,继续服药的同时配合心理治疗。心理治疗可采用肌肉放松、系统脱敏法和自助性认知矫正程序(指导学生在考试中使用正向的自我对话,如成绩并不重要、重要的是要学会)等,对于缓解学生的考试焦虑,都有较好的效果。

### (四) 厌学症

厌学症与一般的厌学情绪不同,其主要特征是对学习毫无兴趣,视学习为负担,把学习作为一件痛苦的事情,不能从事正常的学习活动,经常逃学或旷课,严重的会导致辍学。头昏、头痛、脾气暴躁是厌学症的普遍现象。

造成厌学症的原因很多:① 学习本身就能产生疲倦感而导致厌学。学习是一个需要付出很大心智努力的长期过程,伴随着高度的精神紧张,久之必然会产生疲倦感。② 从外因来看,有家庭教育和学校教育的失误,如家长期望过高、不当的教育方法、教师态度生硬、社会不良因素的影响等都会使学生产生厌学情绪。③ 从内因来看,厌学学生的心理健康水平普遍偏低,学习动机不足或学习目的不明确、学习兴趣缺乏、自制力较差、懒惰、放纵等也会造成厌学情绪。

厌学是学生学习问题中最普遍、最具危害性的问题,厌学情绪对儿童青少年学生的生理、心理健康具有极大的危害性。通过心理辅导和家庭治疗,厌学症的学生是可以转化的。

### (五) 强迫行为

强迫症包括强迫观念和强迫行为。强迫观念是指当事人身不由己地思考他不想考虑的事物,强迫行为是指当事人反复地去做他不希望执行的动作,如果不这样做,他就会感到极端焦虑。强迫洗涤(洗手等)、强迫计数、强迫检查(门是否上锁等)、强迫性仪式动作是生活中常见的强迫行为。强迫行为(外显的或隐匿的)是随意行为,旨在减轻焦虑和不适。一个忙碌于强迫性行为的人,必然没有机会思考那些具有威胁性的事件与观念,所以有人认为,强迫动作是我们无意识地防止具有威胁性的冲动进入意识的一种替代方式,但另一方面,焦虑减轻也导致强迫行为被强化。

目前强迫行为的病因尚不明确,但有大量研究表明,强迫症的产生与遗传因素、个性特点、不良事件、应激因素等均有关系,尤其与患者的个性特点紧密相关,比如过分追求完美、犹豫不决、谨小慎微、固执、生活习惯刻板等。另外,强迫症患者往往有强烈的道德观念。再者,成人禁止子女表达负面的情绪情感,是子女产生强迫症状的十分有代表性的背景特征。

强迫症的治疗比抑郁症、焦虑症都要困难一些,症状改善比较慢,服药剂量一般也偏大,药物治疗应视为整体干预的一个成分,与心理治疗(包括认知行为治疗)结合起来效果更好,对强迫行为要采取不理、不怕和不对抗的态度,"带着症状,顺其自然",这是森田治疗的核心。强迫症状要完全消失比较困难,患者和家属要接受强迫症状,带着症状去生活学习,采取"忍受痛苦,顺其自然"的态度治疗强迫行为的另一种有效的方法是"暴露与阻止反应",如让有强迫性洗手的人接触其害怕的"脏"东西,同时坚决阻止其想要洗手的冲动,不允许洗手。

## 三、心理健康教育的意义

学习要求　➤ 识记心理健康教育的定义
　　　　　➤ 评价学校心理健康教育的意义

心理健康教育广义地说,就是通过开展维护和增进人的心理健康的教育活动,帮助和鼓励人们树立增进心理健康的愿望,知道如何达到这样的目的,从而采取有益于健康的行为,并学会在必要时如何寻求适当的帮助,以达到保护和增进心理健康的目的。学校是心理健康教育的主要场所。学校中的心理健康教育,则是指教育者遵循一定的心理健康要求,通过适当的教育途径和方法,维护学生的心理健康,并培养学生良好的心理品质与健全的个性,增强其面对未来可能受到心理冲击的适应力,促进其心理健康发展的过程。

心理健康教育更关注如何塑造健全人格,提高社会适应力,充分发挥人的潜能和创造性,提高人的心理健康水平。而且,心理健康教育是以面向全体学生的发展性目标为主,旨在提高全体学生的心理素质。学校完整的心理健康教育运行系统应该既包括心理教育也包括心理咨询,但学校的教育特点决定了它应以教育为主,如果单靠心理咨询,使学校心理健康教育"咨询化",就违背了学校教育的性质,也不适应当前我国学校的实际情况:学生人数众多,而专职心理辅导教师极少,不能满足学生对心理健康服务的强烈需求。

学校心理健康教育的具体意义体现在以下三个方面:

1. 预防精神疾病,保证学生心理健康的需要

调查表明,我国中小学生中约 1/5 左右的儿童和青少年都存在着不同程度的心理行为问题,我国中小学生的心理健康状况令人担忧。自二十世纪八十年代中期开始,中小学生的心理健康问题引起了社会各界的广泛关注,促使学校心理健康教育工作不断深入展开。我国中小学相继开展心理健康教育,将心理健康教育纳入学校的教学工作计划中,并启动心理健康教育的理论与实践研究。中小学心理健康教育的直接动因是帮助学生克服各种心理障碍,预防精神病的发生。

2. 提高学生心理素质,促进人格健全发展的需要

在人的综合素质中,心理素质占有重要的地位。心理健康教育是提高学生综合素质

的有效方式。心理健康教育主要是针对儿童和青少年学生心理发展的需要而开展的教育活动,旨在提高学生的心理素质,帮助学生学会如何恰当有效地应对现实生活中所面临的各种压力、如何有效地进行情绪调节等,使学生更有效、更积极地适应社会、适应自身的发展变化,促进儿童青少年学生心理健康的发展。因此,预防问题发生、促进心理素质提高是心理健康教育的主要目标。从本质上讲,心理健康教育是心理素质的教育和培养,是促进学生全面发展的重要方面,是素质教育的具体体现。

3. 对学校日常教育教学工作的配合与补充

将心理健康教育的理念渗透到日常的教育教学管理中,以班主任、科任教师的日常教育教学工作为切入点,及时发现学生的心理需求。通过心理健康教育,改善学生心理素质,可以为有效实施道德教育提供良好的心理背景。心理教育课程是对学科课程的改革和补充。学科课程的主要功能是将社会文化和知识传递给学生,其局限性在于常常难以顾及个体发展的差异性和需要,难以发挥个体的主动性和创造性。心理教育课程的主要功能是促进个体身心健康,其以个体发展为基本出发点,可以极大地调动学生的主动性和创造性。

# 第二节　心理评估

## 一、心理评估含义和意义

学习要求 ▶ 识记心理评估的含义
▶ 理解心理评估的意义

### (一)心理评估的含义

学校心理健康教育中的心理评估,是指依据用心理学方法和技术搜集得来的资料,对学生的心理特征与行为表现进行评鉴,以确定其性质和水平并进行分类诊断的过程。

### (二)心理评估的意义

1. 有针对性地进行心理健康教育的依据

心理健康教育是面向全体学生,旨在提高全体学生的心理素质。虽然心理健康教育不像心理咨询和心理辅导那样高度个别化,但为了有针对性地开展教育工作,制订正确的教育方案,首先必须正确地找出学生的问题所在,了解其所处的环境特征,准确地把握其观察世界的独特的观念系统,否则,心理健康教育只能是无的放矢。因此,心理健康教育前要进行一些必要的心理评估。

2. 检验心理健康教育效果的手段

心理评估不但是了解个体心理健康水平及其行为表现的工具,也是评价心理健康教育绩效的工具。心理健康教育成效如何,只能从学生个人或群体的心理症状减轻、心理素质的改善来加以确认。

## 二、心理评估的两种参考架构

（学习要求） ▶ 识记并理解心理评估的两种参考架构

心理健康教育的对象应以正常学生（包括有轻、中度心理健康问题的正常学生）为主，心理评估应重视对学生发展潜能、自我实现程度的正向评定，而不只是进行心理症状学诊断或心理病理分类学诊断。当前，评估的手段多是在两种参考架构的基础上制定的：健康模式与疾病模式。

### （一）健康模式

健康模式的心理评估旨在了解健康状态下的心智能力及自我实现的倾向。健康模式的心理评估关注的是人的潜能、人的价值实现的程度、人的心理素质改善的程度，在学校心理健康教育中应受到高度重视。

### （二）疾病模式

疾病模式的心理评估旨在对当事人心理疾病的有无以及心理疾病的类别进行诊断。20 世纪 90 年代，国外有学者指出，心理辅导专业已否定了在服务工作中的医疗和疾病取向的模式。

## 三、心理评估的手段

（学习要求） ▶ 识记心理测验、评估性会谈、观察法和自述法

心理评估的宗旨是帮助学生解决心理问题，以促进学生身心的健康发展，因此，心理评估必须是科学的、客观的。不负责任的、错误的评价可能会误导学生，甚至会贻害终生。在心理评估过程中既可采用标准化的方法，如各种心理测验；也可以采用非标准化的方法，如评估性会谈、观察法、自述法等。

### （一）心理测验

在心理评估中，心理测验占有十分重要的地位，心理测验是为心理评估搜集数量化资料的常用工具。心理测验是通过观察人的少数有代表性的行为，对贯穿在人的全部行为活动中的心理特点做出推论和数量化分析的一种科学手段。以目前的科学技术发展水平来说，我们还无法直接测量人的心理特征，只能测量人的外显行为，所以心理测验具有间接性，即通过测量人的行为，去推测受测者的智力、人格、态度等方面的特征与水平。心理测验是通过一个人对测量题目的反应来推论其所具有的心理特征，心理特征不是通过直接测量得到的，而是从人的行为模式中推论出来的。

心理测验的应用范围很广，种类也十分繁多，可按不同的标准进行分类。按照所要测量的特征大体上可把心理测验分成认知测验和人格测验两大类。其中，认知测验包括智力测验、特殊能力测验、创造力测验、成就测验；人格测验包括多项人格调查表、兴趣测验、成就动机测验、态度量表等。按照测验的方式可将心理测验分为四种，分别是自陈量表、

等级评定、投射测验和客观性测验。

心理评估是一项专业性极强的工作,这是由于心理现象是世界上最复杂的现象,摸不着看不见,不具有具体的形体,抽象而不易捉摸;同时,心理评估的过程和结果还很容易受主观因素影响。因此,各种标准化的测验,特别是智力测验的施测与解释,都要求由经过专门培训的施测人员来进行。教师在选择测验时,必须充分考虑测验的意图、测验的适用年龄、测验的方式和性质等,特别是在对测验结果的解释上,更是要谨慎行事,不能迷信测验分数。测验分数是对受测者目前状况的测量,至于他是如何达到这一状况的,则受许多因素影响。为了能对分数做出有意义的解释,必须将个人在测验前的经历或背景因素考虑在内。不能把某一次测验的分数当作教学决策与评判学生心理特征的重要依据,而应当把测验看成一种检测学生某个方面特点的工具,它只有与其他各种来源的信息相结合时,才能充分发挥心理测验的评估功能。

### (二)评估性会谈

会谈是心理咨询与心理辅导的基本方法。会谈可分为评估性会谈与影响性会谈,实际上二者很难截然分开。与其他方法相比较,会谈法所具有的优点是在会谈中可以当面澄清问题,以提高所获得资料的准确性;通过观察会谈过程中双方的关系及学生的非言语行为,可以获得许多重要的附加信息。

评估者掌握和正确使用会谈技巧是十分重要的,会谈技巧包括以下几种:

1. 倾听

倾听是专注而主动地获取信息的过程。倾听时应取开放态度,同对方保持目光接触,注意获取言语沟通与非言语沟通信息,不但要听懂学生通过言语、表情、动作所表达出来的东西,还要听出学生在交谈中所省略的和没有表达出来的内容或隐含的意思。倾听是建立良好辅导关系的手段。倾听比询问更有利于搜集资料,因为询问会给对方造成心理压力,而倾听可以减少对方的心理防卫。

2. 鼓励

鼓励亦称鼓励技术,是心理咨询参与性技术之一,是指辅导教师在会谈过程中通过语言等对来访学生进行鼓励,鼓励其进行自我探索和改变。鼓励技术具体可以表现为直接地重复对方的话或仅以某些词语如"嗯""讲下去""我能体会""还有吗""原来如此"等,来强化对方叙述的内容并鼓励其进一步讲下去。鼓励的主要功能在于促进会谈,另一功能则是通过鼓励不同的主题引导对方朝着不同的方向讲述,达到不同的深度。

3. 询问

询问也是心理咨询参与性技术之一,包括开放式询问和封闭式询问两种。在询问时,不要提过多的问题,少提封闭式的问题(能用是、否作答的问题),多提开放式问题(如"你能说说原因吗?")。过多地使用封闭式询问,会使对方陷入被动的回答中,其自我表达的愿望和积极性就会受到压制,使之沉默甚至有压抑感和被讯问一样的感觉。会谈应使对方有机会充分地表达自己,而封闭性询问则剥夺了这种机会。询问时,不但要问事实,还要问看法与感受,如:"我想知道你对这事的感受如何?"

**4. 反映**

反映就是辅导教师将来访学生表达出的思想、观念或流露出的情绪，加以综合整理，用自己的语言再表达出来，以协助学生更好地了解自己。

**5. 澄清**

澄清即显示事实真相，消除混乱或模糊之处。当事人处于思想困扰中时，其思考与言语表达往往不明确。辅导教师可把来访学生不连贯的、模糊的、隐含的想法与感受说出来，帮助对方在混乱的思维中理出眉目。

**6. 面质**

面质又称质疑、对质、正视现实等，是指辅导教师指出来访学生身上存在的矛盾，使对方学会辩证地看待其当前所面临的问题。会谈中发现来访学生前后所说内容不一致时，来访学生所具有的自我形象与其行为不一致时，可以向其提问，以协助当事人弄清自己的真实感受。

### （三）观察法

观察法是按照研究目的，有计划、有系统地直接观察学生个体的行为表现，对所观察的事实加以记录和客观的解释，以了解学生心理和行为特征的一种方法。观察法可分为参与式观察和非参与式观察两种，对观察得到的事实应及时做记录。记录方式通常有以下三种：

**1. 项目检核表**

将要观察的学生各项心理特质或特征性行为作为项目列于表上，如"仪容整齐""勤奋好学""受人欢迎""自我中心""不诚实"等。当所观察的学生具有某些特质或行为特征时，就在对应的项目前做出标记，如打"√"。

**2. 评定量表**

将欲观察的特质或行为列于表上，教师将被观察学生的表现与表中项目相对照，并根据符合的程度进行等级评定。评定等级通常分为3等、5等或7等。

**3. 轶事记录**

轶事记录是教师对学生进行观察后，及时将所观察到的重要事实，以叙述性文字的形式做出的一种简明记录。它包括被观察者的姓名、年级、观察的时间与观察者的姓名、观察事实及其发生情境的描述、观察者的解释与建议等。

观察法的优点是材料比较真实和客观，对学生的心理评估而言，观察法显得尤为重要。其不足之处是，观察法得到的只是外显行为，不易重复；观察结果的有效性还取决于观察者的洞察能力、综合分析能力等。

### （四）自述法

自述法是通过来访学生书面形式的自我描述来了解其生活经历及内心世界的一种方法。日记、周记、作文、自传、内心独白等都是自述法的具体形式。

## 第三节　心理辅导

### 一、心理辅导定义、分类及目标

学习要求
➤ 识记心理辅导的定义
➤ 识记学校心理健康教育的途径
➤ 识记并理解心理辅导的分类和目标

#### （一）心理辅导定义

在学校开展心理健康教育有以下几种途径：

1. 开设心理健康教育课程

心理健康教育有自身的系统知识和理论，培养学生良好的心理素质有方法有技巧，是其他学科所不能替代的。

2. 寓心理健康教育于学科教学之中

学科课堂教学蕴含着丰富的心理教育因素，而教学活动又是学校工作的核心。所以，在教学活动中，任课老师要注意进行心理健康教育。这也实现了心理健康教育的全程性，进而实现心理健康教育和文化素质教育的和谐统一。

3. 积极开展心理辅导工作

开展心理辅导是心理健康教育的一种有效而又独特的途径。学校开展心理辅导有两种方式：① 开展分组辅导。首先调查学生的心理问题，把具有相似心理问题的学生归为一组，心理健康教育课后利用学校的有利条件在课外对各小组分别展开心理教育。② 加强个别心理辅导。可以通过明暗两条线进行个别心理辅导，明线是辅导教师与学生进行的面对面的辅导；暗线是通过心理信箱让学生匿名反映问题，辅导教师再予以解决。

所谓心理辅导，是指在一种新型的建设性的人际关系中，学校辅导教师运用其专业知识和技能，给学生以合乎其需要的协助与服务，帮助学生正确地认识自己、认识环境，依据自身条件，确立有益于社会进步与个人发展的生活目标，克服成长中的障碍，增强与维持学生心理健康，使其在学习、工作与人际关系各个方面做出良好的适应。

#### （二）心理辅导分类

按照辅导活动的服务对象和目标的不同，心理辅导可划分为障碍性、适应性和发展性模式。障碍性心理辅导模式是针对有心理障碍、患某种心理疾病并且正常的生活和学习已受严重影响的辅导对象，其目的是通过系统的心理辅导来克服障碍、缓解症状、恢复心理平衡，因而障碍性心理辅导模式具有矫治功能，也叫治疗性辅导。适应性心理辅导模式是包括正常个体在内的心理服务，其目的是通过心理辅导，排解心理困扰，减轻心理压力，改善适应能力，因而适应性心理辅导模式具有预防功能，也叫预防性辅导。发展性心理辅导模式也叫发展性辅导，是针对所有发展中的个体，根据个体身心发展的一般特点和规律，帮助不同年龄阶段的个体尽可能圆满地完成各自的心理发展课题，妥善解决心理矛盾,更好地认识自己和社会,开发潜能,促进个性的发展和人格的完善。

### （三）心理辅导目标

学校心理辅导的一般目标与学校教育目标是一致的,是促成学校教育目标的实现。但心理辅导毕竟只是学校教育的一个方面,其目标还有自己的独特之处。综合多数学者的观点,可以把心理辅导的一般目标归纳成两个方面:一是学会调适。调适包括调节与适应。"适应"处理的是人与周围环境的关系问题,调整的重点是人的行为。学会适应就是要矫治错误的行为,养成正确的适应行为,使行为符合社会规范;就是要消除人际交往障碍,提高人际交往的质量。"调节"处理的是个人内部精神生活的各方面及其相互关系,调整的重点是人的内心体验。学会调节就是要学会正确地对待自己、接纳自己,化解冲突情绪,确立合适的志向水平,保持个人精神生活的内部和谐。二是寻求发展。引导学生认清自己的潜力与特长,确立有价值的生活目标,负起生活责任,扩展生活方式,发展建设性人际关系,发挥主动性、创造性以及作为社会一员的良好的社会功能,过积极而有效率的生活。这两个目标中,学会调适是基础目标,以此为主要目标的心理辅导可称为调适性辅导(adjustive guidance);寻求发展是高级目标,以此为主要目标的心理辅导可称为发展性辅导(developmental guidance)。这两个目标是否达成以及达成度如何,突出地表现在受辅导学生在面临各种困难的、困惑的、有压力的情境时,能否根据个人条件,做出适当的选择、明智的决策,制订切实可行的计划,成功地解决问题,并引导自身发展。简言之,这两个目标分别是引导学生达到基础层次的心理健康与高层次的心理健康。

心理辅导的特殊目标是针对某年级、某学段学生的突出矛盾,针对个别学生的特殊问题,根据心理辅导过程中特定阶段的独特要求制定的,因而比较具体。例如,有人把个别辅导分为五个阶段:① 准备阶段。目标是使当事人正确地了解辅导的作用,使其有求助的意愿与心理准备。② 觉知阶段。目标是建立亲密关系,鼓励当事人表达情绪感受,作自我探索。③ 认知重组阶段。目标是使当事人做自我了解和自我接纳。④ 促成行动阶段。目标是促使当事人改变行为。⑤ 追踪辅导阶段。目标是将习得的经验迁移到辅导外的情境,以适应社会生活。

## 二、心理辅导的原则

学习要求 ▶ 理解学校心理辅导的原则

学校心理辅导原则就是指学校在实施心理辅导的过程中必须遵循的一些基本原则。要做好心理辅导工作,必须遵循以下基本原则:面向全体学生原则、预防与发展相结合原则、尊重与理解学生原则、学生主体性原则、个别化对待原则、整体性发展原则。

### （一）全员参与,全方位考虑,面向全体学生原则

学校心理辅导是通过对学生的引导、指导、协助和服务,来促进学生的成长和发展。重视心理健康教育工作,全员参与,在制订辅导计划时要着眼于全体学生,确定心理辅导活动内容时要考虑大多数学生共同需要与普遍存在的问题,组织团体辅导活动时要创造条件,让尽可能多的学生参与其中,特别要给那些内向、沉静、腼腆、害羞、表达能力差、不

太引人注目的学生提供参与和表现的机会,使全体学生都得到有效的心理辅导。

### (二)矫治、预防与发展相结合原则

学校心理辅导兼有矫治、预防与发展三种功能。矫治,是矫治学生不适应的行为,帮助学生排除或化解持续的心理紧张或各种情感冲突。预防,则是帮助学生掌握有关知识和技能,学会人际交往;学习自主地应付由挫折、冲突、压力、紧张等带来的种种心理困扰,减轻痛苦、不适的体验,保持正常的生活秩序与学习效率。发展,是指导学生树立有价值的学习与生活目标,认清自身的潜力和可利用的资源,承担生活责任,发挥个人潜能,使生活过得健康、充实、有意义。就整体而言,应该是预防、发展重于矫治,预防、发展比矫治更具有积极意义。在预防的同时要追求发展(发展也是积极的预防),三者相互配合、相互促进。因为心理健康不仅指没有心理疾病、行为符合社会规范,而且意味着积极的理想追求,良好的社会功能,高效率的学习状态,和谐、友好的人际关系,独立自主的人格和丰富多彩的精神生活等。

贯彻这一原则时应注意:① 心理辅导工作应采取主动态势,宜未雨绸缪,注意防微杜渐。平时应针对正常学生主动开展各种适合其年龄特点的认知性、情感性、行为训练性质的辅导活动,以提供一些对学生成长有益的经验,增强其应付变化的能力。② 对于那些社会处境不利的学生、生活发生了重大变故的学生、自我期望偏高而又屡遭挫折的学生,应及早发现征候,重点实行早期干预。③ 学校心理辅导要及早开展,趁学生心理未定型之时,可塑性强,只要给予短期的关怀和辅导,便会有显著的改善。

### (三)尊重与理解学生原则

尊重,就是尊重学生的人格与尊严,尊重每个学生平等的权利。理解,则要求教师以平等的态度,按学生的所思所想、所作所为、所感受的本来面目去了解学生。建立平等尊重的咨访、接谈关系,是心理辅导能否取得成效的前提和基础。首先,要尊重来访学生的人格和身份,形成良好的信任和依赖关系,这是取得圆满咨询结果的重要保证。其次,要理解角色差异,善于换位思考。对学生进行心理辅导,要出自真诚的理解,体现老师对学生的爱心和人文关怀,做到一视同仁,人格平等。

贯彻这一原则应注意以下三点:① 尊重学生的个人尊严,以平等、民主的态度对待每个学生。② 尊重学生的选择。辅导教师应承认每个学生是自主的,具有抉择的能力和做决定的权利。③ 运用同感的态度和技术加深对受辅导学生的理解。在同来访学生谈话时,教师不但要理解学生明确表达出来的思想和感受,而且要觉察出学生故意回避或以隐喻形式透露出来的深层含义,并把这种理解反馈给学生,使学生感受到教师对他的尊重、理解和接纳,从而抛开心理上的防范,对自己的内心世界做自由、深入的探索。

### (四)学生主体性原则

教师在心理辅导过程中要尊重学生的主体地位。这是因为心理辅导的目标是要促进学生的成长与发展,而成长与发展从根本上说是一种自觉的和主动的过程。心理辅导是一种助人自助的过程。"助人"只是手段,让学生"自助"才是目的,目标是发展学生自我理解与自我指导的能力。在心理辅导中充分发挥学生的主体作用,使学生形成独立个性的需要得到满足。

贯彻学生主体性原则应考虑到以下方面：① 开设心理辅导活动课要以学生需要为出发点。心理辅导不以传授系统的学科知识为目的，其内容的选取与安排应充分考虑学生的需要，围绕学生所关心的实际问题来进行心理辅导。② 尊重学生的主体地位，鼓励学生"唱主角"。在活动设计中要给学生自由地发挥想象留有余地，在辅导过程中要鼓励学生发表看法、宣泄情感、探索问题解决的办法。在与学生沟通的过程中，作为协助者的教师应避免使用"你听我说""我告诉你"之类的命令式、灌输式的口吻；宜用鼓励性的、商量式的语气说话，如"请听听我的意见""我想做一点补充""如果这样看是不是更全面"等。

### （五）个别化对待原则

重视学生的个别差异，强调对学生的个别化对待，是学生心理辅导的精髓。贯彻个别化对待原则时应考虑到以下四点：① 注意对学生个别差异的了解。通过一对一、面对面的接触来真正了解一个学生，恰当地处理学生的害羞、自卑、防卫心理带来的沟通障碍。② 对不同学生实行区别对待。心理辅导是一种颇具弹性的助人活动方式。灵活地应用心理辅导的通用原理，找出适合每个学生的处置方法，才能做到事半功倍。③ 认真做好个案研究。个案研究是一种重视学生个别差异的辅导方法。对象是单个学生，通常是特殊学生。开展个案研究，积累个案资料，有利于深入探索个别化教育的经验，提高个别辅导的实效。④ 制定个别化对待的特殊目标。个别化对待的特殊目标是针对个别学生的特殊问题，根据心理辅导过程中特定的要求确定不同层次的具体目标。

### （六）整体性发展原则

心理辅导追求学生人格的整体性发展。从社会价值取向看，它重视学生德、智、体的全面发展；从满足学生自我完善的需求看，它注重学生知、情、意、行几个方面的协调发展。心理辅导的对象是完整的活生生的人，而不是人的局部、人的智能侧面，或仅仅是人的心理障碍。

贯彻这一原则时应考虑到以下两点：① 树立学生个性全面发展的观念。不论从事哪个领域的辅导，都要关注学生整体人格的完善。② 不宜把心理辅导课程变为单纯的知识传授课。心理辅导涉及学生的知识、社会技能、情感、态度、价值等方面的学习，而不仅是让学生掌握知识，因此开展多种多样的活动就显得十分必要。

在进行心理辅导时，不论采用何种方法，都必须以建立良好的辅导关系为前提。辅导教师与受辅导学生之间要建立一种新型的、建设性的、具有辅导与治疗功能的人际关系，其主要特点是积极关注、尊重、真诚与同感。同感是指辅导教师设身处地地去体会受辅导学生的内心感受，进入他的内心世界之中。

## 三、影响学生行为改变的方法

**学习要求** ➤ 结合实例理解行为改变的基本方法
➤ 结合实例理解行为演练的基本方法
➤ 结合实例理解改善学生认知的方法

本部分介绍影响学生认知、情感、行为改善的方法，以区别于前面所介绍的了解学生心理与行为的方法（心理评估方法）。各种方法分别奠基于不同的心理学理论模式，主要的心理辅导方法有精神分析方法、行为主义方法、人本主义方法和认知行为方法。在这里仅介绍一些便于在学校心理健康教育中运用的方法。

### （一）行为改变的基本方法

行为改变的基本方法有强化法、代币奖励法、行为塑造法、示范法、消退法、处罚法、暂时隔离法和自我控制法等。

#### 1. 强化法

强化法用来培养新的适应性行为。根据学习原理，一个行为发生后，如果紧跟着一个强化刺激，这个行为再次发生的可能性就会增加。例如，一个学生不敢同老师讲话，学习上遇到疑难问题时也没有勇气向老师求教。当他一旦主动向老师请教时，老师就给予表扬，并耐心解答问题，该学生就能学会主动地向老师请教的行为方式。

#### 2. 代币奖励法

代币是一种象征性强化物，筹码、小红星、盖章的卡片、特制的塑料币等都可作为代币。当学生做出我们所期待的良好行为后，发给其数量相当的代币作为强化物，学生用代币可以兑换有实际价值的奖励物或活动。代币奖励的优点是可使奖励的数量与学生良好行为的数量、质量相适应，代币不会像原始强化物那样产生"饱足"现象而使强化失效。

#### 3. 行为塑造法

行为塑造是指通过不断强化逐渐趋近目标的反应，来形成某种较复杂的行为。有时候我们所期望的行为在某学生身上很少出现或很少完整地出现，此时我们可以依次强化那些渐趋目标的行为，直到合意行为的出现。如有人曾用行为塑造法让一个缄默无语的孩子开口说话。

#### 4. 示范法

观察、模仿教师呈示的范例（榜样），是学生学习社会行为的重要方式。模仿学习的机制是替代强化。替代强化的含义是当事人（学习者）因榜样受强化而使自己也间接地受到强化。由于范例的不同，示范法有以下几种情况：辅导教师的示范、他人提供的示范、电视录像、有关读物提供的示范、角色的示范。

#### 5. 处罚法

处罚的作用是消除不良行为。处罚有两种：一是在不良行为出现后，呈现一个厌恶刺激（如否定评价、给予处分）；二是在不良行为出现后，撤销一个愉快刺激。

#### 6. 暂时隔离法

当儿童产生不良行为后，我们立即将其置于一个单调、乏味的地方，直到定时器响了以后方可离开。暂时隔离意味着奖励、强化、关注、有趣活动的中止，因而从性质上说，属于上述惩罚种类的后一种。实施暂时隔离法的要点：① 此法适用于纠正 2～12 岁儿童的冲动性、攻击性、情绪性及充满敌意的不良行为；② 选择一个无聊的、刺激单调而又安全的地方作为隔离地点；③ 使用定时器，隔离时间遵循"一岁一分钟"原则；④ 暂时隔离期间不与儿童交谈或争吵；⑤ 定时器响后，立即结束隔离，并询问儿童被隔离的原因，但不要求儿童道歉或保证。

#### 7. 自我控制法

在上述各项行为改变技术中，强化、惩罚等均是由他人实行或建议实行的；自我控制则是让当事人自己运用学习原理,进行自我分析、自我监督、自我强化、自我惩罚,以改善自身行为。从理论指导来说,它是一种经过人本主义心理学改善过的行为改变技术。其好处是强调当事人(学生)个人责任感,增加了改善行为的练习时间。

建立在学习原理基础之上的行为改变技术还有多种,如全身松弛、系统脱敏、肯定性训练等。由于其操作比较复杂、系统化,带有训练的性质,我们将其归入"行为演练"一栏中介绍。

### (二)行为演练的基本方法

#### 1. 全身松弛训练

全身松弛法,或称松弛训练,是通过改变肌肉紧张,减轻肌肉紧张所引起的酸痛,以应付情绪上的紧张、不安、焦虑和气愤。

全身松弛法有不同的操作方式,紧张、松弛对照训练是最常见的一种。这种松弛训练法由雅各布松(Jacobson)在20世纪20年代首创,经后人修改完成。其要点是,训练者要学会接受自身生理状态的信息,辨认肌肉紧张、放松的感觉,对肌肉做"紧张—坚持—放松"的练习,从紧张与放松的感觉对比中学会放松;对全身多处肌肉按固定次序依次放松,每日练习,坚持不断。

#### 2. 系统脱敏法

系统脱敏法由沃尔朴(Wolpe,1958)首创。系统脱敏的含义是当某些人对某事物、某环境产生敏感反应(害怕、焦虑、不安)时,我们可以在当事人身上发展起一种不相容的反应,使对本来可引起敏感反应的事物,不再发生敏感反应。系统脱敏法的具体方法是指导病人循序渐进地接触令其恐惧的事物或境遇(多利用图片、幻灯片或模型),慢慢过渡到真实的事物或场景,这样就使患者逐渐消除紧张和恐惧,恢复常态。例如,一个学生过分害怕猫,我们可以让他先看猫的照片,谈论猫;再让他远远观看关在笼中的猫,让他靠近笼中的猫;最后让他摸猫、抱起猫,消除对猫的惧怕反应。这就是"脱敏"。系统脱敏法包括几个步骤:

第一,进行全身放松训练。

第二,建立焦虑刺激等级表。焦虑等级评定以受辅导学生主观感受为标准,排在最前面的是能引起最弱焦虑程度的刺激。

第三,焦虑刺激与松弛活动相配合。

让受辅导学生轻松地坐在椅子上,闭上双眼做肌肉放松运动。等达到完全放松后,要求学生想象焦虑刺激等级表上第一个刺激情境,不焦虑后转入想象第二个刺激情境。如果学生感到焦虑,就留意肌肉紧张,同时做肌肉放松运动。然后再想象同一刺激情境,直到不再感到焦虑为止。进行30～40秒的肌肉放松运动后,想象等级表上第三个刺激情境。如此训练,直到通过等级表上的全部刺激情境。经过"放松想象"过程训练后有一定成果,就可以在现实情境中加以验证。

#### 3. 肯定性训练

肯定性训练,也叫自信训练、果敢训练,其目的是促进个人在人际关系中公开表达自己的真实情感和观点,维护自己权益也尊重别人权益,发展人的自我肯定行为。

自我肯定行为主要表现在三个方面:① 请求。请求他人为自己做某事,以满足自己合理的需要。② 拒绝。拒绝他人无理要求而又不伤害对方。③ 真实地表达自己的意见和情感。现实生活中,许多学生表现出的是不肯定行为,如谈话时眼睛不敢看着对方,说话句子短,不敢提出合理要求,不敢拒绝别人的无理要求,不敢表示自己的不满情绪,与同学发生矛盾时不敢正面解决问题,而是哭着找老师和家长等。

肯定性训练是通过角色扮演以增强自信心,然后再将学得的应对方式应用到现实生活情境中。通过训练,当事人不仅减少了焦虑程度,而且发展了应对现实生活的能力。肯定性训练的步骤如下:

(1) 设置训练情境。这些情境都是当事人难以应付的情境,例如:排队购票时有人在你前面"加塞";老师不公正地批评了你;把不合格商品退回商店;考试时同座要抄袭你的答案,你不愿意;因眼睛近视要求老师将你调到靠前的座位上。

(2) 以角色扮演的方式逐一地进行训练。

(3) 决定其他变通的方式。

(4) 在现实生活中运用学得的交往方式。

(5) 评价训练的效果。

### (三)改善学生认知的方法

认知疗法是根据个体的认知过程影响其情绪和行为的理论假设,通过一定的技术和手段来改变病人的不良认知,以达到消除其不良情绪和行为的目的。该理论认为,认知是情感的基础,不良的认知是造成不良情绪和行为的根源。只要矫正了不正确的思想认识,其派生的不良情绪和行为也随之矫正。认知疗法中比较著名的是美国心理学家艾里斯(Ellis)于20世纪50年代提出的理性情绪辅导方法。

艾里斯认为人的情绪是由其思想决定的,合理的观念导致健康的情绪,不合理的观念导致负向的、不稳定的情绪。他提出了解释人行为的A－B－C理论。

A(activating event):个体遇到的主要事实、行为等诱发事件。

B(belief):个体在遇到A后产生的信念,即对诱发事件的评价和解释。

C(consequence):事件造成的情绪结果。

该理论认为,引起情绪障碍的不是诱发事件本身,而是事件经历者对该事件的评价和解释。人对诱发事件所持的信念B,是情绪和行为C的直接原因,而诱发事件A只是情绪和行为的间接原因。事件能否发生是不以人的意志为转移的,但如能对该事件做出理性的评价,就可以避免消极情绪的产生。D(disputing)指的是用合理的信念驳斥和对抗不合理信念的过程,借以改变原有信念。驳斥成功,便能产生有效的治疗效果E(effect),使来访者在认知情绪和行为上均有所改善。我们的情绪反应C是由B(我们的信念)直接决定的。可是许多人只注意A与C的关系,而忽略了C是由B造成的。B如果是一个非理性的观念,就会造成负向情绪。若要改善情绪状态,必须驳斥(D)非理性信念B,建立新观念并获得正向的情绪效果(E)。这就是艾里斯理性情绪治疗的ABCDE步骤。

理性情绪治疗是一项具有浓厚教育色彩的心理治疗法,多用于治疗儿童多动症、冲动性行为、注意缺乏、抑郁症等。艾里斯认为人有许多非理性的观念,如:我"必须"成功,并得到他人赞同;别人"必须"对我关怀和体贴;事情"应该"做得尽善尽美;课堂上回答问题有错误是很糟糕的事;等等。后来韦斯勒把非理性信念简化为三个特征:绝对化要求、过分概括化和糟糕至极。我国台湾学者吴丽娟在此基础上编拟了"理性情绪教育课程",该课程首先让学生分辨理性观念与非理性观念,然后试图驳斥非理性信念。以下是实例:

A:事件:"考不好,受父母训斥。"

B:观念:"同学会取笑我,真丢面子。"

C:情绪:难过,沮丧。

D:驳斥:这不是事实,只是我的主观想法,怎么知道同学会取笑? 即使有人取笑,难道我就真的无法忍受?

E:新观念:可能无人取笑我,被取笑只是一时的。只要用功,成绩可以改善,何况我还有其他长处。

再如,一个失恋者的心理治疗过程(A代表医生,B代表失恋者):

A:你很爱你的女朋友吗?

B:是的。

A:她也很爱你吗?

B:不像我爱她那么深,不过以前还勉强过得去。

A:她要离开你,你为什么很苦恼甚至恨她呢?

B:因为我那么爱她,可她一点情义都不讲,太没良心了。

A:在认识她之前,有别的女孩喜欢你吗?

B:有。不止一个。

A:为什么没有与她们其中一位建立恋爱关系?

B:因为我不喜欢她们。感情是复杂的,我不能勉强自己。

A:这是不是说你有选择的权利?

B:是的。

A:每个人都有选择的权利吗?

B:应该都有。

A:包括你的女朋友吗?

B:当然包括。

A:那为什么她行使这个权利,你又很恨她呢?

B:因为她忘恩负义。

A:她的做法与你拒绝喜欢你的女孩子,有本质的区别吗?

B:没有。

A:那为什么你能做而她就不能做呢?

B:……(答不上来)

上面分别介绍了一些基本的辅导方法,在实际心理辅导过程中,应根据辅导目标的要求,综合运用各种方法,形成一个统一的辅导工作的基本模式。

## 本章总结

1. 心理健康概述。心理健康有广义和狭义之分,中小学生的心理健康是指广义的心理健康。心理健康教育是指教育者遵循一定的心理健康要求,通过适当的教育途径和方法,维护学生的心理健康,并培养学生良好的心理品质与健全的个性,增强其面对未来可能受到心理冲击的适应力,促进其心理健康发展的过程。心理健康标准是心理健康概念的具体化。学生中常见的心理健康问题有儿童多动症、学习困难综合征、焦虑症、厌学症和强迫行为等。

2. 心理评估。心理评估是依据用心理学方法和技术搜集得来的资料,对学生的心理特征与行为表现进行评鉴,以确定其性质和水平并进行分类诊断的过程。心理评估应重视对学生发展潜能、自我实现程度的正向评定,而不只是进行心理症状学诊断或心理病理分类学诊断。当前,心理评估的手段多是在健康模式与疾病模式两种参考架构的基础上制定的。评估学生心理健康状况的手段有心理测验、评估性会谈、观察法、自述法等。

3. 心理辅导。心理辅导是指在一种新型的建设性的人际关系中,学校辅导教师运用其专业知识和技能,给学生合乎需要的协助与服务,帮助学生正确地认识自己,认识环境,依据自身条件,确立有益于社会进步与个人发展的生活目标,克服成长中的障碍,增强与维持学生心理健康,使其在学习、工作与人际关系各个方面做出良好地适应。心理辅导划分为障碍性、适应性和发展性心理辅导三种模式。学校心理辅导兼有矫治、预防与发展三种功能。心理辅导的一般目标是学会调适和寻求发展。教师要做好心理辅导须遵循原则。学校心理健康教育中运用的行为改变的基本方法有强化法、代币奖励法、行为塑造法、示范法、消退法、处罚法、暂时隔离法和自我控制法等,较为复杂的系统训练有全身松弛、系统脱敏、肯定性训练和认知疗法。

## 思考与练习

### 一、单项选择题

1. 不属于心理评估常用方法的是(    )。

A. 观察法　　　　　B. 晤谈法　　　　　C. 实验法　　　　　D. 测验法

2. 学生中常见的焦虑反应是(    )。

A. 交往焦虑　　　　B. 上学焦虑　　　　C. 考试焦虑　　　　D. 课堂焦虑

3. 儿童多动症的高峰发病年龄在(    )。

A. 3～5 岁　　　　B. 5～7 岁　　　　C. 8～10 岁　　　　D. 12～13 岁

4. 通过角色训练增强自信心,然后将所学得的应对方式应用到实际生活情境中的行为演练方式称之为(    )。

A. 自我控制训练　　B. 肯定性训练　　　C. 自我强化训练　　D. 自我监督训练

5. 提出理性情绪疗法的心理学家是(    )。

A. 斯金纳　　　　　B. 巴甫洛夫　　　　C. 艾里斯　　　　　D. 雅各布松

6. 首创全身松弛训练法的心理学家是(    )。

A. 斯金纳　　　　　B. 巴甫洛夫　　　　C. 艾里斯　　　　　D. 雅各布松

7. 依据用心理学方法和技术搜集得来的资料,对学生的心理特征与行为表现进行评鉴,以确定其性质和水平并进行分类诊断的过程称为(    )。

A. 心理测验　　　　B. 心理咨询　　　　C. 心理辅导　　　　D. 心理评估

8. 心理辅导的目标有两个：一是学会调试，二是（　　）。

A. 行为矫正　　　　　　B. 学会适应　　　　　　C. 寻求发展　　　　　　D. 克服障碍

9. 通过不断强化逐渐趋近目标的反应，来形成某种较复杂的行为称为（　　）。

A. 行为塑造　　　　　　B. 行为训练　　　　　　C. 行为矫正　　　　　　D. 行为强化

10. 通过求诊者的观察和模仿来矫正其适应不良行为与神经症反应的方法是（　　）。

A. 行为塑造法　　　　　B. 自我控制法　　　　　C. 强化法　　　　　　　D. 示范法

11. 首创主要用于恐惧症治疗的系统脱敏法的心理学家是（　　）。

A. 斯金纳　　　　　　　B. 沃尔帕　　　　　　　C. 艾里斯　　　　　　　D. 雅各布松

12. 松弛训练属于（　　）的治疗方法。

A. 行为主义　　　　　　B. 精神分析　　　　　　C. 人本主义　　　　　　D. 交往分析

13. 下列关于心理健康教育课程不正确的说法是（　　）。

A. 以提高学生心理素质为直接目的　　　　　　B. 以教师讲授为主

C. 以学生活动为主　　　　　　　　　　　　　D. 有教师指导

14. 在理性—情绪疗法中，用 A—B—C 理论解释人的行为，其中 B 是指（　　）。

A. 存在的事实或行为　　　　　　　　　　　　B. 个人对事实或行为的看法和信念

C. 当事人的情绪反应　　　　　　　　　　　　D. 治疗方法

15. 良好咨询关系建立的基本条件是（　　）。

A. 专业水平　　　　　　B. 同感　　　　　　　　C. 同情　　　　　　　　D. 理性

## 二、名词解释

心理健康　心理测验　心理评估　心理辅导　系统脱敏　同感　认知疗法

调适性辅导　发展性辅导　障碍性心理辅导模式　适应性心理辅导模式

发展性心理辅导模式　肯定性训练　强化法　代币奖励法　行为塑造法

示范法　消退法　处罚法　暂时隔离法　自我控制法　评估性会谈

## 三、简答题

1. 心理健康的标准是什么？

2. 开展中小学心理健康教育必须坚持哪些基本原则？

3. 简述中小学生中常见的情绪障碍类型及其特征和产生原因。

4. 学生进行心理辅导时教师应遵循的原则是什么？

5. 进行心理评估的方法有哪些？

6. 影响学生行为改变的方法有哪些？

7. 简述艾利斯的理性情绪 A—B—C 法的基本内容。

## 四、论述题

结合本章所学内容，谈谈如何治疗恐惧症。

# 第十二章
## 教学设计

---

### 本章要点

> ▶ 设置教学目标　　　　　　　　教学方法
> 　　教学目标及其意义　　　　　　教学媒体
> 　　教学目标的分类　　　　　　　课堂教学环境
> 　　教学目标的表述　　　　　　▶ 选择教学策略
> 　　任务分析　　　　　　　　　　以教师为主导的教学策略
> ▶ 组织教学过程　　　　　　　　以学生为中心的教学策略
> 　　教学事项　　　　　　　　　　个别化教学

---

## 第一节　设置教学目标

### 一、教学目标及其意义

**学习要求** ▶ 识记教学目标的定义及其意义

在教学中,教师所要做的第一步就是要决定教学的结果将是什么,并对此有明确的表述,这就是所谓的教学目标。教学目标是预期学生通过教学活动获得的学习结果。在教学中,教学目标有助于指导教师进行教学测量和评价、选择和使用教学策略、指引学生学习等。

#### (一)指引学生学习

上课开始时,教师首先引导学生明确由教学目标转化生成的学习目标,将有助于学生对课中重要信息的注意,对所教内容产生预期。尤其是在一些组织结构比较松散的学习活动、从学习材料和活动本身看不出所学信息的重点和关键部分等方面,教学目标就可帮助学生产生心理定向,保持学习的注意力,从而促进学生的学习。

#### (二)指导教学策略的选用

如果明确了教学目标,教师就可以预测课堂上会出现什么情况,选择那些利于达成教学目标的活动,这不仅易于通过教学活动引发学生产生预期的变化,而且会增进师生之间、学生之间的有效交流。也就是说,一旦确定教学目标后,教师就可以根据教学目标选用适当的教学策略。例如,如果教学目标侧重知识或结果,则宜于选择接受学习,与之相应的教学策略是讲授教学;如果教学目标侧重于过程或探索知识的经验,则宜于选择发现学习,与之相应的教学策略是有指导的发现教学。

### (三)指导学习结果的测量和评价

教学目标是评价教学结果的最客观和可靠的标准,教学结果的测量必须针对教学目标。对于学生来讲,教学目标就是学习标准;对于教师来讲,教学目标就是评价学生学习成绩和教学有效性的依据。如果教师在教学结束后的自编测验没有针对教学目标,那么,就没有测量到所想要测量的教学结果。例如,某节语文教学的目标是阅读理解,而测量的重点是词汇和知识的记忆,就会造成目标和测量的不一致,这种测量就是无效的。

## 二、教学目标的分类

学习要求 ▶ 识记并简要评价布卢姆的教学目标分类方法

布卢姆等人在其教育目标分类系统中将教学目标分为认知、情感和动作技能三大领域。布卢姆的分类学鼓励教育工作者系统地思考教学目标,扩大了我们对教学结果的视野。

### (一)认知目标

认知领域的教学目标分为知识、领会、应用、分析、综合和评价等六个层次,形成由低到高的阶梯。

1. 知识

指对所学材料的记忆,包括对具体事实、方法、过程、概念和原理的回忆。其所要求的心理过程是记忆。这是最低水平的认知学习结果。

2. 领会

指把握所学材料的意义。可以借助三种形式来表明对材料的领会:一是转换,即用自己的话或用不同于原先表达方式的方法表达自己的思想;二是解释,即对一项信息加以说明或概述;三是推断,即对事物之间的逻辑关系进行推理。领会超越了单纯的记忆,代表最低水平的理解。

3. 应用

指将所学材料应用于新的情境之中,包括概念、规则、方法、规律和理论的应用。应用代表较高水平的理解。

4. 分析

指将整体材料分解成其构成成分并理解组织结构,包括对要素的分析(如一篇论文由几个部分构成)、关系的分析(如因果关系分析)和组织原理的分析(如语法结构分析)。分析代表了比应用更高的水平,因为它既要理解材料的内容,又要理解其结构。

5. 综合

指将所学的零碎知识整合为知识系统。包括三个水平:用语言表达自己意见时表现的综合(如发表一篇内容独特的演说或文章);处理事物时表现的综合(如拟订一项操作计划);推演抽象关系时表现出的综合(如概括出一套抽象关系)。综合目标所强调的创造能力,需要产生新的模式或结构。

6. 评价

指对所学材料(论点的陈述、小说、诗歌以及研究报告等)做价值判断的能力,包括按材料的内在标准(如材料内在组织的逻辑性)或外在标准(如材料对目标的适用性)。评价目标是最高水平的认知学习结果,因为它要求超越原先的学习内容,并需要基于明确标准的价值判断。

以上六级目标由简单到复杂,构成金字塔式的排列。布卢姆认为较高水平的目标包含并依赖于较低水平的认知技能,这样评价水平的目标比起其他认知水平的目标,所要求的心理操作就要复杂一些,它是更高水平的认知技能。

对于认知目标的评价可以采用不同的测验方法。知识水平的目标可以用是非题、简答题、匹配题以及多项选择题进行测验。领会、应用和分析水平的目标也可以用这些测验来评价。但是,综合和评价水平的目标不适于使用这些测验,而比较适用于论文测验。论文测验对中等水平的目标也能行得通,但是对测量知识水平的目标不那么有效。因此,在评价中等水平的目标时,可以选择不同的方法,但在评价最高水平和最低水平的目标时,教师一定要注意评价方法是否适用于这些目标。

## (二)情感目标

教学不仅要设置认知方面的目标,还要考虑情感方面的目标,如培养学生的态度理想、信念和价值观等。情感领域的教学目标根据价值内化的程度分为以下五个等级。

1. 接受

指学生愿意注意特殊的现象或刺激(如课堂活动、教科书、文体活动等),包括三个水平:知觉有关刺激的存在;有主动接受的意愿;有选择地注意。这是低级的价值内化水平。

2. 反应

指学生主动参与学习活动并从中得到满足。处于这一水平的学生,不仅注意某种现象,而且以某种方式对它做出反应(如自愿读规定范围外的材料),以及反应的满足(如以愉快的心情阅读)。这类目标于教师通常所说的"兴趣"类似,强调对特殊活动的选择与满足。

3. 形成价值观念

指学生将特殊对象、现象或行为与一定的价值标准相联系,对所学内容在信念和态度上表示正面肯定。其包括三个水平:接受某种价值标准(如愿意改进与团体交往的技能);偏爱某种价值标准(如喜爱所学内容);为某种价值标准做奉献(如为发挥集体的有效作用而承担义务)。这一水平的学习结果是将对所学内容的价值肯定变成为一种稳定的追求,相当于通常所说的"态度"和"欣赏"。

4. 组织价值观念系统

指将许多不同的价值标准组合在一起,消除它们之间的矛盾和冲突,并开始建立内在一致的价值体系。其内分为两个水平:价值概念化,即对所学内容的价值在含义上予以抽象化,形成个人对同类内容的一致看法;组成价值系统,即将所学的价值观汇集整合,加以系统化。与人生哲学有关的教学目标属于这一级水平。

5. 价值体系个性化

指个体通过学习,经由前四个阶段的内化之后,所学得的知识观念已成为自己统一的价值观,并融入性格结构之中。其内分为两个水平:概念化心向,即对同类情境表现出一般的心向;性格化,即指心理与行为内外一致,持久不变。因此,这种行为具有普遍性、一致性,并且是可以预期的。其学习结果包括广泛的活动范围,但重在那些有代表性的行为或行为特征。

因为很难测量情感目标的达成情况,所以在对情感目标进行评价时,可以在上课之前,先将这些目标用作诊断的标准,看学生把什么价值体系带到了课堂,那么,课后的评价就可以帮助估量自己在多大程度上成功地使学生的态度或价值朝预定的方向变化了。

### (三)动作技能目标

动作技能教学目标指预期教学后在学生动作技能方面所应达到的目标。时至今日,这一方面的目标总是被多数不直接从事体育教育的教师所忽视。实际上很多课程都要设置动作技能方面的目标,如物理、化学和生物课使用实验设备、计算机课的操作键盘和鼠标、书写文字、艺术课程等,都需要专门的动作协调和手眼协调。布卢姆认为,动作技能目标可分成以下六个等级:

1. 知觉

指学生通过感官,对动作、物体、性质或关系等的意识能力,以及进行心理、躯体和情绪等的预备调节能力(如表现出外部的感觉动作)。

2. 模仿

指学生按提示要求行动或重复被显示的动作的能力,但学生的模仿性行为经常是缺乏控制的(如表演动作是冲动的、不完善的)。例如,在观看乒乓球抽球的录像之后,能以一定的精确度来演示这一动作。

3. 操作

指学生按提示要求行动的能力,但不是模仿性的观察(如按照提示表演或练习动作等)。这就是说,学生要能进行独立的操作。例如,在进行一段实践之后,能在操作成绩表上 10 点中得 7 点。

4. 准确

指学生的练习能力或全面完成复杂作业的能力。学生通过练习,可以把错误减少到最低限度(如有控制地、正确地、准确地再现某些动作)。例如,在练习中,抽球动作的成功率至少达到 75%。

5. 连贯

指学生按规定顺序和协调要求调整行为、动作等的能力(如准确而有节奏地演奏)。

6. 习惯化

指学生自发或自觉地行动的能力(如经常性的、自然和稳定的行为就是习惯化的行为),也就是学生能下意识地、有效率地各部分协调一致地操作。例如,在乒乓球比赛中,面对各种情况,抽球还击的比率达到 90%。

教育者可以通过两种方式来评价学生的动作技能表现:一种是要求学生演示该种技能,以观其效率,如测试学生 10 分钟的打字个数;另一种是评价学生的作品,如评价学生的书法作品、实验结果等。

在实际生活中,这三方面的行为几乎是同时发生的。例如,学生写字时(动作技能),

也正在进行记忆和推理（认知），同时，他们对这个任务会产生某种情绪反应（情感）。因此，在教学中，教师往往需要同时设置这三个方面的目标。

## 三、教学目标的表述

（学习要求）▶ 理解表述教学目标的方法

教师所持有的学习观理所当然地影响着目标的设置。持行为主义学习观的教师表述出来的目标，主要集中在学生可观察和测量的变化上，他们会用一些诸如"列出""定义"或者"计算"等术语来表述目标；持认知学习观的教师表述出来的目标，则强调学生内在的变化，他们会用诸如"理解""再认""创造"或"应用"等术语来表述目标。

### （一）行为目标

行为目标来自行为主义学习观，是指用可观察和可测量的行为陈述的教学目标。梅杰认为，好的行为目标的陈述要具备三个部分：① 具体目标，即用行为动词描述学生通过教学形成的可观察、可测量的具体行为，如"写出""列出""解答"等，旨在说明"做什么"。② 产生条件，即规定学生行为产生的条件，如"根据参考书""按课文内容""不用笔算"等，旨在说明"在什么条件下做"。③ 行为标准，即提出符合行为要求的行为标准，如"没有语法或拼写错误""90％正确""30 分钟内完成"，旨在说明"有多好"。

例如，在语文课上，"通过教学培养学生的分析能力"就是一个含糊的教学目标，缺乏指导和评价意义，应改为"提供报上一篇文章（产生的条件），学生能将文章中所陈述事实的句子与发表议论的句子归类，做到全部正确（行为标准）"。

### （二）心理与行为相结合的目标

根据认知学习理论，教学活动中学生学习的实质是内在的心理变化。因此，教育的真正目标不是具体的行为变化，而是内在的能力或情感的变化。教师在陈述教学目标时，首先要明确陈述如记忆、知觉、理解、创造、欣赏、热爱、尊重等内在的心理变化，但这些内在的心理变化无法进行直接客观观察和测量。因此，有人提出了内部心理与外部行为相结合的目标陈述方法。用这种方法陈述的教学目标由两部分构成：第一部分为一般教学目标，用一个动词描述学生通过教学所产生的内部变化，如记忆、知觉、理解、创造、欣赏等；第二部分为具体教学目标，列出具体行为样例，即学生通过教学所产生的能反映内在心理变化的外显行为。

例如，在语文课上，可以这样陈述教学目标：

A. 理解议论文写作中的类比法（反映心理变化）。

A—a. 用自己的话解释运用类比的条件（行为样例）。

A—b. 在课文中找出运用类比法阐明论点的句子（行为样例）。

A—c. 对提供的含有类比法和喻证法的课文，能指出包含了类比法的句子（行为样例）。

其中，"A"陈述了教学目标中的要义是"理解"，而非"理解"的具体行为。但这些行为样例（A—a，A—b，A—c）仅仅是表明"理解"的许多可能的行为中的样例而已。这样，既强调了学生学习结果的内在心理变化，又克服了目标陈述上含糊不清的弊端，实现内外结合。

最近人们对教学目标所做的研究倾向于支持第二种方法,先表述一些中心目标,然后用一些具体的行为样例来明确中心目标,这样做似乎较为合理。

不管采用什么方法表述教学目标,教师都要尽量避免使用堂而皇之的语言,使学生不明白你要传达的意图;同时,确保你的测试与目标有关,在表述目标的同时写出测验草稿,并根据各目标的重要性以及在每个目标上所花的时间来加权测验。另外,使学习活动适于教学目标,比如,对于词汇记忆目标,就要给学生提供有关记忆的辅助方法和实践练习;对于发展学生深思熟虑的见解,可考虑采用撰写议论文和展开辩论等教学手段。

## 四、任务分析

**学习要求** ▶ 识记任务分析的概念
▶ 理解任务分析的操作方法和作用

任务分析是指将教学目标逐级细分成彼此相连的各种子目标的过程。在进行任务分析时,教师要从最终目标出发,一级子目标一级子目标地揭示其先决条件,反复提出这样的问题:"学生要完成这一目标,预先必须具备哪些能力?"一直追问到学生的起始状态为止,然后把学生需要掌握的学习目标逐级排列出来。通过任务分析,教师能够确定学生的起始状态;能够分析出从起始状态到最终目标之间必须掌握的知识、技能或行为倾向;能够确定为实现最终目标而逐级实现各种子目标的逻辑顺序。

# 第二节 组织教学过程

确定教学目标并进行任务分析之后,教师要组织教学过程中几个基本要素,如教学事项、教学方法、教学媒体和材料以及教学情景等。

## 一、教学事项

**学习要求** ▶ 识记并结合实例理解教学事项的构成

教学是有一定程序结构的。在教学程序中,学生的学习随事先设计的教学情境而进行,教师安排的程序性事项就是教学事项。加涅指出,在教学中,要依次完成以下九大教学事项:

### (一)引起学生注意

引起学生注意是教学过程中的首要事件。教师可以通过三种方式来引导学生的注意:① 激发求知欲,即由教师提出问题,学生为了知道问题的答案,就会集中注意教师的讲解以及其他教学活动;② 变化教学情境,即通过教学媒体,提高教学的直观形象性,促进学生的感知和思维活动;③ 配合学生经验,即从学生最关心的问题入手,结合日常生活经验,然后转到所教主题之上。

### (二)提示教学目标

在引起学生注意之后,向学生提示教学目标,使学生在心理上做好准备,明了学习的结果和方法,以免学生在学习中迷失方向。在向学生陈述教学目标时,要注意用学生能够理解的语言,确保学生理解目标和结果,形成心理定向。这等于是用学生头脑中的原有知识基础产生对新知识的期望。如果将未曾学习的新概念包含在教学目标之中,将会使学生感到困惑或不理解,从而达不到教师交代教学目的所预期的定向效果。

### (三)唤起先前经验

任何新知识的学习必须以原有知识技能为基础。教师要激活学生头脑中的与新知识有关的旧知识技能,以此为基础推导和生发出新知识。如果发现学生缺乏必需的基础知识技能,就要给予及时辅导,以免学生产生学习困难。

### (四)呈现教学内容

在整个教学过程中,以教学材料为中介的师生互动过程是特别重要的。教师在呈现教学内容时要根据教学材料的性质、学生学习特点与预期学习结果等有关问题,采用不同的教学方法和策略。

### (五)提供学习指导

在呈现完教学内容之后,教师要指导学生完成课堂作业。进行指导时要注意:① 当学生对人名、地名等事实性的问题不理解时,可以给予直接指导,将正确答案直接告诉学生,因为事实性的问题是不能靠知识经验和思维加以推理的。② 对于与学生经验有关的逻辑性问题,可以提供间接指导,即给学生一定的暗示或提示,鼓励学生自己进一步推理而求得答案。③ 在进行间接方式指导时,要根据学生个体差异而采用不同的方法,对于能力强个性独立的学生,给予较少指导,鼓励自行解决问题,对于能力差、个性依赖的学生,给予较多的指导,直到得到正确答案为止。在学习指导中,教师要教学生如何将新旧知识联系在一起,并教学生一些记忆和理解的方法,促进学生对新知识的保持。

### (六)展现学习行为

教学活动的目的是要学生学到新行为,而学习是内在的心理活动。如果要想确定教学之后学生是否产生了学习,那就要让学生展现其外显行为。教师可以根据学生行为上的三种线索来判定学生是否产生了学习:① 眼神和表情,当求知活动由困惑而获得理解时,学生的眼神和表情会流露出一种满意的状态。② 随时指定学生代表将所学知识或问题答案说出来。③ 根据学生的课堂作业来检查全班学生的理解状况。

### (七)适时给予反馈

当学生表现出一次正确行为时,未必就表示他已确实学到了该种行为,因为靠短时记忆学到的东西如果不加复习,就难以存储在长时记忆中。因此,要给学生提供反馈,使其整合新旧知识,加强对正确反应的记忆。学生反应的反馈线索既可以来自自己,如技能的学习,正确的行为导致正确的结果,根据行为的结果,自己能够找到体态活动与正确行为之间的关系,也可来自教师,尤其是知识的学习,可以通过作业和谈话而获得反馈。

### (八)评定学习结果

通过学生的作业情况、课堂小测验或者其他课堂问答,教师能够了解学生对本节课内容的掌握情况,根据学生中普遍存在的问题,给予一定辅导。

## （九）加强记忆与学习迁移

当确知学生获得了所教知识技能之后,就要教学生如何记住知识,并给以复习的机会,以便巩固所学知识。并且,要提供一些问题和情境,使学生在情境中应用所学知识和技能,促进学习迁移。

# 二、教学方法

学习要求 ▶ 识记教学方法的含义
　　　　 ▶ 识记教师在教学中常用的基本教学方法

教学方法指在教学过程中师生双方为实现一定的教学目的,完成一定的教学任务而采取的教与学相互作用的活动方式。它是整个教学过程整体结构中的一个重要组成部分,是教学的基本要素之一。在学校教育中,教师常常要用到以下一些基本的教学方法:讲解法、演示法、课堂问答、练习、指导法、讨论法、实验法、游戏、参观法、实习作业。

# 三、教学媒体

学习要求 ▶ 识记学校中教学媒体的种类
　　　　 ▶ 理解选择教学媒体时应注意的问题

一般来说,学校中的教学媒体包括:① 非投影视觉辅助,如黑板、实物、模型、图形、表格、图片以及提纲等。② 投影视觉辅助,如投影器和幻灯机等。③ 听觉辅助,如录音机等。④ 视听辅助,如电影、电视、录像以及多媒体计算机和远距离传播系统等。各种媒体都有其特点和独特的作用。

选择教学媒体时,教师要综合权衡教学情景(如全班、小组和自学)、学生学习特点(如阅读、非阅读、视听偏好)、教学目标性质(认知、情感和动作技能)以及教学媒体特性(如静止图像、动画、文字、口语)等方面的因素。戴尔(1946)从直接具体经验到抽象经验排列了 11 种媒体,构成一个经验锥形(图 12-1)。

在这一经验锥形中,学习者开始被看作一个实际经验的参与者,然后是一个实际事件的观察者和中介事件(通过某种媒体呈现的事件)的观察者,直至最后,是一个(表征某一事件的)符号的观察者。这种排列有助于我们根据学习者

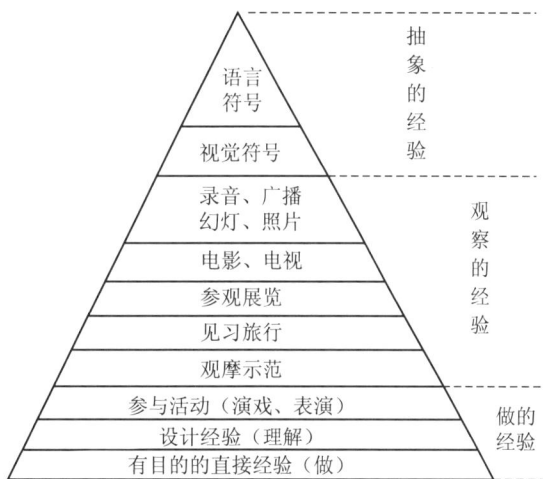

图 12-1　戴尔的经验锥形图

的学习能力和先前经验水平选择适当的媒体。例如,在"有直接目的的经验"的水平上,儿童通过与实物、动物和人接触,"在做中学"。随着年龄的增加,图片或其他模拟的替代物

能被用来获得某些经验。对于成熟的学习者,通过锥形的顶端的"言语符号"进行阅读学习是十分有效的方法。

使用教学媒体是为了使教学遵循这样一个顺序进行:从经验的直接动作表征、经验的图像表征直到经验的符号表征。因此,教师要确定学生的当前经验水平,利用教学媒体融入一定程度的具体经验,帮助学生整合新旧经验,促进学生对抽象概念的理解。例如,许多学生可能见过蚕在不同发育的形态,也看见过茧,但是他们需要将所有这些经验整合成一个抽象的概念:蚕的发育生长过程。当然,教师要注意在学习经验的具体性水平与学习时间的限制之间取得平衡。

值得一提的是,受时代所限,戴尔的经验锥形中没有列入多媒体计算机。在当今以信息技术为标志的信息时代,多媒体计算机和网络对人们头脑中传统教学媒体观念产生了冲击。多媒体计算机能集成文字、图形、图像、声音以及动画等多种媒体,并且具有很强的交互作用、存储巨量信息的能力以及虚拟现实的能力,而网络则提供了信息结构非线性与远程通讯能力,这些潜力是前述各种媒体所无法比拟的,极有助于营造出一个理想的学习环境,促进现有教学模式从教学目标、内容、方法到组织形式发生根本性的变革,因此成为教育改革的基本背景之一。

## 四、课堂教学环境

学习要求 ▶ 评价课堂物理环境对教师教学和学生学习所产生的影响

课堂教学环境包括课堂物理环境和课堂社会环境两个方面。课堂社会环境将在下一章的课堂管理中做专门介绍。课堂物理环境除了自然条件(如光线、温度、空气以及色彩等)外,课堂物理空间资源的安排是心理学家比较感兴趣的,因为教师如果能根据教学目标和活动而配以相应的物理环境,将有助于教学目标的实现。一般说来,教师组织课堂空间的方法有两种:第一种是按领域原则来安排课堂空间,即将课堂空间划分成一个个领域,某些领域只属于某个人,直到教师重新改变某人的位置为止,这种安排特别适合面向全班的课;第二种是按功能安排课堂空间,即将空间划分为各种兴趣范围或工作中心,每个人都能达到各种区域,这种安排最适合于小组同时进行各种不同的活动。当然,这两种方法并不相互排斥,可以组合使用。

学生座位的安排会影响课堂教学和学习。有研究表明,坐在教室前面几排以及中间几列的学生似乎是最积极的学习者,教师大多时间都站在这些座位的前面,师生之间的言语交流大多集中在教室的这一区域,其他位置尤其是后面的座位的学生则难于参与,并且更容易走神,因此,教师要经常变换学生在课堂中的座位。

# 第三节　选择教学策略

教学策略是指教师采取的有效达到教学目标的一切活动计划,包括教学事项的顺序安排、教学方法的选用、教学媒体的选择、教学环境的设置以及师生相互作用设计等。在教学中,由于教学目标、课题特点以及所持学习理论取向不同,教师将会以不同方式来组织教学事项的程序结构,并采取相应的教学方法、媒体以及环境来实现这一程序。有些课题主要包含高度有结构的知识和技能(如科学、数学、计算、语法等),如果教学目标是要求学生尽快地掌握这种知识和技能,则宜于采用以教师为中心的讲授教学策略。有些课(如创作等)则是比较灵活、开放的,需要学生积极参与和实践,如果教学目标重在提高学生的创造性、抽象思维能力和解决问题的能力,则宜于采用开放的、非正式的方法,如发现教学和探究教学策略;如果教学目标是为了增进学生的学习态度、刺激学生的好奇心、加强学生之间的合作,则宜于采用合作学习的策略。此外,还可以根据学生在学习能力和先前经验上的差异进行个别化教学。

## 一、以教师为主导的教学策略

**学习要求**
➤ 识记指导教学的概念
➤ 理解指导教学策略的基本活动

指导教学又称"直接教学",它是以学习成绩为中心、在教师指导下使用结构化的有序材料的课堂教学。在指导教学中,教师应向学生清楚地说明教学目标,在充足而连续的教学时间里给学生呈现教学内容,监控学生的表现,及时向学生提供学习方面的反馈。由于在这种教学策略中,由教师设置教学目标、选择教学材料、控制教学进度、设计师生之间的交互作用,所以这是一种以教师为主导的教学策略。

罗森赛尔及其同事(1988)在有效教学研究的基础上,提出指导教学的六个主要活动:① 复习和检查过去的学习;② 呈现新材料;③ 提供有指导的练习;④ 提供反馈和纠正;⑤ 提供独立的练习;⑥ 每周或每月的复习。这些活动并不是遵循某种顺序的一系列步骤,而是有效教学的因素,例如,反馈、复习、补教只要有必要就要进行,并且要与学生的能力倾向相匹配。这些活动可以被看作教授结构良好的基本知识和技能的框架,与我国传统讲授教学相一致。

指导教学策略尤其适合于教授那些学生必须掌握的、有良好结构的信息或技能。指导教学甚至在某些方面是必不可少的,例如,学生对某些基本事实、规则和动作序列必须达到熟练掌握的程度,或者为了促进后续学习而必须进行过度学习。当然,如果教学的主要目标是深层的概念转变、探究、发现,或者是开放的教学目标,就不宜使用指导教学。

## 二、以学生为中心的教学策略

**学习要求**
➤ 识记发现教学、情境教学、合作学习的概念
➤ 理解发现教学的四阶段和四项原则
➤ 理解合作学习在设计与实施上必须具备的五个特证
➤ 识记合作学习的模式

### (一)发现教学

发现教学,又称启发式教学,指学生通过自身的学习活动而发现有关概念或抽象原理的一种教学策略。一般来说,发现教学要经过四个阶段:首先,创设问题情境,使学生在这

种情境中产生矛盾,提出要求解决和必须解决的问题;其次,促使学生利用教师所提供的某些材料及所提出的问题,提出解答的假设;再次,从理论上或实践上检验自己的假设;最后,根据实验获得的一些材料或结果,在仔细评价的基础上引出结论。

布鲁纳对发现教学的教学设计提出了四项原则:① 教师要将学习情境和教材性质向学生解释清楚。② 要配合学生的经验,适当组织教材。教师要在研究教材和学生的实际的基础上,根据教材内容设计一个一个的发现过程,教师要仔细设计要问的问题,排列好例子,确保参考材料和设备充足,以促进学生进行自我发现。③ 要根据学生心理发展水平,适当安排教材难度与逻辑顺序。④ 确保材料的难度适中,以维持学生的内部学习动机。材料太容易,学生缺乏成就感;材料太难,学生容易产生失败感。发现教学要进行得顺利,关键在于恰当地确定学生可进行独立探究的力所能及的最近发展区。只有教师给学生创设的问题情境最符合学生实际水平,只要跳一跳就能达到最近发展区时,学生的探索和智力才能得到发展。这时学生就会经过独立思考,亲自去发现教材中那些隐含的东西,概括出结论,使这些新东西很快纳入自己的认识结构系统里去,把知识变成自己智慧的财富。

### (二)情境教学

情境教学是指在应用知识的具体情境中进行知识教学的一种教学策略。在情境教学中,教学的环境是与现实情境相类似的问题情境;教学的目标是解决现实生活遇到的问题;学习的材料是真实性任务,这些任务未被人为地简化处理,隐含于现实问题情境之中,并且,由于现实问题往往同时涉及多方面的原理和概念,因此,这些任务最好能体现学科交叉性;教学的过程要与实际的解决问题的过程相似,教师不是直接将事先备好的概念和原理告诉学生,而是提出现实问题,然后,引导学生进行与现实中专家解决问题的过程相类似的探索过程。学生解决问题所需要的原理和概念往往隐含在问题情境之中,学生为了解决当前问题而学习它们,通过解决问题而深刻理解它们,并把这些知识的意义与应用它们的具体问题情境联系在一起。对学习结果的测验将融合于学生解决问题的过程之中,学生在解决实际问题过程中的表现本身就反映了其学习结果。

### (三)合作学习

合作学习是指学生以主动合作学习的方式代替教师主导教学的一种教学策略。合作学习的目的不仅是培养学生主动求知的能力,而且发展学生合作过程中的人际交流能力。

合作学习在设计与实施上必须具备五个特征:① 分工合作。分工合作是指以责任分担的方式达成合作追求的共同目的。真正有效的分工合作必须符合两个条件:一是每个学生都必须认识到工作是大家的责任,成败是大家的荣辱;二是工作分配要适当,必须考虑每个学生的能力与经验,做合理安排。② 密切配合。密切配合是指将工作中应在不同时间完成的各种项目分配给各人,以便发挥分工合作的效能。③ 各自尽力。合作学习的基本理念是取代为了获得承认和评级而进行的竞争,转而同心协力追求学业成就,因为合作学习的成就评价是以团体为单位的。因此,大家都是成功者,没有失败者。要想成功,团体成员必须各尽其力,完成自己分担的工作,并且要帮助别人。④ 社会互动。合作学习的成效取决于团体成员之间的互动作用,即大家在态度上相互尊重、在认知上能集思广益、在情感上彼此支持。为此,学生们必须具备两项基本技能:一是语言表达能力,二是待人处事的基本社交技巧。⑤ 团体历程。团体历程是指由团体活动以达成预定目标的历程。

这些团体活动包括如何分工、如何监督、如何处理困难、如何维持团体中成员间的关系等。

合作学习的方法有许多种,规模不一,学生被指定在一起学习几周或几个月。以下列举四种适合大多数年级和课题的一般合作学习模式。① 斯莱文提出的学生小组-成绩分组。四人一学习小组,教师先全班教学,然后小组一起学习,互相帮助,最后所有学生独立参加测验。测验结果与学生过去的成绩相比较,根据进步程度决定是否得到积分,积分构成小组分数,小组分数达到一定标准可以获得某种奖励。小组每 5～6 周改编一次,给每个学生提供一个与其他学生合作学习的机会,并给成绩低的小组成员提供一个新机会。这种方法适合目标明确、有唯一正确答案的科目,如数学计算、地理知识和概念等。② 斯莱文提出的团队、竞赛、友谊赛。小组由三人组成,每周与其他小组举行一次比赛,为自己小组赢得分数,成绩高的小组获得某种奖励。为了平衡,根据个人的表现,小组每周改编一次。③ 阿荣森提出的第二类交错搭配。4～5 个学生组成一个小组,各个成员学习一部分学习材料。学习相同材料的小组组织起来,共同深入学习某个内容,形成该内容的"专家组",共同学习讨论。"专家组"的各位学生回到自己小组,负责带领自己小组的成员学习在"专家组"中学习到的那部分内容。最后所有学生独立参加测试,得到本小组分数。④ 斯莱文等提出的团队辅导的个别化。在 3～6 年级,通过测验,根据能力分组,每小组都由四个能力不同的学生组成,彼此互相帮助,相互检查彼此的学习。每小组以他们自己的速度学习不同的单元。单元测验独自进行,根据单元测试通过次数来颁发小组奖。由于学生把大量的时间花在小组练习上,所以教师能与那些需要额外辅导的小组在一起。

## 三、个别化教学

**学习要求**
➤ 识记程序化教学、计算机辅助教学、掌握学习的概念
➤ 识记个别化教学所包含的环节
➤ 评价计算机辅助教学的优越性
➤ 理解掌握学习的过程

个别化教学是为了适合个别学生的需要、兴趣、能力和学习进度而设计的一种教学策略。个别化教学大致包括四个环节:① 诊断学生的初始学业水平或学习不足。② 提供教师与学生或机器与学生之间的一一对应关系。③ 引入有序的和结构化的教学材料,随之以操练和练习。④ 容许学生以自己的速度向前学。下面简单介绍几种经典的个别化教学模式:

### (一)程序教学

程序教学是指一种能让学生以自己的速度和水平自学以特定顺序和小步子安排的材料的个别化教学方法。其始创者通常被认为是教学机器的发明人普莱西,但对程序教学贡献最大的却是斯金纳。程序教学以精心设计的顺序呈现主题,要求学习者通过填空、选择答案或解决问题,对问题或表述做出反应,在每一个反应之后出现及时反馈,学生能以自己的速度进行学习。这种程序能够融入书、教学机器(一种融入程序学习形式的机器设备)或计算机。

斯金纳指出课堂教学需要程序教学的原因:第一,在课堂中,在反应与其强化之间时

间间隔一般较长;第二,许多课堂没有频繁使用强化;第三,在教复杂技能时,往往缺乏有组织的教学系列。虽然第一代程序教学的研究并没有取得令人满意的结果,但是程序教学材料仍然常常被用于特殊教育中,它们有助于满足那些超出全班水平或低于全班水平的学生需求。

### (二)计算机辅助教学

计算机辅助教学(Computer Assisted Instruction,简称 CAI)是指使用计算机作为一个辅导者,呈现信息,给学生提供练习机会,评价学生的成绩以及提供额外的教学。计算机辅助教学是程序教学的发展。随着 CAI 的发展,人们越来越认识到认知心理学对 CAI 的重要性,逐渐开始强调知识结构、认知学习、自我调节学习、元认知控制、知识的非线性关系等因素在 CAI 中的应用。

与传统的教学相比,CAI 具有这样几个优越性:首先是交互性,即人机对话,学生可以根据自己的学习情况选择学习路径、学习内容等;其次是即时反馈;第三是以生动形象的手段呈现信息;第四是自定步调等。

CAI 在教学中又具有六种模式:① 操作与练习:由计算机向学生逐个显示习题,要求学生联机作答,然后计算机给予反馈。若回答正确,则肯定并进入下一题;若错误则告诉正确答案,并呈现同类问题。② 个别辅导:计算机扮演授课教师角色,将教材分成一系列小的教学单元,每单元介绍一个概念或事物,有原理与举例,让学生思考和理解后提问,若正确则转入下一单元,若错误则转向相应分支程序,进行更详细和有效的补充学习,帮助他们成功掌握当前单元。③ 对话:通过 CAI 与学生的频繁对话达到个别指导的目的,表现了真正的人机对话。④ 模拟:利用模型模仿真实现象。⑤ 游戏:利用计算机产生一种带有竞争性的学习环境,把科学性、趣味性和教育性融为一体。⑥ 问题求解:在各学科教学中运用计算机作为各种解决计算问题的工具,使学生在短期内就能解决较多的与实际背景较为接近的问题。

### (三)掌握学习

掌握学习是布卢姆于 1976 年最先提出来的。其基本理念是只要给了足够的时间和适当的教学,几乎所有的学生对几乎所有的学习内容都可以达到掌握的程度(通常要求达到完成 80%~90% 的评价项目)。学生在学习能力上的差异并不能决定他能否学会教学内容,而只能决定他将要花多少时间才能达到对该项内容的掌握程度。换句话说,学习能力强的学习者,可以在较短的时间内达到对某项学习任务的掌握水平;而学习能力差的学习者,则要花较长的时间才能达到同样的掌握程度,但他们都能获得通常意义上的 A 等或 B 等。

基于这一理念,布卢姆等主张:要将学习任务分成一系列小的学习单元,后一个单元中的学习材料直接建立在前一个单元的基础上。每个学习单元中都包含一小组课,它们通常需要 1~10 小时的学习时间。然后,教师编制一些形成性测验(在学习之前或之中的成绩测验)。学完一个单元之后,教师对学生进行总结性测验(这些测验提供了学生对单元中的目标掌握情况的详细信息)来评价学生的最后能力。达到了所要求掌握水平的学生,可以进行下一个单元的学习。若学生的成绩低于规定的掌握水平,就应当重新学习这个单元的部分或全部,然后再测验,直到掌握。采用掌握学习方法,学生的成绩,是以成功完成内容单元所需时间而不是以在团体测验中的名次为依据的。学生的成绩仍然有差异。这种差异表现在他们所掌握的单元数或成功学完这些单元所花时间上。

学生之间仍然是有竞争的,在掌握学习中促进学生竞争的手段是力求首先完成一组单元的学业,或者比试谁有时间完成最高额的"选修"单元。

## 本章总结

1. 设置教学目标。教学目标是预期学生通过教学活动获得的学习结果。布卢姆认为,教学目标可分为认知目标、情感目标和动作技能目标三个方面。教学目标常用的表述方法有行为目标表述法和内部心理与外部行为相结合的目标表述法。

2. 组织教学过程。教学目标的达成必须合理组织教学过程中的教学事项、教学方法、教学媒体和材料及教学情境等基本要素。教学事项依次可分为引起学生注意、提示教学目标、唤起先前经验、呈现教学内容、提供学习指导、展现学习行为、适时给予反馈、评定学习结果、加强记忆与学习迁移等。教学过程中常用的教学方法有讲解法、演示法、课堂问答、练习、指导法、讨论法、实验法、游戏、参观法、实习作业等。常用的教学媒体有非投影视觉辅助、投影视觉辅助、听觉辅助等,现在使用较多的是多媒体计算机。课堂教学环境主要包括课堂物理环境和课堂社会环境两个方面。

3. 选择教学策略。教学策略是教师采取的有效达到教学目标的一切活动计划。教学策略可分为三种:以教师为主导的教学策略;以学生为中心的教学策略;个别化教学策略。

## 思考与练习

### 一、单项选择题

1. 不属于认知方面的目标是(　　)。

A. 接受　　　　　B. 应用　　　　　C. 分析　　　　　D. 综合

2. 预期学生通过教学活动获得的学习结果称之为(　　)。

A. 学习目的　　　B. 教学目的　　　C. 学习目标　　　D. 教学目标

3. 行为目标是指用行为陈述的教学目标,这种目标是(　　)。

A. 可观察　　　　　　　　　　B. 可观察和可测量的

C. 可预测的　　　　　　　　　D. 学习目标

4. 将教学目标逐级细分成彼此相连的各种子目标的过程称之为(　　)。

A. 目标分类　　　B. 目标表述　　　C. 任务分析　　　D. 任务执行

5. 教师组织课堂空间的方法一般有两种,即按领域原则和按(　　)。

A. 功能　　　　　B. 大小　　　　　C. 用途　　　　　D. 年龄

6. 在教学过程中,师生双方为实现一定的教学目的、完成一定的教学任务而采取的教与学相互作用的活动方式称之为(　　)。

A. 教学策略　　　B. 教学方法　　　C. 教学目标　　　D. 学习方法

7. 以学习成绩为中心、在教师指导下使用结构化有序材料进行的课堂教学是(　　)。

A. 发现教学　　　B. 指导教学　　　C. 程序教学　　　D. 合作教学

8. 情感领域的教学目标根据价值内化的程度分为（　　）。

A. 若干等级　　　　B. 五个等级　　　　C. 三个等级　　　　D. 四个等级

9. 掌握学习理论认为,学生能力上的差异并不能决定他们能否成功掌握教学内容,而是在于他们的（　　）。

A. 学习积极性　　　　B. 学习自觉性　　　　C. 要花多少时间　　　　D. 智力水平

10. 教师采取的有效达到教学目标的一切活动计划称之为（　　）。

A. 教学策略　　　　B. 教学方法　　　　C. 教学目标　　　　D. 学习方法

11. 让学生以自己的水平和速度进行学习的一种教学策略称之为（　　）。

A. 个别化教学　　　　B. 指导性教学　　　　C. 合作教学　　　　D. 情境教学

12. 教学目标是预期学生通过教学活动获得的（　　）。

A. 思维品质　　　　B. 学习内容　　　　C. 学习结果　　　　D. 知识技能

13. 任务分析必须将教学目标逐级细分成彼此相连的（　　）。

A. 各种智力活动　　　　B. 各种子目标　　　　C. 各种课堂行为　　　　D. 教学阶段

14. 有些课题主要包含高度有结构的知识和技能（如数学、物理、化学、计算、语法等）,如果教学目标是要求学生尽快地掌握这种知识和技能,则宜采用（　　）。

A. 以教师为主导的教学策略　　　　B. 师生互动策略

C. 以学生为中心的发现学习　　　　D. 合作学习策略

15. 教师通过向学生提示教学目标,使学生在心理上做好准备,明了学习的结果和方法,形成（　　）。

A. 目标方向　　　　B. 思维定向　　　　C. 学习方向　　　　D. 心理定向

16. 在情境教学中,教学环境是一种人为设计的问题情境,它与现实问题情境（　　）。

A. 有所不同　　　　B. 相类似　　　　C. 有一定联系　　　　D. 没有必然联系

17. 在教学中,教师安排的程序性事项就是（　　）。

A. 教学程序　　　　B. 教学过程　　　　C. 教学事项　　　　D. 教学方法

18. 合作学习也是一种教学策略,它的特征是以学生的主动合作学习的方式代替（　　）。

A. 教师主导教学　　　　B. 独立完成作业　　　　C. 家庭作业　　　　D. 个别课堂练习

19. 研究表明,学生座位的安排对于学生接受课堂教学效果和学习效果（　　）。

A. 有影响　　　　B. 没有影响　　　　C. 几乎没有影响　　　　D. 有实质性影响

20. 提出掌握学习理论的心理学家是（　　）。

A. 华生　　　　B. 杜威　　　　C. 加涅　　　　D. 布卢姆

二、填空题

1. 布卢姆等人在其教育目标分类系统中将教学目标分为_____、情感和_____三大领域。

2. 教师的教学策略包括教学事项的顺序安排、教学方法的选用、教学媒体的选择、教学_____以及师生相互作用的设计等。

3. 依据布卢姆的教育目标分类,认知领域的教学目标由低到高分为知识、领会、_____、分析、_____和评价等六个层次。

4. 教学策略指教师采取的有效达到_____的一切活动计划。

5. 行为目标的陈述必须具备三个要素：_____、_____和行为标准。

6. 依据布卢姆的教育目标分类，情感领域的教学目标根据价值内化的程度分为接受、反应、形成价值观念、_____、_____五个等级。

7. 课堂教学环境包括_____和_____两个方面。

8. 教学策略是教师教学目标的活动计划，包括教学事项的顺序安排、_____、教学环境的设置以及师生相互作用设计等。

9. 教学策略主要有以_____的教学策略、_____的教学策略和个别化教学策略。

10. 教学设计主要体现在_____、组织教学过程和_____三个方面。

11. 教学方法指在教学过程中师生双方为实现一定的教学目的，完成一定的教学任务而采取的_____相互作用的活动方式。

12. 教学目标是_____学生通过教学活动获得的学习结果。

13. 教学目标是评价教学结果的最客观和可靠的标准，教学结果的_____必须针对教学目标。

14. 在学校教育中，教师常用的教学方法有_____、演示法、课堂问答、练习、指导法、讨论法、实验法、参观法、实习作业等。

15. 任务分析必须将教学目标逐级细分成彼此相连的各种_____。

16. 行为目标是指用可观察和_____的行为陈述的教学目标。

17. 在进行任务分析时，教师要反复提出这样的问题："学生要完成任务，预先必须具备哪些能力？"一直追问到_____为止。

18. 在进行任务分析时，教师要从_____出发，一级子目标一级子目标地揭示其先决条件。

19. 发现教学又称启发式教学，主张让学生通过_____活动而发现有关概念或原理。

### 三、名词解释

教学目标　任务分析　教学方法　教学媒体　教学策略
发现教学　情境教学　合作教学　个别化教学　掌握学习

### 四、简答题

1. 简述教学目标的功能。

2. 简述行为目标的陈述所要具备的要素。

3. 教师在选择教学媒体时应考虑哪些具体因素？

4. 简述指导教学的主要活动或要素。

5. 简述发现教学经历的四个教学阶段。

6. 简述布鲁纳对发现教学的教学设计提出的四项原则。

7. 简述个别化教学的基本环节。

8. 简述合作学习在设计与实施上必须具备的五个特征。

### 五、论述题

1. 结合实例论述设置教学目标的意义。

2. 论述教师在教学中要依次完成的九大教学事项。

# 第十三章
## 课堂管理

**本章要点**

> 课堂管理概述
> 课堂管理及其功能
> 影响课堂管理的因素
> 课堂群体的管理
> 课堂里的群体及其对个体的影响
> 正式群体与非正式群体的协调

> 群体动力的表现
> 课堂纪律的管理
> 课堂纪律的概念与类型
> 课堂结构与课堂纪律
> 问题行为与课堂纪律

## 第一节　课堂管理概述

### 一、课堂管理及其功能

**学习要求**
> 识记课堂管理的定义
> 识记课堂管理的功能

　　课堂教学效率的高低,取决于教师、学生和课堂情境三要素的相互协调。课堂管理是指教师通过协调课堂内的各种人际关系而有效地实现预定教学目标的过程。

　　课堂管理中,管理目标就是实现预定教学目标。在课堂教学过程中,使学生明确教学目标,对于教师来说可以卓有成效并有针对性地完成既定的任务。因为目标引发行为,使行为指向特定方向,诱发行为动机,促进人们为实现预定目标做出积极努力,使各个体的力量凝聚成一股合力。教学目标在课堂管理中所具有的启动、导向、激励、聚合、衡量等功能保证了师生双方在课堂情境中的活动均沿着预定道路前进,最终实现预定目标。

　　课堂管理始终制约着教学和评价的有效进行,具有促进和维持的功能。

　　促进功能是指教师在课堂里创设对教学起促进作用的组织良好的学习环境,满足课堂内个人和集体的合理需要,激励学生潜能的释放以促进学生的学习。例如,老师创设良好的课堂气氛,学生在宽松愉快而有秩序的课堂气氛中往往注意力集中、精力充沛、思维活跃、思路开阔、情绪稳定,有利于提高学生学习效率;相反,消极的课堂气氛则会降低学习效率,因为在压抑沉闷的课堂气氛中学生往往思维呆板、思路狭窄、情绪低落、精神不振,学习效果也相应较差。

维持功能是指在课堂教学中持久地维持良好的内部环境。良好的课堂管理会使学生的心理活动始终保持在课业上，以保证教学任务的顺利完成。例如，教师通过建立积极、有效的课堂纪律，再加上合理的组织课堂教学，可以维持学生的注意和学习兴趣，做好课堂的监控。

## 二、影响课堂管理的因素

学习要求 ▶ 理解影响课堂管理的因素

### （一）教师的领导风格

教师的领导风格，即教师传输信息和行使规定的行为方式，对课堂管理有直接的影响。普雷斯顿认为，参与式领导和监督式领导对课堂管理有不同的影响。参与式领导注意创造自由空气，鼓励自由发表意见，不把自己的意见强加于人。监督式领导则待人冷淡，只注重于集体讨论的进程，经常监督人的行为有无越轨。

### （二）班级规模

班级的规模是影响课堂管理的一个重要因素。首先，班级的规模会影响成员间的情感联系。班级越大，情感纽带的力量就越弱，班级凝聚力就低，不利于课堂的管理。其次，班内的学生越多，学生间的个别差异就越大，老师无法面面俱到，课堂管理所遇到的阻力也可能越大。再次，班级的规模也会影响交往模式。班级越大，成员间相互交往的频率就越低，对课堂管理技能的要求也就越高。最后，班级越大，内部越容易形成各种非正式小群体，而这些小群体又可能会影响课堂教学目标的实现。

### （三）班级的性质

影响教师课堂管理的另一个情境因素是班级本身的性质。不同的班级往往有不同的群体规范和不同的凝聚力，如由教育主管部门规定的教学行政班更具有稳定性，校外民办教育机构主办的课外兴趣班的学生相对来说不固定。教师不能用固定不变的课堂管理模式对待不同性质的班级，而应该在深入了解的基础上，掌握班级集体的特点，运用促进和维持的技巧，获得理想的管理效果。

### （四）对教师的期望

人们对教师在学校情境中执行任务往往有一种比较固定的看法，如公正、无私、热情等。即使某一位教师的外貌谈吐并不符这种固定的看法，人们还是会按照这种固定的看法去看待和解释教师的行为，这就是定型的期望。它包括人们对教师理应表现的行为及其所具有的动机和意向的期望。一般说来，它的形成是教师长期交往方式和一般行为的结果。

班内的学生对教师的课堂行为同样会形成定型的期望，一旦教师的课堂行为破坏了集体成员的期望时，集体中就产生不满。例如，对于授课中普遍感到困难的问题，学生期望老师讲得慢些、细致些；如果老师不顾学生懂不懂，讲得很快，就会引起学生的不满。

学生期望教师以某种方式进行管理和课堂教学，如果教师符合了学生的定型的期望，学生会沿着教师所期望的方向发展，有利于老师的课堂管理。

# 第二节　课堂群体的管理

## 一、课堂里的群体及其对个体的影响

学习要求 ▶ 识记群体的定义
▶ 识记群体的基本特征

### （一）群体和群体的基本特征

课堂里的每个学生不是孤立存在的个体，他们通过相互交往，形成各种群体。所谓群体，是指人们以一定方式的共同活动为基础而结合起来的联合体。学校、年级和班级都是群体。

群体的基本特征有三个：其一，群体由两个以上的个体组成。其二，群体成员有共同的目标。这个目标可以是任务目标，也可以是情绪目标。群体目标是群体进行活动的方向和目的，使群体成员产生共同愿望和兴趣，从而联系在一起。其三，群体成员受共同的社会规范制约。群体内有占优势的多数成员所认同的价值观和规范，由此会形成强大的群体舆论压力，群体成员在思想上和行为上要遵守这些规范。

### （二）群体对个人活动的作用

群体对个人活动起到促进作用。1879年，心理学家特里普利特发表了一份实验报告，实验的目的是考察他人在场和竞争对个人活动的影响。他设置了三种实验情境：①骑自行车的人单独尽快骑；②请他人伴骑；③请他人与他比赛。实验结果是：在第二种情况下骑车的速度提高了30%；在第三种情况下，又比在第二种情况下提高了5%。1920年，阿尔波特让被试分别在单独情境和社会情境里工作。结果发现，被试在社会情境里进行连锁联想、乘法运算、解决问题以及思维判断等活动所取得的成绩都比单独一人活动好。以后又有许多研究也证实，在做某些工作时，与别人共同进行往往比单独进行效率更高。产生这种现象的原因是多数人在一起活动，增强了被他人评价的意识，从而提高了个人的兴奋水平，增加了互相模仿的机会和竞争的动机。

有时群体也会对个人的活动起阻碍作用。在复杂劳动中，群体情境对个人有干扰作用；在简单机械活动中，群体情境对个体有助长作用。但即使在简单的活动中，也只有个体已经十分熟练地掌握了活动的技能的情况下，群体才有助长，否则也有阻抑作用。例如，在解复杂的数学题目时，在群体情境中往往不如单独完成得好，有时虽然完成数量多但质量不高，就连简单的乘法运算也可能出错。产生这种现象的原因可能是他人在场的外在刺激分散和干扰了个人对活动的精力集中。

总之，学生群体对个体的活动是产生促进作用还是阻碍作用，受以下因素影响：被他人评价的意识、竞赛动机的激发、注意力受干扰和活动的难易。

小学生，尤其是低年级学生的学习还不是很复杂的脑力劳动，所以，一般说来，在群体中学习，如课堂上完成作业、同学一起复习等都比单独个人活动效果好。但是随着年级的升高，学习复杂程度增加，群体情境会产生干扰，学生越来越需要单独活动。但是在体育活动和公益劳动中,任何年龄的学生作为集体的一员,与其他同学一起参加活动都比自己单独活动更有兴趣、有干劲,表现更好。

## 二、正式群体与非正式群体的协调

学习要求
> 识记正式群体和非正式群体的含义
> 识记正式群体发展的三阶段
> 理解学生形成非正式群体的条件
> 结合实例理解如何协调正式群体与非正式群体的关系

### (一)正式群体

正式群体是由教育行政部门明文规定的群体,其成员有固定的编制,职责权利明确,组织地位确定。班级、小组、少先队都属于正式群体。

正式群体的发展经历了松散群体、联合群体和集体等三个阶段。松散群体是指学生只在空间和时间上结成群体,但成员间尚无共同活动的目的和内容。联合群体的成员已有共同目的的活动,但活动还只具有个人的意义,如演讲兴趣小组、球队,成员的关系是以完成一项对个人有意义并不一定有社会意义的任务为中介的,具有明显的"小群体意识"。集体则是群体发展的最高阶段,是为了实现共同的社会目标,严密组织起来的有纪律、有心理凝聚力的群体,成员的共同活动不仅对每个成员有个人意义,而且有重要的社会意义,并不是每个班级都可以称为班集体。

### (二)非正式群体

非正式群体是于 1924 年至 1932 年间在美国芝加哥郊外的西方电器公司霍桑工厂进行的研究即霍桑实验中发现的。非正式群体是在正式群体内部,学生在相互交往的基础上,形成以个人好恶、兴趣爱好为联系纽带,具有强烈情感色彩的组织。这种群体没有特定的群体目标及职责分工,缺乏结构的稳定性,但它有不成文的规范和自然涌现的领袖。

课堂里的非正式群体主要是同辈群体。学生同辈群体的产生是必然的,因为人有合群性,学生也是如此。儿童从家庭进入学校是他们进入外部世界的第一个转折点,随着年龄的增大,学生同辈群体意识日益增强,他们接受同辈人的影响逐渐胜过接受父母的影响,从而使同辈群体的结构不断稳固,功能也不断发挥。比较常见的同辈群体有朋友与小集团。

学生形成非正式群体有三个条件:① 需要互补。交往双方都能获得需要的满足,这是友好关系形成与维持的一个重要的心理条件。在学生同辈群体中,并非都是成绩很好的或是成绩很差的学生。一位学习成绩很好的学生有提高音乐修养的愿望,而一位音乐修养好的学生有提高学习能力的需要,这两位需要互补的学生容易成为同辈群体的成员。② 个性类似。同学之间志向抱负一致、兴趣爱好相同、气质性格接近等,这些都能产生人际吸引力,有利于心理相容。在友好学生同辈群体中也有个性互补的友好同伴,这是由于青少年具有强烈的认识自我、肯定自我的愿望。但他们往往从与其友好的朋友身上认识"自我"。③ 空间接近。同辈群体中有的是同班、同一小区的,这就是空间接近。同乡的大学生,尽管以前并不相识与接触,但容易产生"我们都同属于一个生活文化背景"的归属感、亲切感,于是结成同伴关系。

非正式群体对个体的影响是积极的还是消极的,主要取决于非正式群体的性质以及与正式群体的目标一致程度。正面型的、与正式群体目标一致的非正式群体,通常对个体的影响是积极的。

### (三)正式群体与非正式群体的关系协调

管理课堂必须注意协调非正式群体与正式群体的关系。首先,要不断巩固和发展正式群体,使班内学生之间形成共同的目标和利益关系,产生共同遵守的群体规范,并以此协调大家的行动,满足成员的归属需要和彼此之间相互认同,从而使班级成为坚强的集体。对广大学生具有很强吸引力的正式群体是抵御非正式群体对学生消极影响的最为有力的措施。其次,要正确对待非正式群体。对于积极型的非正式群体,教师要利用其信息沟通畅达的特点,及时了解学生的思想动态,促进师生沟通,并利用其凝聚力强和感情融洽的特点,发挥其对成员的激励作用和约束作用,帮助教师开展班集体活动;对于中间型的非正式群体,要持慎重态度,积极引导,联络感情,加强班级目标导向;对于消极型的非正式群体,要创造条件,使其目标和班集体目标一致,争取其领导人的协作,改变其消极准则,引导其正确方向,发挥他们的积极作用;对于破坏型的非正式群体,则要依据校规和法律,给予必要的制裁。

## 三、群体动力的表现

学习要求
➤ 识记群体动力的表现
➤ 识记群体凝聚力、群体规范、从众、群体气氛、人际交注以及人际关系、合作和竞争的含义
➤ 运用提高课堂里群体的凝聚力的方法
➤ 识记群体规范形成经历的三个阶段
➤ 理解课堂气氛的类型和影响课堂气氛的主要因素
➤ 理解影响人际吸引和排斥的主要因素

不管是正式群体还是非正式群体,都有群体凝聚力、群体规范、群体气氛以及群体成员的人际关系。所有这些影响着群体与成员个人行为发展变化的力量的总和就是群体动力。

最早研究群体动力的是心理学家勒温。他认为,人们结成的群体不是静止不变的,而是处在不断地相互作用和相互适应的过程之中。教师在课堂管理过程中要善于利用这些群体动力,实现课堂管理的促进功能。

### (一)群体凝聚力

1. 群体凝聚力的含义和作用

群体凝聚力是指群体对每一个成员的吸引力。它可以通过群体成员对群体的忠诚、责任感、荣誉感,成员间的友谊感和志趣等来说明,群体凝聚力对课堂管理功能的实现有重要的影响。有关研究表明,关系融洽、凝聚力强的班级,会使学生产生强烈的自豪感和认同感,顺利完成课堂教学任务。所以,凝聚力常常成为衡量一个班级集体成功与否的重

要标志。

2. 提高课堂里群体的凝聚力的方法

教师应采取措施提高课堂里群体的凝聚力。首先,要了解群体的凝聚力情况。其次,要帮助课堂里的所有学生对一些重大事件与原则问题保持共同的认识与评价,达成共同的目标,从而形成认同感。如果班集体确认的目标既有社会价值,又有个人意义,实现了既能提高班级的威望,又能满足多数成员的愿望和需要,这个班集体的凝聚力就强。再次,引导所有学生在情感上加入群体,以作为群体的成员而感到自豪,形成归属感。最后,当学生表现出符合群体规范和群体期待的行为时,应给予赞许与奖励,使其行为因强化而巩固,形成力量感。奖励方式有两种:个人奖励和群体奖励。不同的奖励方式对群体成员的情绪有不同的影响。个人奖励有利于激励个人的积极性,但有离散个体成员之间关系的负面作用;群体奖励有增强群体成员归属感、认同感,从而密切群体成员关系的作用,但也可能使成员产生依赖感,个人努力不够。因此,个人奖励和群体奖励要结合使用,不可偏废。

### (二)群体规范

1. 群体规范的含义、分类和形成阶段

群体规范是约束群体内成员的行为准则,包括成文的正式规范和不成文的非正式规范。正式规范是有目的、有计划地教育的结果,如"上课不迟到不早退,考试不作弊"等学生守则、课堂公约等。非正式规范的形成是成员约定俗成的结果,受模仿、暗示和顺从等心理因素的制约,如"不许向老师告密,讲信用,不赖皮"等。

美国专家谢里夫使用游动现象研究了群体标准形成的过程。他以哥伦比亚大学、纽约大学的一些学生为被试,要求他们单个地或以二三人的群体参加实验。房间是全黑的,透过前方的金属箱的小孔可以看到一个小光点。他对被试说:当房间全黑下来时,我就给一个信号,先说预备,然后给你们一个光点。过了短暂的时间以后,光点开始运动。你们一看光点运动就按这个键。几秒之后,光点消失。告诉我光点运动的距离,要使你的判断尽可能地准确。谢里夫的实验发现,每人一旦形成知觉模式,就始终认为光点是按那个距离来回运动,人们在没有其他信息的情况下,会建立自己的标准。当一个被试形成了自己的标准并面对他人不一致的标准时,谢里夫发现个体通过相互的影响而确立了一个标准,同时群体中形成的这一标准是相当牢固的,然后每个个体都调整自己的标准去适应群体标准,并不回复到群体测试之前各人所具有的水平,而是聚集于群体标准的附近。由此看来,群体建立的标准比个人在这一特殊情境里的知觉更有力量。

谢里夫的研究表明,群体规范的形成经历三个阶段:第一阶段是相互影响阶段,每个成员发表自己对某一事物的评价与判断;第二阶段是出现一种占优势的意见;第三阶段,由于趋同倾向而导致评价、判断和相应行为上的一致性。

2. 从众的含义和产生原因

从谢里夫的实验也能看出,群体规范的形成是受模仿、暗示、顺从等因素影响的。因为群体在讨论时,一个人会受到其他人意见的暗示,而影响自己的判断;或者少数人在大多数意见的压力下,为了避免自己被孤立而受到其他成员的另眼相看,而产生顺从,模仿他人,再现他人的行为和意见,从而形成统一的看法。正是这种一致性的意见,保障着群体活动的共同性。在群体压力下,成员有可能放弃自己的意见而采取与大多数人一致的行为,这就是从众。

从众现象的发生,一般认为有两个原因:一是人们往往相信大多数人的意见是正确的,觉得别人提供的信息将有助于他;二是个人为了避免他人的非议或排斥,避免受孤立,因而发生从众现象。

群体规范通过从众使学生保持认知、情感和行为上的一致,并为学生的课堂行为划定了方向和范围,成为引导学生行为的指南。在课堂教学中,教师应自觉地帮助学生形成良好的规范。

3. 建立积极群体规范的方法

要建立并维持积极的群体规范要抓住以下几个主要环节:

(1) 组织全班学生讨论,达成对班规的共识,制定具体规章制度。同时,规定保证措施、组织落实和奖惩办法等。

(2) 班干部以身作则,并形成积极分子队伍。当群体中有20%的人采取一致行动时,就会形成一定的群体压力,从而出现从众效应。

(3) 要避免形成消极的非正式规范,如果已经存在,要予以纠正。在实际生活中,约定俗成的非正式规范往往比正式的规章制度对成员更具有约束力,所以当正式规范与非正式规范不一致时,学生很容易按照非正式规范去操作。例如,虽然学校规定,每天第一次见到教师时,学生要向教师问好,但是某些学生认为这样做是讨好教师,他们不这样做,而且取笑这样做的其他人;原来问好的一些学生因为怕受讥讽,也就不向老师问好。于是,不向老师问好就成了非正式规范,并且取代了正式规范。

### (三)课堂气氛

1. 课堂气氛的含义

课堂气氛作为教学过程的软情境,它通常是指课堂里某些占优势的态度与情感的综合状态。课堂气氛具有独特性,不同的课堂往往有不同的气氛。如有的课堂气氛积极而活跃,有的拘谨而呆板;有的温暖而融洽,有的冷淡而紧张。即使是同一个课堂,也会形成不同教师的气氛区。有的老师上课时气氛融洽、活跃,有的老师上课时躁动、漠然。课堂气氛有相对稳定性,一旦一种课堂气氛形成后,往往能维持相当长的一段时间,甚至不同的课堂活动也会被同样的课堂气氛所笼罩。

2. 课堂气氛的类型

我国学者根据课堂里师生的注意、思维、情感和意志等心理状态的观察记录,把课堂气氛分成积极的、消极的和对抗的三种类型。

积极的课堂气氛的基本特征:课堂纪律良好,师生关系融洽;学生精神饱满,集中注意,专心听讲;教师善于恰当点拨和积极引导;学生开动脑筋,反应敏捷,发言活跃。总之,课堂呈现出恬静与活跃、热烈而深沉、宽松与严谨的有机统一。

消极的课堂气氛的主要特征:课堂纪律差,师生关系疏远,教师不善调控课堂;学生无精打采,注意力分散,反应迟滞,多数学生被动应付老师要求,上课做小动作;有时学生惧怕老师,上课提心吊胆。总之,课堂呈现出紧张拘谨、心不在焉、反应迟钝。

对抗的课堂气氛则表现为失控的气氛,学生过度兴奋、各行其是、随心所欲、故意捣乱;教师时常为了维持课堂秩序而中断讲课。

积极的课堂气氛不但有助于知识的学习,而且会促进学生的社会化进程。课堂气氛也会使许多学生追求某种行为方式,从而导致学生间发生连锁性的感染。所以,创造良好的课堂气氛是实现有效教学的重要条件。

3. 影响课堂气氛的主要因素

由于教师在课堂教学中起着主导作用,影响课堂气氛的主要因素与教师的领导方式、教师对学生的期望以及教师的情绪状态有关。

教师的领导方式是教师用来行使权力与发挥其领导作用的行为方式。不同的教师领导方式对课堂气氛有着不同的影响。勒温等人曾在 1939 年进行了相关研究,研究被试是30 名 10 岁的男孩,将他们分成 6 组,每组 5 人,每天用 10 至 30 分钟的时间做石膏工艺品。小组的领导人由大学生担任,分别扮演民主型、专制型和放任型这三种类型的老师,进行轮组实验(两个星期轮换)。研究发现,这三种不同的领导方式会使学生产生不同的行为反应,从而形成不同的课堂气氛,其中民主型的课堂气氛最佳。国内的有关研究发现,我国的许多中小学教师课堂管理方式都属于"专制型",有些中小学教师和家长把放任看作民主,所以,我们应该加强认识专制气氛所引起的不良后果并且要加深对民主的认识和理解。

现有研究表明,教师期望通过四种途径影响课堂气氛:第一是接受。教师通过接受学生意见的程度,为高期望学生创造亲切的课堂情绪气氛,为低期望学生制造紧张的课堂情绪气氛。第二是反馈。教师通过输入信息的数量、交往频率、目光注视、肢体接触、赞扬和批评等向不同期望的学生提供不同的反馈。第三是输入。教师向不同期望的学生提供难度不同、数量不等的学习材料,对问题做出程度不同的说明、解释、提醒或暗示。第四是输出。教师允许学生提问和回答问题、听取学生回答问题的耐心程度、是否鼓励学生大胆发表自己的不同见解等,都会对课堂气氛产生不同的影响。

教师的积极情绪状态往往会投射到学生身上,使教师与学生的意图、观点和情感连接起来,从而在师生间产生共鸣性的情感反应,有利于创造良好的课堂气氛。焦虑是教师对当前或预计到对自尊心有潜在威胁的任何情境所具有的一种类似于担忧的反应倾向。耶克斯—多德森定律表明,教师焦虑适中,有利于教师能力和水平的充分发挥,才会激起教师的教育创造能力和教育机智,以努力改变课堂现状,避免呆板或恐慌反应,从而推动教师不断努力以谋求最佳课堂气氛的出现。

### (四)课堂里的人际交往与人际关系

人际交往是教师和学生在课堂里传递信息、沟通思想和交流情感的过程。这个过程必须以一定的符号系统为交往工具才有可能实现,语言符号系统和非语言符号系统是主要的人际交往工具。

人际关系是人与人之间在相互交往过程中所形成的比较稳定的心理关系或心理距离。它的形成与变化,取决于交往双方满足需要的程度。课堂里的人际关系将直接影响课堂气氛,教师应该成为善于处理人际关系的艺术家。吸引与排斥、合作与竞争是课堂里主要的人际关系。

1. 吸引与排斥

人际吸引是指交往双方出现相互亲近的现象,它以认知协调、情感和谐及行动一致为特征;人际排斥则是交往双方出现关系极不融洽、相互疏远的现象,以认知失调、情感冲突和行动对抗为特征。

研究表明,距离的远近、交往的频率、态度的相似性、个性的互补性以及外形等因素是影响人际吸引和排斥的主要因素。① 在空间上的邻近是导致人们相互吸引的重要条件。研究发现,在完全偶然地住到一个居民区的人中,成为朋友的多是居住比较近的人,住得很近的人明显地容易建立友谊。② 熟悉也可以增加一个人对于某种对象的喜欢,例如有研究者以无意义音节和中文字(被试为西方不懂中文的人)为研究素材,以词汇出现的次数为自变量,有些词只出现一两次,让被试对这些词感到生疏;另一些词则呈现若干次,最多可近 25 次;然后,实验者要求被试猜这些词的含义。结果表明:被试对呈现次数多而变得熟悉的词更有好感,倾向于赋予这些词以褒义。随后以人的照片为研究素材所做的研究也得出了同样的结果:一个人的照片被呈现的次数越多,被试对其越熟悉,他们也越倾向于喜欢照片上的人。③ 在人际交往中,如果双方志趣相投、性格特点相似、态度观点一致或价值取向相同,就容易相互吸引,结成知己。④ 当双方的个性正好成为互补关系时,也会产生强烈的吸引力。如性格外向、直率、主观武断、脾气暴躁的人与性格内向、耐心、脾气随和、思维周密的人配合工作时,由于能够互相取长补短,相得益彰,就易相互吸引、团结合作。互补吸引律在地位不等、角色不同的上下级关系和家庭关系中体现得最突出。当交往双方的地位完全平等或角色作用相同时,互补吸引律服从相似律。⑤ 虽然我们都知道不应该以貌取人,但是我们很难避免在外貌基础上形成对他人的印象。当其他条件相同时,我们更喜欢美丽的人。原因是人们会有这样的刻板印象:外表好的人也会有其他优秀品质,长得较好的人通常被认为社会交往能力更强、更友善。虽然外表魅力效应的范围十分广泛,但是我们也不要高估其作用。正如其他的刻板效应,外貌对我们判断的影响会随着我们掌握个体更多的信息而降低。人际吸引是一种十分复杂的社会心理现象,以上介绍的影响因素对人们发生作用时,还会受具体的交往情境以及交往双方的主观认知的影响。

人际吸引和人际排斥使学生在课堂里处于不同的地位,出现人缘好的学生、被人嫌弃的学生和遭受孤立的学生。课堂管理中必须重视课堂里的被嫌弃者和被孤立者。

2. 合作与竞争

合作是指学生为了共同目的在一起学习、工作或完成某种任务的过程。合作有其有益的一面:合作能增强集体的凝聚力,形成积极课堂气氛,促进学生发展;在面对复杂的、存在多样化的答案的问题时,合作有利于问题的解决;合作能促使学生积极思考,相互取长补短,启发学生如何学习,自觉改进自己的学习态度和学习方法。合作也有其不利的一面:合作易于忽视个别差异,会影响对合作感到焦虑的学生的学习效益,也会使学习快的学生不得不放慢自己的学习进度以适应合作。但不可否认的是,合作是实现课堂管理促进功能的必要条件。

竞争是指个体或群体充分实现自身的潜能,力争按优胜标准使自己的成绩超过对手的适量和适度的竞争。竞争会使课堂气氛活跃,集体生活富有生气;激发起个人的努力,提高个人的抱负水准;使个人在与别人能力的比较中发现自己的局限性和自己的潜力。以上都会提高学生学习和工作的效率。但是竞争有可能使一部分学生过度紧张和焦虑,容易忽视活动的内在价值和创造性,因而抑制了学习;竞争还可能会导致紧张、敌对等消极的集体气氛,因为参加竞争的同学往往把别人的成就看成是一种威胁。研究表明,中等程度的竞争不会对学生产生消极作用和削弱集体的团结。

不少心理学家提倡开展群体间的竞争。一般竞争的效果取决于群体内的合作,所以我们在实践教学中可采用"组内合作,组间竞争"这种教学组织形式。小组合作学习有利于讨论式教学的开展。在课堂中一般是座位前后左右二人、四人或六人为一小组,小组成员间各有分工。组间竞争是讨论式教学有效开展的保证。有竞争才有合作的动力,组内成员只有互帮互助,发挥学习的主动性、积极性,才能使小组处于竞争优势。实践表明,组间竞争有利于发挥群体主体性,激发组内每个成员讨论的积极性。

竞争与合作是对立统一的,它们都以能否满足各自的利益而转移。在课堂的人际交往中,有时可能同时发生合作与竞争,有时则会交替地引起合作与竞争。我们不能片面强调合作而忽视竞争,也不能滥用竞争而忽视合作,合作与竞争两者不可偏废,有效的课堂管理应该协调合作与竞争的关系,使两者相辅相成,成为实现促进功能的有益手段。

# 第三节　课堂纪律的管理

课堂纪律管理是课堂管理的一项重要内容。在课堂教学中,难免出现各种课堂问题行为干扰教学活动的正常进行。因此,加强课堂纪律管理,对于维持良好的教学环境、保证课堂教学活动的顺利进行具有重要意义。

## 一、课堂纪律的概念与类型

学习要求）➤ 识记课堂纪律的概念
➤ 理解课堂纪律的类型

### （一）课堂纪律的概念

课堂纪律是对学生课堂行为所施加的准则与控制。也就是说,课堂纪律是为了维护班级成员的共同利益要求班级成员共同遵守某种准则,同时通过奖惩手段对班级成员的行为施加外部控制。为了维持正常的教学秩序、协调学生的行为,以求课堂目标的最终实现,必然要求学生共同遵守课堂行为规范,从而形成课堂纪律。

对课堂纪律的认识,一些教师甚至学校管理者普遍存在一些认识上的误区:第一,课堂越安静,学生的学习效率就越高。由于这种误解,教师往往要求学生上课端坐不动,不准讲话或有其他动作,只准用眼睛和耳朵来学习。其实,这有悖于"多通道感官参与有利于学习效率的提高"的科学道理。第二,认为守纪律就是无条件地服从老师的权威。凡服从教师命令的就是守纪律,凡不顺从教师的行为,不管出于什么原因,如低年级的孩子体力无法坚持一节课双手背后端坐不动,稍有松动,就是不遵守纪律。这时的课堂纪律就是老师的意志,学生觉得遵守纪律是很困难的,老师在教学过程中总觉得学生在违反课堂纪律,总要不断整顿课堂纪律。

良好的纪律在于能创造出有利于目前和将来学习的气氛,如果课堂上能营造出容许并鼓励师生有效的教学、有利于师生的身心健康的气氛,这就是好的纪律。教师和学校管理者要具有正确的纪律理念,提出适当的纪律要求,并能认识到,即使在适当的纪律要求下，学生仍然有违反纪律的问题行为的产生。

**（二）课堂纪律的类型**

根据课堂纪律形成的原因，可以将课堂纪律分为以下几种类型：

1. 教师促成的纪律

所谓教师促成的纪律，主要是指在教师的帮助指导下形成的班级行为规范。这类纪律在不同年龄阶段所发挥的作用是有所不同的。刚入学的儿童需要较多的监督和指导，因为他们不知道如何在一个大的团体中学习和游戏，没有教师的适当帮助，很难形成适合于有组织集体活动的行为准则。年龄越小，学生对教师的依赖越强，教师促成的纪律所发挥的作用也越大。随着年龄的增长和自我意识的增强，学生一方面会反对教师的过多限制，另一方面又需要教师对他们的行为提供一定指导和帮助。因此，这类纪律虽然在不同年龄阶段发挥作用的程度不同，但它始终是课堂纪律中的一个重要类型。

教师促成的纪律应该包括结构的创设和体贴。教师的指导、监督、惩罚、规定限制、奖励、操纵、组织、安排日程和维护标准等，都属于结构的创设；体贴则包括同情、理解、调解、协助、支持、征求和采纳学生的意见等。

2. 集体促成的纪律

所谓集体促成的纪律，主要是指在集体舆论和集体压力的作用下形成的群体行为规范。从儿童入学开始，同辈人的集体在使儿童社会化方面就开始发挥愈来愈重要的作用。当一个儿童从对成年人的依赖中逐渐解放出来时，他同时开始对他的同学和同辈人察言观色，以便决定应该如何行事、如何思考和如何信仰。青少年学生常以"别人也都这么干"为理由而从事某件事情，在一定时期他们的信奉、见解、爱好、憎恶甚至偏见也都视集体而定。由于同辈集体的行为准则为青少年学生提供了价值判断和日常行为的新的参照点，结束了青少年学生在思想、情感和行为方面的不确定性、无决断力、内疚感和焦虑，所以他们往往过高地估计同伴集体行为准则的价值，并积极地认同和服从它。集体促成的纪律也有两类：一类是正规群体成的纪律，如班集体的纪律、少先队的纪律等；另一类是非正规群体促成的纪律，如学生间的友伴群体等。教师应着重对非正规群体加以引导，帮助他们形成健康的价值观和行为准则，并使之融合到正规群体中来，使每个学生都认同班集体的行为规范。

3. 任务促成的纪律

所谓任务促成的纪律，主要是指某一具体任务对学生行为提出的具体要求。这类纪律在学生的学习过程中占有重要地位。在日常学习过程中，每项学习任务都有它特定的要求或者说特定的纪律，例如课堂讨论、野外观察、制作标本等任务都有各自的纪律要求。任务促成的纪律是以学生对任务的充分理解为前提的，学生对任务的意义理解越深刻，就越能自觉遵守任务的纪律要求，即使遇到困难挫折也不会轻易退却。因此，学生完成任务的过程，就是接受纪律约束的过程。教师如果能很好地用学习任务来引导学生，加深学生对任务的理解，不仅可以有效减少课堂纪律问题，还可以大大提高学习效率。

4. 自我促成的纪律

所谓自我促成的纪律，简单说就是自律，它是在个体自觉努力下由外部纪律内化而成的个体内部约束力。自我促成的纪律是课堂纪律管理的最终目的，当外部的纪律控制被个体内化之后成为个体自觉的行为准则时,自律便出现了。

## 二、课堂结构与课堂纪律

学生、学习过程和学习情境是课堂的三大要素。这三大要素的相对稳定的组合模式就是课堂结构,它包括课堂情境结构与课堂教学结构。

### (一)课堂情境结构

课堂情境结构的安排体现在班级规模的控制、课堂常规的建立和学生座位的分配这几个方面。

1. 班级规模的控制

一般而言,班级规模越大,学生的平均成绩便越差;班级规模越大,教师态度、学生态度和课堂处理的得分就越低。班级过大容易限制师生交往和学生参加课堂活动的机会,阻碍了课堂教学的个别化,有可能导致课堂出现较多的纪律问题。现有研究表明,班级规模越小,学生的成绩就越好。但班级规模过小是不经济的。上海市教委发布的"2008 年上海市义务教育阶段招生入学工作的实施意见",要求义务教育阶段学校班级规模,班额必须控制在 40 人以内。有条件的地区,小学班额可达 30 人以内,初中 35 人以内。

2. 课堂常规的建立

课堂常规是每个学生必须遵守的最基本的日常课堂行为准则,它们赋予学生的课堂行为以一定的意义,使学生明白行为所依据的价值标准,具有约束和指导学生课堂行为的功能,从而使课堂行为规范化。课堂常规建立的同时就要和学生讨论遵守或无视课堂常规的后果,对遵守课堂常规的合适行为进行强化,如微笑、给予荣誉以及权利等;对于破坏规则的行为,可以使用一些惩罚,如撤销权利等。

3. 学生座位的分配

研究发现,分配学生座位时,教师主要关心的是减少课堂混乱。其实,分配学生座位时,教师最值得关注的应该是对人际关系的影响。因此,学生座位的分配,一方面要考虑课堂行为的有效控制,预防纪律问题的发生;另一方面又要考虑促进学生间的正常交往,形成和谐的师生关系,并有助于学生形成良好的人格特征。

学校中基本的课堂座次安排是传统的纵横排列模式(图 13-1)。传统排列适合独立的课堂作业、提问和问答,有利于学生集中注意教师,容易配对学习,也最适合演示,有利于教师对课堂的控制;但是这种排列不适合大组交流,减少了学生之间的目光接触和学生的交流,增加了学生的被动性。非正式座位模式有矩形、环形、马蹄形等,25人以上需要使用双矩形、双环形和双马蹄形(图 13-2)。这样的安排适合学生交流、谈话和相互帮助,但可能对全

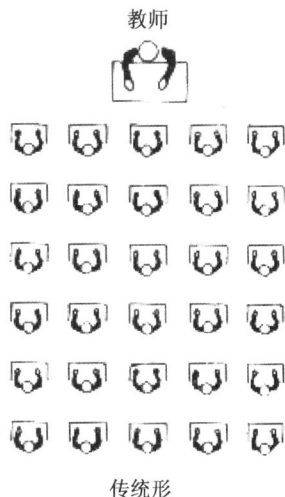

图 13-1 传统的纵横排列模式

班控制更难些。在我国,由于每个班的人数一般较多,没有把握的教师以及不善课堂管理的教师还是应当多保持传统的座次模式。

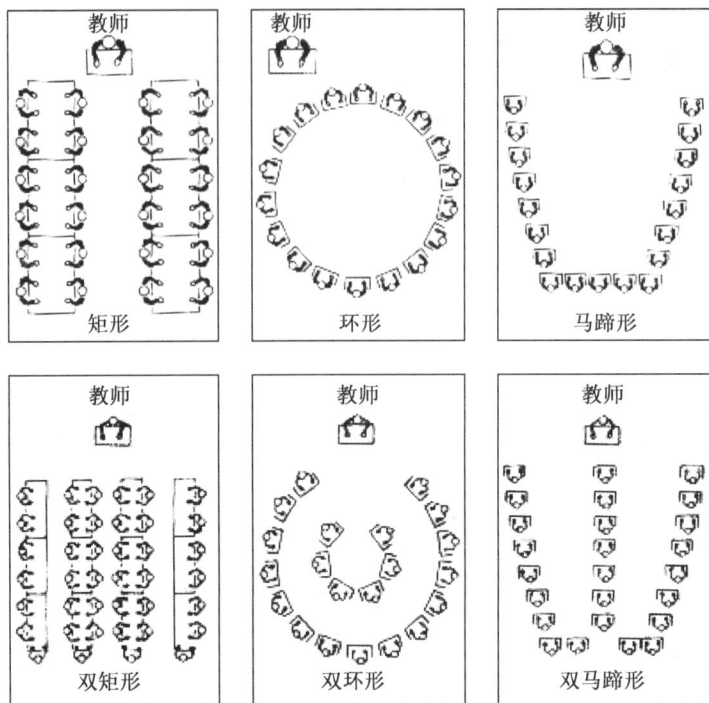

图 13-2 非正式座位模式

## (二)课堂教学结构

课堂教学结构能使教师满怀信心地按照教学设计,有条不紊地进行教学。

1. 教学时间的合理利用

学生在课堂里的活动可以分为学业活动、非学业活动和非教学活动等三种类型。在通常情况下,用于学业活动的时间越多,学业成绩便越好。

2. 课程表的编制

编制课程表是学校教学管理的一项重要内容,它对组织和安排教学活动、稳定教学秩序、保证教育计划和教学大纲得以实施以及提高人才培养的质量具有重要作用。

课程表的编制首先应尽量将语文、数学和外语等核心课程安排在学生精力最充沛的上午第一、二、三节课,将音乐、美术、体育和习字等技能课安排在下午。其次,将文科与理科、形象性的学科与抽象性的学科交错安排,避免同类刺激长时间地作用于大脑皮层的同一部位而导致疲劳和厌烦。采用这样的编制方法,能使学生负担均衡,保持旺盛的精力,提高学习的兴趣与水平;能使教师有充分的时间把课备好,从而提高教学水平。

3. 教学过程的规划

教学过程的合理规划是维持课堂纪律的又一个重要条件,不少纪律问题是因教学过程的规划不合理造成的。一节课的教学活动中,教学结构合理、内容紧凑,教学过程中推动学生思考,开拓学生的思维,并且有张有弛,这样的课堂中,学生无暇违反课堂纪律。

## 三、问题行为与课堂纪律

学习要求
➤ 识记问题行为的含义和类型
➤ 运用课堂问题行为的处置与矫正方法

### (一)问题行为的性质

问题行为是指不能遵守公认的正常儿童行为规范和道德标准,不能正常与人交往和参与学习的行为。这样的行为不仅影响学生的身心健康,而且常常引起课堂纪律问题。其主要表现为漫不经心、感情淡漠、逃避班级活动、与教师和同学关系紧张、容易冲动、上课插嘴、坐立不安、活动过度等。

问题行为与差生、后进生等问题学生的概念不同。差生、后进生是对学生的一种总体评价,他们往往有较多的问题行为,但在正常的班级里,其人数甚少。问题行为则是一个教育性概念,主要是针对学生的某一种行为而言的,而且除了差生或后进生有问题行为之外,优秀学生有时也有可能发生问题行为,这就要求教师在课堂里灵活而机智地处理和矫正问题行为。

### (二)问题行为的类型

心理学家试图从不同的角度对课堂问题行为进行分类。

美国心理学家威克曼把破坏课堂秩序、不遵守纪律和不道德的行为等归纳为扰乱性的问题行为,主要包括不安静听课、哭闹、随意走动、随意站起来、拒绝完成学习任务、不听从教师指令、大喊大叫和赖地等行为;把退缩、神经过敏等行为归纳为心理问题行为,如不敢与老师对视、拒绝回答问题、严重的不安情绪等。

美国心理学家奎伊把问题行为分为品行性问题行为、性格性问题行为以及情绪上、社会上的不成熟行为等三种类型。

### (三)课堂问题行为的处置与矫正

1. 正确对待学生的课堂行为

一般说来,课堂里往往有积极与消极之分。积极的课堂行为指与促进课堂教学目的实现相联系的行为,而消极的课堂行为则是那些干扰课堂教学的行为。对产生消极的课堂行为的学生也要善用奖励,让学生看到他自己的能力和价值得到老师和同学的承认;当然,适当的惩罚也是必要的,但不可采用讽刺挖苦、体罚、剥夺学习权利等惩罚手段。

2. 采用行为矫正以及心理辅导来处理课堂问题行为

针对课堂问题行为,可以综合采用行为改变的基本方法、行为演练的基本方法和改善学生认知的方法等,来对学生进行行为矫正和心理辅导(详见第十一章第三节)。

## 📚 本章总结

1. 课堂管理概述。课堂管理是指教师通过协调课堂内的各种人际关系而有效地实现预定教学目标的过程,具有促进和维持的功能。影响课堂管理的因素有教师的领导风格、班级规模、班级的性质以及对教师的期望等。

2. 课堂群体的管理。正式群体是由教育行政部门明文规定的群体,其成员有固定的编制,职责权利明确,组织地位确定,其发展经历三个阶段。非正式群体是在正式群体内部,学生们在相互交往的基础上,形成以个人好恶、兴趣爱好为联系纽带,具有强烈情感色彩的组织。正式群体与非正式群体需要协调合作。群体动力的表现有群体凝聚力、群体规范、群体气氛以及群体成员的人际关系。

3. 课堂纪律的管理。课堂纪律是对学生课堂行为所施加的准则与控制。课堂纪律分为教师促成的、集体促成的、任务促成的和自我促成的纪律。问题行为是指不能遵守公认的正常儿童行为规范和道德标准,不能正常与人交往和参与学习的行为,从不同的角度对课堂问题行为可进行分类。课堂问题行为的处置与矫正方法有正确对待学生的课堂行为和采用行为矫正以及心理辅导来处理课堂问题行为。

## 思考与练习

**一、单项选择题**

1. 课堂管理始终制约着教学和评价的有效进行,具有(　　)。
   A. 维持动机作用　　　B. 促进和维持功能　　　C. 思想教育作用　　　D. 培养纪律功能

2. 集体是群体发展的(　　)。
   A. 最终结果　　　　　B. 中间环节　　　　　C. 起始阶段　　　　　D. 最高阶段

3. 在群体压力下,成员有可能放弃自己的意见而采取与大多数人一致的行为,这就是(　　)。
   A. 集体观念　　　　　B. 从众　　　　　　　C. 服从大局　　　　　D. 集体凝聚

4. 影响着群体与每个成员行为发展变化的力量的总和就是(　　)。
   A. 群体压力　　　　　B. 群体动力　　　　　C. 群体凝聚力　　　　D. 群体规范

5. 群体规范通过从众使学生保持认知、情操和行为上的一致,并为学生的课堂行为划定了(　　)。
   A. 方向和范围　　　　B. 方向　　　　　　　C. 范围　　　　　　　D. 纪律约束

6. 人际吸引的特征表现为认知协调、情感和谐和(　　)。
   A. 态度一致　　　　　B. 行动一致　　　　　C. 观点趋同　　　　　D. 相互理解与扶持

7. 人际关系是人与人之间在相互交往过程中所形成的比较稳定的心理关系或(　　)。
   A. 感情关系　　　　　B. 心理距离　　　　　C. 友谊关系　　　　　D. 互助关系

8. 约束群体内成员的行为准则称之为(　　)。
   A. 群体气氛　　　　　B. 群体压力　　　　　C. 群体凝聚力　　　　D. 群体规范

9. 课堂中某些占优势的态度与情感的综合状态称之为(　　)。
   A. 课堂规范　　　　　B. 课堂气氛　　　　　C. 课堂管理　　　　　D. 课堂纪律

10. 学生、学习过程和学习情境是课堂的三大要素。这三大要素的相对稳定的组合模式就是(　　)。
    A. 课堂情境　　　　　B. 课堂结构　　　　　C. 课堂形势　　　　　D. 课堂教学

11. 分配学生座位时,教师最值得关心的是(　　)。
    A. 对课堂纪律的影响　　　　　　　B. 学生听课效果
    C. 后进生的感受　　　　　　　　　D. 人际关系的影响

12. 编制课程表时,尽量将文科与理科、形象性的学科与抽象性的学科(　　)。
    A. 随机安排　　　　　B. 分类安排　　　　　C. 集中安排　　　　　D. 交错安排

13. 儿童不能遵守公认的正常行为规范和道德标准,不能正常与人交往和参与学习的行为等表现,一般称作(　　　)。

　　A. 心理异常　　　　　B. 不适应表现　　　　C. 不良表现　　　　D. 问题行为

14. 有的心理学家把表现为破坏课堂秩序、不遵守纪律和不道德等行为学生的行为称为
(　　　)。

　　A. 冲动型问题行为　　　　　　　　B. 扰乱性的问题行为

　　C. 多动型问题行为　　　　　　　　D. 自律障碍行为

## 二、填空题

1. 课堂管理是指教师通过协调课堂内的各种人际关系而有效地实现_____的过程,具有_____功能。

2. 影响课堂教学效率高低的主要因素是_____、学生和_____三大要素的相互协调程度。

3. 在通常情况下,课堂气氛可以分成积极的、_____和_____三种类型。

4. _____、_____是课堂里主要的人际关系。

5. 课堂结构包括课堂_____与课堂_____。

6. 课堂教学结构包括_____、_____以及教学过程的规划。

7. 不管是正式群体还是非正式群体,都有群体凝聚力、_____、课堂气氛以及群体成员的人际关系。

8. 正式群体是由教育行政部门明文规定的群体,其成员有_____,责任权利明确,组织地位确定。

9. 班级、小组、少先队、团支部等都属于_____群体。

10. 正式群体的发展经历了松散群体、_____和集体等三个阶段。

11. 人们在交往中形成的比较稳定的心理关系或心理距离称为_____。

12. 人际吸引是指交往双方出现相互亲近现象,它以_____、情感和谐以及行动一致为特征。

13. 美国心理学家威克曼把学生的问题行为归纳为_____问题行为和_____问题行为。

14. 美国心理学家奎伊在其研究的基础上,把学生的问题行为分成_____、_____和_____三种类型。

15. _____的课堂气氛是课堂呈现出恬静与活跃、热烈而深沉、宽松与严谨的有机统一。_____的课堂气氛中课堂呈现出紧张拘谨、心不在焉、反应迟钝。

## 三、名词解释

课堂管理　群体　正式群体　群体凝聚力　群体规范　从众
课堂气氛　人际交往　人际关系　课堂纪律　自我促成的纪律　问题行为

## 四、简述题

1. 简述影响课堂管理的因素。

2. 简述课堂气氛的三种类型。

3. 简述群体凝聚力的培养。

4. 简述建立积极群体规范的方法。

5. 简述课堂纪律的类型。

## 五、论述题

1. 论述群体动力的表现。

2. 联系实际,分析课堂问题行为的类型,谈谈如何处置和矫正课堂问题行为。

# 第十四章
## 教学测量与评价

本章要点

> ▶ 教学评价概述 　　　　　　　标准化成就测验
> 　教学评价的基本概念 　　　　教师自编测验
> 　教学测量与评价的分类 　　　非测验的评价技术
> ▶ 教学测量与评价的方法和技术 　教学评价结果的处理与报告

# 第一节　教学评价概述

## 一、教学评价的基本概念

学习要求 ▶ 识记教学评价的含义
　　　　 ▶ 比较教学评价与测量及测验的关系

### (一)教学评价的概念

教学评价是指有系统地收集有关学生学习行为的资料,参照预定的教学目标对其进行价值判断的过程,其目的是对课程、教学方法以及学生培养方案做出决策。具体而言,教学评价是一种系统化的持续的过程,包括确定评估目标、搜集有关的资料、描述并分析资料、形成价值判断以及做出决定等步骤。评价必须做出价值判断,以便为决策提供思考。

### (二)教学评价与测量及测验的关系

教学评价不等同于测量和测验。测量主要是一种收集资料数据的过程,是根据某种标准和一定的操作程序,将学生的学习行为与结果确定为一种量值,以表示"学生对所测问题了解的多少"。测验则是选取一个具有代表性的行为样本,并据此来推断学生的整体行为。为了减少误差,测验在编制、施测、评分以及解释等方面都必须标准化、具有一定的客观性,必须具有一定的信度和效度。测验有多种形式,如智力测验、性格测验、学业成就测验等。

评价与测量及测验又有一定的联系。测量和测验是对学习结果的客观描述,而教学评价则是对客观结果的主观判断与解释,但这种主观判断和解释必须以客观描述为基础,否则就是主观臆想。测量与测验所得到的结果,只有通过教学评价,才能判断这种客观描述的实际意义,否则所得数据或结果毫无实际价值。

## 二、教学评价的分类

### （一）形成性评价和总结性评价

从实施教学评价的时机而言,有形成性评价和总结性评价之分。

形成性评价通常在教学过程中实施,一般是由学生完成一些与教学活动密切相关的测验,也可以让学生对自己的学习状况进行自我评估,或者凭教师的平常观察记录或与学生的面谈来评估。形成性评价获得的资料,可以说明学生在学习过程中达到教学目标的程度,有助于教师了解本阶段教学和教法上的得失、检查教学的质量、考察学生的进步情况,提供给学生学习成效的反馈,以便师生及时调整教和学。形成性评价只关心是否达到了目标,所以测验分数不计入成绩册,也不评定学生的名次或等第。

总结性评价,或称终结性评价,通常在一门课程或教学活动(如一个单元、章节、科目或学期)结束后进行,是对一个完整的教学过程进行测定,如期末考试成绩、高中毕业成绩等。总结性评价主要用于评定教学目标的达成程度,检查教学和教法的适当性,考核学生的学习效果,确定学生的最终学习成绩。总结性评价一般要对学生的成绩进行分组,计入成绩报告单,作为某种资格认定或升、留级的依据。

总结性评价与下次教学前的准备性评价相关甚高,可以代替下阶段的准备性评价,作为编班分组、配置教学目标和内容的依据。

### （二）常模参照评价和标准参照评价

根据教学评价资料的处理方式,有常模参照评价和标准参照评价之分。

常模参照评价是指评价时以学生所在团体的平均成绩常模为参照标准,根据学生在团体中的相对位置(或名次)来报告评价结果。常模参照评价对总结性评价的作用较大。

标准参照评价是基于某种特定的标准,来评价学生对与教学密切关联的具体知识和技能的掌握程度。标准参照评价不考虑其他个体对任务的完成情况,降低了竞争带来的一些负面影响,如同学间的嫉妒等;但是标准参照评定的信度和效度一般都很差,只能说明学生当前所处的水平,不能显示学生的进步程度,而且对测验的选择、编制以及评定都会耗费教师大量的时间和精力。标准参照评价通常适用于形成性评价。

### （三）配置性评价和诊断性评价

从教学评价的功能来看,有配置性评价与诊断性评价之分。

配置性评价,或称准备性评价,一般在教学开始前进行,摸清学生的现有水平及个别差异,以便安排教学。通过配置性评价,教师可以了解学生对新学习任务的准备状况,确定学生当前的基本能力和起点水平。

诊断性评价,有时与配置性评价意义相当,是指了解学生的学习基础与个体差异;有时指对经常表现学习困难的学生所做的评价,多半是在形成性评价之后实施。

### （四）正式评价和非正式评价

根据教学评价的严谨程度,有正式评价与非正式评价之分。

正式评价是指学生在相同的情况下接受相同的评估,且采用的评价工具比较客观,如测验、问卷等。

非正式评价则是针对个别学生的评价,且评价的资料大多是采用非正式方式收集的,如观察、谈话等。

有时,教师可以采用非正式评价作为正式评价的补充。例如,某学生在智力测验这种正式评价中得分偏低,老师可以再结合平时对该学生的观察和谈话这些非正式评价对其做出更全面的评价:该学生智力测验的得分并不是其能力的准确体现,因为他注意力不集中、好动,所以导致智力测验得分表现较差。

### 三、教学测量与评价的功能

教学测量与评价的主要功能有以下几个:第一,为师生调整和改进教学提供充足的反馈信息;第二,是学校鉴别学生学业成绩、家长了解学生学习情况的主要方式;第三,是教学过程的一个重要组成部分;第四,可作为教育评价和决策的依据。

## 第二节　教学测量与评价的方法和技术

与教学目标相一致,教学评价也应包括认知、情感和技能三个方面。对于认知和技能领域的学业成就,最常用的教学评价手段是标准化成就测验和教师自编测验。对于情感以及道德行为表现则常常采用非测验性的评价手段,如案卷分析、观察、问卷量表以及谈话等。当然,这些非测验性的评价手段也可作为学业成就评价的补充。

### 一、标准化成就测验

学习要求 ▶ 识记标准化成就测验的含义、特点并评价其优缺点

#### (一)标准化成就测验的含义及特点

标准化成就测验是指由专家或学者所编制的适用于大规模范围内评定个体学业成就水平的测验,如我国的高考就是标准化成就测验。这种测验的命题、施测、评分和解释,都有一定的标准或规定。由于测验条件的标准化,测验的结果比较客观一致,其适用的范围和时限也较宽广。

标准化成就测验特点大致为:测验是由专门机构或专家学者按一定测验理论和技术,根据全国或某一地区所有学校的共同教育目标来编制的。所有受试人所做的试题、时限等施测条件相同,计分手段和分数的解释也完全相同。

标准化测验是一个系统化、科学化、规范化的施测和评价过程,它包括了全过程、各环节的标准化。那种认为客观题考试就是标准化测验,或者采用标准分数来转换实测分数就是标准化测验的看法都是片面的。

#### (二)标准化成就测验的优点

1. 客观性

在大多数情境下,标准化测验是一种比教师发展出的测验更加客观的测量工具。标准化的测验是由测验专家编制的,他们与接受测验的学生没有多少个人情感上的联系,因此他们在测验内容的取样和题目编制除了比任课老师更系统和合理外,也更客观。

2. 计划性

专家在编制标准化测验时,已经考虑到所需的时间和经费,因此标准化测验比大部分的课堂测验更有计划性。例如,Lowa 基本技能测验是常用于美国小学3～8 年级学生的一套成就测验,它包括不同类型的多水平的测题,可以测量词汇、阅读、拼写、计算、解决数学问题的水平、使用视觉和参考资料等。测验的试题测量了几百项具体而独立的技能,都是专家在系统考虑分析了公立学校的课程、学校管理人员的声明和国家课程管理小组的建议后确定下来的。每个测验题目的选择都要经过实证和判断的程序,包括由来自不同文化背景的有名望的专家进行评价。当项目一旦确定后,就在每年的春季和秋季两次测验中进行。

3. 可比性

标准化测验由于具有统一的参照标准,使得不同考试的分数具有可比性。标准化测验有助于将单个学生的分数与标准化的样本进行比较,以便清楚学生在此学科领域的强项和弱点;标准化测验也可以比较一个班级的学生与标准化样本的情况。

### (三)对标准化测验的批评

1. 标准化测验与学校课程之间的关系很不协调

一方面,标准化成就测验的内容通常与学校课程强调的部分不一致。在我国,每个地区的教学状况还存在着一定的差距,一个年级或地区的教学内容可能不同于另一个地区的。因此,可能不少地区学生所学到的内容与标准化样本所学的内容有差别,也就是实际教学与测验的内容存在很大的差距。另一方面,标准化测验成为教学指挥棒,使教师为应付考试而教学,限制了教学。例如,高考给师生带来巨大的压力,为了提高高考成绩,学校课程教学都主要围绕高考进行,以致一些教学活动被忽视,影响了学生的全面发展。

2. 标准化测验对学生个体带来不良影响

教育中通常利用标准化成就和能力测验对学生分类和贴标签,对个体造成了不良影响。它们的使用对得低分的学生伤害更大。测验结果不能滥用,因为标准化测验能否为决策提供充分的信息,这种方法搜集来的信息是否比其他途径搜集来的信息更有价值,这些都值得商榷。

## 二、教师自编测验

学习要求　➤ 识记教师自编测验的含义与特点以及设计前的计划
➤ 理解教师自编测验的题型和特征以及常见错误

### (一)教师自编测验的含义与特点

教师自编测验是由教师根据具体的教学目标、教材内容和测验目的,自己编制的测验,是为特定的教学服务的。教师为检查学生某阶段学习情况而编制的单元测试就是教师自编测验。教师自编测验通常用于测量学生的学习状况,而标准化成就测验则用来判断学生与常模相比时所处的水平。

### (二)教师自编测验设计前的计划

(1)确定测验的目的。测验有不同的目的,有时是为了形成性评价;有时是为了总结性评价;还有时是为了诊断学习困难儿童。目标不同,决定了测验的长度和题目的取样,也影响测验题型的构成等。

(2)确定测验要考查的学习结果。教师必须依据特定的教学目标来准备测验,测验的重点要与教学目标基本保持一致。

(3)列出测验要包括的课程内容。

(4)写下测验计划或细目表。细目表是将考试具体化的最重要的工具,使得测验能够与教学的目标和内容保持一致。细目表的形式是二维表,一栏表示学习结果,一栏表示课程的内容或范围。中间的栏目,就是教师根据自己的情况填上在测验中计划测量多大比例的学习结果和课程内容,详见表14-1。

表14-1 小学数学测验双向细目表举例

| 检测知识要点 | 识记 | 理解 | 简单应用 | 综合应用 | 创新 | 合计分数 |
|---|---|---|---|---|---|---|
| 四舍五入法 | 5 | 5 | | | | 10 |
| 除法的性质 | 6 | 6 | | | | 12 |
| 口算除法 | | 2 | 2 | | | 4 |
| 看图文列式计算 | | 2 | 2 | | 2 | 6 |
| 四边形 | | | 1 | 2 | | 3 |
| …… | | | | | | …… |
| 合计总分数 | 19 | 32 | 25 | 16 | 8 | 100 |

(5)针对计划测量的学习结果,选择适合的题型。自编测验包括客观题和主观题两种类型。教师使用哪一种类型的题目是由测验的目的、内容和时间决定的。一般来说,这两种题型各有优点和不足。通常客观题试题多且取样广泛和系统,评分较为客观,能涵盖很多教学内容;但是客观题主要测量细节知识,较难反映对知识的组织与运用以及创新想法。主观题可以测量文字表达能力、综合运用知识能力和分析评价能力,但是主观题客观性差,评分主观,测题少且取样代表性差,评分困难且费时间。因此,教师自编测验最好对这两种题型加以综合使用。

**(三)教师自编测验的题型**

1. 客观题

客观题的特点:问题给出较为明确,答案唯一,可较为客观地评分,而不同评分者的评定结果相同。该类测题包括选择题、是非题、匹配题和填空题等(表14-2)。

(1)选择题。选择题是由题干和两个或更多的选项组成的。题干可以是直接提问或者以不完整的句子的形式出现,目的是为了设置问题情境,题干应该明确简单。选项则提供可供选择的答案,包括一个正确答案和若干具有干扰性的错误项或迷惑项。选项的数量一般没有统一的规定,教师可以随意确定选项的个数,大多是4~5个,这样可以避免学生猜测答案。学生的任务就是阅读题目,再从一系列选项中挑选出正确的项目。

选择题还有一种常用变式,即多选题,选项中有一至多个正确答案。这种题型的难度大大高于常规的选择题(单选题),可以有效地检查高一级的学习成果,在测验中使用较广。

(2)是非题。是非题与选择题有一点相似之处,学生需要识别、选择出正确答案。常用的形式是,陈述一句话要求判断对错或是非。是非题可用于测量不同水平的教学目标。

是非题形式简单,能够在一份试卷内覆盖大量的内容。教师在评判时也较客观,计分简便省时。但是,学生只有两种选择——对或错,即使在完全猜测的情况下,他们也有50%的机会选择到正确答案。解决这种弊端有两种可行的办法:一是增加题目的数量,由于题量大,对题目总体的取样较全面,学生很难只凭猜测获得高分;二是采用需要说明理由的是非题来增加对学生考核的效用。

(3)匹配题。匹配题是另一种可提供多种选择的考试形式。通常,题目包括两列词句:一列是问题选项,一列是反应选项。学生根据题意按照某种关系将左右的项目连接起来。匹配题形式简单,能够有效地测量学生对知识联系的掌握情况,且易于计分。但是,它只能用于测查彼此存在着简单关系的知识。

(4)填空题。填空题是呈现给学生一句或一段不完整的话或者直接提问,要求学生简要回答。当教师的目的是考查学生对知识的回忆时,填空题十分有用,它可将学生猜测的可能性降到最小。如果经过精心设计,也可以通过填空题来考查学生对知识记忆和理解以及推理和判断能力。填空题的问题在于,学生的答案各不相同甚至会出现出人意料的答案,学生的答案还会受笔迹、用词等无关因素的影响。

表 14－2　不同形式的客观题

| 题　型 | | 举　例 |
|---|---|---|
| 选择题 | 单选题 | 下面一定是轴对称图形的是(　　)。<br>A. 三角形　B. 平行四边形　C. 梯形　D. 半圆 |
| | 多选题 | 下面哪些概念是具体概念?(　　)<br>A. 苹果　B. 钢笔　C. 鸟　D. 钢琴 |
| 是非题 | 无需说明理由的是非题 | 皮亚杰将婴儿到青春期的认知发展分为四个阶段。 |
| | 需说明理由的是非题 | 美国心理学家柯尔伯格研究道德发展的方法是对偶故事法。 |
| 匹配题 | | 请将下列人物与所属朝代连接起来。<br>刘备　　　　唐<br>刘基　　　　明<br>刘秀　　　　汉<br>刘禹锡　　　三国 |
| 填空题 | | 能被2、3和5同时整除的最小三位数是_____。 |

2. 主观题

主观题要求学生自己组织材料,并采用合适的方式表达陈述出来。这类题型包括论文题及问题解决题(表14-3)。教师在评分时,对学生的回答需要给出不同量的分值,而不仅仅是满分或零分。

(1)论文题。论文题是指要求学生用文字论述方式阐述相关观点的题目,回答字数可以从几段到几大页不等。论文题一般常使用两种类型:有限制的问答题和开放式论文。有限制的问答题,是指教师对回答的内容和长度都有规定,如平时测验中的简答题等。开放式论文则允许学生在内容上可以自由选材,自由发挥,而且篇幅较长。

论文题可以测验知识、理解或运用水平,也可考查学生的分析、综合、类比和评估知识的能力,还可考查学生组织和表达信息的能力。

使用论文题也有缺陷。首先,学生回答论文题花费时间很多。因此,在一份试卷里只能出现少量的题目,对课程内容的取样也就非常有限。通过增加小的论文题(简答题或问答题),可以避免这个问题。其次,在判卷时很难做到客观,导致信度较低。在评分时,经常出现一种现象——晕轮效应,即教师对学生的总体印象影响到对论文题目的评价。对于自己熟悉的学生,因为平时的接触或者前面几道题解答的情况,使得教师对学生形成了某种印象,从而影响到对之后题目的评判。

(2)问题解决题。问题解决题是向学生提供一定的问题情境和目标情境,要求学生通过对知识进行组织、选择和运用等复杂的程序来解决问题。通常有两种形式:一种是间接测验,另一种是直接测验。间接测验是采用纸笔测验来评价学生的学业成就或能力;学生在完成时,通常必须写出若干步骤或过程,以展现他的思路;评分时,按照步骤计分,如果缺少某些步骤就不能得分;平时的理科考试多出这种类型的问题解决题。直接测验考查学生处理实际问题的能力,所以有时又称之为操作评价。例如,为了考查学生学习本节内容的情况,让学生编制一份测验小学两步应用题的测题;要求学生设想一个可以解决本市环境污染问题的方案(要求只写可行性措施,不超过 500 字);要求学生测量学校操场的面积。操作评价对于考查高级思维技能十分有效,但是往往费时费钱,而且主观性较大,并且效度也经常受到质疑。

表 14-3　不同形式的主观题

| 题　型 | | 举　例 |
| --- | --- | --- |
| 论文题 | 有限制的问答题 | 简述生理方面的新陈代谢的含义及过程。 |
| | 开放式论文 | 就如何"低碳生活",谈谈你的看法。 |
| 问题解决题 | | 请编制一道测验小学两步应用题的测题。 |

### (四)有效教师自编测验的特征

1. 信度

信度是指测验的可靠性,即多次测验分数的稳定、一致的程度。它既包括在时间上的一致性,也包括内容和不同评分者之间的一致性。不同种类的信度是用信度系数来表示的。信度有重测信度、评分者信度、复本信度和分半信度等。例如,采用性格量表测量学生,他们在这一个月的结果,如果大致等于六个月前和三个月前的得分,那么我们就认为测验在时间上的重测信度较高。又如,两位评分者教师对同一试卷的评分比较接近,那么评分者信度就高。复本信度是指使用两个等值但题目不同的测验来测量同一组受测人,然后计算出两次测验分数的相关系数。分半信度是将测验题目对分成两半,根据受测人在这两半测验的分数所计算出来的相关系数。

2. 效度

效度是指测量的正确性,即一个测验能够测量出其所要测量的东西的程度。效度考虑的问题是:测验测量什么? 测验对测量目标的测量精确性和真实性有多大? 效度的重要性大于信度,因为一个低效度的测验,即使具有很好的信度,也不能获得有用的资料。例如,用磅秤称量体重,连续多次都会得到相同的值,而且准确地反映了个体的重量,那么信度和效度都很高;但是如果使用它来测量身高,虽然测量值之间总是保持一致的,即信度很好,但是并没有说明个体的高度,因而不是适宜的测量身高的工具。

3. 区分度

区分度是指测验项目对所测量属性或品质的区分程度或鉴别能力。如果一个项目的区分度高,那么水平高的或能力强的被试得分就会高,水平低的或能力弱的被试就会得分低,这样就能把不同水平的被试区分出来。区分度低的项目不能对水平或能力有差异的被试做很好的区分。区分度的指标通常是根据学生对测验项目的反应与某种参照标准之间的关系来估计的。例如,学业成就测验可用年级或教师评定的等级做标准,看测验的项目能否把不同年级或不同水平的学生区分开来。

### (五)教师自编测验的常见错误

1. 许多教师过于相信自己的主观判断而忽视测验的信度和效度指标

教师在做评定时,有时不是根据学生在测验中表现出来的状况进行评价,而是依赖于非正式观察所得到的资料。例如,对客观题评定时,如果学生给老师留下的印象较好,往往得分也就较高。当学生的测验状况与非正式观察所得到的资料不吻合时,教师不能简单断定,需要利用现有的信息,对学生进行更深入的分析和调查。

2. 许多教师对测验准备的重要性缺乏足够的认识,测验准备不充分

有些教师在出题时没有明确的测验目的和计划,不知道该搜集什么类型的信息;有些教师编写试题受近因效应的影响,往往编制的内容大多是新近所讲内容,忽视以前学习的内容。所以要求教师自编测验前使用细目表,这样可以避免上述问题。

3. 许多教师编制的测验太简单,题量太小

编制的测验太简单,将不能有效区分出不同学生对知识点的掌握情况和能力水平。题量小,难以保证试题取样全面,会直接导致测验的信度和效度降低。

总之,相信主观判断、测验准备不充分、试题简单、题量小,都会导致过分强调无关细节,不能准确反映学生的学习水平,从而降低考试的作用。

## 三、非测验的评价技术

学习要求　▶ 识记非测验的评价技术所包含的内容

在实际教育领域里,前述纸笔测验并不是收集学生资料的唯一途径,教师还会使用许多非测验的评价技术,尤其是情感领域的教学评价更需要采用非纸笔测验。情感教学不属于任何一个学科,其效果可能产生在任何一种认知学科的教学过程中,具有跨学科性,同时其测量形式大多为质性描述。非测验的评价技术有案卷分析、观察、情感评价中的问卷量表和谈话等。

### (一)案卷分析

案卷分析是一种常用的非测验的评价策略,其内容主要是按照一定标准收集起来的学生认知活动的成果。例如,学生的家庭作业或课堂练习、论文、日记、手工制作的模型、绘画等各种作品。对学生的作品进行考查分析,并形成某种判断和决策的过程就是案卷分析。

### (二)观察

通过教学过程中的非正式观察,教师也能够搜集到大量的关于学生学业成就的信

息。这种观察不只限于智能的发展,还包括学生生理、社会和情绪的发展。为了确保观察的有效性,教师应注意自然地对学生进行全面系统的观察,然后客观、详细地记录下观察信息。

1. 行为检查单

教师可以使用行为检查单来记录其在教学中的观察结果。行为检查单一般包括一系列教师认为重要的目标行为,通常采用有/无的方式记录,但有时也记录下次数(表14-4)。行为检查单使用简便易行,对于教师非常有用,尤其在课堂上,教师可以利用行为检查单及时记下所观察到的行为,便于指导和帮助学生。

表14-4 学生课堂守纪行为检查单

姓名: 观察时间: 观察教师:

| 行为表现 | 出现行为表现,划"√" |
|---|---|
| 1. 使用礼貌用语,如"请""谢谢"等 | |
| 2. 爱护学校财物,如不在墙上、桌上乱画等 | |
| 3. 用别人的东西经过别人的允许 | |
| 4. 安心倾听别人的讲话 | |
| 5. 课堂上遵守学校日常行为规范 | |

当观察目标是具体、特定的经过了明确界定的行为时,检查单非常有效。如果行为是属于某一个"好—坏"连续体上的某一点,那么更适宜的方式是等级评价量表。

2. 等级评价量表

等级评价量表对于连续性的行为,可能更为有效。它可用于判断某种行为的发生频率,以及某种操作或活动的质量,使得观察信息被量化(表14-5)。评价量表是一种间接的观察技术,通过量化所观察的信息,可以迅速、简便地获得概括化的信息。

表14-5 学生计算机房守纪行为等级评价量表

学生姓名: 评定日期:

| | 5 | 4 | 3 | 2 | 1 |
|---|---|---|---|---|---|
| 听从指导 | | | | | |
| 轮流上机 | | | | | |
| 小心使用计算机 | | | | | |
| …… | | | | | |

5——好　4——较好　3——一般　2——较差　1——差

评价量表和行为检查单有一定关系。二者都要求教师对学生的行为进行判断,可以在观察过程中或结束后使用。但是它们的评价标准不同,行为检查单只需要做定性的判断,而等级评价量表是做定量的判断。

3. 轶事记录

轶事记录是描述所观察的事件。与检查单相比,轶事记录可提供比较详细的信息,这些记录一般是按照发生时间排列的。教师可以在事先有明确的观察目标,就某一方面的行为进行记录;也可以没有明确目的,事后再专门分析或考查某一件事,这时教师就需要记下很多资料,甚至包括一些无关信息。轶事记录要求教师纯粹记载下所观察到的内容,而不要掺杂个人的意见或观点。许多教师在他们的教案或工作日记上,都有轶事记录,但是轶事记录比较费时,而且很难排除主观偏见。

### (三)情感评价中的问卷量表和谈话等

许多时候,教师有必要针对学生的情绪、学习动机、个人观点等进行评价。固然,我们可以借助已有的量表,但是学校也鼓励教师自己编制评价量表。为了获得这类信息,教师可以自行编写开放式问题,例如,为了了解学生对数学老师的态度,可以要求学生写小短文:假如我是数学老师……老师也可以自行编制问卷来了解学生的情感,例如,老师为了了解学生对数学学科的态度,可以设置如表 14 - 6 所示问卷。在对结果的评价时,教师也需要写一份详细的报告,形式类似于观察报告。

表 14 - 6 学生对数学学科的态度问卷

| 学科名称 | 数 学 |
|---|---|
| 学生回答的问题 | 1. 我在数学上得到的成绩:优 良 中 差 |
| | 2. 我的成绩与我所希望的相比:较好 较低 一般 |
| | 3. 我从数学中学到了:很多知识 一些知识 很少知识 |
| | 4. 我在学习时感觉到:非常快乐 无所谓 很不快乐 |
| | 5. 我感觉老师教课时:速度太快 适中 速度太慢 |
| | …… |

## 四、教学评价结果的处理与报告

**学习要求** ▶ 理解教学评价结果的处理与报告的方式

### (一)分数

教师通常用分数来报告评价的结果,如试卷的得分、成绩单上的成绩等。

1. 评分标准

评分时必须以一定的比较标准为依据,评分的标准可分为绝对标准和相对标准两种。绝对标准是以学生所学的课程内容为依据。学生的分数和其他同学的回答情况没有关系,而且绝对标准强调,由于不同学生的学习起点和背景的差异,所以他们的学习结果也是不可比较的。它对应的评价方式是标准参照评价。相对标准的评价不仅与学生自己的成绩有关,还与其他同学的成绩有关。相对标准是以其他学生的成绩为依据,对应于常模参照评价。例如,某学生的考试成绩是 80 分(满分 100 分),按照绝对标准评价属于合格。但是按照相对标准评价将有不同的解释:如果班里同学的分数都是 50~60 分,那么他的相对分数达到了优秀水平;如果班里同学分数都在 90~100 分,那么他的相对分数就很低,很可能就属于不合格水平。

有人比较了标准参照评价和常模参照评价,总的认为,绝对标准的评价更有利于学生的学习,这种方式对差生的帮助尤其明显。差生的自我评价较低,倾向于外控归因。当他把成绩与自己比较时,很容易发现自己的进步,并进行内部归因。相对标准的评价方式对于优生的激励效果则更好,易于增强优生的成就动机,提高学业成就。因此,教师在选择评价标准时,要注意到学生的个别差异,区别对待。

2. 评分的主观性

在评分过程中,常常存在计分主观性问题,教师往往会受一些无关因素的影响,使得评分的信度较低。因此,评分标准一定要与测验的编制计划和实际的编制工作保持连续性,确保整个评价活动是根据统一的标准进行的。这样,评价结果才可能是教师所预期的信息,具有较高的信度,能够对教学活动发挥积极作用。

3. 合理评分过程的步骤

霍普金斯和安特斯认为,合理的评分过程应包括如下步骤:

(1) 搜集有关学生的信息。信息可以来源于不同类型、性质的测验甚至观察的评价方式。例如,教师对学生期末学习成绩的评价,可以是期末考试成绩占70%,平时作业和考试成绩占20%,课堂表现占10%。

(2) 系统地记录下评价的结果,并随时保持最新的结果。

(3) 尽量将搜集的资料量化,用数据来表示学生的学习情况。

(4) 为了把评价的重点放在最终的学习成就,教师需要加大最后测验得分的权重。

(5) 评价应该以成就为依据,而其他特征的评价,不要和成就的评价混杂起来。

## (二)合格与不合格

有些课程采用合格与不合格来评价学生的成就。教师可以根据学生是否完成了每次作业来评价,也有可能根据学生的几次作业情况评分,甚至评分的标准可以是学生的出勤情况。

这种评分方法的优点:降低了学生之间的竞争性,减轻了学生的考试焦虑,创造了宽松的学习气氛,有利于学生创新。但是与传统评分方法相比,采用合格与不合格来评价学生的成就有几点不足:① 它提供的信息少,不能从评定结果中了解学生学习中的问题和不足;② 学生很容易通过评定,没有分数压力,会降低对自己的要求;③ 这种评价方法与老师的主观性密切相关,很难做到客观和准确。

## (三)其他报告方式

除了常用的评分方法,教师还可以使用以下方式来报告评价结果:

教师写学生的个人鉴定或定期的综合评价,是一种报告评价结果的方法。学生的个人鉴定或定期的综合评价应该包括学生的优缺点,指出学生缺点后还要提出改进的建议和教育对策,并留出空间,鼓励家长和学生写下自己的意见。

观察报告也是一种报告评价结果的形式。例如,教师可以采用上述的行为检查单或等级评价量表来报告评价结果。

此外,通过与家长面谈,也可以交流关于学生的学习、行为和态度等方面的资料。面谈也是一种收集资料的有效途径。通过谈话,教师可以向家长通报学生在校的表现,还能了解到学生在校外的一些情况,从而对学生在教学中出现的一些问题找到可能的解释。

## 本章总结

1. 教学评价概述。教学评价是指有系统地收集有关学生学习行为的资料,参照预定的教学目标对其进行价值判断的过程,其目的是对课程、教学方法以及学生培养方案做出决策。教学评价不等同于测量和测验;教学测量与评价从不同的标准出发有不同的分类。

2. 教学测量与评价的方法和技术。最常用的认知和技能领域的学业成就教学评价手段是标准化成就测验和教师自编测验,情感以及道德行为表现则常常采用非测验性的评价手段。有效教师自编测验的特征是信度、效度和区分度。非测验的评价技术有案卷分析、观察、问卷量表以及谈话等。

## 思考与练习

### 一、单项选择题

1. 系统地收集有关学生学习行为的资料,参照预定的教学目标对其进行价值判断的过程称为( )。
   A. 教学测验　　　　B. 教学评价　　　　C. 教学测量　　　　D. 教学鉴定

2. 教学评价的目的是对课程、教学方法以及学生培养方案( )。
   A. 做出分析　　　　B. 做出判断　　　　C. 进行评估　　　　D. 做出决策

3. 一般在教学开始前使用,主要用来摸清学生的现有水平及个别差异,以便安排教学的评价属( )。
   A. 配置性评定　　B. 形成性评定　　C. 总结性评定　　D. 非正式评定

4. 在教学过程中让学生对自己的学习状况进行自我评估,或者凭教师的平常观察记录或与学生的面谈而进行的教学评价属于( )。
   A. 配置性评价　　B. 形成性评价　　C. 诊断性评价　　D. 总结性评价

5. 通常在一门课程或教学活动结束后进行、对一个完整的教学过程进行的测定称为( )。
   A. 配置性评价　　B. 形成性评价　　C. 诊断性评价　　D. 总结性评价

6. 标准化成就测验是指由专家或学者们所编制的适用于大规模范围内评定个体学业( )。
   A. 成就水平的测验　　　　　　B. 能力形成的测验
   C. 结构的测验　　　　　　　　D. 智力发展的测验

7. 基于某种特定的标准,来评价学生对与教学密切关联的具体知识和技能的掌握程度的评价方式称为( )。
   A. 常模参照评价　　B. 正式评价　　C. 标准参照评价　　D. 非正式评价

8. 以学生所在团体的平均成绩为参照标准,根据其在团体中的相对位置(或名次)来报告评价结果的评价方式称为( )。
   A. 常模参照评价　　B. 正式评价　　C. 标准参照评价　　D. 非正式评价

9. 一个测验能够测量出所要测量的东西的程度称为( )。
   A. 信度　　　　B. 效度　　　　C. 难度　　　　D. 区分度

10. 测验项目对所测量属性或品质的鉴别能力称为( )。
    A. 信度　　　　B. 效度　　　　C. 难度　　　　D. 区分度

11. 某一测验在多次施测后所得的分数的稳定、一致程度称为( )。
    A. 信度　　　　B. 效度　　　　C. 难度　　　　D. 区分度

12. 在教学开始前进行,为了解学生对新学习任务的准备状况,确定学生当前的基本能力和起点行为的评价称为(　　　)。

　　A. 配置性评价　　　B. 形成性评价　　　C. 诊断性评价　　　D. 总结性评价

　　13. 对于认知和技能领域的学业,最常用的教学评价手段是标准化成就测验和(　　　)。

　　A. 教师随堂评价　　B. 教师自编测验　　C. 随常考试　　　　D. 课堂提问测验

## 二、填空题

　　1. 教学评价是指有系统地收集有关学生学习行为的资料,参照预定的教学目标对其进行_____的过程。

　　2. 教学评价是一种系统化的持续的过程,包括确定评估目标、搜集有关资料、_____资料、形成价值判断以及做出决定等步骤。

　　3. 教学评价的目的是对_____、_____以及学生培养方案做出决策。

　　4. 细目表是将考试具体化的最重要的工具,其形式是二维表,一般一栏表示_____,一栏表示_____。

　　5. 依据评价的功能,教学评价有_____与_____。

　　6. 依据评价资料的处理方式,教学评价可分为_____和_____。

　　7. 依据教学评价的时机,教学评价可分为_____和_____。

　　8. 对于情感以及道德行为表现的评价则常常采用_____的评价手段,如案卷分析、观察、问卷量表以及谈话等。

　　9. 教师自编测验的主观题包括论文题、_____题。

　　10. 教师自编测验的客观题包括_____、是非题、匹配题、填空题等。

　　11. 考查测验有效性的指标主要有_____、效度和_____。

　　12. 教学评价内容包括_____、情感和_____三个方面。

　　13. 评分必须以一定的比较标准为依据,评分的标准可分为绝对标准和_____两种。

　　14. 专家或学者所编制的适用于大规模范围内评定个体学业成就水平的测验称为_____。

　　15. 区分度是指测验项目对所测量属性或品质的_____或_____。

　　16. 标准化成就测验的优越性表现在具有_____、_____和可比性。

## 三、名词解释

　　教学评价　　形成性评价和总结性评价　　常模参照评价和标准参照评价　　配置性评价和诊断性评价　　正式评价和非正式评价　　标准化成就测验　　教师自编测验　　信度　　区分度　　效度

## 四、简述题

　　1. 简述教学评价的分类。

　　2. 简述有效自编测验的特征。

　　3. 简述教学评价的功能。

　　4. 简述标准化成就测验的优越性。

　　5. 非测验的评价技术有哪些?

## 五、论述题

　　结合所学专业,谈谈你可以采用哪些教学评价结果的处理与报告方式。

# 第十五章 教师心理

本章要点

> ➤ 教师的心理特征与职业成就的关系　　　　专家型教师的教学专长的类型
>  学生喜欢的教师特征　　　　　　　　　　专家型教师与新教师差异
>  教师的特征与职业成就的关系　　　　➤ 教师的成长与发展
>  教师的期望对学生的影响的实验研究　　　教师成长的历程
> ➤ 专家型教师与新教师的比较研究　　　　　教师成长与发展的基本途径

## 第一节　教师的心理特征与职业成就的关系

### 一、学生喜欢的教师特征

学习要求 ➤ 理解学生所喜欢的不同角色的教师特征

教师在学校要承担的角色是多种多样的。教师要充当知识传授者、团体的领导者和纪律的维护者、传递社会文化价值观念和准则的模范公民、家长的代理人、学生的知己朋友、心理辅导者等多种角色,教师角色是一个多重角色的有机统一体。

"知识传授者"这一角色是教师这一职业最显著的标志,对于求知的学生来说,教师就是知识的象征,是一本活的教科书。教师的这一角色特征决定了教师不仅要有广博的基础知识、精深的专业知识以及邻近各个领域的相关知识,而且对所传授科目的发展情况、最新的发现、正在进行的研究以及最近取得的科学研究新成果都要有所了解。除此之外,出色的教师还应该热爱教育工作,善于运用心理学与教育学知识和原理,以恰当的方式向不同水平的学生传授知识,并在传授知识的过程中激发学生学会学习,成为知识的主动发现者,从而能学会应对未来生活的各种挑战。当教师在传授知识的过程中为学生的提问所难倒的时候,教师应该坦然告诉学生:"我不知道,让我查查资料想想,想明白后再解答你。"或者说:"这个问题提得很好,我一时无法回答你,让我们课后一起探讨这个问题吧!"这种实事求是和严谨的科学态度将赢得学生的赞许和信任。

教师是班级团体的领导者和纪律的维护者。教师受学校委托,在班级内施加有权威性的影响,承担着领导行为;作为纪律的执行者,教师不但要传递社会的价值系统,而且要以此评价学生的行为正确与否。作为管理者的教师有一定的权力,如奖励和惩罚的权力、维持教学秩序的权力、安排班级活动的权力等。教师在使用权力时要切忌"独裁""以权压人""命令主义"等倾向,教师作为班级的管理者应创造一种和谐、民主、进取的集体气氛,形成良好班风、学风,使学生自觉接受管理、加强自我管理并积极参与班级管理。

教师还是传递社会文化价值观念和准则的模范公民。教师作为"人类灵魂的工程师",应该是社会规范的代表,是学生的榜样,这也是社会对教师这一职业的期待。教师扮演"模范公民"这一角色,就要求教师在国家观念、法纪观念、公民权利与义务观念方面,按照社会所期待的标准去约束和调控自己的言行举止。在教育情境中,教师的一言一行、一举一动都对学生起着重大的示范作用,并对学生的心灵产生深远的影响,所以,身教重于言教,当教师的个人行为与职业职责发生冲突时,教师应该以职业职责为重。

教师还要扮演"家长代理人"的角色。家长送孩子上学就是将管理教育孩子的责任部分地移交给老师,教师是儿童继父母之后遇到的另外一个社会权威,是成人社会的一个代表者。这一角色会激发教师产生对学生的父爱或母爱,从而无微不至地关心爱护学生,给予学生各种可能的耐心帮助,并承担起学生在学校的安全和保护上的监护人作用。但有些教师会出现"家长制作风",把孩子当成自己的"私有财产",在孩子面前表现出明显的权威感和优越感,整治、训斥学生,甚至用嘲讽挖苦、羞辱体罚等手段来对待学生,以致伤害学生。

教师也是学生的知己朋友。教师要成功承担这个角色,需要淡化自己的地位角色,应该更多考虑到师生人格的平等,尊重学生,平等待人。这样学生才会向老师敞开心灵,把自己的喜怒哀乐尽情诉说出来,甚至把不愿告诉父母的内心秘密也告诉老师,从而得到情绪的宣泄和紧张的消除。但需要注意的是,教师做学生的朋友不是一般意义上的以个人感情为支配主线的个人朋友、私人朋友,师生之间的朋友关系是一种由教育制度而产生的支配和从属关系,是以公务感情为基础的。因此,为了教育效果的最优化,师生间的朋友关系要掌握好"度"。

教师是学生心理辅导者。随着人们对心理健康重要性的认识的提高,人们对教师也增加了这一角色期待。教师要扮演好学生的"心理调节者"或"心理医生"角色,应当:① 了解一些中小学学生常见的心理异常的症状,以便及时发现问题,切忌给学生乱贴"标签";② 掌握一些心理疏导的技术,帮助学生减轻焦虑紧张,给学生提供心理和情感上的支持,帮助学生学会主动调节自己的情绪;③ 经常倾听学生的心声,关注学生心理变化,及时把握学生的心理状态,使学生保持正常、积极向上的情绪;④ 对情况特殊的学生给予特殊的心理关怀,在感情上多沟通,在精神上多慰勉,帮助他们适应周围环境;⑤ 创造一个良好的课堂气氛,这是教师日常的、重要的心理工作,因为良好的课堂气氛是学生心理健康成长的一种心理环境与保证。

心理学家通过设计问卷,向学生做调查,了解他们喜欢与不喜欢的教师的特征,并对这些特征加以排序。如果学生把教师看成知识传授者,他们希望教师具有精通教学业务、兴趣广泛、知识渊博、语言明了等特征;如果学生把教师看成团体领导者和纪律维护人,他们希望教师表现出公正、民主、合作、处事有伸缩性等特征;如果他们把教师看成模范公民,则要求教师言行一致、幽默、开朗、直爽、守纪律等;如果学生把教师看成家长的代理人,他们希望教师具有仁慈、体谅、耐心、温和、亲切、易接近等特征;如果学生将教师看成朋友、心理辅导者,则他们希望教师表现出同情、理解、真诚、关心、值得信赖等特征。

总之,要成为一名受学生欢迎和爱戴的好教师,教师本人不仅需要具有一般公民需要的良好品质,而且需要具备教师职业所需要的特殊品质。

## 二、教师的特征与职业成就的关系

**学习要求** ▶ 理解与教师职业成就相关的教师特征

心理学家对教师的特征与其职业成就之间的关系进行了一系列的相关研究。

### (一)教师的认知特征与职业成就之间的关系

教师专业需要某些特殊能力,其中最重要的是思维的条理性、逻辑性以及表达能力和组织教学活动的能力。教师的这些特点对小学生的影响更大。

许多研究表明,在智力与知识达到一定水平之后,教师的思维的条理性、逻辑性以及表达能力和组织教学活动的能力与教学效果有较高的相关。例如,斯波尔丁1963年的报告说,教师的条理性与学生的阅读成绩呈正相关;诺尔1953年发现,教师思维的流畅性与他们教学效果的等级有显著的相关;索罗门等1964年的研究以及希勒1971年的研究都表明,学生的知识学习同教师表达的清晰度显著相关,教师讲解的含糊不清则与学生的学习成绩负相关;另外也有研究表明,教师管理课堂和安排教学活动的条理性和系统性与学生的成绩呈正相关。

### (二)教师的人格特征与其职业成就之间的关系

在教师的人格特征中,有两个重要特征对教学效果有显著影响:一是教师的热心和同情心;二是教师富于激励和想象的倾向性。

有研究表明,教师的热情会使他们成为更有效的老师,成为学生的榜样。心理学家做过这样一个实验,在这个实验里,教师的热情和教养是自变量,是受实验条件控制而变化的。在其中一个儿童游戏团体里,教师是会教育的、友好的;在另一个游戏团体里,教师是沉默寡言、干巴巴的。两组教师都担任事先设计好的教育儿童同情和助人的课程。课程结束后,观察在自然情境下儿童的助人行为。结果表明,那些由热情教师教过的儿童,比那些由冷漠教师教过的儿童更乐于助人。

也有相关研究表明,有激励作用、生动活泼、富于想象并热心于自己学科的教师,他们的教学工作较为成功。在教师的激励下,学生的行为更富有建设性。还有的研究发现,教师对学生思想的认可与课堂成绩有正相关的趋势,尽管教师的表扬次数与学生的成绩之间未发现明确的关系,但教师的批评或不赞成,与学生的成绩之间却存在着负相关。

### (三)理解"教师的特征与职业成就的关系"时的注意点

以上研究比较深入地揭示了教师职业成功的特殊能力和人格特征,为教师的造就和培养提供了重要依据。

但是,有迹象表明,教师职业成功的特征不是固定不变的,它们与学生的个别差异和年龄阶段特征存在着相互作用。例如,热情的教师可能会被追求教师认可来获得满足的学生所喜欢,但对知识本身具有浓厚兴趣并以追求知识获得满足的学生所喜欢的教师与教师的热情程度可能无关;有些教师可能对教育循规蹈矩的学生游刃有余,但对调皮捣蛋的学生却毫无办法;有些教师非常擅长教育小学低年级的学生,但对高年级的学生却不知道如何引导他们去发展;等等。

可见,教师与学生这两方面的个体差异都使我们不能概括出一种适合所有情境的具有普遍性的"成功教师"的模式,我们以上所提到的可以促进教学的教师特征都不能离开具体的教育情境而单独看待。要深入探索教师的哪些特征是如何影响其事业成就的,还应更进一步地从师生相互作用的角度开展广泛研究。

### 三、教师的期望对学生的影响的实验研究

**学习要求** ▶ 识记教师期望的预言效应

皮格马利翁是古希腊神话中塞浦路斯国王。这个国王性情孤僻,常年一人独居。他善于雕刻,孤寂中用象牙雕刻了一座表现了他理想中的美女像。久而久之,他竟对自己的作品产生了爱慕之情。他祈求爱神阿佛罗狄忒赋予雕像以生命。阿佛罗狄忒为他的真诚所感动,就使这座美女雕像活了起来。皮格马利翁遂称她为伽拉忒亚,并娶她为妻。后人就把由期望而产生实际效果的现象叫作皮格马利翁效应。

美国心理学家罗森塔尔等人 1968 年借用古希腊神话中的这个典故进行了一项教育研究。他们到一所小学,在一至六年级各选三个班的儿童进行煞有介事的"预测未来发展的测验",然后实验者将认为有"优异发展可能"的学生名单通知教师。其实,这个名单并不是根据测验结果确定的,而是随机抽取的。它是以"权威性的谎言"暗示教师,从而调动了教师对名单上的学生的某种期待心理。8 个月后,再次智能测验的结果发现,名单上的学生的成绩普遍提高,教师也给了他们良好的品行评语。这个实验取得了奇迹般的效果。教师的期望或明或暗地被传送给学生,学生会按照教师所期望的方向来塑造自己的行为,教师的预言似乎自动地得到应验,人们把这种现象称为教师期望的预言效应,也叫"罗森塔尔效应",也有人将之称为"皮格马利翁效应"。

当然,实际教育情境里的教师期望,并不是由假信息诱发出来的,而是由教师通过各种途径的实际观察而获得的确切信息引起的。所以教师应该注意:第一,要认真了解每个学生的特点,发现他们的长处,对每个学生都建立起积极的期待;第二,要不断反省自身的行为和态度,不要由于自己的不公正而延误了学生的发展。

不过,在实际的教育情境里,教师对学生的期望并不一定会发生教师的预言效应。因为教师期望效应的发生,既取决于教师自身的因素,也取决于学生的人格特征、原有认知水平、归因风格和自我意识等众多的心理因素,所以我们不能单独迷信这种效应。

## 第二节　专家型教师与新教师的比较研究

### 一、专家型教师的教学专长的类型

**学习要求** ▶ 识记专家型教师的教学专长的类型

成为专家型教师是大部分新教师的理想。专家型教师是指胜任某一学科教学任务,其教学绩效优于一般教师的一类教师。专家型教师所具备的有关教学的知识和能力,被称为教学专长。专家型教师所具备的教学专长有多种形式,可以分成四类:学科知识专

长、课堂管理专长、教授专长和诊断专长。

1. 学科知识专长

学科知识专长是指具备所教学科方面的知识和能力。学科知识的专长不仅指具备所教学科内容方面的知识,还有优化教学所需要的知识结构。例如,拥有所教学科的事实的或概念性的知识,会各种特殊解题方法,对课程目标、内容善于反思,拥有本学科知识的结构等,都是专家型教师具备学科知识专长的表现。

2. 课堂管理专长

课堂管理专长是指支持有效教学和有效学习的课堂条件的知识。具备课堂管理的专长的教师能维持课堂教学任务的进行,预防和迅速消除课堂不良行为,能创造良好的课堂氛围,促进教学高效进行。

3. 教授专长

教授专长是指为了完成教学目标,具备关于教学策略和教学方法的内隐知识和外显知识的总和。教授专长存在于教学活动中,涉及的能力包括计划、监控、控制、评价和应变等。这些能力能适应不断变化的课堂情境,使教学变得更为流畅和高效。例如,专家型教师所具备的良好的教学机制就是教授专长之一。

4. 诊断专长

诊断专长是指具备高超的获得关于全部学生和个别学生的信息状况的方法。具备诊断专长的专家型教师能够很快捷地获得学生的学习需求、学习目标、学习能力、现有的学业水平以及学生的强项与不足等。

以上这几条是专家型教师所具有的,但是具有以上这些教师专长的不一定就是专家型的教师。教师的教学能力不仅仅是上述四类专长的综合运用,它还与教师的人格特征(如本章第一节所讲的热心和同情心等)、动机、价值观和情绪等因素有关。

## 二、专家型教师与新教师差异

**学习要求** ▶ 比较专家教师和新手教师的教学差异

专家—新手比较研究是认知心理学家研究专门领域的知识时经常采用的方法。其研究步骤大致可分三步:选出某一领域内的专家和新手;给专家和新手提出一系列任务;比较专家和新手怎样完成这一任务。这一方法最初应用在国际象棋、物理、数学、医学等研究领域,至 20 世纪 70 年代后期被应用于研究教师的认知。根据研究结果,专家型教师和新教师在课时计划、课堂教学过程和课后教学评价三个方面都存在差异。

### (一)课时计划的差异

对教师课时计划的分析表明,与新教师相比,专家教师的课时计划简洁、灵活、以学生为中心并具有预见性。

专家教师的课时计划只是突出了课的主要步骤和教学内容,一般不涉及一些细节。相反,新教师却把大量时间用在课时计划的一些细节上。

专家教师在制订课时计划时,能根据学生的先前知识来安排教学进度。他们认为实施计划是要靠自己去发挥的。因此,他们的课时计划就有很大的灵活性。新教师则仅仅按照课时计划去做,并想办法去完成它,却不会随着课堂情境的变化来修止他们的计划。

一般来说,专家教师认为,教学的细节方面是由课堂教学活动中学生的行为所决定的,他们可以从学生那里获得一些有关教学细节的问题;新教师的课时计划往往依赖于课程的目标,仅限于课堂中的一些活动或一些已知的课程知识,而不能够把课堂教学计划与课堂情境中的学生行为联系起来。

还有研究表明,在备课时,专家教师表现出一定的预见性。他们会在头脑中形成包括教学目标在内的课堂教学表象和心理表征,并且能预测执行计划时的情况;新教师则往往不能预测计划执行时的情况,因为他们更多地想自己做什么,而不知道学生将要做些什么。

### (二)课堂教学过程的差异

1. 课堂规则的制定与执行

专家教师制定的课堂规则明确,并能坚持执行,而新教师的课堂规则较为含糊,不能坚持执行下去。

有研究认为,专家教师能够鉴别学生的哪些行为是合乎要求的,哪些行为是不合乎要求的,从而集中关注于学生应该做的和不应该做的事情;同时,专家教师知道许多课堂规则是可以通过练习与反馈来习得的,是一种可以习得的技能,所以他们能教会学生一些重要的鉴别课堂活动的能力。新教师却不会这样去做,在阐述规则的时候,新教师往往是含糊其词的。

2. 吸引学生注意力

专家教师有一套完善的维持学生注意的方法,新教师则相对缺乏这些方法。

有研究表明,专家教师在课堂教学中运用如声音、动作及步伐的调节等不同的"技巧"来吸引学生的注意力;预先计划好每天的工作任务,使学生一上课就开始注意和立刻参与所要求的活动;在一个活动转移到另外一个活动或有重要的信息时,能提醒学生注意。新教师的表现是:往往在没有暗示前提下,就要变换课堂活动;遇到突发的事情,如有课堂活动之外的事情干扰,就会自己停下课来,但却希望学生忽略这些干扰。

3. 教材的呈现

专家教师在教学时注重回顾先前知识,并能根据教学内容选择适当的教学方法,新教师则不能。

一般来说,在回顾先前知识方面,专家教师都能够意识到回顾先前知识的重要性。因此,专家教师在上课之前往往说:"记得我们已经学过……"新教师则说:"今天我们开始讲……"在教学内容的呈现上,专家教师通常是用导入式方法,注重知识的结构,慢慢地引入要讲的教学内容。其课堂中新材料的呈现基本上通过言语表达或演示实验。新教师则一上课就开始讲一些较难的和使人迷惑的教学内容,而不注意此时学生还未进入课堂学习状态。

4. 课堂练习

专家教师将练习看作检查学生学习的手段,新教师仅仅把它当作必经的步骤。

在学生做练习时,专家教师往往会提醒学生在规定的时间内做完练习;帮助他们把握做作业的速度;在课堂上来回走动,以便检查学生的作业情况;对练习情况提供系统的反馈(如在课堂上留一部分时间来订正作业等);关心学生是否学得了刚才教的知识,而不是纪律问题。新教师则是这样做的：对课堂练习的时间把握不准，往往延时；只照顾自己关心的学生，不顾其他学生；对练习无系统的反馈；要求学生做作业时要安静，并把这看作课堂中最重要的事情。

5. 家庭作业的检查

专家教师具有一套检查学生家庭作业的规范化、自动化的常规程序，新教师则不同。

有研究发现，专家教师在上课时，首先开始点名，学生做完了作业的回答"有"，反之，就回答"没有"。这样，教师就知道有多少人做完了作业和多少人没有做完作业。接着，教师问每道题目的答案，要求学生一起回答。如果学生回答的声音减弱下来，说明这道题较难，教师就记录下这个问题。同时，学生也记录自己的作业情况。在给出所有的正确答案后，教师询问并记录下每道题做对的学生有多少。整个过程只需两分钟。相比之下，新教师则要花上 6 分钟来检查家庭作业：首先，他问全班"谁没有做家庭作业"，于是学生的行为各异；接着，教师要求他认为是最差的学生回答各题的答案，但是此学生回答得相当慢；最后，教师纠正错误并给出正确答案，但没有记录每道题上学生的作业情况。

6. 教学策略的运用

专家教师具有丰富的教学策略，并能灵活应用。新教师缺乏或者不会运用教学策略。

在提问策略与反馈策略上，专家教师与新教师存在着许多不同的地方。首先，专家教师比新教师提的问题更多，从而学生获得反馈的机会就多，学习更加精确的机会也越多。其次，在学生正确回答后，专家教师比新教师更多地再提另外一个问题，这样可促使学生进一步思考。再次，对于学生错误的回答，专家教师比新教师更易针对同一学生提出另一个问题，或者给出指导性反馈。最后，专家教师比新教师在学生自发的讨论中更可能提出反馈。

专家教师常利用学生发出的非言语线索来判断和调整教学，而新教师往往只注意课堂中的细节，难以解释他们看到的事情间的联系。

（三）课后评价的差异

在课后评价时，专家教师和新教师关注的焦点不同。

研究发现，新教师的课后评价要比专家教师更多地关注课堂中发生的细节；专家教师则多谈论学生对新材料的理解情况和他认为课堂中值得注意的活动，很少谈论课堂管理问题和自己的教学是否成功。专家教师都关心那些他们认为对完成任务有影响的活动。新教师对课的评价却不相同：有的说了许多课的特点；有的对课的成功做了大致的评估；还有的集中关注于自己上课的有效性。

# 第三节　教师的成长与发展

## 一、教师成长的历程

学习要求 ▶ 理解教师成长历程中每个阶段的关注焦点

从一名新教师成长为一名合格教师有一个过程，教师在不同的成长阶段所关注的问题不同。根据国内外有关教师教育的研究，新教师一般都关心以下八大问题：课堂纪律、激发学生学习动机、因材施教、评价学生的学习、与家长的关系、教学组织的管理、备课不充分以及处理学生的个别问题。福勒和布朗根据教师的需要和不同时期所关注的焦点问题,把教师的成长划分为关注生存、关注情境和关注学生等三个阶段。

### (一)关注生存阶段

处于这一阶段一般是新教师,他们非常关注自己的生存适应性,最担心的问题是"学生喜欢我吗?""同事们如何看我?""领导是否觉得我干得不错?"等等。由于这种生存忧虑,有些新教师可能会把大量的时间都花在如何与学生搞好个人关系上而不是教他们;有些新教师则可能想方设法控制学生,而不是如何教好他们让其获得学习上的进步。在学校里,人们总是希望教师把学生教得老实听话,教师都想成为一个良好的课堂管理者,所以关注生存这种情况也是由于教师过分看重校领导或同事的认可和评价造成的。一般来说,师范生和新教师比老教师更关注此类问题。

### (二)关注情境阶段

当教师感到自己完全能够生存(站稳了脚跟)时,便把关注的焦点投向提高学生的成绩即进入了关注情境阶段。在此阶段,教师关心的是备课材料是否充分、如何教好每一堂课、尝试新教学方法以及班集体的建设等与教学情境有关的问题。传统教学评价也集中关注这一阶段,一般来说,老教师比新教师更关注此阶段。

### (三)关注学生阶段

当教师顺利地适应了前两个阶段后,成长的下一个目标便是关注学生,开始关注学生的需求。如:他们会经常思考这样的问题:"我的学生爱学习吗?""这样教学能使班级里学生都能学习迁移吗?""这种策略是对后进生起作用吗?"等。在这一阶段,教师将考虑学生的个别差异,认识到不同发展水平的学生有不同的需要,某些教学材料和方式不一定适合所有学生,所以教师应因材施教,对不同学生选择针对性的教学材料和教学方法。在教学实践中,不难发现,不但新教师容易忽视学生的个体需要,即使是一些有经验的教师也较少自觉关注学生差异。能否自觉关注学生是衡量一个教师是否成长成熟的重要标志之一,有些教师从来没进入这一阶段。

教师在成长过程中的每一个阶段都有不同的需求和关注焦点,这些需求不仅会影响到他们的课堂行为和教学活动,而且标志着不同的成长水平。

## 二、教师成长与发展的基本途径

**学习要求**
➤ 识记组织化观摩、微格教学和反思性教学的含义
➤ 理解教师成长与发展的基本途径
➤ 识记教学反思的过程
➤ 运用教学反思的方法

教师成长与发展的基本途径主要有两个方面:一方面是通过师范教育培养新教师作为教师队伍的补充,另一方面是通过实践训练提高在职教师。

### (一)观摩和分析优秀教师的教学活动

课堂教学观摩可分为组织化观摩和非组织化观摩。通过观摩分析,师范生和在职教

师可以学习到优秀教师的教育机制和教学能力,从而能更好地驾驭专业知识、进行教学管理、调动学生积极性等。

组织化观摩是有计划、有目的的观摩,一般在观摩之前制订详细的观察计划,确定观察的对象、角度以及观察的大致程序,也可以进行有组织的讨论分析。一般来说,为培养提高新教师和教学经验欠缺的年轻教师,宜进行组织化观摩,这种观摩可以是现场观摩(如组织听课),也可以观看优秀教师的教学录像。

非组织化观摩则没有组织化观摩的这些特征。非组织化观摩要求观摩者有相当完备的理论知识和洞察力,否则难以达到观摩学习的目的。

### (二)开展微格教学

微格教学指以少数的学生为对象,在较短的时间内(5～20分钟),尝试做小型的课堂教学,可以把这种教学过程摄制成录像,课后再进行分析。微格教学是训练新教师、提高教学水平的一条重要途径,其对师范生和在职教师都是很有效的。微格教学的基本程序如下:

(1)选定特定的教学行为作为着重分析的问题(如何向学生提问、如何导入新课等)。

(2)观看有关的教学录像,通过录像师范生或在职教师要能理解着重要分析的问题的要点。

(3)师范生或在职教师制订微格教学计划,以一定数量学生为对象,进行微格教学,并进行录像。

(4)和指导教师一起观看自己微格教学的录像,自我反思微格教学行为,指导教师分析优缺点,自己再进行二度反思并提出改进计划。

(5)师范生或在职教师用重建后的教学方案对另外一批学生再次进行微格教学。

(6)和指导教师一起分析第二次的微格教学。

微格教学可以使教师分析自己的教学行为更加直接和深入,增强了改进教学的针对性,因而往往比正规课堂教学的经验更有效。有研究表明,微格教学的效果在四个月后仍很明显。

### (三)进行专门训练

要想促进新教师的成长,也可以对他们进行专门化训练。

有人曾将某些"有效的教学策略"教给教师。"有效的教学策略"中的关键程序有五个:① 每天进行回顾;② 有意义地呈现新材料;③ 有效地指导课堂作业;④ 布置家庭作业;⑤ 每周、每月都进行回顾。上述程序中有的属于自动化的教学技能,有的属于教学策略。研究者安排了训练组与控制组教师。为确定受训组教师的教学是否有成效,实验者在训练前后还对两组教师的学生进行了标准化数学成绩测验。研究结果发现:① 在使用训练程序的频率上,受训组教师要比控制组教师高,特别是在回顾、检查作业、练习心算、布置作业上。但也有一些行为,如总结前一天所学、至少留出五分钟时间来消化吸收、通过演示来呈现内容等,受训组并不比控制组高。值得注意的是,训练后使用频率未增加的行为属于策略性的,而那些使用频率增加的则更像教学常规。② 受训教师的学生在后测上的成绩比前测增加 31%,而控制组教师的学生成绩只增加了 19%。

上述研究表明,专家教师所具有的教学常规和教学策略是可以教给新教师的,新教师掌握这些知识后,会在一定程度上促进其教学。但同时我们也应看到,受训教师的教学能力仅仅有了一定程度的提高,离专家教师还有一定的距离,而且没有一个研究宣称能将其被试训练成为专家教师。

## (四) 反思教学经验

仅靠短期训练来缩小专家与新手的差距是不够的,很多研究者指出了对教学经验的反思的重要性。通过反思来提高教师的教学水平,是教师心理研究的一个重要研究课题。

对教学经验的反思,又称反思性实践或反思性教学,这是教师着眼于自己的教学活动过程来分析自己所做出的某种行为、决策以及所产生的结果,是一种通过提高教师的自我意识水平来促进其能力发展的手段。

教师对自己的教学进行反思,有助于教师自身教学能力的提高。波斯纳提出了一个教师成长公式:经验+反思=成长。他还指出,没有反思的经验是狭隘的经验,至多只能形成肤浅的知识。如果教师仅仅满足于获得经验而不对经验进行深入思考,那么他的发展将大受限制。

科顿等 1993 年提出了一个教师反思框架,描述了反思的过程:① 教师选择特定问题加以关注,并从可能的领域,包括课程方面、学生方面等,收集关于这一问题的资料。② 教师开始分析收集来的资料,形成对问题的表征,以理解这一问题。他们可以利用自我提问来帮助理解。提出问题后,教师会在已有的知识中搜寻与当前问题相似或相关的信息。如果搜寻不到,教师就会去请教其他教师和阅读专业书籍来获取这些信息。这种调查研究的结果,有助于教师形成新的、有创造性的解决办法。③ 一旦对问题情境形成了明确的表征,教师就开始建立假设以解释情境和指导行动,并且还在内心对行动的短期和长期效果加以考虑。④ 考虑过每种行动的效果后,教师就开始实施行动计划。当这种行动再被观察和分析时,就开始了新一轮循环。以上教师反思框架可以概括为选择反思问题—理解反思问题—建立问题解决假设—积极实施行动计划。

布鲁巴奇等 1994 年提出了四种教学反思的方法,供教师参考:① 反思日记。在一天的教学工作结束后,教师写下自己的教学经验,并与其指导教师共同分析。② 详细描述。教师相互观摩彼此的教学,详细描述他们所看到的情景,教师们对此进行讨论分析。③ 交流讨论。来自不同学校的教师聚集在一起,首先提出课堂上发生的问题,然后共同讨论解决的办法,最后得到的方案为所有教师及其他学校所共享。④ 行动研究。为弄清课堂上遇到的问题的实质,探索用以改进教学的行动方案,教师以及研究者用以进行调查和实验研究,它不同于研究者由外部进行的旨在探索普遍法则的研究,而是直接着眼于教学实践的改进。

## 本章总结

1. 教师的心理特征与职业成就的关系。教师认知特征方面的思维的条理性、逻辑性以及表达能力和组织教学活动的能力,教师的人格特征中的热心和同情心,富于激励和想象的倾向性,对教学效果有显著影响。教师的期望或明或暗地被传送给学生,学生会按照教师所期望的方向来塑造自己的行为,教师的预言似乎自动地得到应验,人们把这种现象称为教师期望的预言效应。

2. 专家型教师与新教师的比较研究。专家型教师的教学专长主要有四种类型:学科知识专长、课堂管理专长、教授专长和诊断专长。专家型教师和新教师在课时计划、课堂教学过程和课后教学评价三个方面都存在差异。

3. 教师的成长与发展。教师成长的历程划分为关注生存、关注情境和关注学生三个阶段。教师成长与发展的基本途径主要有两个方面:一方面是通过师范教育培养新教师作为教师队伍的补充,另一方面是通过实践训练提高在职教师。教师成长与发展的具体方法有观摩和分析优秀教师的教学活动、开展微格教学、进行专门训练和反思教学经验。

## 思考与练习

**一、单项选择题**

1. 与新教师相比,专家型教师的课时计划简洁、灵活、以学生为中心并有(　　)。

A. 系统性　　　　B. 预见性　　　　C. 结构性　　　　D. 实效性

2. 衡量一个教师是否成熟的主要标志是能否自觉地关注(　　)。

A. 生存　　　　B. 情境　　　　C. 教材　　　　D. 学生

3. 在教师的人格中有两种重要特征对教学显著影响:一是富于激励和想象的倾向性;二是(　　)。

A. 说到做到　　　　　　　　　　B. 热心和同情

C. 爱心和敬业精神　　　　　　　D. 重义气讲交情

**二、填空题**

1. 专家型教师和新教师教学行为的差异主要表现在_____、课堂教学过程和_____三个方面。

2. 教师成长与发展的基本途径主要有两个方面:一是_____,二是_____。

3. 根据福勒和布朗的研究,教师的成长可分为_____、关注情境和_____三阶段。

**三、名词解释**

教师期望的预言效应　组织化观摩　微格教学　反思性教学

**四、简答题**

1. 教师所承担的角色有哪些?

2. 简述促进教师职业成功的教师特征。

3. 简述专家型教师与新教师课时计划差异的表现。

**五、论述题**

1. 联系实际,谈谈专家教师与新手教师在教学过程方面的差异。

2. 分析自己所处的教师成长阶段,并运用教师成长的有效途径进行自我发展设计。

3. 联系实际,谈谈教师成长与发展的基本途径。

# 参考文献

[1] 陈家麟.学校心理健康教育——原理与操作[M].北京:教育科学出版社,2002.

[2] 陈琦,刘儒德.当代教育心理学[M].北京:北京师范大学出版社,1997.

[3] 陈琦,刘儒德.教育心理学[M].北京:高等教育出版社,2005.

[4] 陈琦,刘儒德.当代教育心理学[M].北京:北京师范大学出版社,2007.

[5] 丁家永.现代教育心理学[M].广州:广东高等教育出版社,2005.

[6] 冯维.现代教育心理学[M].重庆:西南师范大学出版社,2007.

[7] 郭亨杰,宋月丽.心理学教程[M].南京:南京师范大学出版社,1995.

[8] 胡谊,郝宁.教育心理学:理论与实践的整合观[M].上海:华东师范大学出版社,2009.

[9] 华国栋.特殊需要儿童的心理与教育[M].北京:高等教育出版社,2004.

[10] 黄正夫,吴天武.教育心理学[M].北京:北京师范大学出版社,2011.

[11] 教育部人事司,教育部考试中心制定.教育心理学考试大纲(适用于小学教师资格申请者)[M].上海:华东师范大学出版社,2002.

[12] 教育部人事司,教育部考试中心制定.教育心理学考试大纲(适用于中学教师资格申请者)[M].北京:北京师范大学出版社,2002.

[13] 金星明.学习困难综合征[J].中国儿童保健杂志,2000,8(2):102-103.

[14] 李博,李文才.儿童多动症的成因分析及教育干预措施[J].广东教育学院学报,2009,29(4):20-23.

[15] 李伯黍.教育心理学[M].上海:华东师范大学出版社,2001.

[16] 林崇德.发展心理学[M].北京:北京师范大学出版社,2008.

[17] 刘金花.儿童发展心理学[M].上海:华东师范大学出版社,2006.

[18] 麦库姆斯,波普.学习动机的激发策略:提高学生的学习兴趣[M].伍新春,等译.北京:中国轻工业出版社,2002.

[19] 莫雷.教育心理学[M].广州:广东高等教育出版社,2002.

[20] 彭聃龄.普通心理学[M].北京:北京师范大学出版社,2008.

[21] 皮连生.教育心理学[M].上海:上海教育出版社,2004.

[22] 全国教师资格认定考试命题研究、编写组.教育心理学(适用于中学教师资格认定考试和师范类毕业生上岗考试)[M].武汉:华中师范大学出版社,2009.

[23] 王聿泼.心理教育的智慧——写给广大中小学教师[M].徐州:中国矿业大学出版社,2007.

[24] 吴庆麟.教育心理学——献给教师的书[M].上海:华东师范大学出版社,2003.

[25] 叶奕乾,何存道,梁宁建.普通心理学[M].上海:华东师范大学出版社,2008.

[26] 章志光.小学教育心理学[M].北京:中国人民大学出版社,2001.

[27] 章志光.社会心理学[M].北京:人民教育出版社,2008.

[28] 章志光.心理学[M].北京:人民教育出版社,2002.